U0590715

 "十三五"应用型本科院校公共基础课规划教材

经济管理数学基础

（第2版）

主　编　阳　军

副主编　陈　亮

参　编　周　念　郑　英　史纪磊

ZHEJIANG UNIVERSITY PRESS

浙江大学出版社

内容简介

本套教材是针对"本科经济管理类专业应用型人才培养模式"而编写的数学类课程教学用书，分《经济管理数学基础》和《经济管理数学技术》两册。

本书是《经济管理数学基础》，内容以微积分中的极限、导数、微分、积分等数学理论为主线，融合了一些常用的经济与管理学知识，具有叙述平缓通俗、抽象推导简单、应用案例丰富等特点，有很强的专业融合性和教学适用性。本书分为基础理论、一元函数微分学、一元函数积分学、多元函数微积分、数学实验五部分内容，共八章。本书可作为普通本科、民办本科、独立学院等本科院校经济管理类专业的数学基础课教材，也可作为高职高专院校学生及经济管理行业工作者的参考教程。

图书在版编目（CIP）数据

经济管理数学基础 / 阳军主编. —2 版. —杭州:浙江大学出版社,2019.8(2020.8 重印)

ISBN 978-7-308-19412-9

Ⅰ.①经… Ⅱ.①阳… Ⅲ.①经济管理—经济数学—数学模型—高等学校—教材 Ⅳ.①F224.0

中国版本图书馆 CIP 数据核字（2019）第 170728 号

经济管理数学基础（第 2 版）

阳 军 主编

责任编辑	徐 霞	
责任校对	刘 郡 蔡晓欢 洪 淼	
封面设计	周 灵	
出版发行	浙江大学出版社	
	（杭州市天目山路 148 号 邮政编码 310007）	
	（网址:http://www.zjupress.com）	
排 版	杭州朝曦图文设计有限公司	
印 刷	杭州高腾印务有限公司	
开 本	787mm×1092mm 1/16	
印 张	17	
字 数	425 千	
版 印 次	2019 年 8 月第 2 版 2020 年 8 月第 2 次印刷	
书 号	ISBN 978-7-308-19412-9	
定 价	48.00 元	

版权所有 翻印必究 印装差错 负责调换

浙江大学出版社市场运营中心联系方式:0571-88925591;http://zjdxcbs.tmall.com

第2版前言

本套教材出版至今已有5年,在此期间吸收了广大使用者的意见,结合编者对应用型本科经济管理类专业的数学教学的认识,在原教材的基础上做了如下改进。

第一,为进一步凸显本书的专业融合性,增强学生对数学知识在经济管理活动中的应用意识和能力,本书中扩充了一些经济函数与经济模型,增加了一些应用案例。

第二,在每个知识模块后面的二维码中纳入了丰富的数学文化方面的内容,包含了与之相关的诸多数学故事、数学史、数学哲理、数学思想和方法方面的材料。

第三,考虑到数学建模意识和能力的培养需要一个长时间的熏陶和实践过程,在本书应用拓展二维码中纳入了数学建模思想和方法介绍、数学建模竞赛介绍以及大量的数学建模案例,便于读者更好地理解和实现建模过程。

第四,考虑到理论知识与实验内容在教学上的匹配度及便利性,把《经济管理数学技术》(第1版)第四部分中涉及微积分方面的数学实验内容作为《经济管理数学基础》(第2版)第五部分。

另外,在教材的例题和文字叙述方面也进行了适当的调整。以上几个方面的改进,使得本套教材信息量更大、内容更丰富、数学视野更开阔,可满足不同层次学生的需求,更有利于培养学生的应用意识和创新能力。

编　者
2019 年 6 月

前　言

本套教材的编写,注重时代发展对人才素质的要求,遵循应用型本科人才培养目标和要求,树立"与专业相结合、为专业服务"的基本理念,争取在有限的课时里能做到数学知识"广、浅、新、用"。因此,在教材编写中对应用型本科的数学内容提出了数学技术化处理思想,把本科经济管理类各专业需要的数学理论——微积分、线性代数、概率论与数理统计、部分运筹学内容、部分数值计算内容与数学实验和数学模型等内容有机地融合在一起,适当弱化数学理论性和系统性,删减部分实用性不强且复杂的数学理论内容,充分融合一些经济与管理学知识,突出数学技术的应用,在整个课程难度有所下降的基础上增大课程信息量,而不是按照通常的做法去删减知识量。

教材内容总体安排是把应用型本科院校经济管理数学分为两大教学内容,分别编写教材《经济管理数学基础》和《经济管理数学技术》。

1.《经济管理数学基础》(建议课时 64)

主要包含微积分学的基础理论、常用的运算方法、相关交叉学科内容以及常用数学模型,为经管类专业学生学习后继课程和解决实际问题提供必不可少的数学基础知识及常用的数学方法。考虑到微积分的内容较多、课时有限,针对应用型本科的培养特点与要求,对教材结构进行了一定的优化,强调与实际问题相结合,注重渗透核心数学思想。内容上删减了经济管理中基本用不到的一些反三角函数,降低了极限与连续的理论要求,降低了不定积分的计算技巧与要求,弱化了二元函数微积分的理论,融合了一些经济与管理学知识及应用介绍。目的是做到既能培养学生的数学思想和逻辑思维能力,又让学生在较熟练地掌握微积分知识基本方法的基础上能运用所学知识去分析问题和解决问题,具备一定的抽象概括问题的能力以及一定的逻辑推理能力。

2.《经济管理数学技术》(建议课时 80)

主要内容为矩阵与行列式、向量与线性方程组、特征值与特征向量、概率论、数理统计、数学实验与数学建模、常用经济应用模型。

相对于传统的本科数学教材内容来说,本教材删减了线性代数中本科段应用性不是很强的一些知识及理论推导,例如线性空间的概念与二次型问题,同时把线性规划问题融入教材中去。弱化了概率论中的多元随机变量部分内容,只介绍了二元离散型随机变量分布的理解和应用,同时把顾客迁移理论、决策论、保险精算等相关经济管理学知识作为应用性问题融入教材中去。考虑到学生后续课程会开设应用统计学,所以对数理统计部分也进行了适当的弱化,主要介绍了统计思想、统计基本概念以及基本的参数估计、假设检验及回归分析方法。教材最后适当地纳入了一些数学实验内容,如利用 MATLAB 和 Excel 软件去解决实际应用当中的数学计算问题。

由于编者水平有限,时间仓促,书中难免存在不妥之处,希望同行及读者批评指正,使本书在教学实践当中不断完善。

编　者

2014 年 7 月

目　　录

第一部分

基础理论

数学文化与应用拓展资源(一)

数学文化 1-1　微积分发展史

数学文化 1-2　数学名人的故事:刘徽

数学文化 1-3　函数与极限思想

数学文化 1-4　对无穷的认识

数学文化 1-5　三次数学危机

数学文化 1-6　常数 e 的含义

应用拓展 1-1　数学建模概述

应用拓展 1-2　金融与保险问题建模案例

应用拓展 1-3　连续函数建模案例

第一章 函数与经济

在我们的生活中,变化的量随处可见,例如温度、湿度、降雨量等.我们会发现这些量随着时间、地域、季节的变化而变化.同样在经济领域中,这种变化的量也随处可见,例如国民收入,经济增长率,商品的产量、价格等.这些变化的量都有一个共同的特点,就是它之所以变化是因为受到其他一些变化的量的制约.例如,某种商品的需求量会受该商品的价格影响,它随价格的变化而变化.又如,银行的利率受到国家政策中多种因素的影响,所谓多种因素也是一些变化的量.这些变化的量之间相互制约的关系是普遍存在的,这种关系用数学的方法加以抽象与描述便得到一个重要的概念,就是函数.函数也是数学中非常重要的基本概念,是现实世界中量与量之间的依存关系在数学中的反映,也是经济学的主要研究对象之一,是我们定性、定量地研究各种变化的量的一个重要数学工具.

本章从讨论函数概念开始,通过对一般函数特性的概括,引进初等函数概念,并介绍经济学中常用的一些函数及其构建,为后续学习打下基础.

$$\S 1.1 \quad 函 \quad 数$$

一、集合

集合概念是数学中一个原始的概念,例如一个书柜中的书构成的集合,一个班级的学生构成的集合,全体实数的集合,等等.一般地说,所谓**集合**(或简称集)是指具有特定性质的一些事物的总体,组成这个集合的事物称为该集合的元素.

通常用大写英文字母或拉丁字母表示集合,用其小写字母表示集合中的元素.事物 a 是集合 M 的元素,记作 $a \in M$(读作 a 属于 M);事物 a 不是集合 M 的元素,记作 $a \notin M$(读作 a 不属于 M).

若认为一个集合已经给定,则对于任何事物都能判定它是否属于这个集合.因此要给定一个集合 M,实质上就是要给出一个判别法则,根据这个法则,对于任何事物 a 能判别 $a \in M$ 或 $a \notin M$ 两者究竟哪一个成立(两者中必有一个且只有一个成立).

由有限个元素组成的集合,可用列举出它的全体元素的方法来表示.例如,由元素 a_1,$a_2, \cdots, a_n$ 组成的集合 A,可记作

$$A = \{a_1, a_2, \cdots, a_n\}.$$

由无穷多个元素组成的集合,通常用如下记号表示:设 M 是由具有某个特征的元素 x 的全体所组成的集合,就记作

$$M = \{x \mid x \text{ 所具有的特征}\}.$$

例如,平面上坐标适合方程 $x^2 + y^2 = 1$ 的点 (x, y) 的全体所组成的集合 M,可记作

$$M = \{(x, y) \mid x, y \in \mathbf{R}, x^2 + y^2 = 1\}.$$

这个集合 M 实际上就是由 xOy 平面上以原点 O 为圆心,半径等于1的圆周上的点的全体所组成的集合.

全体实数组成的集合通常记作 $\mathbf{R}$,即

$$\mathbf{R} = \{x \mid x \text{ 为实数}\}.$$

以后用到的集合主要是**数集**,即元素都是数的集合.如果没有特别说明,以后提到的数都是实数.

若在一直线上(通常画水平直线)确定一点为原点,标以 O,指定一个方向为正方向(通常将指向右方定为正方向),并规定一个单位长度,则称这样的直线为**数轴**.任一实数都对应数轴上唯一的点,反之,数轴上每一点都唯一地表示一个实数.正是由于全体实数与数轴上的所有点有一一对应关系,所以在以下的叙述中,将"实数 a"与"数轴上的点"两种说法看作有相同的含义,而不加以区别.

区间是用得较多的一类数集,设 a 和 b 都是实数,且 $a < b$,数集

$$\{x \mid a < x < b\},$$

称为**开区间**,记作 (a, b),即

$$(a, b) = \{x \mid a < x < b\}.$$

a 和 b 称为开区间 (a, b) 的端点,这里 $a \notin (a, b)$,$b \notin (a, b)$.

数集

$$\{x \mid a \leqslant x \leqslant b\},$$

称为**闭区间**,记作 $[a, b]$,即

$$[a, b] = \{x \mid a \leqslant x \leqslant b\}.$$

a 和 b 也称为闭区间 $[a, b]$ 的端点,这里 $a \in [a, b]$,$b \in [a, b]$.

类似地可说明

$$[a, b) = \{x \mid a \leqslant x < b\},$$
$$(a, b] = \{x \mid a < x \leqslant b\}.$$

$[a, b)$ 和 $(a, b]$ 都称为**半开半闭区间**.

以上这些区间都称为有限区间,数 $b - a$ 称为这些区间的长度.从数轴上看,这些有限区间是长为有限的线段(见图 1-1).

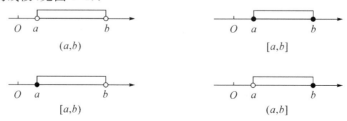

图 1-1

此外,还有所谓无限区间.引进记号 $+\infty$(读作**正无穷大**)及 $-\infty$(读作**负无穷大**),则无限的半开或开区间表示如下:

$$[a,+\infty) = \{x \mid x \geqslant a\},$$
$$(a,+\infty) = \{x \mid x > a\},$$
$$(-\infty,b] = \{x \mid x \leqslant b\},$$
$$(-\infty,b) = \{x \mid x < b\}.$$

数集 $[a,+\infty)$ 及 $(-\infty,b]$ 称为**无限的半开区间**,数集 $(a,+\infty)$ 及 $(-\infty,b)$ 称为**无限的开区间**.它们在数轴上表示为长度为无限的半直线(见图 1-2).

$$[a,+\infty) \qquad\qquad (-\infty,b)$$

图 1-2

全体实数的集合 **R** 也记作 $(-\infty,+\infty)$,它也是无限的开区间.

邻域也是一个经常用到的概念.设 a 与 δ 是两个实数,且 $\delta > 0$,则数集

$$\{x \mid |x-a| < \delta\},$$

称为 a 的 δ **邻域**,记作 $\bigcup(a,\delta)$,即

$$\bigcup(a,\delta) = \{x \mid |x-a| < \delta\}.$$

点 a 叫作 $\bigcup(a,\delta)$ 的**中心**,δ 叫作 $\bigcup(a,\delta)$ 的**半径**.因为 $|x-a| < \delta$ 相当于

$$-\delta < x-a < \delta \quad 即 \quad a-\delta < x < a+\delta,$$

所以

$$\bigcup(a,\delta) = \{x \mid a-\delta < x < a+\delta\}.$$

由此看出,$\bigcup(a,\delta)$ 也就是开区间 $(a-\delta, a+\delta)$,这个开区间以点 a 为中心,而长度为 2δ(见图 1-3).

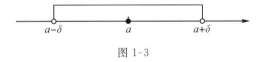

$$a-\delta \qquad a \qquad a+\delta$$

图 1-3

在数轴上,$|x-a|$ 表示点 x 与点 a 之间的距离,因此点 a 的 δ 邻域

$$\bigcup(a,\delta) = \{x \mid |x-a| < \delta\},$$

在数轴上表示与点 a 的距离小于 δ 的一切点 x 的全体,这正是开区间 $(a-\delta, a+\delta)$.

有时用到的邻域需要把邻域中心去掉.点 a 的 δ 邻域去掉中心 a 后,称为点 a 的**去心邻域**,记作 $\overset{\circ}{\bigcup}(a,\delta)$,即

$$\overset{\circ}{\bigcup}(a,\delta) = \{x \mid 0 < |x-a| < \delta\}.$$

这里 $0 < |x-a|$ 就是表示 $x \neq a$.

二、函数概念

在给出函数的定义之前,我们先看几个例子.

【例 1.1】   某种商品的市场需求量 Q 与该商品的价格 P 满足函数关系式
$$Q = 100 - 4P.$$

通过这个关系式,根据不同的价格 P 我们可以知道商品的市场需求量 Q. 例如,当商品价格 P 为 15 时,市场需求量 $Q = 100 - 4 \times 15 = 40$.

【例 1.2】   某厂生产一种产品的最大年产量为 100,年产量 Q 与该产品获得的利润 L 之间的关系由一条曲线来确定,如图 1-4 所示.

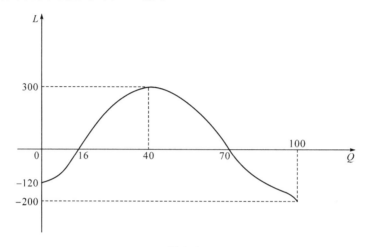

图 1-4

通过图 1-4 中的曲线我们可以知道不同产量时所得到的利润. 如产量 Q 为 40 时可获得最大利润 L 为 300,不生产或是在最大产量时分别亏损 120 和 200,只有产量在 16 至 70 之间才能获得利润,其利润的多少可以从曲线的 L 坐标值去分析.

【例 1.3】   某一时期银行的人民币整存整取定期储蓄存期与年利率的关系如表 1-1 所示.

表 1-1

存期	三个月	六个月	一年	两年	三年	五年
年利率 /%	3.35	5.20	7.35	7.82	8.24	9.00

表 1-1 确定了存期与年利率这两个变量之间的对应关系. 根据不同的存期就可以知道整存整取定期储蓄的年利率. 如存期是六个月的年利率为 5.20%,存期是两年的年利率为 7.82%.

可以发现上述三个例子具有如下共同特征:

(1)都有两个变量,前者取值一经确定,后者的值随之确定. 每个变量都有相应的变化域. 例 1.1 中商品价格 P 的变化域为 $(0,25)$,例 1.2 中产量 Q 的变化域为 $[0,100]$,而例 1.3 中人民币存期的变化域为 {三个月,六个月,一年,两年,三年,五年}.

(2)两个变量都受一个对应规则约束,或者说两个变量按一定的规则对应. 如例 1.1 中两个变量按一个关系式对应,例 1.2 中两个变量按一条曲线对应,例 1.3 中两个变量按一个表格对应.

这些共同的特征所反映出的变量之间的对应关系就是函数. 下面,我们给出函数的确切定义：

设 x 和 y 是两个变量，D 是一个给定的非空实数集，若对于每一个数 $x \in D$，按照某一确定的对应法则 f，变量 y 总有唯一确定的数值与之对应，则称 y 是 x 的**函数**，记作

$$y = f(x), x \in D.$$

其中，x 称为**自变量**，y 称为**因变量**，数集 D 称为该函数的**定义域**.

定义域 D 是使函数 $y = f(x)$ 有意义的自变量 x 的取值范围. 如果是实际问题的函数，我们一般取函数的实际定义域，也就是自变量的取值范围符合实际情况.

当 x 取值 $x_0 \in D$ 时，与 x_0 对应的 y 的数值称为函数在点 x_0 处的函数值，记作 $f(x_0)$ 或 $y|_{x=x_0}$. 当 x 遍取数集 D 中的所有数值时，对应的函数值全体构成的数集

$$w = \{y | y = f(x), x \in D\},$$

称为函数的**值域**.

有关函数的几点解释：

（一）函数的两要素

由函数的定义可知，决定一个函数的因素有三个：定义域 D、对应法则 f 和值域 w，注意到每一个函数值都可由一个 $x \in D$ 通过 f 而唯一确定，于是只要给定 D 和 f，w 就相应地被确定了，从而 D 和 f 就是决定一个函数的两个要素. 正因为如此，函数一般记作

$$y = f(x), x \in D.$$

即只给出定义域 D 和对应法则 f，而没有写出值域 w.

由于定义域和对应法则是决定一个函数的两个要素，因此，在数学中两个函数相同是指它们的定义域和对应法则分别相同.

例如，函数 $f(x) = \ln x^2$ 与 $g(x) = 2\ln|x|$ 是相同的函数，因为这两个函数的定义域都是 $(-\infty, 0) \bigcup (0, +\infty)$，根据对数的性质知 $\ln x^2 = 2\ln|x|$，即这两个函数的对应法则是相同的. 而函数 $f(x) = \ln x^2$ 与 $\varphi(x) = 2\ln x$ 是不同的函数，前者的定义域为 $(-\infty, 0) \bigcup (0, +\infty)$，而后者的定义域为 $(0, +\infty)$.

（二）函数的单值性

函数定义中有"对于每一个数 $x \in D$，按照某一确定的对应法则 f，变量 y 总有唯一确定的数值与之对应"这样的描述，所以按照该定义的函数为**单值函数**. 如果定义中没有"唯一"这一限制，即某一变量 x 有不止一个 y 值与之对应，则称这样的函数为**多值函数**. 本书讨论的绝大多数函数为单值函数.

（三）函数的表示方法

函数的表示法一般有三种：**公式法**、**图示法**和**表格法**.

1. 公式法

公式法（又称解析法），就是用数学式子来表示两个变量之间的对应关系. 如例 1.1 就是用公式法表示的函数. 在用公式法表示的函数中，有以下三种需要指明的情形：

（1）分段函数. 对于一个函数，在其定义域的不同部分用不同数学式来表达，称为**分段函数**.

例如，函数

$$f(x) = \begin{cases} x^2 + 1, & -3 < x < 0 \\ 3, & x = 0 \\ 2x - 1, & 0 < x \leqslant 5 \end{cases},$$

就是分段函数,它的定义域是$(-3, 5]$.

例如,函数

$$f(x) = \mathrm{sgn}\, x = \begin{cases} 1, & x > 0 \\ 0, & x = 0, \\ -1, & x < 0 \end{cases}$$

称为**符号函数**,这也是分段函数,它的定义域是$(-\infty, +\infty)$.

(2) 显函数与隐函数. 若因变量 y 用自变量 x 的数学式直接表示出来,即等号一端只有 y,而另一端是 x 的解析式,这样的函数称为**显函数**. 例如,$y = \sin x$,$y = \sqrt{1 - x^2}$ 都是显函数.

若两个变量 x 与 y 之间的函数关系用方程 $F(x, y) = 0$ 来表示,则这样的函数称为**隐函数**. 例如,$x^2 + y^2 = 1$,$\sin(x + y) - \mathrm{e}^{xy} = 5$ 都是隐函数.

(3) 如果对于一个由公式法表示的函数 $y = f(x)$ 的定义域没有加以特殊限制,那么该函数的定义域就是使表达式有意义的所有 x 构成的集合,我们将这种定义域称为**自然定义域**,简称为**定义域**. 如果是实际问题的函数,我们一般取函数的**实际定义域**,也就是自变量的取值范围符合实际情况.

2. 图示法

图示法(又称图像法),就是用平面坐标系中的曲线来表示两个变量之间的关系. 如例 1.2 中的函数.

3. 表格法

表格法(又称列表法),就是将自变量的一些值与对应的函数值列成表格表示变量之间的对应关系. 如例 1.3 中的函数.

在函数的三种表示方法中,公式法是对函数的精确描述,它便于对函数进行理论分析与研究. 图示法是对函数的直观描述,通过图像可以清楚地看出函数的一些性质. 表格法常常是在实际应用问题中所采用的描述方法,这是因为在许多实际问题中,变量之间的对应关系常常难以用一个确定的数学公式表达出来.

【例 1.4】 求函数 $y = \dfrac{1}{x + 2} + \sqrt{4 - x^2}$ 的定义域.

【解】 对于 $\dfrac{1}{x + 2}$,要求 $x + 2 \neq 0$,即 $x \neq -2$.

对于 $\sqrt{4 - x^2}$,要求 $4 - x^2 \geqslant 0$,从而得出 $-2 \leqslant x \leqslant 2$.

因此,函数 $y = \dfrac{1}{x + 2} + \sqrt{4 - x^2}$ 的定义域是 $(-2, 2]$.

【例 1.5】 求函数 $y = \dfrac{1}{\ln(x - 1)} + \sqrt{5 - x}$ 的定义域.

【解】 对于 $\ln(x - 1)$,要求 $x - 1 > 0$,即 $x > 1$.

对于 $\dfrac{1}{\ln(x-1)}$，要求 $\ln(x-1)\neq0$，从而得出 $x-1\neq1$，即 $x\neq2$.

对于 $\sqrt{5-x}$，要求 $5-x\geqslant0$，从而得出 $x\leqslant5$.

因此，函数 $y=\dfrac{1}{\ln(x+1)}+\sqrt{5-x}$ 的定义域是 $(1,2)\bigcup(2,5]$.

三、函数的几种特性

(一) 函数的奇偶性

若某函数 $y=f(x)$ 的定义域 D 关于原点对称，例如定义域为 $(-a,a)$ 或 $[-a,a]$ 或 $(-\infty,+\infty)$，其中 $a>0$.

(1) 如果对于定义域中任一 x，都有 $f(-x)=f(x)$ 恒成立，则称 $f(x)$ 为**偶函数**.

(2) 如果对于定义域中任一 x，都有 $f(-x)=-f(x)$ 恒成立，则称 $f(x)$ 为**奇函数**.

例如，$f(x)=x^2$ 是偶函数，$f(x)=x^3$ 是奇函数，如图 1-5 所示.

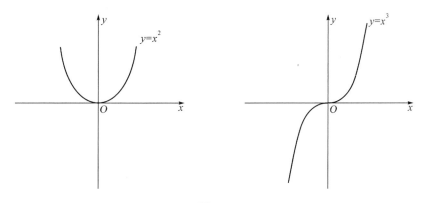

图 1-5

由定义及图 1-5 我们可以归纳出，奇函数的图形是关于原点对称的，偶函数的图形是关于 y 轴对称的.

【例 1.6】　判别下列函数的奇偶性.

(1) $y=x^4+3$；　　　　　　　　　(2) $y=\dfrac{a^x-a^{-x}}{2}$；

(3) $y=x^3-2$.

【解】　本题的定义域都是 $(-\infty,+\infty)$，是关于原点对称的.

(1) 对任意的 x 显然有 $(-x)^4=x^4$，即满足

$$f(-x)=(-x)^4+3=x^4+3=f(x).$$

所以 $y=x^4+3$ 是偶函数.

(2) 对任意的 x，用 $-x$ 代入函数，即满足

$$f(-x)=\dfrac{a^{-x}-a^{-(-x)}}{2}=-\dfrac{a^x-a^{-x}}{2}=-f(x).$$

所以 $y=\dfrac{a^x-a^{-x}}{2}$ 是奇函数.

（3）取 $x = 1$，有
$$f(1) = -1, \quad f(-1) = -3.$$

显然既不满足 $f(-x) = f(x)$，也不满足 $f(-x) = -f(x)$，所以 $y = x^3 - 2$ 既不是奇函数，也不是偶函数.

（二）函数的单调性

设函数 $f(x)$ 在区间 $I(I \subseteq D)$ 上有定义，若对于 I 中的任意两点 x_1 和 x_2，当 $x_1 < x_2$ 时，总有：

（1）$f(x_1) < f(x_2)$，则称函数 $f(x)$ 在区间 I 上是**（严格）单调增加**的；

（2）$f(x_1) > f(x_2)$，则称函数 $f(x)$ 在区间 I 上是**（严格）单调减少**的.

单调增加的函数和单调减少的函数统称为单调函数.

若沿 x 轴的正方向看，单调增加函数的图形是一条上升的曲线，单调减少函数的图形是一条下降的曲线.

例如，函数 $f(x) = x^2$ 在区间 $(0, +\infty)$ 内是单调增加的，在区间 $(-\infty, 0]$ 内是单调减少的；在区间 $(-\infty, +\infty)$ 内不是单调的.

（三）函数的周期性

我们已经知道，正弦函数 $y = \sin x$ 是周期函数，即有
$$\sin(2n\pi + x) = \sin x \quad (n = \pm 1, \pm 2, \cdots).$$

即 $\pm 2\pi, \pm 4\pi, \cdots$ 都是函数 $y = \sin x$ 的周期，而 2π 是它的最小正周期，一般称 2π 为正弦函数的周期，如图 1-6 所示.

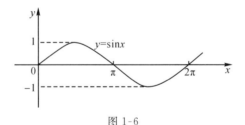

图 1-6

一般地，设函数 $y = f(x)$，在其定义域 D 内，如果存在正数 T，对任意的 x，有 $f(T+x) = f(x)$ 恒成立，则称函数 $y = f(x)$ 为**周期函数**，称 T 是它的一个**周期**.

若 T 是函数的一个周期，则 $\pm 2T, \pm 3T, \cdots$ 也都是它的周期. 对周期函数 $y = f(x)$，若它在所有的周期中存在一个最小正数，则称周期中的**最小正周期**为周期函数的**周期**.

周期为 T 的周期函数，在长度为 T 的各个区间上，其函数的图像有相同的形状. 对正弦函数 $y = \sin x$ 在长度为 2π 的各个区间上，其图像的形状显然是相同的.

对于周期函数，具有以下性质：若 $y = f(x)$ 是周期为 T 的函数，则 $y = f(ax + b)$ 也是周期函数 $(a \neq 0)$，且其周期为 $\dfrac{T}{|a|}$.

例如，因为 $y = \tan x$ 的周期为 π，则 $y = \tan(-2x + 4)$ 的周期就为 $\dfrac{T}{|-2|} = \dfrac{\pi}{2}$.

（四）函数的有界性

在区间 $(-\infty, +\infty)$ 上，函数 $y = \sin x$ 的图像（见图 1-6）介于两条平行直线 $y = -1$ 和

$y = 1$ 之间,即有 $|\sin x| \leqslant 1$,这时称 $y = \sin x$ 在 $(-\infty, +\infty)$ 内是**有界函数**. 在区间 $(-\infty, +\infty)$ 内,函数 $y = x^3$ 的图像(见图 1-5)向上、向下都是可以无限延伸的,不可能找到两条平行于 x 轴的直线,使这个图像介于这两条直线之间,这时称 $y = x^3$ 在区间 $(-\infty, +\infty)$ 内是**无界函数**.

一般地,设函数 $y = f(x)$ 在集合 D 上有定义,如果存在一个正数 M,对于所有的 $x \in D$,恒有 $|f(x)| \leqslant M$,则称函数 $f(x)$ 在 D 上是**有界函数**;如果不存在这样的正数 M,则称 $f(x)$ 在 D 上是**无界函数**.

有界函数的图像必介于两条直线 $y = -M$ 和 $y = M$ 之间,如图 1-7 所示.

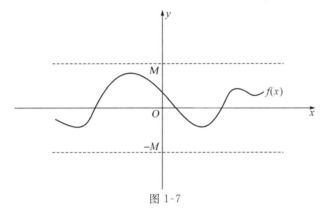

图 1-7

例如,函数 $y = \cos x$ 在定义域 $(-\infty, +\infty)$ 内是有界函数,如图 1-8 所示.

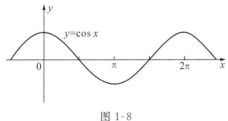

图 1-8

值得注意的是,讨论函数的有界性,不仅要考虑函数的表达式,还要考虑自变量 x 的取值范围.同一个函数在不同的范围内的有界性可能是不同的.

例如,$y = \tan x$ 在 $x \in \left(-\dfrac{\pi}{2}, \dfrac{\pi}{2}\right)$ 内是无界的,而在 $x \in \left(-\dfrac{\pi}{4}, \dfrac{\pi}{4}\right)$ 内是有界的,如图 1-9 所示.

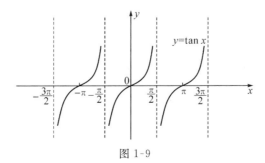

图 1-9

例如，$y=\dfrac{1}{x}$ 在区间 $[2,+\infty)$ 内有界，$\left|\dfrac{1}{x}\right|\leqslant\dfrac{1}{2}$；而在区间 $(0,1)$ 内无界，如图 1-10 所示.

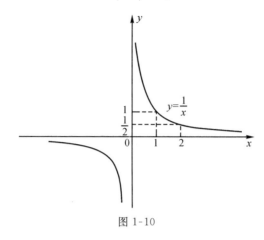

图 1-10

四、反函数

函数关系的实质就是从定量分析的角度来描述运动过程中变量之间的相互依赖关系.但在研究过程中，哪个量是自变量、哪个量是因变量（函数），是由具体问题来决定的.在具体问题分析中，有时候常常要进行变量关系的转换.

例如，对函数 $y=2^x$，x 是自变量，y 是因变量，若由此式解出 x，得到关系式
$$x=\log_2 y.$$

在上式中，若把 y 看作自变量，x 看作因变量，则由 $x=\log_2 y$ 所确定的函数称为已知函数 $y=2^x$ 的反函数.又因为在书写上，习惯用 x 表示自变量，用 y 表示因变量，通常把 $x=\log_2 y$ 改写成 $y=\log_2 x$.由图 1-11 可知，函数 $y=2^x$ 与它的反函数 $y=\log_2 x$ 的图形关于直线 $y=x$ 对称.

已知函数：
$$y=f(x),x\in D,y\in w,$$
若对每一个 $y\in w$，D 中只有一个 x 值，使得 $f(x)=y$ 成立，这就以 w 为定义域确定了一个函数，这个函数称为函数 $y=f(x)$ 的**反函数**.记作
$$x=f^{-1}(y),y\in w.$$

按习惯记法，x 作自变量，y 作因变量，函数 $y=f(x)$ 的反函数记作
$$y=f^{-1}(x),x\in w.$$

事实上，$y=f(x)$ 与 $y=f^{-1}(x)$ 互为反函数，且 $y=f(x)$ 的定义域是 $y=f^{-1}(x)$ 的值域，$y=f(x)$ 的值域是 $y=f^{-1}(x)$ 的定义域.由定义知，若函数 $y=f(x)$ 具有反函数，这意味着它的定义域 D 与值域 w 之间按对应法则 f 建立了一一对应关系.因此，单调函数必有反函数，而且单调增加（减少）函数的反函数也是单调增加（减少）的.

例如，$y=x^2$，$x\in(-\infty,+\infty)$，没有反函数；

$y=x^2$，$x\in[0,+\infty)$，有反函数：$y=\sqrt{x}$，$x\in[0,+\infty)$；

$y=x^2$，$x\in(-\infty,0]$，有反函数：$y=-\sqrt{x}$，$x\in[0,+\infty)$.

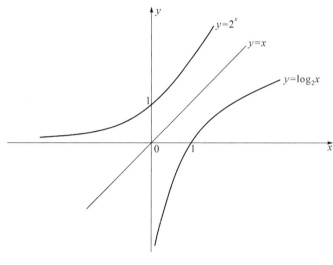

图 1-11

在同一直角坐标系下,函数 $y = f(x)$ 与其反函数 $y = f^{-1}(x)$ 的图形关于直线 $y = x$ 对称.

【例 1.7】　求函数 $y = \dfrac{2^x}{2^x + 1}$ 的反函数.

【解】　由

$$y = \frac{2^x}{2^x + 1},$$

可解得 $x = \log_2\left(\dfrac{y}{1-y}\right)$,变换 x 和 y 的位置,即得到反函数:

$$y = \log_2\left(\frac{x}{1-x}\right) \quad \text{或} \quad y = \log_2 x - \log_2(1-x).$$

其定义域为 $(0,1)$.

习题 1.1

1. 用集合符号写出下列集合.

(1) 大于 30 的所有实数的集合;

(2) 由圆 $x^2 + y^2 = 25$ 上所有的点组成的集合.

2. 按下列要求举例.

(1) 一个有限集合;　　　　　　　　(2) 一个无限集合;

(3) 一个空集.

3. 在数轴上画出满足下列条件的所有 x 的集合.

(1) $|x - a| < \delta$, a 为常数, $\delta > 0$;　　　(2) $1 < |x - 2| < 3$.

4. 求下列函数值.

(1) 若 $f(x) = x \cdot 4^{x-2}$,求 $f(2)$, $f(t^2)$, $f(-2)$, $f\left(\dfrac{1}{t}\right)$;

(2) 若 $\varphi(t) = t^3 + 1$，求 $\varphi(t^2)$，$[\varphi(t)]^2$，$\varphi(\varphi(0))$.

5.求下列函数值.

(1) 若 $f(x) = \dfrac{|x-2|}{x+1}$，求 $f(0)$，$f(a)$，$f(a+b)$；

(2) 若 $g(x) = \begin{cases} 2^x, & -1 < x < 0 \\ 2, & 0 \leqslant x < 1 \\ x-1, & 1 \leqslant x \leqslant 3 \end{cases}$，求 $g(3)$，$g(2)$，$g(0)$，$g(0.5)$，$g(-0.5)$；

(3) 若 $\psi(x) = \begin{cases} |\sin x|, & |x| < 1 \\ 0, & |x| \geqslant 1 \end{cases}$，求 $\psi(1)$，$\psi(\dfrac{3\pi}{4})$，$\psi(-\dfrac{\pi}{4})$.

6.下列各对函数是否相同，并说明理由.

(1) $f(x) = \sin^2 x + \cos^2 x$，$g(x) = 1$；　　(2) $f(x) = x-2$，$g(x) = \dfrac{x^2-4}{x+2}$；

(3) $f(x) = 2\lg x$，$g(x) = \lg x^2$；　　(4) $f(x) = \sqrt{2^{2x}}$，$g(x) = 2^x$.

7.求下列函数的定义域.

(1) $y = \dfrac{2x}{x^2-3x+2}$；　　(2) $y = \sqrt{3x+4}$；

(3) $y = \sqrt{a^2-x^2}$；　　(4) $y = \dfrac{1}{1-x^2} + \sqrt{x+4}$；

(5) $y = \lg \dfrac{x}{x-2}$；　　(6) $y = \sqrt{\sin x} + \sqrt{16-x^2}$.

8.设生产与销售产品的总收入 R 是产量 x 的二次函数，经统计得知：当产量 $x = 0,2,4$ 时，总收入 $R = 0,6,8$，试确定总收入 R 与产量 x 的函数关系.

9.求出下列函数的定义域，并画出它们的图形.

(1) $f(x) = \begin{cases} -2, & x \geqslant 0 \\ 0, & x < 0 \end{cases}$；　　(2) $f(x) = \begin{cases} 0, & -2 \leqslant x < 2 \\ (x-2)^2, & 2 \leqslant x \leqslant 4 \end{cases}$.

10.将下列函数写成分段函数，并求其定义域.

(1) $f(x) = \dfrac{|x-4|}{x-4}$；　　(2) $f(x) = x + |x-4|$；

(3) $f(x) = |x^2-1|$.

11.判断下列函数的单调性.

(1) $y = 3x-6$；　　(2) $y = 2^x - 1$；

(3) $y = \log_a x$.

12.判断下列函数中哪些是奇函数，哪些是偶函数，哪些是非奇非偶函数.

(1) $y = \dfrac{1}{x^2}$；　　(2) $y = \tan x$；

(3) $y = \lg \dfrac{1-x}{1+x}$；　　(4) $y = \dfrac{a^x + a^{-x}}{2}$；

(5) $y = x + \sin x$；　　(6) $y = x \cdot e^x$.

13.$y = \ln x$ 在下列哪些区间上是有界的？

(1) $(0, +\infty)$；　　(2) $(0,1]$；

(3) $(1, +\infty)$；　　　　　　　　　　(4) $(1, e)$.

14. 求下列函数的反函数.

(1) $y = 2x + 1$；　　　　　　　　　　(2) $y = \dfrac{x+2}{x-2}$；

(3) $y = x^3 + 2$；　　　　　　　　　　(4) $y = 1 + \lg(x+2)$.

§1.2　初等函数

用数学方法解决经济问题的重要方面,就是用微积分的方法研究经济领域中出现的一些函数关系.因此,有必要学习一些常用初等函数.

一、基本初等函数

下列几类函数称为基本初等函数.

(一) 常量函数

函数
$$y = C(C \text{ 为常数}), x \in (-\infty, +\infty),$$
称为**常量函数**或**常值函数**.其图形如图 1-12 所示.

图 1-12

例如,函数 $y = \sin^2 x + \cos^2 x$ 就是一个常量函数,因为由三角公式可知,不论 x 取何值,函数值恒等于 1,即 $y = 1$.

(二) 幂函数

函数
$$y = x^\alpha (\alpha \text{ 为实数}),$$
称为**幂函数**.该函数的定义域随 α 而异,例如

$\alpha = 1$ 时,$y = x, x \in (-\infty, +\infty)$；

$\alpha = 2$ 时,$y = x^2, x \in (-\infty, +\infty)$；

$\alpha = -1$ 时,$y = x^{-1} = \dfrac{1}{x}, x \in (-\infty, 0) \bigcup (0, +\infty)$；

$\alpha = \dfrac{1}{2}$ 时,$y = x^{\frac{1}{2}} = \sqrt{x}, x \in [0, +\infty)$.

具体图形见图 1-13(第一象限),这些函数及其图形,以后要用到.

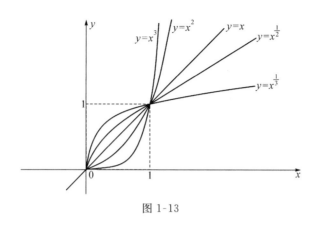

图 1-13

（三）指数函数

函数

$$y = a^x (a > 0, a \neq 1), x \in (-\infty, +\infty), y \in (0, +\infty),$$

称为**指数函数**. 该函数当 $a > 1$ 时,是单调增加的;当 $0 < a < 1$ 时,是单调减少的. 因 $a^0 = 1$ 且总有 $y > 0$,所以,指数函数的图形过 y 轴上的点 $(0,1)$ 且位于 x 轴的上方(见图 1-14).

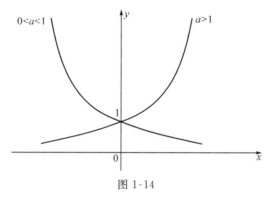

图 1-14

在后续的学习和在实际问题中我们常用到的一个指数函数为

$$y = e^x.$$

其中,底数 $e = 2.71828\cdots$ 是我们将在第二章中提到的一个重要极限值,它是一个无理数.

（四）对数函数

函数

$$y = \log_a x, (a > 0, a \neq 1), x \in (0, +\infty), y \in (-\infty, +\infty),$$

称为**对数函数**.

对数函数与指数函数互为反函数,当 $a > 1$ 时,是单调增加的;当 $0 < a < 1$ 时,是单调减少的. 因 $\log_a 1 = 0$ 且总有 $x > 0$,所以,它的图形经过 x 轴上的点 $(1,0)$ 且位于 y 轴的右侧. 如图 1-15 所示.

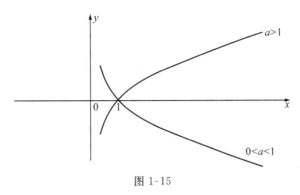

图 1-15

以 e 为底的对数函数 $y = \ln x$ 称为自然对数函数,以 10 为底的对数函数 $y = \lg x$ 称为常用对数函数.

【例 1.8】　据经济学家预测,某个经济体将持续增长,t 年后,以 10 亿美元度量的国民生产总值(GNP)为

$$GNP = 80e^{0.02t},$$

预计多少年后 GNP 将达到 880 亿美元?

【解】　对于 t,我们需要解 $88 = 80e^{0.02t}$,两边除以 80 得

$$1.1 = e^{0.02t}.$$

由自然对数的定义,我们知道,若 $M = e^n$,则 $n = \ln M$. 因此,我们对上式用该方程变化得

$$0.02t = \ln 1.1 = 0.09531\cdots(借助计算器计算).$$

所以,$t = \dfrac{0.09531}{0.02} = 4.77$. 因而,我们推断 4.77 年后 GNP 将达到 880 亿美元水平.

(五) 三角函数

正弦函数:$y = \sin x$,$x \in (-\infty, +\infty)$,$y \in [-1,1]$(见图 1-6).

余弦函数:$y = \cos x$,$x \in (-\infty, +\infty)$,$y \in [-1,1]$(见图 1-8).

正切函数:$y = \tan x$,$x \neq k\pi + \dfrac{\pi}{2}$,$k = 0, \pm 1, \pm 2, \cdots$,$y \in (-\infty, +\infty)$(见图 1-9).

余切函数:$y = \cot x$,$x \neq k\pi$,$k = 0, \pm 1, \pm 2, \cdots$,$y \in (-\infty, +\infty)$(见图 1-16).

$y = \sin x$ 与 $y = \cos x$ 都是以 2π 为周期的周期函数,且都是有界函数:$|\sin x| \leqslant 1$,$|\cos x| \leqslant 1$. $y = \sin x$ 是奇函数,$y = \cos x$ 是偶函数.

$y = \tan x$ 是以 π 为周期的函数,是奇函数. 而余切函数 $y = \cot x$ 与正切函数 $y = \tan x$ 互为倒数关系,即 $y = \cot x = \dfrac{1}{\tan x}$,也是以 π 为周期的函数,是奇函数.

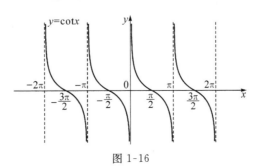

图 1-16

二、复合函数

在很多实际问题中,两个变量的联系有时不是直接的.

例如,函数 $y = e^{\sin x}$,x 是自变量,y 是 x 的函数,为了确定 y 的值,对给定的 x 值,应先计算 $\sin x$,若令 $u = \sin x$,再由已求得的 u 值计算 e^u,便得到 y 的值:$y = e^u$.

这里,可把 $y = e^u$ 理解成 y 是 u 的函数,把 $u = \sin x$ 理解成 u 是 x 的函数,那么函数 $y = e^{\sin x}$ 就是把函数 $u = \sin x$ 代入 $y = e^u$ 中而得到的.按这种理解,函数 $y = e^{\sin x}$ 就是由 $y = e^u$ 和 $u = \sin x$ 这两个函数复合在一起构成的,称为复合函数.

一般地,设 y 是 u 的函数 $y = f(u)$,u 是 x 的函数 $u = \varphi(x)$.如果 $u = \varphi(x)$ 的值域或其部分包含在 $y = f(u)$ 的定义域中,则 y 通过中间变量 u 构成 x 的函数,称为 x 的**复合函数**,记作 $y = f[\varphi(x)]$.其中,x 是自变量,u 称作**中间变量**.

注:① 不是任何两个函数都可以构成一个复合函数,例如 $y = \ln u$ 和 $u = -(x^2 + 1)$ 就不能构成复合函数,因为对任意 x,函数 $u = -(x^2 + 1) < 0$;而 $y = \ln u$ 中必须 $u > 0$ 才有意义.

② 复合函数不仅可以有一个中间变量,还可以有多个中间变量,例如 $y = e^u$,$u = \sin v$,$v = \sqrt{x}$,复合成函数 $y = e^{\sin\sqrt{x}}$,这里 u,v 都是中间变量.

③ 复合函数通常不一定是由纯粹的基本初等函数复合而成,更多的是由基本初等函数经过四则运算形成的简单函数构成的.因此,复合函数的合成和分解往往是对简单函数来说的.

【**例 1.9**】 指出下列复合函数是由哪些简单函数复合而成.

(1)$y = \sin(x^3 + 4)$;   (2)$y = 5^{\cot\frac{1}{x}}$.

【**解**】 (1) 设 $u = x^3 + 4$,则 $y = \sin(x^3 + 4)$ 由 $y = \sin u$,$u = x^3 + 4$ 复合而成的.

(2) 设 $u = \cot\frac{1}{x}$,则 $y = 5^u$;设 $v = \frac{1}{x}$,则 $u = \cot v$,所以,$y = 5^{\cot\frac{1}{x}}$ 可以看成是由 $y = 5^u$,$u = \cot v$,$v = \frac{1}{x}$ 三个函数复合而成的.

三、初等函数

由基本初等函数经过有限次的四则运算及有限次的复合,并且能用一个解析式子表示的函数叫作**初等函数**.

例如,$y = \sin(\ln\sqrt{x^2 - 1})$,$y = \dfrac{1 - \cos x}{\sin(x^2)}$,$y = e^{\sin 3x} - x^2$,都是初等函数.

不是初等函数的函数一般叫**非初等函数**.

例如,符号函数 $y = \operatorname{sgn} x$,取整函数 $y = [x]$,大部分的分段函数等都不是初等函数,如 $y = \begin{cases} x^2, & x \leqslant 0 \\ x - 1, & x > 0 \end{cases}$ 就不是初等函数.但不能认为所有的分段函数都不是初等函数.例如,$y = \begin{cases} x, & x \geqslant 0 \\ -x, & x < 0 \end{cases}$ 就是初等函数.因为 $y = \begin{cases} x, & x \geqslant 0 \\ -x, & x < 0 \end{cases} = |x| = \sqrt{x^2}$,它可以由 $y = \sqrt{u}$,$u = x^2$ 复合而成.

📖 习题1.2

1. 指出下列函数的定义域和值域.

(1) $y = \ln\sin x$;

(2) $y = e^{3x}$;

(3) $y = \cos\log_8 x$;

(4) $y = \log_3\tan x$;

(5) $y = \ln x$;

(6) $y = \dfrac{\ln(1-x)}{\sqrt{x+3}}$.

2. 下列函数在给出的哪个区间上是单调增加的?

(1) $\sin x, \left[-\dfrac{\pi}{2}, \dfrac{\pi}{2}\right], [0, \pi]$;

(2) $\cos x, \left[-\dfrac{\pi}{2}, \dfrac{\pi}{2}\right], [\pi, 2\pi]$;

(3) $\tan x, \left(-\dfrac{\pi}{2}, \dfrac{\pi}{2}\right), (0, \pi)$;

(4) $\log_2 x, (0, +\infty), (-\infty, +\infty)$.

3. 请在同一个直角坐标系中画出下列图形.

(1) $f(x) = \log_2 x, g(x) = \log_{\frac{1}{2}} x$;

(2) $f(x) = \sin x, g(x) = \cos x$;

(3) $f(x) = e^x, g(x) = (\dfrac{1}{3})^x$;

(4) $f(x) = 3, g(x) = x^2 + 3$.

4. 已知 $f(x) = \log_a x$,证明:

(1) $f(x) + f(y) = f(x \cdot y)$;

(2) $f(x) - f(y) = f(\dfrac{x}{y})$.

5. 已知 $f(x) = a^x$,证明:

(1) $f(x+y) = f(x)f(y)$;

(2) $\dfrac{f(x)}{f(y)} = f(x-y)$.

6. 下列函数可以看成是由哪些简单函数复合而成?

(1) $y = \sqrt{3x-1}$;

(2) $y = a\sqrt[3]{1+x}$;

(3) $y = (1 + \ln x)^5$;

(4) $y = e^{e^{-x^2}}$;

(5) $y = \sqrt{\ln\sqrt{x}}$;

(6) $y = \lg^2\cos x^3$.

7. 分别就 $a = 2, a = \dfrac{1}{2}, a = -2$ 讨论 $y = \lg(a - \sin x)$ 是不是复合函数.如果是复合函数,求其定义域.

§1.3 常用经济函数

用数学方法解决实际问题,通常先把实际问题化成数学问题,即建立数学模型.建立数学模型的过程中,非常重要的一个方面就是找出实际问题的函数关系.下面介绍几种常用的经济函数.

一、需求函数

一种商品的市场需求量 Q 与该商品的价格 P 密切相关,一般说来,商品价格低,需求量大;商品价格高,需求量小.如果不考虑其他因素的影响,我们将需求量与商品价格之间的函数关系 $Q = f(P)$ 称为**需求函数**.

一般地,需求函数是单调减少函数.通过经验总结,常用的需求函数有如下类型:

线性函数:$Q = b - aP(a, b > 0)$;

幂函数:$Q = kP^{-a}(a, k > 0)$;

指数函数:$Q = ae^{-bP}(a, b > 0)$.

注:需要说明的是,以上三个函数都是一些简单的函数,可能现实生活中的价格与需求数量之间的关系远比这些复杂,但至少这几个函数可以看成现实关系的某些近似.找出现实世界的主要特征并做适当的简化和假设被称为建模.在经济学上,这些模型的建立用于帮助解释和预测现实世界的行为,在模型数学简化和精确上不可避免地存在冲突,模型越接近现实,所用的数学就越复杂.

【例 1.10】   画出需求函数 $Q = -\dfrac{1}{2}P + 25$ 的图像,并求出:

(1)$Q = 9$ 时的 P 值;   (2)$P = 10$ 时的 Q 值.

【解】   函数图像如图 1-17 所示.

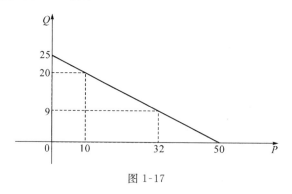

图 1-17

从图 1-17 可以看出,对于需求函数 $Q = -\dfrac{1}{2}P + 25$,其斜率为 $-\dfrac{1}{2}$,当价格每增加(减少)一个单位时,需求量就减少(增加)$\dfrac{1}{2}$ 个单位;当价格为 50 时需求量降为 0;当价格为 0 时,最大需求量为 25.(1)$Q = 9$ 时的 P 值为 32;(2)$P = 10$ 时的 Q 值为 20.

二、供给函数

一种商品的市场供给量 Q 也受商品价格 P 的制约.一般说来,商品价格低,生产者不愿生产,供给少;商品价格高,供给多.如果不考虑其他因素的影响,我们将供给量与商品价格之间的函数关系 $Q = f(P)$ 称为**供给函数**.

一般供给函数为单调增加函数.常见的供给函数有如下类型:

线性函数:$Q = aP - b(a, b > 0)$;

幂函数:$Q = kP^a(a, k > 0)$;

指数函数:$Q = ae^{bP}(a, b > 0)$.

均衡价格 P_0 是指市场上需求量与供给量相等时的价格,此时需求量与供给量都为 Q_0,

称为**均衡商品量**.

【例 1.11】 设某商品的需求函数为 $Q = b - aP(a, b > 0)$,供给函数为 $Q = cP - d$ $(c, d > 0)$,求均衡价格 P_0.

【解】 在均衡价格 P_0 处,需求量等于供给量,即 $b - aP_0 = cP_0 - d$.

解出 P_0,得 $P_0 = \dfrac{b+d}{a+c}$. 所以均衡价格 P_0 为 $\dfrac{b+d}{a+c}$.

【例 1.12】 已知某商品的需求与供给函数表达如下:

$$P = -2Q_D + 50, \quad P = \frac{1}{2}Q_S + 25.$$

其中,P、Q_D、Q_S 分别表示商品的价格、需求量、供给量.

(1)求均衡价格与均衡数量;

(2)当政府决定向企业每单位商品征收 5 元的固定税收时,请分析此举动给市场均衡带来的影响.

【解】 (1)先进行函数关系的转化,得出:

$$Q_D = -\frac{1}{2}P + 25, \quad Q_S = 2P - 50.$$

我们可以令 $Q_D = Q_S$,解得均衡价格 $P_0 = 30$,均衡数量 $Q_0 = 10$.

(2)若政府向企业每单位商品征收 5 元的固定税收,则企业销售每单位的收入即为消费者所支付的 P 元减去 5 元税费之后的量,也就是 $P - 5$. 从数学上讲,这一问题可以通过将供给函数中的 P 替换成 $P - 5$ 来进行解答. 替换后得到的新的供给函数为

$$P - 5 = \frac{1}{2}Q_S + 25,$$

即 $Q_S = 2P - 60$. 而需求函数不会发生改变. 此情况下的均衡价格与均衡数量的求法与上面类似,可以令 $Q_D = Q_S$,解得均衡价格 $P_0 = 34$,均衡数量 $Q_0 = 8$.

可以看出,均衡价格和数量都发生了改变,它使得均衡价格升至 34 元,而且并不是所有的税收都转移到了消费者身上. 消费者为购买一个单位商品多付出了 4 元钱,而剩下的 1 元税收必定是由企业来支付.

到目前我们所讨论的需求与供给函数都是很粗糙的,但现实中某些特殊商品的需求函数并不一定是递减的,供给函数也不一定是递增的,而且它们也并不一定就由自身的价格所决定,在实际中 Q 还依赖于其他因素. 这些因素包括:消费者的收入、替代商品的价格、互补商品的价格、消费者的喜好等.

三、成本函数

某产品的**总成本**是指生产一定数量的产品所需的费用(劳动力、原料、设备等)总额,它一般是与生产的产品数量联系起来的. 总成本可分成两类:第一类是厂房、设备、运输工具等固定资产的折旧,管理者的固定工资等. 这一类成本的特点是短期内不发生变化,即不随商品量的变化而变化,称为**固定成本**,用 C_0 表示. 第二类是能源费用、原材料费用、劳动者的计件工资等. 这一类成本的特点是随商品产量的变化而变化,称为**变动成本**,用 $C_1(Q)$ 表示,其中 Q 表示产量. 这两类成本的总和就是总成本,用 $C(Q)$ 表示,所以

$$C(Q) = C_0 + C_1(Q).$$

总成本表示的是一个成本总值,肯定与生产规模有关.但往往在要关注生产效率的时候,考虑的是生产每件产品的**平均成本**,即平均每单位产品的成本.

通常,平均成本函数等于总成本除以总产量:

$$\bar{C} = \bar{C}(Q) = \frac{C(Q)}{Q} = \frac{C_0}{Q} + \frac{C_1(Q)}{Q}.$$

【例 1.13】 给定固定成本为 1000,可变成本每单位为 4,把总成本 $C(Q)$ 和平均成本 $\bar{C}(Q)$ 表示为 Q 的函数,并画出它们的图形.

【解】 根据成本函数的建立思想,可以得出:

总成本函数:$C(Q) = 1000 + 4Q$.

平均成本函数:$\bar{C}(Q) = \dfrac{C(Q)}{Q} = \dfrac{1000}{Q} + 4$.

总成本函数图形见图 1-18.

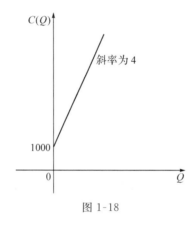

图 1-18

平均成本函数图形见图 1-19.

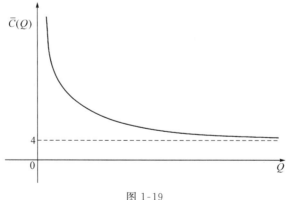

图 1-19

从图 1-18 和图 1-19 可以看出:① 随着产量的增大总成本也不断增大,且每增加一单位产品,成本增加 4;② 平均成本随着产量的增加而逐渐减少,当生产数量足够大时,平均成本接近 4,即平均成本约等于单位成本.

四、收益函数

总收益是生产者销售一定量产品所得到的全部收入. 设 P 为商品价格, Q 为商品量, R 为总收益, $\bar{R}$ 为平均收益, 需求函数 $P = P(Q)$, 则总收益函数:
$$R = R(Q) = PQ = Q \cdot P(Q).$$

【例 1.14】 给定需求函数 $P = 100 - 2Q$, 把总收益 R 表示成 Q 的函数.

(1) Q 为何值时, 总收益 R 为 0;

(2) Q 为何值时, 总收益 R 取得最大值.

【解】 总收益 $R = R(Q) = PQ = Q \cdot P(Q) = Q(100 - 2Q) = 100Q - 2Q^2$.

(1) 根据二次函数的性质或是通过函数图像都可以得出: 当 $Q = 0$, 或 $Q = 50$ 时, 总收益为 0;

(2) 当 $Q = (0 + 50)/2 = 25$ 时, 总收益取得最大值 $R = (100 - 2 \times 25) \times 25 = 1250$.

该题的第二问是有关求函数最值问题, 因为本题的函数是二次函数, 大家利用二次函数的性质或是图像可以找出最值点, 但当函数相对复杂一些的时候, 它们的最值问题在本书后面将会介绍.

五、利润函数

在产量和销量一致时, 利润 L 是产量 (销售量) Q 的函数. 而且, **利润函数**应等于收益函数与成本函数之差. 即
$$L = L(Q) = R(Q) - C(Q).$$

【例 1.15】 某工厂生产某种产品, 固定成本 20000 元, 每生产一单位产品, 成本增加 100 元. 已知总收益 R 是年产量 Q 的函数:
$$R = R(Q) = \begin{cases} 400Q - \dfrac{1}{2}Q^2, & 0 \leqslant Q \leqslant 400 \\ 80000, & Q > 400 \end{cases}.$$

求利润函数.

【解】 总成本函数为
$$C = C(Q) = 20000 + 100Q.$$

则利润函数为
$$L = L(Q) = R(Q) - C(Q) = \begin{cases} 300Q - \dfrac{Q^2}{2} - 20000, & 0 \leqslant Q \leqslant 400 \\ 60000 - 100Q, & Q > 400 \end{cases}.$$

一般而言, 可以将利润函数分为三种情况讨论:

(1) $L(Q) = R(Q) - C(Q) > 0$, 此时生产者盈利;

(2) $L(Q) = R(Q) - C(Q) < 0$, 此时生产者亏损;

(3) $L(Q) = R(Q) - C(Q) = 0$, 此时生产者既不盈利也不亏损, 即收支相抵. 我们将 $L(Q) = R(Q) - C(Q) = 0$ 的点 Q_0 称为**盈亏平衡点**(又称为保本点).

【例 1.16】 已知某商品的成本函数与收益函数分别是
$$C = 12 + 3Q + Q^2, \quad R = 11Q.$$

试求该商品的盈亏平衡点,并说明盈亏情况.

【解】　先建立利润函数,根据已知条件得

$$L(Q) = R(Q) - C(Q)$$
$$= 11Q - (12 + 3Q + Q^2)$$
$$= 8Q - 12 - Q^2 = (Q-2)(6-Q).$$

可以看出,当 $Q = 2$ 或是 $Q = 6$ 时,$L(Q) = 0$,为该经济问题的盈亏平衡点. 当 $Q < 2$ 时亏损,当 $2 < Q < 6$ 时盈利,而当 $Q > 6$ 时又转为亏损.

六、库存函数

存储在社会各个系统中都是一个重要的问题. 这里只讲述最简单的库存模型,即"成批到货,一致需求,不许缺货"的库存模型.

所谓"成批到货",就是工厂生产的每批产品,先整批存入仓库;"一致需求",就是市场对这种产品的需求在单位时间内数量相同,因而产品由仓库均匀提取投放市场;"不许缺货",就是当前一批产品由仓库提取完后,下一批产品立即进入仓库.

在这种假设下,仓库的库存水平变动情况如图 1-20 所示,并规定仓库的平均库存量为每批产量的一半.

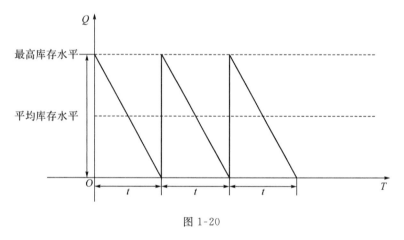

图 1-20

现假设在一个计划期内,工厂的生产总量为 D;分批投产,每次投产数量,即批量为 Q;每批生产准备费为 C_1;每件产品的库存费为 C_2,且按批量的一半 $\dfrac{Q}{2}$ 收取库存费;库存总费用是生产准备费和库存费之和,记作 E. 我们的问题是:如何决策每批的生产数量,使得库存总费用 E 最小?

由上述已知条件知:

库存费 = 每件产品的库存费 × 批量的一半 = $C_2 \cdot \dfrac{Q}{2}$.

生产准备费 = 每批生产准备费 × 生产批数 = $C_1 \cdot \dfrac{D}{Q}$.

于是,总费用函数为

$$E = E(Q) = \frac{D}{Q}C_1 + \frac{Q}{2}C_2, \quad Q \in (0, D].$$

【例 1.17】　某厂生产摄像机,年产量 1000 台,每台成本 800 元,每一季度每台摄像机的库存费是成本的 5%;工厂分批生产,每批生产准备费为 5000 元;市场对产品一致需求,不许缺货.试求一年库存总费用.

【解】　设每批生产量为 Q,由题目知,$D = 1000$ 台,$C_1 = 5000$ 元,每年每台摄像机库存费用为

$$C_2 = 800 \times 5\% \times 4 = 160.$$

所以一年库存总费用

$$E = E(Q) = \frac{D}{Q}C_1 + \frac{Q}{2}C_2$$

$$= \frac{1000}{Q} \times 5000 + \frac{Q}{2} \times 160 = \frac{5000000}{Q} + 80Q \quad (0 < Q \leqslant 1000).$$

七、生产函数和效用函数

生产函数是一定技术条件下生产要素投入量与产品的最大产出之间的物质数量关系,可记为多元函数 $Q = f(L, K, \cdots, T)$.它表示厂商生产某产品的产量 Q 取决于劳动 L、资本 K 等要素的投入和技术水平 T.在短期内,假定资本设备不变,只有一种要素可变动即劳动力可变,则上述生产函数可记为一元函数 $Q = f(L)$.

效用是指消费者从消费某物品中所获得的满足感,它是消费者所消费的商品数量的函数,称为**效用函数**.如果只考虑一种商品,则效用函数记为一元函数 $U = f(x)$,其中 U 为效用,x 为消费的商品数量;如果考虑两种商品,则效用函数记为二元函数 $U = f(x, y)$,其中 x, y 为两种商品消费的数量.

八、消费函数与储蓄函数

在经济研究中经常要建立函数去分析个人或家庭的消费水平.影响消费水平的因素很多,如收入水平、价格变化、习惯爱好等,其中收入水平是决定消费水平的主要因素.收入水平越高,则相应的消费水平就越高,两者之间成正相关关系.为分析简单,经济学家常假定一般的消费函数具备如下形式:

$$C = a + bY.$$

该函数反映的是消费 C 与收入 Y 之间的函数关系.消费可分为两部分,第一部分 a 与收入无关,表示家庭的自发消费,是家庭为了生计进行的消费;第二部分 bY 与收入正相关,收入越多,消费水平就越高.

对家庭来说,收入除了用于消费之外还可用于储蓄.用 S 表示储蓄,则

$$Y(收入) = C(消费) + S(储蓄).$$

代入消费函数 $C = a + bY$ 得储蓄函数为

$$S = -a + (1 - b)Y.$$

从表达式看,储蓄函数的截距 $-a$ 是个负数;其斜率 $(1 - b)$ 是个正数,表示储蓄随着收入的增加而增加.

注:本节提到的这些经济函数的进一步计算和应用分析,将在本书后面对应的数学知识点再做具体的介绍.

在进行经济分析的时候,往往要建立一些数学模型,在建模时一个十分关键的问题就是要建立变量之间的函数关系.如果能从已有的数据中提取一个函数表达式出来,那么在后续的经济分析中就可以用这个函数近似地描述经济变量之间的关系形式.大致思路是先整理数据,然后根据整理后的数据画出数据图像,然后寻找合适的函数去拟合.这些工作可以利用 MATLAB、SAS 等数学软件去完成,其实我们常用的 Excel 里可以通过做散点图,再添加趋势线得出一些简单函数的表达式.下面通过一个例题简单展示其过程,详细过程读者可参考其他方面的书籍.

例如,收集到了 2002—2010 年某公司的投资额度数据,如果想用函数来表示投资额与年份之间的关系,可以按以下步骤进行操作.

(1)输入数据,绘制散点图(见图 1-21);

(2)点击图中数据点,在菜单"图表"中添加趋势线,在对话框中选择 2 阶多项式,并在选项中选中"显示公式"和"显示 R 平方值"(见图 1-22).

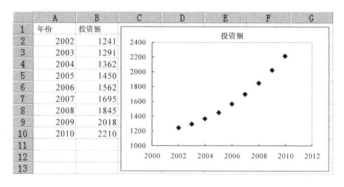

图 1-21

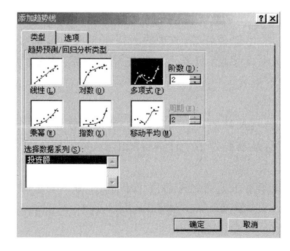

图 1-22

由图 1-23 可知,年份 x 与投资额 y 之间的函数关系为

$$y = 10.206x^2 - 40620x + 40000000.$$

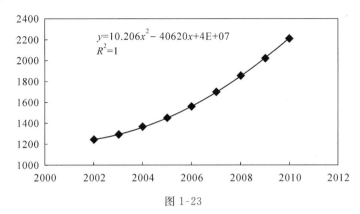

图 1-23

习题 1.3

1.某产品年产量为 x 台,每台售价为 400 元,当年产量在 1000 台内时,可以全部售出;当年产量超过 1000 台时,经广告宣传后又可以再多售出 200 台,每台平均广告费为 40 元;生产再多,本年就售不出去.试将本年的销售总收入 R 表示为年产量 x 的函数.

2.化肥厂生产某产品 1000 吨,每吨定价为 130 元,销售量在 700 吨以内时,按原价出售;超过 700 吨时,超过的部分需打 9 折出售.试将销售总收益与总销售量的函数关系用数学表达式写出.

3.某商品的需求规律为 $P + 3Q = 75$,供求规律为 $9Q = 2P - 15$.求市场平衡的均衡价格.

4.已知某种商品的需求和供给函数分别为

$$P = -4Q_D + 120, \quad P = \frac{1}{3}Q_S + 29.$$

其中,P、Q_D、Q_S 分别表示商品的价格、需求量、供给量.

(1) 求均衡价格与均衡数量;

(2) 当政府决定向每单位商品征收 13 元的固定税收时,求新的均衡价格与均衡数量,并分析是谁支付了税收.

5.已知某种商品的需求和供给函数分别为

$$P = -\frac{1}{2}Q_D + 20, \quad P = \frac{1}{3}(Q_S + 10).$$

其中,P、Q_D、Q_S 分别表示商品的价格、需求量、供给量.

当政府决定向每单位商品征收 α 元的固定税收时,分别求新的均衡价格与均衡数量,并分析是谁支付了税收.

(1)$\alpha = 0$;　　　(2)$\alpha = 5$;　　　(3)$\alpha = 10$;　　　(4)$\alpha = 2.5$.

6.某商品的成本函数(单位:元)为

$$C = 81 + 3Q.$$

其中,Q 为该商品的数量.

（1）如果商品的售价为 12 元 / 件，该商品的保本点是多少？

（2）售价为 12 元 / 件时，售出 10 件商品时的利润为多少？

（3）该商品的售价为什么不应该是 2 元 / 件？

7. 某商品的成本函数和收益函数分别为

$$C = 7 + 2Q + Q^2, \quad R = 10Q.$$

试求：（1）该商品的利润函数；

（2）销量为 4 时，该商品的总利润及平均利润；

（3）销量为 10 时，该商品是盈利还是亏损.

8. 现通过市场调查得到某种商品的价格（单位：元）与对应的市场需求量和供给量（单位：千件）数据如下：

价格（元）	5	6	8	10	12	15	20	30	40
需求量（千件）	175	168	160	150	140	120	100	52	0
供给量（千件）	35	48	79	118	160	300	500	960	1600

试用计算机拟合出适应的需求函数和供给函数，并利用该函数算出该商品的市场均衡价格和均衡数量.

§1.4　利息与贴现

利息与贴现理论在本书里面有多处出现，它在投资分析、资产评估等诸多领域有着广泛的应用.本节结合数学知识对其理论做一个初步介绍.

一、单利与复利

利息是指借款者向贷款者支付的报酬，它是根据本金的数额按一定的比例计算出来的.利息又有存款利息、贷款利息、债券利息、贴现利息等几种主要形式.

（一）单利计算公式

设初始资金为 A（元），银行年利率为 r，第一年末的利息为 rA，本利和为

$$A_1 = A + rA = A(1 + r).$$

第二年，利息不计入本金，即本金仍为 A，第二年末的利息仍为 rA，本利和为

$$A_2 = A + rA + rA = A(1 + 2r).$$

按上述方法重复计算，第 n 年末的本利和 A_n 为

$$A_n = A(1 + nr).$$

这就是以年为期的**单利计算公式**.

（二）复利计算公式

设初始资金为 A（元），银行年利率为 r，第一年末的利息为 rA，本利和为

$$A_1 = A + rA = A(1 + r).$$

第二年,利息计入本金,即本金为 $A(1+r)$,第二年末的利息为 $rA(1+r)$,本利和为

$$A_2 = A(1+r) + rA(1+r) = A(1+r)^2.$$

按上述方法重复计算,第 n 年末的本利和 A_n 为

$$A_n = A(1+r)^n.$$

这就是以年为期的**复利计算公式**.

【例 1.18】 现有初始本金 100 元,若银行储蓄年利率为 7%,问:

(1) 按单利计算,3 年末的本利和为多少?

(2) 按复利计算,3 年末的本利和为多少?

(3) 按单利和复利分别计算,各需要多少年能使本利和超过初始资金的一倍?

【解】 本金 $A = 100$,$r = 0.07$;

(1) 按单利计算:

$$A_3 = A(1+3r) = 100(1+3\times0.07) = 121,$$

即 3 年末的本利和为 121 元.

(2) 按复利计算:

$$A_3 = A(1+r)^3 = 100(1+0.07)^3 \approx 122.5,$$

即 3 年末的本利和为 122.5 元.

(3) 先按单利计算,若 n 年后的本利和超过初始本金的一倍,则得到

$$A_n \geqslant 2A,$$

即 $\qquad A(1+nr) \geqslant 2A,$

整理得 $\qquad (1+nr) \geqslant 2.$

当 $r = 0.07$ 时,代入上式得

$$(1+0.07n) \geqslant 2,$$

$$n \geqslant \frac{1}{0.07} \approx 14.3.$$

按年度整数计算,可知 15 年后本利和可超过初始本金的一倍.

再按复利计算,若 n 年后的本利和超过初始本金的一倍,则类似得到

$$A_n \geqslant 2A,$$

即 $\qquad A(1+r)^n \geqslant 2A,$

整理得 $\qquad (1+r)^n \geqslant 2.$

当 $r = 0.07$ 时,代入上式得

$$(1.07)^n \geqslant 2,$$

上式两边取自然对数得

$$n\ln1.07 \geqslant \ln2,$$

故 $\qquad n \geqslant \dfrac{\ln2}{\ln1.07} \approx 10.2.$

由此可知 11 年后本利和可超过初始本金的一倍.

从上述例题求解过程可以看出,本利和翻一番所需的时间与本金的多少无关,只与年利率 r 有关. 不管是单利还是复利,情况都是这样.

二、多次付息

在前面的讨论中,对确定的年利率,我们假定利息的支付是每年一次的.但有时情况却并不是这样,例如某些银行半年付一次利息.如果是单利付息,由于每次的利息都不计入本金,所以若一年分 n 次付息,年末的本利和为

$$A_1 = A(1 + n\frac{r}{n}) = A(1 + r),$$

即年末的本利和与支付利息的次数无关.而复利付息情况就不一样了,因为每次支付的利息都计入本金,所以年末的本利和与支付利息的次数是有关系的.例如,假定复利年利率是 7%,初始本金为 100 元,如果每半年付息一次,则半年末的本利和为

$$100(1 + \frac{0.07}{2}) = 103.5(\text{元}).$$

一年末的本利和为

$$103.5(1 + \frac{0.07}{2}) = 100(1 + \frac{0.07}{2})^2 \approx 107.12(\text{元}),$$

即一年末的本利和为 107.12 元.

如果利率和本金都不变,而每季度付一次利息,那么一年末的本利和为

$$A_1 = 100(1 + \frac{0.07}{4})^4 \approx 107.19(\text{元}).$$

若每月付息一次,则一年末的本利和为

$$A_1 = 100(1 + \frac{0.07}{12})^{12} \approx 107.23(\text{元}).$$

设本金为 A,年利率为 r,如果一年分 m 次付息,那么一年末的本利和由公式

$$A_1 = A(1 + \frac{r}{m})^m$$

给出,显然本利和是随 m 的增大而增大的.

按照上面公式可以得出,一年分 m 次付息第 n 年末的本利和为

$$A_n = A(1 + \frac{r}{m})^{mn}.$$

这就是以年为期的**多次付息的复利计算公式**.

三、贴现

票据的持有人,为了在票据到期以前获得资金,从票面金额中扣除未到期的利息后,得到所余金额的现金,这就是所谓的**贴现**.

钱存在银行里可以获得利息,如果不考虑贬值因素,那么若干年后的本利和就高于本金.例如,银行存款的复利年利率为 7%,我们将 100 元钱存入银行,一年后得到 107 元.这就是说本金 100 元的钱一年后的本利和为 107 元.如果从相反的角度看待这个问题,在若干年后使用的未来值(相当于本利和)就有一个低的现值.前面提到的情形,银行年利率为 7%,那么一年后的未来值 107 元的现值就是 100 元.那么,第 n 年后价值为 R 元钱的现值怎样确定呢?

假设在这 n 年之间复利年利率 r 不变,就可以得到一个 A 值,这个值就是 n 年后价值为 R 元钱的现值,从而得到在复利下的**现值计算公式**

$$A = \frac{R}{(1+r)^n}.$$

其中,R 表示第 n 年后到期的票据金额(未来值),r 表示贴现率,而 A 表示在进行票据转让时银行付给的贴现金额(现值).

例如,如果年复利为 7%,那么 5 年后的 100 元钱的现值就是

$$A = \frac{100}{(1+0.07)^5} \approx 71.3(元).$$

【例 1.19】 某人手中有三张票据,其中一年后到期的票据金额为 500 元,二年后到期的是 800 元,五年后到期的是 2000 元,已知银行的贴现率为 6%.现在将三张票据向银行做一次性转让,银行的贴现总金额为多少?

【解】 根据现值计算公式 $A = \dfrac{R}{(1+r)^n}$ 得贴现总额为

$$P = \frac{R_1}{(1+r)} + \frac{R_2}{(1+r)^2} + \frac{R_3}{(1+r)^5}.$$

其中,$R_1 = 500, R_2 = 800, R_3 = 2000, r = 0.06$,故

$$P = \frac{500}{(1+0.06)} + \frac{800}{(1+0.06)^2} + \frac{2000}{(1+0.06)^5} \approx 2678.21(元),$$

即银行的贴现金额为 2678.21 元.

四、贷款计算模型

按揭贷款常用的两种还贷计算公式:

$$等额还贷月供 = \frac{贷款总额 \times 月利率 \times (1+月利率)^{贷款月数}}{(1+月利率)^{贷款月数} - 1}.$$

$$等本还贷当月月供 = \frac{贷款总额}{贷款月数} + 上月还本后的本金金额 \times 月利率.$$

下面对以上两个公式是怎样得出来的做一些推导,然后再给出算例.为便于叙述,先假定一些条件,这里假定贷款总额为 A 元,贷款月数为 m 个月,月利率为 p,按月复利计算.

(一) 等额还贷

这种方式借到钱后每过一个月还款一次.各次还款额中包含本金、利息两部分,特点是各次还款额相等.其中所含的本金 = 月供 − 上月还本后的本金余额 × 月利率.探讨本问题的目的是求出月供计算公式.

先从贷款之日起到贷款还清之日止看还款情况,即计算贷款总额的未来值,相当于假定借款期间不还贷,到期一次需要还清的金额数为 $A(1+p)^m$ 元.再从贷款还清时往回看各次还款情况,即把每次还贷的钱折算成贷款全部还清时的未来值.

设每次还款额度都为 x 元,那么最后一次所还的 x 元不产生利息.

第 m 次还款 x 元的未来值就为 x 元;

第 $m-1$ 次还款 x 元到全部还清借款的时间还有一个月,其未来值为 $x(1+p)$ 元;

第 $m-2$ 次还款到全部还清借款还隔两个月,其未来值为 $x(1+p)^2$ 元;

……

那么,第二次还款离全部还清借款还隔 $m-2$ 个月,其未来值为 $x(1+p)^{m-2}$ 元;

同理,首次还款离全部还清借款还隔 $m-1$ 个月,其未来值为 $x(1+p)^{m-1}$ 元.

观察上述各次还款,可知其成等比数列.它的首项是 x,公比是 $(1+p)$,项数是 m. 根据等比数列求和公式,得出各次还款的未来值总和为 $\dfrac{x\left[(1+p)^m-1\right]}{p}$ 元.

显然,按两种方法算出来的未来值是相等的,即

$$\frac{x\left[(1+p)^m-1\right]}{p}=A(1+p)^m,$$

从而解得**等额还贷方式月供计算公式**为

$$x=\frac{Ap(1+p)^m}{(1+p)^m-1}.$$

(二) 等本还贷

这种方式借到钱后每过一个月还款一次.各次还款额中包含本金、利息两部分,特点是各次所还本金相等,利息按月还清.探讨本问题的目的是求出各次还款额中所含的利息及合计利息.

先看各月还利息及合计还利息情况:

首次还款(即借款后过一个月的那次还款)中应还利息为 Ap 元;

第二次还款,因上月还款时已还本金 $\dfrac{A}{m}$ 元,剩余的本金是 $\left(A-\dfrac{A}{m}\right)$ 元,故本次的还款额中应含利息 $\left(A-\dfrac{A}{m}\right)p$ 元;

同理,第三次还款中的利息为 $\left(A-\dfrac{2A}{m}\right)p$ 元;

……

第 $m-1$ 次还款中的利息为 $\dfrac{2Ap}{m}$ 元;

第 m 次还款中的利息为 $\dfrac{Ap}{m}$ 元.

观察以上各次还利息情况,它的后一项减去前一项的差均等于 $-\dfrac{Ap}{m}$ 元,可知其成等差数列,因此,其和为 $\dfrac{\left(Ap+\dfrac{Ap}{m}\right)m}{2}$.

整理得等本还贷方式利息和的计算公式为 $\dfrac{Ap(1+m)}{2}$;等本还贷方式各月所还本金相等,都是 $\dfrac{A}{m}$ 元.现在来看等本还贷方式的月供是多少,即**等本还贷方式月供计算公式**为

$$当月月供=\frac{A}{m}+上月还本后的本金余额\times p.$$

(三) 算例

假设借款 10 万元,期限 5 年,年利率 3.33%.那么 5 年就是 60 个月,年利率化成月利率是 0.002775.

(1) 等额还贷:

$$月供 = \frac{100000 \times 0.002775 \times (1 + 0.002775)^{60}}{(1 + 0.002775)^{60} - 1} = 1811.57(元).$$

即期满共还本息 1811.57 元 × 60 = 108694.20 元,其中共还利息为 8694.20 元.

(2) 等本还贷:

每次还款时还本金 = 100000 ÷ 60 = 1666.67(元);

期满共还利息 = $100000 \times 0.002775 \times \frac{61}{2} = 8463.75$(元);

首次应还利息 = 100000 × 0.002775 = 277.50(元);

第二次应还利息 = (100000 − 1666.67) × 0.002775 = 272.875(元);

……

最后一次应还利息 = 1666.67 × 0.002775 = 4.625(元);

期满共还本息 = 100000 + 8463.75 = 108463.75(元).

习题 1.4

1. 如果将 200 元钱存入银行,单利年利率为 9%,那么 5 年后得到的本利和为多少?

2. 如果年利率是复利,将 200 元存入银行,10 年后得到的本利和为 500 元,那么年利率是多少?

3. 按年复利计算,利率为 10%,如果 5 年后想得到 250 元,现在应存入银行多少钱?

4. 如果将 800 元钱存入银行,复利年利率为 9%,每年分 12 次付息,那么 3 年后得到的本利和为多少?

5. 某人手中持有一张 3 年到期的面额为 1000 元和一张 5 年到期面额为 800 元的票据,银行贴现率为 7%,若两张票据去银行进行一次性票据转让,按复利计算银行所付的贴现额是多少?

6. 某人发明了一项专利,若任何一公司得到该专利可以在以后的 20 年内每年额外增加 20 万元的利润,年利率为 5%,请按复利进行估算该专利目前的市场价值.

7. 某人购置一套房子,100 平方米,10000 元每平方米,首付三成.假设贷款期限 20 年,年利率为 6.8%.

(1) 计算按等额本金法贷款每月月供为多少?总利息为多少?

(2) 计算按等额本息法贷款月供为多少?总利息为多少?

8. 某企业需资金 100 万元,可向两家银行贷款,两家银行均要 10 年后一次还清本息,但计算方式分别为

(1) 甲银行单利计息,年利率 15%;   (2) 乙银行复利计息,年利率 10%.

试问:企业向哪家银行贷款较为有利?

9.设有一笔10000元投资可以用3年,第一年提供的收益为5000元,第二年提供的收益为4000元,第三年提供的收益为2000元.

(1)如果年利率为6%,则未来三年收益的现值是多少?这笔投资是否值得?

(2)如果年利率为4%,则未来三年收益的现值是多少?这笔投资是否值得?

第二章　极限与连续

极限理论是学习微分学和积分学的理论基础,极限方法也是研究变量的一种基本方法,微积分学中许多概念都是由极限引入的.为了便于理解和掌握极限概念,我们从讨论数列的极限入手,进而讨论函数的极限.函数的连续性与函数的极限密切相关,最后讨论了函数连续性概念、性质和初等函数的连续性等.

§2.1　数列的极限

极限描述的是变量在某个变化过程中的变化趋势.其实,这样的描述人们在日常生活中是常用到的,例如,从企业的发展趋势来判断它的前途;从市场变化趋势来预测产品的需求状况等,这些从数学上来看便是极限的思想.下面我们看一个来自生产活动中的一个引例,再给出极限的数学定义.

一、引例

某汽车服务有限公司专业生产汽车挡泥板,生产 q 对汽车挡泥板的总成本为 $C(q) = 10 + \sqrt{1+q^2}$(元),每对挡泥板的售价为 5 元.销售 q 对挡泥板的收入与利润分别为 $R(q)$,$L(q)$.试分析如下几个问题:

(1) 大批量生产时每增加一单位产品(每对)成本增加多少?

(2) 大批量生产时每增加一单位产品(每对)利润增加多少?

(3) 大批量生产时平均成本是多少?

分析:"大批量生产"而没有涉及具体的数值,表示 q 趋向于很大很大的数,这种"无限趋向"的运算,在数学里就是极限运算.为了充分地解决以上提出的问题,先介绍极限概念后再给出解析过程.

二、数列的极限

数列就是按照一定的顺序排列的一列数

$$x_1,x_2,x_3,\cdots,x_n,\cdots,$$

简记为 $\{x_n\}$,数列 $\{x_n\}$ 也可以视为定义在自然数集上的函数:

$$x_n = f(n) \quad (n=1,2,\cdots).$$

数列中的每个数称为数列的**项**，x_n 称为数列的**通项**，n 为**自然数**.

【例 2.1】　考察以下四个数列：

(1) $\{x_n\} = \{\dfrac{1}{n}\}$　　　即数列　$1, \dfrac{1}{2}, \dfrac{1}{3}, \cdots, \dfrac{1}{n}, \cdots$;

(2) $\{x_n\} = \{\dfrac{n}{n+1}\}$　　即数列　$\dfrac{1}{2}, \dfrac{2}{3}, \dfrac{3}{4}, \cdots, \dfrac{n}{n+1}, \cdots$;

(3) $\{x_n\} = \{(-1)^{n-1}\}$　即数列　$1, -1, 1, \cdots, (-1)^{n-1}, \cdots$;

(4) $\{x_n\} = \{n^2 + 3\}$　　即数列　$4, 7, \cdots, n^2 + 3, \cdots$.

观察上述例子可以发现，随着 n 的无限增大，各数列的通项 x_n 的变化趋势可以分成两类情形，第一类情形是：当 n 无限增大时，通项 x_n 无限趋近于某个常数. 例如，在(1)中，随着 n 的无限增大，通项 $x_n = \dfrac{1}{n}$ 无限趋近于零；在(2)中，随着 n 的无限增大，通项 $x_n = \dfrac{n}{n+1}$ 无限趋近于 1. 另一种情形是：当 n 无限增大时，通项不趋近于某个常数. 例如在(3)中，数列通项 $x_n = (-1)^{n-1}$ 总是在 1 和 -1 之间振动；在(4)中，随着 n 的无限增大，其通项 $x_n = n^2 + 3$ 无限增加，它们不趋向于任何的常数.

为了从数学上描述上面(1) 和(2)两个数列所具有的共同性质，我们给出数列极限的概念.

数列极限定义：

给定数列 $\{x_n\}$，如果当 n 无限增大时，其通项 x_n 无限趋近某个常数 A，即 $|x_n - A|$ 无限趋近零，则称数列 $\{x_n\}$ 以 A 为**极限**，记为

$$\lim_{n \to \infty} x_n = A \quad \text{或} \quad x_n \to A (n \to \infty).$$

当数列 $\{x_n\}$ 以 A 为极限时，称数列收敛于 A，此时称为**收敛**的数列；如果数列 $\{x_n\}$ 不趋近于某个常数，即 $\{x_n\}$ 没有极限，则称数列 $\{x_n\}$ **发散**.

因此，例 2.1 中前两个数列是收敛的，后两个数列是发散的，其极限可以记为 $\lim\limits_{n \to \infty} \dfrac{1}{n} = 0$，$\lim\limits_{n \to \infty} \dfrac{n}{n+1} = 1$，$\lim\limits_{n \to \infty} (-1)^{n-1}$ 不存在，$\lim\limits_{n \to \infty} (n^2 + 3)$ 不存在，但为了后续计算和叙述的方便常常也记 $\lim\limits_{n \to \infty} (n^2 + 3) = \infty (+\infty)$.

【例 2.2】　用数列极限定义讨论下列数列是否有极限.

(1) $x_n = \dfrac{n}{2n+1}$;　　　　　　　　(2) $x_n = \dfrac{n-1}{n+1}$;

(3) $x_n = \sqrt{n} - \sqrt{n-1}$;　　　　　　(4) $x_n = \sin(\dfrac{\pi}{2} + 2n\pi)$.

【解】　(1) 观察 $x_n = \dfrac{n}{2n+1} = \dfrac{1}{2 + \dfrac{1}{n}}$，当 n 无限增大时，$\dfrac{1}{n}$ 无限变小趋近于零，所以 $x_n = \dfrac{n}{2n+1}$ 无限趋近于常数 $\dfrac{1}{2}$，因此有：

$$\lim_{n \to \infty} \frac{n}{2n+1} = \frac{1}{2}.$$

或考察数列通项 x_n 与常数 $\frac{1}{2}$ 的差的绝对值:

$$\left| x_n - \frac{1}{2} \right| = \left| \frac{n}{2n+1} - \frac{1}{2} \right| = \left| \frac{-1}{4n+2} \right| = \frac{1}{4n+2}.$$

当 n 无限增大时, $\frac{1}{4n+2}$ 无限变小趋近于零, 所以 $x_n = \frac{n}{2n+1}$ 无限趋近于常数 $\frac{1}{2}$, 因此有

$$\lim_{n \to \infty} \frac{n}{2n+1} = \frac{1}{2}.$$

(2) 当 n 无限增大时, 观察数列 $x_n = \frac{n-1}{n+1} = \frac{1 - \frac{1}{n}}{1 + \frac{1}{n}}$ 的变化趋势; 因为 n 无限增大时, $\frac{1}{n}$

无限变小趋近于零, 所以 $x_n = \frac{n-1}{n+1}$ 无限趋近于常数 1, 因此有

$$\lim_{n \to \infty} \frac{n-1}{n+1} = 1.$$

或考察数列通项 x_n 与常数 1 的差的绝对值

$$| x_n - 1 | = \left| \frac{n-1}{n+1} - 1 \right| = \frac{2}{n+1}.$$

当 n 无限增大时, $\frac{2}{n+1}$ 无限变小趋近于零, 所以 x_n 无限趋近于 1, 因此有

$$\lim_{n \to \infty} \frac{n-1}{n+1} = 1.$$

(3) 因为 $x_n = \sqrt{n} - \sqrt{n-1} = \frac{(\sqrt{n} - \sqrt{n-1})(\sqrt{n} + \sqrt{n-1})}{\sqrt{n} + \sqrt{n-1}} = \frac{1}{\sqrt{n} + \sqrt{n-1}}$,

当 n 无限增大时, $\frac{1}{\sqrt{n} + \sqrt{n-1}}$ 无限趋近于零, 所以有

$$\lim_{n \to \infty} (\sqrt{n} - \sqrt{n-1}) = 0.$$

(4) 当 n 无限增大时, 对任何自然数 n 有 $x_n = \sin(\frac{\pi}{2} + 2n\pi) = 1$, 因此有

$$\lim_{n \to \infty} \sin(\frac{\pi}{2} + 2n\pi) = 1.$$

通过该例题我们可以得到一个结论就是**常数的极限等于该常数本身**.

若我们再仔细地分析数列极限的定义可以得出

(1) 若某数列 $\{x_n\}$ 收敛, 则不可能有两个不同的极限, 否则就违背了极限的定义.

(2) 若某数列 $\{x_n\}$ 收敛, 一定会存在某大于 0 的常数 M, 对任意的 $n(n \in \mathbf{N})$ 满足 $| x_n | \leqslant M$.

即数列极限具有以下两个最基本的性质.

(1) 唯一性: 收敛的数列的极限必唯一.

(2) 有界性: 收敛的数列必为有界数列.

但值得注意的是,有界数列未必是收敛的,例如数列 $\{x_n\} = \{(-1)^{n-1}\}$,它是有界的,但不收敛.

三、引例的求解

接下来,我们采用极限的数学思想及方法来解决引例中所提出的问题:

(1)"大批量生产"可以考虑成 q 属于自然数但 $q \to +\infty$,"每增加一单位(每对)产品增加的成本"的含义是 $\Delta C = C(q+1) - C(q)$,所以"大批量生产时每增加一单位(每对)产品增加的成本"可用极限表示为

$$\lim_{q \to +\infty} [C(q+1) - C(q)]$$
$$= \lim_{q \to +\infty} [10 + \sqrt{1+(q+1)^2} - 10 - \sqrt{1+q^2}]$$
$$= \lim_{q \to +\infty} [\sqrt{1+(q+1)^2} - \sqrt{1+q^2}]$$
$$= \lim_{q \to +\infty} \frac{2q+1}{[\sqrt{1+(q+1)^2} + \sqrt{1+q^2}]}$$
$$= \lim_{q \to +\infty} \frac{2 + \frac{1}{q}}{[\sqrt{\frac{1}{q^2} + (1+\frac{1}{q})^2} + \sqrt{\frac{1}{q^2}+1}]}$$
$$= 1.$$

即当大批量生产时,每增加一单位产品成本增加 1 元.

(2)"大批量生产时每增加一单位产品(每对)增加的利润"可用极限表示为

$$\lim_{q \to +\infty} [L(q+1) - L(q)]$$
$$= \lim_{q \to +\infty} \{[R(q+1) - C(q+1)] - [R(q) - C(q)]\}$$
$$= \lim_{q \to +\infty} \{[R(q+1) - R(q)] - [C(q+1) - C(q)]\}$$
$$= 5 - \lim_{q \to +\infty} [C(q+1) - C(q)]$$
$$= 5 - 1$$
$$= 4.$$

即大批量生产时,每增加一单位产品可增加 4 元的利润.

(3)"大批量生产时的平均成本"可用极限表示为

$$\lim_{q \to +\infty} \overline{C}(q) = \lim_{q \to +\infty} \frac{C(q)}{q} = \lim_{q \to +\infty} \frac{10 + \sqrt{1+q^2}}{q}$$
$$= \lim_{q \to +\infty} \left(\frac{10}{q} + \sqrt{\frac{1}{q^2}+1}\right)$$
$$= 1.$$

即大批量生产时平均成本为 1 元.

习题 2.1

1.写出下列数列的前 5 项.

(1)$\{x_n\} = \{1 - \frac{1}{2^n}\}$;

(2)$\{x_n\} = \{\frac{1}{n}\sin\frac{\pi}{n}\}$;

(3)$\{x_n\} = \{(-1)^n(1+\frac{1}{n})\}$;

(4)$\{x_n\} = \{\frac{m(m-1)(m-2)\cdots(m-n+1)}{n!}\}$.

2.观察下列数列当 $n \to \infty$ 时的变化趋势,指出哪些有极限,极限值是多少?哪些没有极限?

(1)$\{x_n\} = \{\frac{1}{3^n}\}$;

(2)$\{x_n\} = \{(-1)^n\frac{1}{n}\}$;

(3)$\{x_n\} = \{2 + \frac{1}{n^2}\}$;

(4)$\{x_n\} = \{\frac{n-1}{n+1}\}$;

(5)$\{x_n\} = \{(-1)^n n\}$.

3.设 $u_1 = 0.9, u_2 = 0.99, u_3 = 0.999, \cdots, u_n = 0.999\cdots9$,问:

(1)$\lim\limits_{n\to\infty} u_n = ?$

(2)n 应为何值时,才能使 u_n 与其极限之差的绝对值小于 0.0001?

4.极限思想的萌芽在我国古代很早就有记载,公元前 300 年左右就有"一尺之棰,日取其半,万世不竭"之说.试把一尺长的木棍"日取其半",每日剩余部分写成数列,并考察这个数列的极限.

5.用观察法判断下列数列是否收敛.

(1)$x_n: -\frac{1}{3}, \frac{3}{5}, -\frac{5}{7}, \frac{7}{9}, -\frac{9}{11}, \cdots$; (2)$x_n: 1, \frac{3}{2}, \frac{1}{3}, \frac{5}{4}, \frac{1}{5}, \frac{7}{6}, \cdots$;

(3)$x_n: 0, \frac{1}{2}, 0, \frac{1}{4}, 0, \frac{1}{6}, 0, \frac{1}{8}, \cdots$.

6.求下列数列的极限.

(1)$\{x_n\} = \{\frac{2^n}{3^n}\}$;

(2)$\{x_n\} = \{\ln\frac{1}{n}\}$;

(3)$\{x_n\} = \{\frac{1}{2^n}\sin n\pi\}$;

(4)$\{x_n\} = \{\frac{3n^2 - n}{2n^2 + 1}\}$.

§2.2 函数的极限

求数列的极限,实际上是分析数列 $\{x_n\}$ 的通项 x_n 值随着项数 n 变大时最终的变化趋势.如果数列 $\{x_n\}$ 以 a 为极限,我们把数列的通项写成函数的形式,即令 $x_n = f(n)$.那么,数列的极限相当于当函数 $f(n)$ 的自变量 n 取正整数且无限增大时,对应的函数值 $f(n)$ 无限接近于确定的常数 a.这样我们就可以引出函数极限的一般概念.

对于函数 $f(x)$,在自变量的某个变化过程中,如果对应的函数值无限接近于某个确定的常数,那么这个确定的数就叫作自变量在这一变化过程中函数的极限.但函数自变量的变化情况相对于数列来说要多一些,所以函数的极限运算也要比数列的极限相对复杂些,但它们的数学思想是一样的.下面我们分别以自变量不同的变化情况做极限分析.

一、函数的极限

(一)$x \rightarrow \infty$ 时,函数的极限

若 x 取正值且无限增大,记作 $x \rightarrow +\infty$,读作"x 趋于正无穷大";若 x 取负值且其绝对值无限增大,记作 $x \rightarrow -\infty$,读作"x 趋于负无穷大";若 x 既取正值又取负值,且其绝对值无限增大,记作 $x \rightarrow \infty$,读作"x 趋于无穷大".

这里,所谓"$x \rightarrow \infty$ 时,函数 $f(x)$ 的极限",就是讨论当自变量 x 趋于无穷大这样一个变化过程中,函数 $f(x)$ 的变化趋势;若 $f(x)$ 无限接近某个定常数 A,就称当 x 趋于无穷大时,函数 $f(x)$ 以 A 为极限,记作

$$\lim_{x \to \infty} f(x) = A \quad \text{或} \quad f(x) \rightarrow A(x \rightarrow \infty).$$

【例 2.3】 讨论当 $x \rightarrow \infty$ 时,函数 $f(x) = \dfrac{1}{2^x}$ 的极限.

显然,当 $x \rightarrow +\infty$ 时,函数 $f(x) = \dfrac{1}{2^x}$ 无限接近常数 0,即

$$\lim_{x \to +\infty} \frac{1}{2^x} = 0.$$

当 $x \rightarrow -\infty$ 时,函数 $f(x) = \dfrac{1}{2^x} = 2^{-x}$ 的值无限增大,它不趋于任何定数,就称函数 $f(x) = \dfrac{1}{2^x}$ 当 $x \rightarrow -\infty$ 时没有极限,这种情况也称函数的极限是正无穷大,并记作

$$\lim_{x \to -\infty} \frac{1}{2^x} = +\infty.$$

因为,当 $x \rightarrow +\infty$ 时与 $x \rightarrow -\infty$ 时,函数 $f(x) = \dfrac{1}{2^x}$ 不趋向于同一常数,所以 $\lim\limits_{x \to \infty} \dfrac{1}{2^x}$ 不存在.

我们也可以从图 1-11 观察,当 $x \rightarrow +\infty$ 时,函数 $f(x) = \dfrac{1}{2^x}$ 的变化趋势;当 $x \rightarrow -\infty$ 时,函数 $f(x) = \dfrac{1}{2^x}$ 的变化趋势,得出上面的结果.

【例 2.4】 讨论当 $x \rightarrow \infty$ 时,$f(x) = 1 + \dfrac{1}{x}$ 的极限.

显然,当 $x \rightarrow +\infty$ 时,$\dfrac{1}{x} \rightarrow 0$,函数 $f(x)$ 趋于定数 1,则称 $f(x)$ 当 $x \rightarrow +\infty$ 时以 1 为极限,记作

$$\lim_{x \to +\infty} \left(1 + \frac{1}{x}\right) = 1.$$

当 $x \rightarrow -\infty$ 时,$\dfrac{1}{x} \rightarrow 0$,函数 $f(x)$ 趋于定数 1,则称 $f(x)$ 当 $x \rightarrow -\infty$ 时以 1 为极限,记作

$$\lim_{x \to -\infty} \left(1 + \frac{1}{x}\right) = 1.$$

观察图 2-1，曲线 $y = 1 + \frac{1}{x}$ 有两个分支，它的右侧分支沿着 x 轴的正方向无限延伸，它的左侧分支沿着 x 轴的负方向无限延伸，都以直线 $y = 1$ 为水平渐近线.

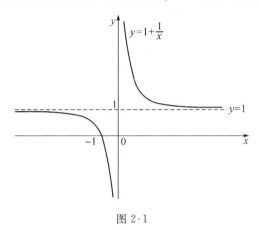

图 2-1

因为 $\lim\limits_{x \to +\infty} \left(1 + \frac{1}{x}\right) = 1$，且 $\lim\limits_{x \to -\infty} \left(1 + \frac{1}{x}\right) = 1$，所以 $\lim\limits_{x \to \infty} \left(1 + \frac{1}{x}\right) = 1$，反之也对.

我们把上述的分析过程进行总结便得到函数 $f(x)$ 在 $x \to \infty$ 下的**极限定义**：

设函数 $f(x)$ 在 $|x| > a (a > 0)$ 时有定义，若当 $x \to \infty$ 时，函数 $f(x)$ 趋于定常数 A，则称当 x 趋于无穷大时，函数 $f(x)$ 以 A 为极限，记作

$$\lim_{x \to \infty} f(x) = A \quad \text{或} \quad f(x) \to A (x \to \infty).$$

当 $x \to -\infty$ 时，当 $x \to +\infty$ 时，函数 $f(x)$ 以 A 为极限的定义分别记作

$$\lim_{x \to -\infty} f(x) = A \quad \text{或} \quad f(x) \to A (x \to -\infty);$$
$$\lim_{x \to +\infty} f(x) = A \quad \text{或} \quad f(x) \to A (x \to +\infty).$$

由上述定义，可知有下述结论：

极限 $\lim\limits_{x \to \infty} f(x)$ 存在且等于 A 的充分必要条件是极限 $\lim\limits_{x \to -\infty} f(x)$ 与 $\lim\limits_{x \to +\infty} f(x)$ 都存在且等于 A，即

$$\lim_{x \to \infty} f(x) = A \Leftrightarrow \lim_{x \to -\infty} f(x) = A = \lim_{x \to +\infty} f(x).$$

（二）$x \to x_0$ 时，函数的极限

这里，x_0 是一个有限的给定数值.

$x \to x_0^+$，它表示 $x > x_0$ 且 x 趋于 x_0，即 x 从点 x_0 的右侧无限趋近于 x_0.

$x \to x_0^-$，它表示 $x < x_0$ 且 x 趋于 x_0，即 x 从点 x_0 的左侧无限趋近于 x_0.

$x \to x_0$，它表示 $x \to x_0^+$ 与 $x \to x_0^-$ 同时发生，即 x 从点 x_0 的左右侧无限趋近于 x_0.

这里需要说明两点：

(1) 无论在哪种情形，x_0 是一个定点，或是一个确定的数，而 x 是动点，是变化的量.

(2) 在 x 的上述三种变化过程中，x 无限趋近于 x_0，但不等于 x_0.

"$x \to x_0$ 时,函数 $f(x)$ 的极限",就是讨论当自变量 x 无限接近有限数 x_0(但 x 不取 x_0)时,函数 $f(x)$ 的变化趋势.根据我们已有的极限的概念,容易理解,若当 x 趋于 x_0 时,函数 $f(x)$ 的对应值趋于定数 A,则称当 $x \to x_0$ 时,函数 $f(x)$ 以 A 为极限.

下面举例说明.

【例 2.5】 设 $f(x) = x + 1$,讨论当 $x \to 1$ 时 $f(x)$ 的变化趋势.

由图 2-2 可以观察到,对曲线 $y = x + 1$ 上的动点 $M(x, f(x))$,当其横坐标无限接近 1 时,即 $x \to 1$ 时,动点 M 向定点 $M_0(1, 2)$ 无限接近,即 $f(x) \to 2$.

这种情况,就称当 $x \to 1$ 时,函数 $f(x) = x + 1$ 以 2 为极限,并记作

$$\lim_{x \to 1}(x + 1) = 2.$$

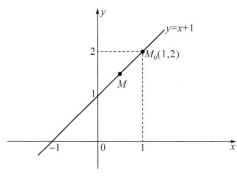

图 2-2

【例 2.6】 设 $\varphi(x) = \dfrac{x^2 - 1}{x - 1}$,讨论当 $x \to 1$ 时,函数 $\varphi(x)$ 的变化情况.

$\varphi(x)$ 与 $f(x)$ 不同之处,就在于 $f(x)$ 在 $x = 1$ 有定义,而 $\varphi(x)$ 在 $x = 1$ 没有定义.

由于在 $x \to 1$ 的变化过程中,不取 $x = 1$;而当 $x \neq 1$ 时,

$$\frac{x^2 - 1}{x - 1} = \frac{(x + 1)(x - 1)}{x - 1} = x + 1.$$

所以由图 2-3 可以观察到,当 $x \to 1$ 时,函数 $\varphi(x)$ 的对应值也趋向于 2,即 $\varphi(x)$ 以 2 为极限,记作

$$\lim_{x \to 1}\frac{x^2 - 1}{x - 1} = \lim_{x \to 1}(x + 1) = 2.$$

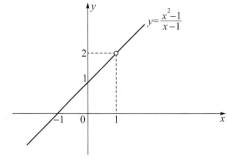

图 2-3

我们把上述的分析过程进行总结便得到函数 $f(x)$ 在 $x \to x_0$ 下的**极限定义**：

设函数 $f(x)$ 在点 x_0 的某个邻域内有定义（在 x_0 可以没有定义），若当 $x \to x_0$（但始终不等于 x_0）时，函数 $f(x)$ 无限趋近定数 A，则称函数 $f(x)$ 当 x 趋于 x_0 时以 A 为极限，记作

$$\lim_{x \to x_0} f(x) = A \quad \text{或} \quad f(x) \to A (x \to x_0).$$

左极限与右极限：

有些时候，当 x 从 x_0 的左右两侧趋近于 x_0 时，函数 $f(x)$ 的变化趋势完全不同；另有一些情形，函数 $f(x)$ 仅在点 x_0 的某一侧（左侧或右侧）有定义，因此，我们需要分别考察 x 从 x_0 左右两侧趋近于 x_0 时，$f(x)$ 的变化趋势，这就产生了左极限和右极限的概念.

若当 $x \to x_0^-$ 时，函数 $f(x)$ 无限趋近定数 A，则称函数 $f(x)$ 以 A 为**左极限**，记作

$$\lim_{x \to x_0^-} f(x) = A \quad \text{或} \quad f(x) \to A (x \to x_0^-).$$

若当 $x \to x_0^+$ 时，函数 $f(x)$ 无限趋近定数 A，则称函数 $f(x)$ 以 A 为**右极限**，记作

$$\lim_{x \to x_0^+} f(x) = A \quad \text{或} \quad f(x) \to A (x \to x_0^+).$$

函数 $f(x)$ 在点 x_0 的左极限和右极限分别记作 $f(x_0 - 0)$ 和 $f(x_0 + 0)$.

函数 $f(x)$ 在点 x_0 的左极限和右极限与该函数在点 x_0 的极限有如下结论：

极限 $\lim\limits_{x \to x_0} f(x)$ 存在且等于 A 的充分必要条件是极限 $\lim\limits_{x \to x_0^-} f(x)$ 与 $\lim\limits_{x \to x_0^+} f(x)$ 都存在且等于 A，即

$$\lim_{x \to x_0} f(x) = A \Leftrightarrow \lim_{x \to x_0^-} f(x) = A = \lim_{x \to x_0^+} f(x).$$

【例 2.7】 设函数 $f(x) = \begin{cases} x-1, & x < 0 \\ 0, & x = 0 \\ x+1, & x > 0 \end{cases}$，试讨论 $f(x)$ 在 $x = 0$ 处的极限.

【解】 $x = 0$ 是分段函数的分段点，观察图 2-4 易知：

$$\lim_{x \to 0^-} f(x) = \lim_{x \to 0^-} (x-1) = -1,$$

$$\lim_{x \to 0^+} f(x) = \lim_{x \to 0^+} (x+1) = 1.$$

由极限的充分必要条件知，极限 $\lim\limits_{x \to 0} f(x)$ 不存在.

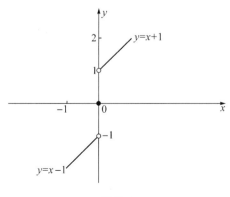

图 2-4

【例 2.8】 设函数 $f(x) = \begin{cases} x^2 + 2, & x < 1 \\ 5, & x = 1 \\ 3x, & x > 1 \end{cases}$,试讨论 $f(x)$ 在 $x = 1$ 处的极限.

【解】 $x = 1$ 是分段函数的分段点,易知:

$$\lim_{x \to 1^-} f(x) = \lim_{x \to 1^-} (x^2 + 2) = 3,$$
$$\lim_{x \to 1^+} f(x) = \lim_{x \to 1^+} 3x = 3.$$

由极限的充分必要条件知,极限 $\lim_{x \to 1} f(x) = 3$.

注:$\lim_{x \to x_0} f(x)$ 是否存在及存在时的极限值与 $f(x_0)$ 是否存在无必然的关联.

二、无穷小与无穷大

无穷小量定义:

极限为零的变量称为**无穷小量**.具体的解释便是,若 $\lim_{x \to a} y = 0$,则称变量 y 在 $x \to a$ 的情况下是无穷小量.

例如,因为 $\lim_{n \to \infty} \dfrac{1}{2^n} = 0$,所以当 $n \to \infty$ 时,变量 $\dfrac{1}{2^n}$ 是无穷小量;因为 $\lim_{x \to 0} \sin x = 0$,所以当 $x \to 0$ 时,变量 $\sin x$ 是无穷小量.

理解无穷小概念时,必须特别注意:

(1) 无穷小量是变量,除常数 0 外(因为 $\lim 0 = 0$),任何常数都不是无穷小量.

(2) 一个函数 $y = f(x)$ 是不是无穷小量与 x 的变化过程有关.例如,当 $x \to 0$ 时,$\sin x \to 0$,所以当 $x \to 0$ 时,$\sin x$ 是无穷小量;而当 $x \to \dfrac{\pi}{2}$ 时,$\sin x \to 1$,所以当 $x \to \dfrac{\pi}{2}$ 时,$\sin x$ 不是无穷小量.

无穷大量定义:

绝对值无限增大的变量称为**无穷大量**.具体的解释便是,若 $\lim_{x \to a} y = \infty$,则称变量 y 在 $x \to a$ 的情况下是无穷大量.

例如:当 $x \to 1$ 时,$y = \dfrac{1}{x-1}$ 是无穷大量;当 $x \to 0^+$ 时,$y = \mathrm{e}^{\frac{1}{x}}$ 是无穷大量.

由无穷小与无穷大的定义可以得到两者之间有如下结论:

在自变量的同一变化过程中:

(1)y 是无穷大量,则 $\dfrac{1}{y}$ 是无穷小量;

(2)y 是无穷小量且 $y \neq 0$,则 $\dfrac{1}{y}$ 是无穷大量.

例如,当 $x \to +\infty$ 时,$y = \mathrm{e}^x$ 是无穷大量,而 $\dfrac{1}{y} = \mathrm{e}^{-x}$ 是无穷小量.

【例 2.9】 直观判断下列变量,当 $x \to ?$ 时是无穷小量,当 $x \to ?$ 时是无穷大量.

(1)$y = \dfrac{x}{x-1}$;   (2)$y = \ln x$.

【解】 (1) 当 $x \to 0$ 时，$\dfrac{x}{x-1} \to 0$，所以它是无穷小量；

当 $x \to 1$ 时，$\dfrac{1}{y} = \dfrac{x-1}{x} \to 0$，即 $y = \dfrac{x}{x-1} \to \infty$，所以 $y = \dfrac{x}{x-1}$ 当 $x \to 1$ 时是无穷大量.

(2) 当 $x \to 1$ 时，$\ln x \to 0$，它是无穷小量.

当 $x \to +\infty$ 时，$\ln x \to +\infty$，它是无穷大量.

当 $x \to 0^{+}$ 时，$\ln x \to -\infty$，它也是无穷大量.

习题 2.2

1. 设 $f(x) = \begin{cases} x, & x < 3 \\ 3x-1, & x \geqslant 3 \end{cases}$，作 $f(x)$ 的图形，并讨论当 $x \to 3$ 时，$f(x)$ 的左右极限；

并求当 $x \to 3$ 时，$f(x)$ 的极限.

2. 分析函数的变化趋势，并求极限.

(1) $y = \dfrac{1}{x^2}$ $(x \to \infty)$；

(2) $y = \dfrac{1}{\ln x}$ $(x \to +\infty)$；

(3) $y = 2^{\frac{1}{x}}$ $(x \to 0^{-})$；

(4) $y = \cos x$ $(x \to 0)$.

3. 证明：$\lim\limits_{x \to 0} \dfrac{|x|}{x}$ 不存在.

4. 函数 $y = \dfrac{1}{(x-2)^2}$ 在什么变化过程中是无穷大量？又在什么变化过程中是无穷小量？

5. 以下数列 $\{x_n\}$ 在 $n \to \infty$ 时是否为无穷小量？

(1) $x_n = (-1)^{n+1} \dfrac{1}{2^n}$；

(2) $x_n = \dfrac{1 + (-1)^n}{n}$；

(3) $x_n = \dfrac{1}{n^2}$.

6. 当 $x \to 0$ 时，下列变量中哪些是无穷小量？

$$100x^2, \sqrt[3]{x}, \dfrac{2}{x}, \dfrac{x}{0.01}, \dfrac{x}{x^2}, \dfrac{x^2}{x}, x^2 + 0.01x, \dfrac{1}{2}x - x^2.$$

7. 设 $f(x) = \sqrt{x}$，求 $\lim\limits_{h \to 0} \dfrac{f(x+h) - f(x)}{h}$.

8. 求下列极限.

(1) $\lim\limits_{x \to \infty} 10^{\frac{1}{x}}$；

(2) $\lim\limits_{x \to 0} \dfrac{1}{1 + \cos x}$；

(3) $\lim\limits_{x \to -3} \dfrac{x^2 - 9}{x + 3}$；

(4) $\lim\limits_{x \to 0} 10^{\frac{1}{x}}$；

(5) $\lim\limits_{x \to \infty} \sin(2x - 1)$；

(6) $\lim\limits_{x \to \infty} \dfrac{3x - 5}{x^2 + 3}$.

§2.3　极限运算

用极限定义去求变量的极限只适用于一些非常简单的情形. 实际问题中的变量一般都比较复杂, 需要有另外的方法去计算变量的极限. 本节要介绍的极限的四则运算法则, 就为计算变量的极限提供了很大的便利.

先不加证明地给出极限运算的几个基本法则, 然后通过例题去介绍其具体用法.

一、极限运算法则

(一) 极限的四则运算法则

设 x 在同一种变化趋势之下有 $\lim f(x) = A, \lim g(x) = B$, 则

(1) $\lim (f(x) \pm g(x)) = A \pm B$.

(2) $\lim (f(x) \cdot g(x)) = AB$. 特别有:

① $\lim cf(x) = c \lim f(x) = cA$($c$ 为常数);

② $\lim [f(x)]^n = [\lim f(x)]^n = A^n$($n$ 为正整数).

(3) $\lim \dfrac{f(x)}{g(x)} = \dfrac{A}{B}$($B \neq 0$).

注: $\lim f(x) = A, \lim g(x) = B$ 必须是同一个变化过程; A 与 B 必须是常数.

(二) 无穷小运算法则

对同一变化过程中的无穷小量与有界变量, 则

(1) 有限个无穷小的和仍是无穷小.

(2) 无穷小与有界变量的乘积是无穷小, 特别有:

① 无穷小与常量的乘积是无穷小;

② 有限个无穷小的乘积是无穷小.

二、极限运算例题

【例 2.10】　求极限 $\lim\limits_{x \to 1}(2x + 1)$.

【解】　$\lim\limits_{x \to 1}(2x + 1) = \lim\limits_{x \to 1} 2x + \lim\limits_{x \to 1} 1 = 2 \lim\limits_{x \to 1} x + \lim\limits_{x \to 1} 1 = 2 + 1 = 3$.

【例 2.11】　求极限 $\lim\limits_{x \to 2} \dfrac{x^3 - 1}{x^2 - 5x + 3}$.

【解】　这里分母的极限不为零, 故

$$
\begin{aligned}
\lim\limits_{x \to 2} \frac{x^3 - 1}{x^2 - 5x + 3} &= \frac{\lim\limits_{x \to 2}(x^3 - 1)}{\lim\limits_{x \to 2}(x^2 - 5x + 3)} = \frac{\lim\limits_{x \to 2} x^3 - \lim\limits_{x \to 2} 1}{\lim\limits_{x \to 2} x^2 - 5 \lim\limits_{x \to 2} x + \lim\limits_{x \to 2} 3} \\
&= \frac{(\lim\limits_{x \to 2} x)^3 - 1}{(\lim\limits_{x \to 2} x)^2 - 10 + 3} = -\frac{7}{3}.
\end{aligned}
$$

由上面两个例题可以看出, 对于多项式

$$P_n(x) = a_0 x^n + a_1 x^{n-1} + \cdots + a_{n-1} x + a_n,$$

有
$$\lim_{x \to x_0} P_n(x) = P_n(x_0).$$

对于有理分式函数：

$$F(x) = \frac{P(x)}{Q(x)},$$

其中 $P(x), Q(x)$ 都是多项式,于是

$$\lim_{x \to x_0} P(x) = P(x_0), \quad \lim_{x \to x_0} Q(x) = Q(x_0).$$

如果 $Q(x_0) \neq 0$,则

$$\lim_{x \to x_0} F(x) = \lim_{x \to x_0} \frac{P(x)}{Q(x)} = \frac{\lim\limits_{x \to x_0} P(x)}{\lim\limits_{x \to x_0} Q(x)} = \frac{P(x_0)}{Q(x_0)} = F(x_0).$$

必须注意:若 $Q(x_0) = 0$,则关于商的极限运算法则不能应用,下面举例说明.

【例 2.12】 求极限 $\lim\limits_{x \to 1} \dfrac{x}{x-1}$.

【解】 因为 $\lim\limits_{x \to 1} \dfrac{x-1}{x} = 0$,所以 $\lim\limits_{x \to 1} \dfrac{x}{x-1} = \infty$.

【例 2.13】 求极限 $\lim\limits_{x \to 3} \dfrac{x-3}{x^2-9}$.

【解】 $\lim\limits_{x \to 3} \dfrac{x-3}{x^2-9} = \lim\limits_{x \to 3} \dfrac{x-3}{(x-3)(x+3)} = \lim\limits_{x \to 3} \dfrac{1}{x+3} = \dfrac{1}{6}$.

下面我们再来分析另一种情况:

【例 2.14】 求极限 $\lim\limits_{x \to \infty} \dfrac{3x^3 + 4x^2 + 2}{7x^3 + 5x^2 - 3}$.

【解】 先用 x^3 去除分母及分子,再取极限:

$$\lim_{x \to \infty} \frac{3x^3 + 4x^2 + 2}{7x^3 + 5x^2 - 3} = \lim_{x \to \infty} \frac{3 + \dfrac{4}{x} + \dfrac{2}{x^3}}{7 + \dfrac{5}{x} - \dfrac{3}{x^3}} = \frac{3}{7}.$$

【例 2.15】 求极限 $\lim\limits_{x \to \infty} \dfrac{3x^2 - 2x - 1}{2x^3 - x^2 + 5}$.

【解】 先用 x^3 去除分母及分子,再取极限:

$$\lim_{x \to \infty} \frac{3x^2 - 2x - 1}{2x^3 - x^2 + 5} = \lim_{x \to \infty} \frac{\dfrac{3}{x} - \dfrac{2}{x^2} - \dfrac{1}{x^3}}{2 - \dfrac{1}{x} + \dfrac{5}{x^3}} = \frac{0}{2} = 0.$$

【例 2.16】 求极限 $\lim\limits_{x \to \infty} \dfrac{2x^3 - x^2 + 5}{3x^2 - 2x - 1}$.

【解】 应用例 2.15 的结果及无穷小与无穷大的关系得

$$\lim_{x \to \infty} \frac{2x^3 - x^2 + 5}{3x^2 - 2x - 1} = \infty.$$

例 2.14、例 2.15、例 2.16 是下列一般情形的特例,即当 $a_0 \neq 0, b_0 \neq 0, m$ 和 n 为非负整数时,有

$$\lim_{x \to \infty} \frac{a_0 x^m + a_1 x^{m-1} + \cdots + a_m}{b_0 x^n + b_1 x^{n-1} + \cdots + b_n} = \begin{cases} \dfrac{a_0}{b_0}, & m = n \\ 0, & m < n \\ \infty, & m > n \end{cases}.$$

【例 2.17】 求极限 $\lim\limits_{x \to \infty} \dfrac{\sin x}{x}$.

【解】 当 $x \to \infty$ 时,分子及分母的极限都不存在,故关于极限的四则运算法则不能应用. 如果把 $\dfrac{\sin x}{x}$ 看作 $\sin x$ 与 $\dfrac{1}{x}$ 的乘积,由于 $\dfrac{1}{x}$ 在当 $x \to \infty$ 时为无穷小量,而 $\sin x$ 是有界函数,可以得出

$$\lim_{x \to \infty} \frac{\sin x}{x} = \lim_{x \to \infty} \frac{1}{x} \cdot \sin x = 0.$$

【例 2.18】 求极限 $\lim\limits_{x \to 0}\left[\left(3 + 2\cos\dfrac{5}{x}\right)\sin x^2 + 5x^3 \right]$.

【解】 当 $x \to 0$ 时,$\left(3 + 2\cos\dfrac{5}{x}\right)$ 为有界变量,$\sin x^2$,x^3 为无穷小量,所以

$$\lim_{x \to 0}\left[\left(3 + 2\cos\frac{5}{x}\right)\sin x^2 + 5x^3 \right] = 0.$$

【例 2.19】 求极限 $\lim\limits_{x \to 3} \dfrac{\sqrt{x+1} - 2}{x - 3}$.

【解】
$$\lim_{x \to 3} \frac{\sqrt{x+1} - 2}{x - 3} = \lim_{x \to 3} \frac{(\sqrt{x+1} - 2)(\sqrt{x+1} + 2)}{(x-3)(\sqrt{x+1} + 2)}$$
$$= \lim_{x \to 3} \frac{x + 1 - 4}{(x-3)(\sqrt{x+1} + 2)} = \lim_{x \to 3} \frac{1}{\sqrt{x+1} + 2} = \frac{1}{4}.$$

【例 2.20】 求极限 $\lim\limits_{x \to +\infty} \dfrac{\sqrt{x^2 + 3x + 2}}{3x - 2}$.

【解】 这里出现了无理式,当 $x \to +\infty$ 时,分子、分母的极限都是 $+\infty$,但仍用例 2.14、例 2.15、例 2.16 的方法,用分母的最高次幂 x 除分母与分子,所以

$$\lim_{x \to +\infty} \frac{\sqrt{x^2 + 3x + 2}}{3x - 2} = \lim_{x \to +\infty} \frac{\sqrt{1 + \dfrac{3}{x} + \dfrac{2}{x^2}}}{3 - \dfrac{2}{x}} = \frac{1}{3}.$$

【例 2.21】 求极限 $\lim\limits_{x \to 1}\left(\dfrac{1}{1 - x} - \dfrac{3}{1 - x^3} \right)$.

【解】 当 $x \to 1$ 时,$\dfrac{1}{1-x} \to \infty$,$\dfrac{3}{1-x^3} \to \infty$,而 $\infty - \infty$ 不能运算,先通分化成一个分式,再求极限:

$$\lim_{x \to 1}\left(\frac{1}{1-x} - \frac{3}{1-x^3} \right) = \lim_{x \to 1} \frac{x^2 + x - 2}{1 - x^3} = \lim_{x \to 1} \frac{(x-1)(x+2)}{(1-x)(1+x+x^2)}$$
$$= -\lim_{x \to 1} \frac{x+2}{1 + x + x^2} = -\frac{3}{3} = -1.$$

【例 2.22】 企业向市场推广一种新产品时,通过广告宣传及消费者传播效应,销售量一开始会快速增长,然后销售量会逐渐下降.现假设某产品的月销售量 Q(万件)与时间 t(月)之内的关系模型为

$$Q(t) = \frac{50t}{100 + t^2} \quad (t \geqslant 0).$$

试求:(1) $\lim\limits_{t \to 10} Q(t)$;　　　　(2) $\lim\limits_{t \to 20} Q(t)$;　　　　(3) $\lim\limits_{t \to +\infty} Q(t)$.

【解】 (1) $\lim\limits_{t \to 10} Q(t) = \lim\limits_{t \to 10} \frac{50t}{100 + t^2} = \frac{500}{200} = 2.5$(万件).

(2) $\lim\limits_{t \to 20} Q(t) = \lim\limits_{t \to 20} \frac{50t}{100 + t^2} = \frac{1000}{500} = 2$(万件).

(3) $\lim\limits_{t \to +\infty} Q(t) = 0$,这说明随着时间的延长其月销售量会接近于 0,企业考虑到销售成本等因素,在某个时刻之后就会停止生产和销售.

 习题 2.3

1. 求下列极限.

(1) $\lim\limits_{n \to \infty} \frac{10000n}{n^2 + 1}$;

(2) $\lim\limits_{n \to \infty} \left(1 - \frac{1}{\sqrt[n]{3}}\right) \sin n$;

(3) $\lim\limits_{n \to \infty} \left(\frac{1}{n^2} + \frac{2}{n^2} + \cdots + \frac{n-1}{n^2}\right)$;

(4) $\lim\limits_{n \to \infty} \left(\frac{1}{1 \times 2} + \frac{1}{2 \times 3} + \cdots + \frac{1}{n(n+1)}\right)$;

(5) $\lim\limits_{n \to \infty} \frac{(-2)^n + 3^n}{(-2)^{n+1} + 3^{n+1}}$;

(6) $\lim\limits_{n \to \infty} \frac{1 + a + a^2 + \cdots + a^n}{1 + b + b^2 + \cdots + b^n} (|a| < 1, |b| < 1)$;

(7) $\lim\limits_{n \to \infty} \frac{n^2 + n + 1}{(n-1)^2}$.

2. 求下列极限.

(1) $\lim\limits_{x \to 0} \left(1 - \frac{2}{x + 2}\right)$;

(2) $\lim\limits_{x \to 2} (x^2 + 6x + 5)$;

(3) $\lim\limits_{x \to -1} \frac{x^2 + 1}{x^2 + 2x + 3}$;

(4) $\lim\limits_{x \to -3} \frac{x^2 - 9}{x^2 + 5x + 6}$;

(5) $\lim\limits_{x \to 2} \frac{x^2 + 5}{x - 3}$;

(6) $\lim\limits_{x \to -1} \frac{x^2 + 2x + 5}{x^2 + 1}$;

(7) $\lim\limits_{x \to \sqrt{3}} \frac{x^2 - 3}{x^2 + 1}$;

(8) $\lim\limits_{x \to -1} \frac{x^2 + 2x + 1}{x^2 - 1}$;

(9) $\lim\limits_{x \to 0} \frac{4x^3 - 2x^2 + x}{3x^2 + 2x}$;

(10) $\lim\limits_{h \to 0} \frac{(x + h)^2 - x^2}{h}$;

(11) $\lim\limits_{x \to \infty} \left(2 - \frac{1}{x} + \frac{1}{x^2}\right)$;

(12) $\lim\limits_{x \to \infty} \frac{x^2 - 1}{2x^2 - x - 1}$;

(13) $\lim\limits_{x \to 0} \frac{\sqrt{x + 4} - 2}{x}$;

(14) $\lim\limits_{x \to -1} \left(\frac{1}{x + 1} + \frac{2}{x^2 - 1}\right)$.

3. 设清除污染费用 $C(x)$ 与污染成分 $x\%$ 之间的函数模型为

$$C(x) = \frac{7300x}{100-x}.$$

求：(1) $\lim\limits_{x \to 80} C(x)$；　　　　　(2) $\lim\limits_{x \to 100^-} C(x)$；

(3) 当污染成分接近 100% 时能否彻底清除污染？

4. 已知 $\lim\limits_{x \to -1} \dfrac{x^3 - ax^2 - x + 4}{x+1} = k$，求 a 与 k.

5. 已知 $\lim\limits_{x \to +\infty} (3x - \sqrt{ax^2 - x + 1}) = k$，求 a 与 k.

§2.4　两个重要极限

本节主要介绍两个重要极限 $\lim\limits_{x \to 0} \dfrac{\sin x}{x} = 1$ 及 $\lim\limits_{x \to \infty} \left(1 + \dfrac{1}{x}\right)^x = \mathrm{e}$. 之所以重要，是因为这两个极限在计算其他类似的极限时有重要应用，同时在经济学、金融学中也广泛存在.

为了证明这两个公式，需要介绍两个判定极限存在的准则.

一、极限存在准则

准则 2.1　若数列 $\{x_n\}$，$\{y_n\}$ 和 $\{z_n\}$ 满足下列条件：

(1) 对任意 n 有 $y_n \leqslant x_n \leqslant z_n$；

(2) 且 $\lim\limits_{n \to \infty} y_n = \lim\limits_{n \to \infty} z_n = A$；

则　　　　　　　　　$\lim\limits_{x \to \infty} x_n = A.$

如果把数列改为函数 $f(x)$，$g(x)$ 和 $h(x)$，且函数在点 x_0 的某空心邻域内有定义，要是满足以下条件：

(1) $g(x) \leqslant f(x) \leqslant h(x)$；

(2) 且 $\lim\limits_{x \to x_0} g(x) = \lim\limits_{x \to x_0} h(x) = A$；

则　　　　　　　　　$\lim\limits_{x \to x_0} f(x) = A.$

事实上，当函数 $f(x)$，$g(x)$ 和 $h(x)$ 在 $x \to \infty$ 满足条件时也会有以上结论，上述准则又称为极限的**夹逼准则**.

【例 2.23】　求极限 $\lim\limits_{n \to \infty} \left(\dfrac{1}{\sqrt{n^2+1}} + \dfrac{1}{\sqrt{n^2+2}} + \cdots + \dfrac{1}{\sqrt{n^2+n}}\right).$

【解】　设 $x_n = \dfrac{1}{\sqrt{n^2+1}} + \dfrac{1}{\sqrt{n^2+2}} + \cdots + \dfrac{1}{\sqrt{n^2+n}}$，易得

$$\frac{n}{\sqrt{n^2+n}} \leqslant x_n \leqslant \frac{n}{\sqrt{n^2+1}},$$

又因为 $\lim\limits_{n \to \infty} \dfrac{n}{\sqrt{n^2+n}} = 1$，$\lim\limits_{n \to \infty} \dfrac{n}{\sqrt{n^2+1}} = 1$，由准则 2.1 得

$$\lim_{n \to \infty} \left(\frac{1}{\sqrt{n^2+1}} + \frac{1}{\sqrt{n^2+2}} + \cdots + \frac{1}{\sqrt{n^2+n}}\right) = 1.$$

下面介绍另外一个准则：

如果数列 $\{x_n\}$ 满足条件

$$x_1 \leqslant x_2 \leqslant x_3 \leqslant \cdots \leqslant x_n \leqslant x_{n+1} \leqslant \cdots,$$

就称数列 $\{x_n\}$ 是单调增加的；

相反，如果数列 $\{x_n\}$ 满足条件

$$x_1 \geqslant x_2 \geqslant x_3 \geqslant \cdots \geqslant x_n \geqslant x_{n+1} \geqslant \cdots,$$

就称数列 $\{x_n\}$ 是单调减少的. 单调增加和单调减少的数列统称为**单调数列**.

由收敛的性质可知，收敛数列必有界，同时指出，有界数列未必收敛. 但如果数列不仅有界，而且还是单调数列，则该数列必收敛. 即有：

准则 2.2　单调有界数列必有极限.

注：以上准则没给详细的证明，读者可以通过几何原理去理解该准则. 准则 2.2 是存在性定理，并没有说极限该怎么求，因此要求出极限还得另想办法.

二、两个重要极限

(一) 第一个重要极限

$$\lim_{x \to 0} \frac{\sin x}{x} = 1.$$

作单位圆，如图 2-5 所示，设圆心角 $\angle AOB = x$（弧度），$x \in (0, \frac{\pi}{2})$，点 A 处的切线与 OB 交于 D，又 $BC \perp OA$，则

$$\sin x = BC, \quad x = \overset{\frown}{AB}, \quad \tan x = AD.$$

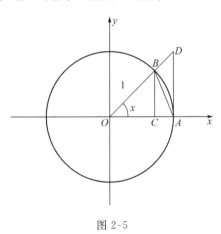

图 2-5

下面我们证明重要极限 $\lim\limits_{x \to 0} \dfrac{\sin x}{x} = 1$.

由图 2-5 看出：

$$\triangle AOB \text{ 的面积} < \text{圆扇形 } AOB \text{ 的面积} < \triangle AOD \text{ 的面积},$$

即　　　　　$$\frac{1}{2} \sin x < \frac{x}{2} < \frac{1}{2} \tan x.$$

于是有　$\sin x < x < \tan x$.

除以 $\sin x$，得

$$1 < \frac{x}{\sin x} < \frac{1}{\cos x} \quad 或 \quad \cos x < \frac{\sin x}{x} < 1.$$

该不等式是在 $x \in \left(0, \frac{\pi}{2}\right)$ 时得到的.

但 x 改变符号时，$\frac{\sin x}{x}$ 与 $\cos x$ 的值不变.

$$\frac{\sin x}{x} = \frac{-\sin x}{-x} = \frac{\sin(-x)}{(-x)}, \quad \cos(-x) = \cos x.$$

故 $x \in \left(-\frac{\pi}{2}, 0\right)$ 时，不等式 $\cos x < \frac{\sin x}{x} < 1$ 仍然成立.

又因为 $\lim\limits_{x \to 0} \cos x = 1, \lim\limits_{x \to 0} 1 = 1$，所以，由极限存在准则 2.1，得到第一个重要极限：

$$\lim_{x \to 0} \frac{\sin x}{x} = 1.$$

说明：

(1) 这是一个 $\frac{0}{0}$ 型的未定式.

(2) $\lim\limits_{u \to 0} \frac{\sin u}{u} = 1, u = \varphi(x).$

这个极限可以作为一个公式来用，若在极限式中有三角函数且为 $\frac{0}{0}$ 型未定式，求极限时常用到该公式.

【例 2.24】　求极限 $\lim\limits_{x \to 0} \frac{\tan x}{x}$.

【解】　$\lim\limits_{x \to 0} \dfrac{\tan x}{x} = \lim\limits_{x \to 0} \dfrac{\sin x}{x} \cdot \dfrac{1}{\cos x} = 1 \times 1 = 1.$

【例 2.25】　求极限 $\lim\limits_{x \to 0} \frac{1 - \cos x}{x^2}$.

【解】　$\lim\limits_{x \to 0} \dfrac{1 - \cos x}{x^2} = \lim\limits_{x \to 0} \dfrac{(1 - \cos x)(1 + \cos x)}{x^2(1 + \cos x)} = \lim\limits_{x \to 0} \dfrac{1 - \cos^2 x}{x^2(1 + \cos x)}$

$\qquad\qquad = \lim\limits_{x \to 0} \left(\dfrac{\sin x}{x}\right)^2 \cdot \dfrac{1}{1 + \cos x} = \dfrac{1}{2}.$

【例 2.26】　求极限 $\lim\limits_{x \to 0} \frac{\sin 3x}{x}$.

【解】　由于 $\dfrac{\sin 3x}{x} = 3 \cdot \dfrac{\sin 3x}{3x}$，令 $u = 3x$，当 $x \to 0$ 时，$u \to 0$，于是

$$\lim_{x \to 0} \frac{\sin 3x}{x} = 3 \lim_{x \to 0} \frac{\sin 3x}{3x} = 3 \lim_{u \to 0} \frac{\sin u}{u} = 3 \cdot 1 = 3.$$

【例 2.27】　求极限 $\lim\limits_{x \to \infty} x \sin \frac{5}{x}$.

【解】　$\lim\limits_{x\to\infty}x\sin\dfrac{5}{x}=\lim\limits_{x\to\infty}5\dfrac{\sin\dfrac{5}{x}}{\dfrac{5}{x}}=5.$

（二）第二个重要极限

$$\lim_{x\to\infty}\left(1+\dfrac{1}{x}\right)^{x}=\mathrm{e}.$$

其中，e 为无理数（e $= 2.718281828459045\cdots$）.

或写成　$\lim\limits_{t\to0}(1+t)^{\frac{1}{t}}=\mathrm{e},$

$$\lim_{u\to\infty}\left(1+\dfrac{1}{u}\right)^{u}=\mathrm{e}\quad(u=\varphi(x)).$$

这个极限称为第二个重要极限.

关于第二个重要极限的证明，这里说说其证明思路，具体过程不做详述. 因为数列 $\left\{\left(1+\dfrac{1}{n}\right)^{n}\right\}$ 是单调递增且有界的数列，根据准则 2.2 可知该极限存在，记为 $\lim\limits_{n\to\infty}\left(1+\dfrac{1}{n}\right)^{n}=\mathrm{e}$，后经数学家的努力，得出 e 是一个无理数，它的值是 e $= 2.718281828459045\cdots$，再利用准则 2.1 把该极限推广便可得出 $\lim\limits_{x\to\infty}\left(1+\dfrac{1}{x}\right)^{x}=\mathrm{e}.$

由于当 $x\to\infty$ 时，$\left(1+\dfrac{1}{x}\right)\to1$，所以该极限看作是 1^{∞} 型极限. 因此，在求幂指函数 $f(x)^{g(x)}$ 的极限时，若 $\lim f(x)=1,\lim g(x)=\infty$，也看作是 1^{∞} 型未定式，常考虑借助第二个重要极限来求解.

【例 2.28】　求极限 $\lim\limits_{x\to\infty}\left(1-\dfrac{1}{x}\right)^{x}.$

【解】　令 $t=-x$，则 $x\to\infty$ 时，$t\to\infty$，于是

$$\lim_{x\to\infty}\left(1-\dfrac{1}{x}\right)^{x}=\lim_{t\to\infty}\left(1+\dfrac{1}{t}\right)^{-t}=\lim_{t\to\infty}\left[\left(1+\dfrac{1}{t}\right)^{t}\right]^{-1}=\mathrm{e}^{-1}.$$

【例 2.29】　求极限 $\lim\limits_{x\to\infty}\left(1+\dfrac{3}{x}\right)^{2x}.$

【解】　令 $t=\dfrac{3}{x}$，则 $x=\dfrac{3}{t}$，当 $x\to\infty$ 时，$t\to0$，于是

$$\lim_{x\to\infty}\left(1+\dfrac{3}{x}\right)^{2x}=\lim_{t\to0}(1+t)^{2\cdot\frac{3}{t}}=\lim_{t\to0}\left[(1+t)^{\frac{1}{t}}\right]^{6}=\mathrm{e}^{6}.$$

【例 2.30】　求极限 $\lim\limits_{x\to\infty}\left(\dfrac{x}{1+x}\right)^{x}.$

【解】　由于 $\left(\dfrac{x}{1+x}\right)^{x}=\left(\dfrac{1+x}{x}\right)^{-x}=\left(1+\dfrac{1}{x}\right)^{-x}$，故

$$\lim_{x\to\infty}\left(\dfrac{x}{1+x}\right)^{x}=\lim_{x\to\infty}\left(\dfrac{1+x}{x}\right)^{-x}=\lim_{x\to\infty}\left(1+\dfrac{1}{x}\right)^{-x}=\left[\lim_{x\to\infty}\left(1+\dfrac{1}{x}\right)^{x}\right]^{-1}=\mathrm{e}^{-1}.$$

【例 2.31】　求极限 $\lim\limits_{x\to\infty}\left(\dfrac{x+3}{x-1}\right)^{x}.$

【解法一】 $\dfrac{x+3}{x-1} = \dfrac{x-1+4}{x-1} = 1 + \dfrac{4}{x-1}$,

令 $t = x - 1$,则 $x = t + 1$,并且当 $x \to \infty$ 时,$t \to \infty$,于是有

$$\lim_{x \to \infty} \left(\dfrac{x+3}{x-1} \right)^x = \lim_{x \to \infty} \left(1 + \dfrac{4}{x-1} \right)^x$$

$$= \lim_{t \to \infty} \left(1 + \dfrac{4}{t} \right)^{t+1} = \lim_{t \to \infty} \left[\left(1 + \dfrac{4}{t} \right)^t \cdot \left(1 + \dfrac{4}{t} \right) \right]$$

$$= \lim_{t \to \infty} \left(1 + \dfrac{4}{t} \right)^t \times \lim_{t \to \infty} \left(1 + \dfrac{4}{t} \right) = \mathrm{e}^4 \times 1 = \mathrm{e}^4.$$

【解法二】 $\lim_{x \to \infty} \left(\dfrac{x+3}{x-1} \right)^x = \lim_{x \to \infty} \left(\dfrac{\frac{x+3}{x}}{\frac{x-1}{x}} \right)^x = \lim_{x \to \infty} \dfrac{\left(1 + \frac{3}{x} \right)^x}{\left(1 - \frac{1}{x} \right)^x} = \dfrac{\lim\limits_{x \to \infty} \left(1 + \frac{3}{x} \right)^x}{\lim\limits_{x \to \infty} \left(1 - \frac{1}{x} \right)^x} = \dfrac{\mathrm{e}^3}{\mathrm{e}^{-1}} = \mathrm{e}^4.$

【解法三】 $\lim_{x \to \infty} \left(\dfrac{x+3}{x-1} \right)^x = \lim_{x \to \infty} \left(1 + \dfrac{4}{x-1} \right)^{\frac{x-1}{4} \cdot \frac{4x}{x-1}} = \mathrm{e}^{\lim\limits_{x \to \infty} \frac{4x}{x-1}} = \mathrm{e}^4.$

【例 2.32】 求极限 $\lim\limits_{x \to 0} \dfrac{\ln(x+1)}{x}$.

【解】 $\lim\limits_{x \to 0} \dfrac{\ln(x+1)}{x} = \lim\limits_{x \to 0} \dfrac{1}{x} \ln(x+1) = \lim\limits_{x \to 0} \ln(x+1)^{\frac{1}{x}} = \ln \lim\limits_{x \to 0} (1+x)^{\frac{1}{x}} = \ln \mathrm{e} = 1.$

三、连续复利与贴现

(一) 连续复利

所谓复利计息,就是将每期利息于每期之末加入该期本金,并以此作为新本金再计算下期利息.说得通俗些,就是利滚利.现有本金 A_0,以年利率 r 贷出,若以复利计息,t 年末 A_0 将增加到 A_t,本利和 $A_t = A_0(1+r)^t$.

若仍以一年利率为 r,一年不是计息 1 期,而是一年计息 n 期,且以 $\dfrac{r}{n}$ 为每期的利息来计算.在这种情况下,易推得,t 年终的本利和为

$$A_t = A_0 \left(1 + \dfrac{r}{n} \right)^{nt}.$$

若计息的"期"的时间间隔无限缩短,从而计息次数 $n \to \infty$.这时,由于

$$\lim_{n \to \infty} A_0 \left(1 + \dfrac{r}{n} \right)^{nt} = A_0 \lim_{n \to \infty} \left[\left(1 + \dfrac{r}{n} \right)^{\frac{n}{r}} \right]^{rt} = A_0 \mathrm{e}^{rt},$$

所以,若以**连续复利计息公式**计算利息,公式为

$$A_t = A_0 \mathrm{e}^{rt}.$$

其中,A_t 为 t 年末的本利和.

【例 2.33】 已知现有本金 100 元,年利率为 8%,按复利计息,则

一年为 1 期计算利息,一年终的本利和为 $A_1 = 100 \times (1 + 0.08) = 108$(元).

一年为 2 期计算利息,一年终的本利和为 $A_1 = 100 \times \left(1 + \dfrac{0.08}{2} \right)^2 = 108.16$(元).

一年为 12 期计算利息,一年终的本利和为 $A_1 = 100 \times \left(1 + \dfrac{0.08}{12} \right)^{12} = 108.30$(元).

一年为 100 期计算利息,一年终的本利和为 $A_1 = 100 \times \left(1 + \dfrac{0.08}{100}\right)^{100} = 108.325$(元).

连续复利计算,一年终的本利和为 $A_1 = 100\mathrm{e}^{0.08} \approx 108.329$(元).

(二) 贴现

已知现在值求未来值是复利问题. 若已知未来值 A_t, 求现在值 A_0, 则称**贴现**问题. 这时, 利率 r 称为**贴现率**.

由复利公式易推出,若以年为期贴现,贴现公式是

$$A_0 = A_t(1 + r)^{-t}.$$

若以年均分期贴现,由复利公式可得,贴现公式是

$$A_0 = A_t\left(1 + \frac{r}{n}\right)^{-nt}.$$

连续复利贴现公式是

$$A_0 = A_t\mathrm{e}^{-rt}.$$

【例 2.34】　设年贴现率为 6.5%,按连续复利计息,现投资多少元,16 年之末可得 1200 元.

【解】　这是已知未来值求现在值的问题,是贴现问题.

已知贴现率 $r = 6.5\%$, 未来值 $A_t = 1200$ 元, $t = 16$ 年, 所以由连续贴现公式知,现在值

$$A_0 = A_t\mathrm{e}^{-rt} = 1200 \times \mathrm{e}^{-0.065 \times 16} = \frac{1200}{\mathrm{e}^{1.04}} \approx 424.15\text{(元)}.$$

连续复利公式 $A_t = A_0\mathrm{e}^{rt}$ 反映了世界上许多事物增长和衰减的规律. 例如,生物的生长、细胞的繁殖、放射性元素的衰变、人口的增长以及设备折旧价值等都服从这个数学模型.

【例 2.35】　设人口自然增长率(出生率与死亡率之差)为 1%,问几年后人口将翻一番?

【解】　这个问题符合公式 $A_t = A_0\mathrm{e}^{rt}$ 所反映的规律,其中 A_0 表示原来的人口数,$r = 1\%$,根据题设有 $A_t = 2A_0$,现在求 t.

因为　　$2A_0 = A_0\mathrm{e}^{0.01t}$,　即　$2 = \mathrm{e}^{0.01t}$.

两边取自然对数,得 $\ln 2 = 0.01t$,所以

$$t = \frac{\ln 2}{0.01} \approx 69\text{(年)}.$$

习题 2.4

1. 计算下列极限.

(1) $\lim\limits_{x \to 0} \dfrac{\sin 3x}{x}$;

(2) $\lim\limits_{x \to 0} \dfrac{\sin mx}{\sin nx}$　(m, n 为整数);

(3) $\lim\limits_{n \to \infty} \left(n\sin \dfrac{\pi}{n}\right)$;

(4) $\lim\limits_{x \to \pi} \dfrac{\sin x}{\pi - x}$;

(5) $\lim\limits_{x \to 0^+} \dfrac{x}{\sqrt{1 - \cos x}}$;

(6) $\lim\limits_{x \to 0} \dfrac{\sqrt{1 - \cos^2 x}}{1 - \cos x}$.

2. 计算下列极限.

(1) $\lim\limits_{n \to \infty}\left(1 + \dfrac{1}{n+1}\right)^n$;

(2) $\lim\limits_{x \to \infty}\left(1 + \dfrac{2}{x}\right)^{x+3}$;

(3) $\lim\limits_{x \to 0}(1 - 3x)^{\frac{1}{x}}$;

(4) $\lim\limits_{x \to \infty}\left(\dfrac{x}{x+1}\right)^x$;

(5) $\lim\limits_{x \to \infty}\left(\dfrac{x-1}{x+1}\right)^x$;

(6) $\lim\limits_{m \to \infty}\left(1 - \dfrac{1}{m^2}\right)^m$.

3. 计算下列极限.

(1) $\lim\limits_{n \to \infty}\left(\dfrac{1}{n^2} + \dfrac{1}{(n+1)^2} + \dfrac{1}{(n+2)^2} + \cdots + \dfrac{1}{(n+n)^2}\right)$;

(2) $\lim\limits_{n \to \infty}\left(\dfrac{1}{n^2 + \pi} + \dfrac{1}{n^2 + 2\pi} + \cdots + \dfrac{1}{n^2 + n\pi}\right)$.

4. 1000 元按年利率 6% 进行连续复利,20 年后,本利和为多少元?

5. 若 10 年后可收取的款额为 704.83 万元,已知贴现率为 7%,按连续贴现计算,问这笔款的现值是多少?

6. 已知职工人数年增长率为 v,原有职工人数为 N,试确定 5 年后职工人数的精确值(按连续增长率计算).

7. 一机器的原价值为 1000 元,因逐年变旧,每年价值减少 0.5%,问 5 年后机器的价值为多少?

§2.5　无穷小的比较

我们知道,当 $x \to 0$ 时,$x, 3x, x^2, \sin x$ 都是无穷小量,但它们趋近于零的速度是不同的.要比较它们趋向于 0 的速度,我们可以观察其商的极限,可以看出

$$\lim\limits_{x \to 0}\dfrac{x^2}{3x} = 0, \quad \lim\limits_{x \to 0}\dfrac{3x}{x^2} = \infty, \quad \lim\limits_{x \to 0}\dfrac{\sin x}{x} = 1.$$

以上三个极限结果各不相同,反映了不同的无穷小量趋向于 0 的"快慢"程度,就上面几个例子来说,在 $x \to 0$ 的过程中,$x^2 \to 0$ 比 $3x \to 0$ 要"快些",反过来 $3x \to 0$ 比 $x^2 \to 0$ 要"慢些",而 $x \to 0$ 与 $\sin x \to 0$ "快慢相仿".

为了比较同一变化过程中两个无穷小量趋近于零的速度,下面给出无穷小量的阶的概念.

一、无穷小量阶的比较

当 x 在某种变化过程时,f 与 g 均为无穷小量,且 g 不为 0.例如,$x \to x_0$ 时:

(1) 若 $\lim\limits_{x \to x_0}\dfrac{f}{g} = 0$,则称当 $x \to x_0$ 时 f 为 g 的**高阶无穷小量**,记作

$$f = o(g) \quad (x \to x_0).$$

(2) $\lim\limits_{x \to x_0}\dfrac{f}{g} = \infty$,则称当 $x \to x_0$ 时 f 为 g 的**低阶无穷小量**.

(3) 若 $\lim\limits_{x \to x_0} \dfrac{f}{g} = c \neq 0$, 则称当 $x \to x_0$ 时 f 与 g 为**同阶无穷小量**.

(4) 若 $\lim\limits_{x \to x_0} \dfrac{f}{g} = 1$, 则称当 $x \to x_0$ 时 f 与 g 为**等价无穷小量**, 记作

$$f \sim g \quad (x \to x_0).$$

显然, 等价无穷小是同阶无穷小的一种特殊情况.

例如, 因为 $\lim\limits_{x \to 0} \dfrac{x^2}{x} = \lim\limits_{x \to 0} x = 0$, 所以当 $x \to 0$ 时, x^2 是 x 的高阶的无穷小量. 此时显然, x 是 x^2 的低阶的无穷小量.

因为 $\lim\limits_{x \to 0} \dfrac{3x}{x} = 3$, 所以当 $x \to 0$ 时, $3x$ 与 x 是同阶无穷小量.

因为 $\lim\limits_{x \to 0} \dfrac{\sin x}{x} = 1, \lim\limits_{x \to 0} \dfrac{\tan x}{x} = 1$, 所以当 $x \to 0$ 时, $\sin x$ 与 x 是等价无穷小量, $\tan x$ 与 x 是等价无穷小量, 即 $\sin x \sim x (x \to 0), \tan x \sim x (x \to 0)$.

两个无穷小量的阶的高低, 实际上表示的是两个无穷小量趋于 0 的快慢程度. 如果 f 为 g 的高阶无穷小量, 则表示这两个无穷小量在变化过程中, f 趋于 0 的速度要比 g 快得多; 如果两个无穷小量是同阶的, 则表示这两个无穷小量趋于 0 的速度快慢差不多; 如果两个无穷小量是等价的, 则表示它们趋于 0 的速度是一样的.

二、等价无穷小应用

(一) 几个常用的等价无穷小

根据等价无穷小的定义, 可以证明, 当 $x \to 0$ 时, 有下列常用的等价无穷小关系:

$\sin x \sim x, \tan x \sim x, \ln(1+x) \sim x, \mathrm{e}^x - 1 \sim x, 1 - \cos x \sim \dfrac{1}{2}x^2, (1+x)^\alpha - 1 \sim \alpha x$ (α 为非零常数).

【例 2.36】 当 $x \to 0$ 时, 证明 $\mathrm{e}^x - 1 \sim x$.

【证明】 令 $\mathrm{e}^x - 1 = t$, 则 $x = \ln(1+t)$, 且 $x \to 0$ 时, $t \to 0$,

$$\lim_{x \to 0} \frac{\mathrm{e}^x - 1}{x} = \lim_{t \to 0} \frac{t}{\ln(1+t)} = \left[\lim_{t \to 0} \frac{\ln(1+t)}{t} \right]^{-1}$$

$$= \left[\ln \lim_{t \to 0} (1+t)^{\frac{1}{t}} \right]^{-1} = (\ln \mathrm{e})^{-1} = 1.$$

注: 当 $x \to 0$ 时, x 为无穷小. 在常用等价无穷小中, 用任意一个无穷小 $\beta(x)$ 代替 x 后, 上述等价关系仍然成立. 如, 当 $x \to 1$ 时, 有 $(x-1)^2 \to 0$, 从而

$$\sin(x-1)^2 \text{ 等价于 } (x-1)^2 \quad (x \to 1).$$

(二) 等价无穷小的应用

等价无穷小是十分重要的概念, 它有广泛的用途. 下面说明其在极限计算中的应用.

若 $\alpha(x), \overline{\alpha}(x), \beta(x), \overline{\beta}(x)$ 都是 $x \to x_0$ 时的无穷小, 且

$$\alpha(x) \sim \overline{\alpha}(x) \quad (x \to x_0),$$

$$\beta(x) \sim \overline{\beta}(x) \quad (x \to x_0).$$

如果 $\lim\limits_{x \to x_0} \dfrac{\overline{\beta}(x)}{\alpha(x)}$ 存在,那么 $\lim\limits_{x \to x_0} \dfrac{\beta(x)}{\alpha(x)}$ 也存在,且

$$\lim_{x \to x_0} \frac{\beta(x)}{\alpha(x)} = \lim_{x \to x_0} \frac{\overline{\beta}(x)}{\alpha(x)}.$$

这是因为

$$\lim_{x \to x_0} \frac{\beta(x)}{\alpha(x)} = \lim_{x \to x_0} \left[\frac{\beta(x)}{\overline{\beta}(x)} \cdot \frac{\overline{\beta}(x)}{\overline{\alpha}(x)} \cdot \frac{\overline{\alpha}(x)}{\alpha(x)} \right]$$

$$= \lim_{x \to x_0} \frac{\beta(x)}{\overline{\beta}(x)} \lim_{x \to x_0} \frac{\overline{\beta}(x)}{\overline{\alpha}(x)} \lim_{x \to x_0} \frac{\overline{\alpha}(x)}{\alpha(x)}$$

$$= 1 \times \lim_{x \to x_0} \frac{\overline{\beta}(x)}{\overline{\alpha}(x)} \times 1$$

$$= \lim_{x \to x_0} \frac{\overline{\beta}(x)}{\overline{\alpha}(x)}.$$

我们在进行极限计算时,视情况可以进行无穷小的替换来简化极限的计算. 下面举例说明其具体应用.

【例 2.37】 求极限 $\lim\limits_{x \to 0} \dfrac{\sin mx}{\tan 3x}$ (m 为常数).

【解】 当 $x \to 0$ 时,$\sin mx \sim mx$,$\tan 3x \sim 3x$,所以

$$\lim_{x \to 0} \frac{\sin mx}{\tan 3x} = \lim_{x \to 0} \frac{mx}{3x} = \frac{m}{3}.$$

【例 2.38】 求极限 $\lim\limits_{x \to 0} \dfrac{1 - \cos x}{x \tan x}$.

【解】 当 $x \to 0$ 时,$\tan x \sim x$,$1 - \cos x \sim \dfrac{1}{2} x^2$,所以

$$\lim_{x \to 0} \frac{1 - \cos x}{x \tan x} = \lim_{x \to 0} \frac{\dfrac{1}{2} x^2}{x \cdot x} = \frac{1}{2}.$$

【例 2.39】 求极限 $\lim\limits_{x \to 1} \dfrac{\ln(1 + \sqrt[3]{x - 1})}{\sin(2 \sqrt[3]{x^2 - 1})}$.

【解】 当 $x \to 1$ 时,$x - 1 \to 0$,$\sin(2 \sqrt[3]{x^2 - 1}) \sim (2 \sqrt[3]{x^2 - 1})$,$\ln(1 + \sqrt[3]{x - 1}) \sim \sqrt[3]{x - 1}$,所以

$$\lim_{x \to 1} \frac{\ln(1 + \sqrt[3]{x - 1})}{\sin(2 \sqrt[3]{x^2 - 1})} = \lim_{x \to 1} \frac{\sqrt[3]{x - 1}}{2 \sqrt[3]{x^2 - 1}} = \lim_{x \to 1} \frac{1}{2 \sqrt[3]{x + 1}} = \frac{1}{2 \sqrt[3]{2}}.$$

【例 2.40】 求极限 $\lim\limits_{x \to \infty} x (\mathrm{e}^{\frac{2}{x}} - 1)$.

【解】 令 $\dfrac{2}{x} = t$,则 $x = \dfrac{2}{t}$,当 $x \to \infty$ 时,$t \to 0$,$\mathrm{e}^t - 1 \sim t$,所以

$$\lim_{x \to \infty} x (\mathrm{e}^{\frac{2}{x}} - 1) = \lim_{t \to 0} \frac{2(\mathrm{e}^t - 1)}{t} = \lim_{t \to 0} \frac{2t}{t} = \lim_{t \to 0} \frac{2}{t} \cdot t = 2.$$

【例 2.41】 求极限 $\lim\limits_{x \to 0} \dfrac{\tan x - \sin x}{x^3}$.

【解】 当 $x \to 0$ 时,$\sin x \sim x, 1 - \cos x \sim \dfrac{1}{2} x^2$,所以

$$\lim_{x \to 0} \frac{\tan x - \sin x}{x^3} = \lim_{x \to 0} \frac{\sin x (1 - \cos x)}{x^3 \cos x} = \lim_{x \to 0} \frac{x \cdot \dfrac{1}{2} x^2}{x^3 \cos x} = \frac{1}{2}.$$

注:① 对于例 2.41,若采用 $\lim\limits_{x \to 0} \dfrac{\tan x - \sin x}{x^3} = \lim\limits_{x \to 0} \dfrac{x - x}{x^3} = \lim\limits_{x \to 0} \dfrac{0}{x^3} = 0$ 是错误的.

② 该方法只是保证了在求两个无穷小之比的极限时,分子及分母都可以用无穷小来代替,或者该方法与积、商的极限四则运算法则结合起来,保证分子和分母中的因子可以用等价无穷小来代替.

习题 2.5

1. 当 $x \to 0$ 时,$x - x^2$ 与 $x^2 - x^3$ 相比,哪一个是高阶无穷小量.

2. 当 $x \to 0$ 时,若 $1 - \cos x$ 与 mx^n 是等价无穷小量,求 m 和 n 的值.

3. 计算下列极限.

(1) $\lim\limits_{x \to 0} \dfrac{\ln(1 - 2\sin x)}{x}$;

(2) $\lim\limits_{x \to 0} \dfrac{\sin^2 3x}{x \sin x}$;

(3) $\lim\limits_{x \to 0} (1 - \tan x)^{\frac{1}{\sin 2x}}$;

(4) $\lim\limits_{x \to 0} \dfrac{\ln(1 + 3x)\ln(1 + x)}{x \sin 3x}$;

(5) $\lim\limits_{x \to 0} \dfrac{(\mathrm{e}^x - 1)^2}{2x\ln(1 + x)}$;

(6) $\lim\limits_{x \to 0} \dfrac{\sqrt[3]{1 + x} - 1}{\tan x}$.

§2.6 函数的连续性

自然界中有许多现象,如气温的变化、河水的流动、植物的生长等,都是连续地变化着的,这种现象在函数关系上的反映,就是函数的连续性. 例如就气温的变化来看,当时间变动很微小时,气温的变化也很微小,这种特点就是所谓连续性.

一、图像分析

我们用图 2-6 来阐明函数在一点连续的最本质的数量特征. 观察两个函数 $y = f(x)$ 与 $y = \varphi(x)$ 的图形.

在点 x_0 处,曲线 $y = f(x)$ 是连续的,作为曲线 $y = f(x)$ 上的点的横坐标 x 自 x_0 向左或向右改变 Δx 时,其相应的纵坐标 y 也有相应的改变 Δy. 当 $\Delta x \to 0$ 时,$\Delta y = f(x_0 + \Delta x) - f(x_0) \to 0$.

在点 x_0 处,曲线 $y = \varphi(x)$ 是不连续的,作为曲线 $y = \varphi(x)$ 上的点的横坐标 x 自 x_0 向右改变 Δx 时,其相应的纵坐标 y 也有相应的改变 Δy. 当 $\Delta x \to 0$ 时,$\Delta y = \varphi(x_0 + \Delta x) - \varphi(x_0)$ 显然不趋近于 0.

我们用数学式子来表达上述说法. 对函数 $y = f(x)$,假设自变量由 x_0 改变到 $x_0 + \Delta x$,

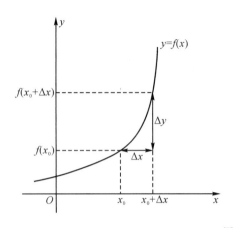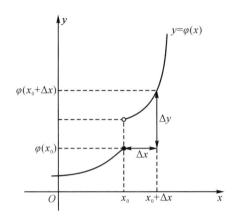

图 2-6

我们用数学式子来表达上述说法. 对函数 $y = f(x)$, 假设自变量由 x_0 改变到 $x_0 + \Delta x$, 自变量实际改变了 Δx. 这时, 函数值相应地由 $f(x_0)$ 改变到 $f(x_0 + \Delta x)$, 若记 Δy 为函数相应的改变量, 则

$$\Delta y = f(x_0 + \Delta x) - f(x_0).$$

按这种记法, 在 x_0 处, 当 Δx 很微小时, Δy 也很微小, 特别当 $\Delta x \to 0$ 时, 也有 $\Delta y \to 0$, 这就是函数 $y = f(x)$ 在点 x_0 处连续的定义.

借助于以上分析, 可以验证 $f(x) = x^2$ 在定义域任意一点 x_0 上

$$\Delta y = f(x_0 + \Delta x) - f(x_0)$$
$$= (x_0 + \Delta x)^2 - x_0^2 = 2x_0 \Delta x + (\Delta x)^2.$$

显然, 当 $\Delta x \to 0$ 时, 有 $\Delta y = 2x_0 \Delta x + (\Delta x)^2 \to 0$, 即可以说函数 $f(x) = x^2$ 在定义域任意一点 x_0 上都是连续的.

二、连续性概念

由以上分析得到函数在一点连续的定义.

连续性定义:

设函数 $y = f(x)$ 在点 x_0 的某个邻域内(包括点 x_0)有定义, 如果当自变量的改变量 $\Delta x = x - x_0$ 趋近于零时, 相应的函数改变量 Δy 也趋近于零, 即

$$\lim_{\Delta x \to 0} \Delta y = \lim_{\Delta x \to 0} (f(x_0 + \Delta x) - f(x_0)) = 0.$$

则称函数 $y = f(x)$ 在点 x_0 **连续**, 称 x_0 为函数的**连续点**; 否则, 称函数 $y = f(x)$ 在点 x_0 **不连续**, 称 x_0 为函数的**间断点**.

若记 $x = x_0 + \Delta x$, 则 $\Delta x = x - x_0$, 相应地函数的改变量为 $\Delta y = f(x) - f(x_0)$. 当 $\Delta x \to 0$ 时, 即 $x \to x_0$; $\Delta y \to 0$, 即 $f(x) \to f(x_0)$. 于是, 函数 $y = f(x)$ 在点 x_0 连续的定义又可记作

$$\lim_{x \to x_0} f(x) = f(x_0).$$

由上式, 函数 $f(x)$ 在点 x_0 连续须同时满足下述三个条件:

(1) 在点 x_0 及其某个邻域内有定义;

(2) 极限 $\lim\limits_{x \to x_0} f(x)$ 存在；

(3) 极限 $\lim\limits_{x \to x_0} f(x)$ 的值等于该点的函数值 $f(x_0)$，即 $\lim\limits_{x \to x_0} f(x) = f(x_0)$.

我们常用上述三个条件来讨论分段函数 $f(x)$ 在分段点处是否连续.

【例 2.42】 讨论函数 $f(x) = \begin{cases} \dfrac{\sin x}{x}, & x \neq 0 \\ 1, & x = 0 \end{cases}$，在 $x_0 = 0$ 处是否连续.

【解】 因为 (1) $f(0) = 1$；

(2) $\lim\limits_{x \to 0} f(x) = \lim\limits_{x \to 0} \dfrac{\sin x}{x} = 1$；

(3) $\lim\limits_{x \to 0} f(x) = f(0)$.

所以函数在 $x_0 = 0$ 处连续.

【例 2.43】 设函数 $f(x) = \dfrac{x^2 - 1}{x - 1}$，讨论函数 $f(x)$ 在 $x = 1$ 处是否连续.

【解】 如图 2-7 所示，因为函数 $f(x)$ 在 $x = 1$ 处没有定义，所以 $f(x)$ 在 $x = 1$ 不连续.

【例 2.44】 设函数 $f(x) = \begin{cases} x - 1, & x < 0 \\ 0, & x = 0 \\ x + 1, & x > 0 \end{cases}$，试讨论函数 $f(x)$ 在 $x = 0$ 处是否连续.

【解】 如图 2-8 所示.

(1) 函数 $f(x)$ 在 $x = 0$ 有定义，$f(0) = 0$；

(2) $\lim\limits_{x \to 0^-} f(x) = \lim\limits_{x \to 0^-} (x - 1) = -1$，$\lim\limits_{x \to 0^+} f(x) = \lim\limits_{x \to 0^+} (x + 1) = 1$，由极限的充分必要条件知，极限 $\lim\limits_{x \to 0} f(x)$ 不存在.

所以 $f(x)$ 在 $x = 0$ 不连续.

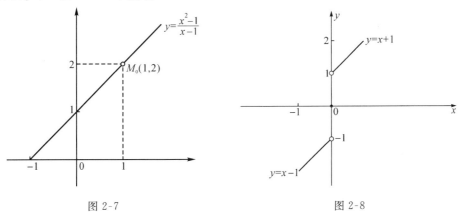

图 2-7   图 2-8

【例 2.45】 设函数 $f(x) = \begin{cases} \dfrac{x^2 - 1}{x - 1}, & x \neq 1 \\ 1, & x = 1 \end{cases}$，讨论函数 $f(x)$ 在 $x = 1$ 是否连续.

【解】 如图 2-9 所示.

(1) 函数 $f(x)$ 在 $x = 1$ 有定义，$f(1) = 1$；

(2) $\lim\limits_{x \to 1} f(x) = \lim\limits_{x \to 1} \dfrac{x^2 - 1}{x - 1} = \lim\limits_{x \to 1}(x + 1) = 2$;

(3) $\lim\limits_{x \to 1} f(x) \neq f(1)$.

所以函数 $f(x)$ 在 $x = 1$ 不连续.

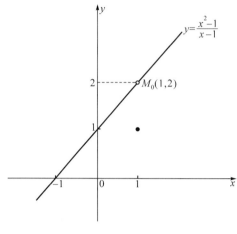

图 2-9

由函数 $f(x)$ 在点 x_0 左极限与右极限的定义,立即得到函数 $f(x)$ 在点 x_0 左连续与右连续的定义.

左右连续定义:

如果函数 $y = f(x)$ 在点 x_0 的某个邻域内(包括点 x_0)有定义,若 $\lim\limits_{x \to x_0^-} f(x) = f(x_0)$,则称函数 $f(x)$ 在点 x_0 **左连续**;若 $\lim\limits_{x \to x_0^+} f(x) = f(x_0)$,则称函数 $f(x)$ 在点 x_0 **右连续**.

由此可知,函数 $f(x)$ 在点 x_0 连续的充分必要条件是:函数 $f(x)$ 在点 x_0 既左连续又右连续,即

$$\lim\limits_{x \to x_0} f(x) = f(x_0) \Leftrightarrow \lim\limits_{x \to x_0^+} f(x) = f(x_0) = \lim\limits_{x \to x_0^-} f(x).$$

【例 2.46】　讨论函数 $f(x) = \begin{cases} \dfrac{\sin 2x}{x}, & x < 0 \\ 2, & x = 0 \\ \mathrm{e}^x + 1, & x > 0 \end{cases}$,在点 $x_0 = 0$ 处的连续性.

【解】　在分段点 $x_0 = 0$ 处的左右两侧分别讨论左连续和右连续.

因为 $f(0) = 2$,

当 $x < 0$ 时,$\lim\limits_{x \to 0^-} f(x) = \lim\limits_{x \to 0^-} \dfrac{\sin 2x}{x} = 2 = f(0)$;

当 $x > 0$ 时,$\lim\limits_{x \to 0^+} f(x) = \lim\limits_{x \to 0^+}(\mathrm{e}^x + 1) = 2 = f(0)$;

即函数 $f(x)$ 在点 x_0 既左连续又右连续,所以它在 $x_0 = 0$ 处连续.

【例 2.47】　设有函数

$$f(x) = \begin{cases} (1+ax)^{\frac{1}{x}}, & x > 0 \\ \mathrm{e}, & x = 0 \\ \dfrac{\sin ax}{bx}, & x < 0 \end{cases} \quad (a \neq 0, b \neq 0),$$

问:a 和 b 各取何值时,$f(x)$ 在点 x_0 连续?

【解】 在分段点 $x_0 = 0$ 处分别讨论左连续和右连续.

因为 $f(0) = \mathrm{e}$,

当 $x > 0$ 时,$\lim\limits_{x \to 0^+} f(x) = \lim\limits_{x \to 0^+} (1+ax)^{\frac{1}{x}} = \lim\limits_{x \to 0^+} [(1+ax)^{\frac{1}{ax}}]^a = \mathrm{e}^a = f(0) = \mathrm{e}$,

所以当 $a = 1$ 时,$f(x)$ 在点 x_0 右连续.

当 $x < 0$ 时,$\lim\limits_{x \to 0^-} f(x) = \lim\limits_{x \to 0^-} \dfrac{\sin ax}{bx} = \lim\limits_{x \to 0^-} \dfrac{\sin x}{x} \cdot \dfrac{1}{b} = \dfrac{1}{b} = f(0) = \mathrm{e}$,

所以当 $b = \dfrac{1}{\mathrm{e}} = \mathrm{e}^{-1}$ 时,$f(x)$ 点 x_0 左连续.

故当 $a = 1, b = \dfrac{1}{\mathrm{e}} = \mathrm{e}^{-1}$ 时,$f(x)$ 在点 x_0 连续.

函数在一点连续的定义很自然地可以拓广到一个区间上,便得到函数在区间上连续的概念.

若函数 $f(x)$ 在开区间 (a,b) 内每一点都连续,则称 $f(x)$ 在开区间 (a,b) 内连续;若 $f(x)$ 在 (a,b) 内连续,在右端点 b 左连续,在左端点 a 右连续,则称在闭区间 $[a,b]$ 上连续. 若 $f(x)$ 在 (a,b) 内连续,则曲线 $y = f(x)$ 在区间 (a,b) 上是一条连续不间断的曲线.

三、初等函数的连续性

我们通过函数的连续性定义,可以证明或验证以下两个运算是成立的:

(1) 若函数 $f(x)$ 和 $g(x)$ 在点 x_0 连续,则这两个函数的和(或差)$f(x) \pm g(x)$、乘积 $f(x) \cdot g(x)$、商 $\dfrac{f(x)}{g(x)}(g(x_0) \neq 0)$ 在点 x_0 也连续.

(2)(复合函数的连续性) 设函数 $u = \varphi(x)$ 在点 x_0 连续,且 $\varphi(x_0) = u_0$;又函数 $y = f(u)$ 在点 u_0 连续,则复合函数 $f(\varphi(x))$ 在点 x_0 连续,即

$$\lim_{x \to x_0} f(\varphi(x)) = f(\varphi(x_0)).$$

又因为基本初等函数在其定义域内都是连续的. 因此,结合上面两个连续性运算法则得出一个重要结论就是:**初等函数在其有定义的区间内都是连续的.**

根据这一结论,求初等函数在某点 x_0 的极限时,如果该点在函数的定义区间内,则函数在点 x_0 的极限等于函数在该点的函数值. 即

$$\lim_{x \to x_0} f(x) = f(x_0) \quad \text{或} \quad \lim_{x \to x_0} f(x) = f(\lim_{x \to x_0} x) = f(x_0).$$

【例 2.48】 求极限 $\lim\limits_{x \to \frac{\pi}{2}} \ln \sin x$.

【解】 因为 $f(x)$ 是初等函数,$\dfrac{\pi}{2} \in (0, \pi)$ 在定义区间内,所以

$$\lim_{x \to \frac{\pi}{2}} \ln\sin x = \ln\sin\frac{\pi}{2} = \ln 1 = 0.$$

【例 2.49】 求极限 $\lim\limits_{x \to 0} \dfrac{\log_a(1+x)}{x}$.

【解】 因为 $x = 0$ 时 $f(x) = \dfrac{\log_a(1+x)}{x}$ 无定义,所以不能直接用上题的方法去求极限,而是要另寻他法. 正确解法为

$$原式 = \lim_{x \to 0} \log_a(1+x)^{\frac{1}{x}} = \log_a e = \frac{1}{\ln a}.$$

【例 2.50】 求函数 $f(x) = \dfrac{x+1}{x^2 - 3x + 2}$ 的连续区间.

【解】 初等函数的连续区间就为其定义区间,因为定义要求

$$x^2 - 3x + 2 \neq 0 \Rightarrow x \neq 1, x \neq 2,$$

所以 $f(x)$ 的连续区间为 $(-\infty, 1) \bigcup (1, 2) \bigcup (2, +\infty)$.

习题 2.6

1. 函数 $y = -x^2 + \dfrac{1}{2}x$ 当 $x = 1, \Delta x = 0.5$ 时的增量.

2. 函数 $y = \sqrt{1+x}$ 当 $x = 3, \Delta x = -0.2$ 时的增量.

3. 下列函数的连续区间,并求极限.

(1) $f(x) = \lg(2-x)$,求 $\lim\limits_{x \to -8} f(x)$;

(2) $f(x) = \sqrt{x-4} + \sqrt{6-x}$,求 $\lim\limits_{x \to 5} f(x)$;

(3) $f(x) = \ln\sin x$,求 $\lim\limits_{x \to \frac{\pi}{2}} f(x)$.

4. 求下列函数的不连续点.

(1) $y = \dfrac{x}{(1+x)^2}$;   (2) $y = \dfrac{x+1}{1+x^3}$;

(3) $y = \dfrac{x}{\sin x}$;   (4) $y = \dfrac{\sin x}{x^2 - 1}$.

5. 讨论函数 $f(x)$ 在 $x = 0$ 处的连续性.

$$f(x) = \begin{cases} \dfrac{\ln(1+x)}{x}, & x > 0 \\[2mm] 0, & x = 0. \\[2mm] \dfrac{\sqrt{1+x} - \sqrt{1-x}}{x}, & x < 0 \end{cases}$$

6. 定义 $f(0)$ 的值,使函数 $f(x) = \dfrac{\sqrt{1+x} - 1}{\sqrt[3]{1+x} - 1}$ 在 $x = 0$ 处连续.

7. 在下列函数中,a 取什么值时函数连续?

(1) $f(x) = \begin{cases} \dfrac{x^2-16}{x-4}, & x \neq 4; \\ a, & x = 4 \end{cases}$　　　　(2) $f(x) = \begin{cases} \mathrm{e}^x, & x < 0 \\ a + x, & x \geqslant 0 \end{cases}$.

8. 求下列极限.

(1) $\lim\limits_{x \to +\infty} x[\ln(x+1) - \ln x]$;　　　　(2) $\lim\limits_{x \to 0^+} \dfrac{\mathrm{e}^x - 1}{x}$ （提示:设 $\mathrm{e}^x - 1 = t$）;

(3) $\lim\limits_{x \to a} \dfrac{\ln x - \ln a}{x - a}(a > 0)$ （提示:设 $x - a = t$）.

§2.7　连续函数的性质

　　闭区间上的连续函数有很多重要性质,其中不少性质从几何直观上看是很明显的,但要去证明这些性质却并不容易,还需要其他的数学理论. 因此,本节我们通过对几何图形的观察给出几个重要有关闭区间上连续函数的性质. 但请读者注意,这些性质对于开区间上的连续函数一般是不成立的.

　　若读者在纸上随意给出一个闭区间,并在该区间上画一个连续函数的曲线,这样进行多次,并观察,会得出以下两个定理:

一、有界定理

　　如果函数 $f(x)$ 在闭区间 $[a,b]$ 上连续,则 $f(x)$ 在这个区间上有界. 即若 $f(x)$ 在 $[a,b]$ 上连续,则存在一个正数 M,对 $[a,b]$ 中的一切 x,都有 $|f(x)| \leqslant M$.

二、最值定理

　　若 $f(x)$ 在闭区间 $[a,b]$ 上连续,则 $f(x)$ 在 $[a,b]$ 上一定有最大值与最小值.

　　最值定理告诉我们,在闭区间上连续的函数,在该区间上至少取得它的最小值和最大值一次.

　　设函数 $f(x)$ 在闭区间 $[a,b]$ 上连续,从图 2-10 可以看出,在闭区间 $[a,b]$ 上存在一个点 ξ_1,函数在这点的函数值为最大,即有

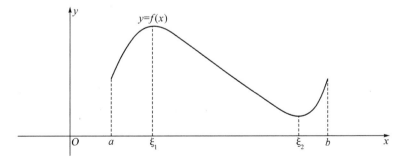

图 2-10

$$f(\xi_1) \geqslant f(x) \quad (a \leqslant x \leqslant b).$$

在闭区间$[a,b]$上存在一个点ξ_2，函数在这点的函数值为最小，即有

$$f(\xi_2) \leqslant f(x) \quad (a \leqslant x \leqslant b).$$

我们再观察如下两个图形（见图 2-11 和图 2-12），会再得出下面两个定理：

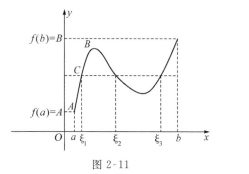

图 2-11

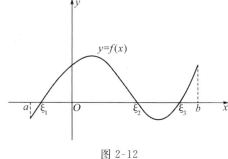

图 2-12

三、介值定理

设函数 $f(x)$ 在闭区间$[a,b]$上连续，且在这区间的端点取不同的函数值 $f(a) = A$ 与 $f(b) = B$，那么，不论 C 是 A 与 B 之间怎样一个数，在开区间(a,b)内至少有一个点 ξ，使得 $f(\xi) = C$.

这个定理的几何意义如图 2-11 所示．若 C 是 A 与 B 之间的任何一个数，那么连续曲线 $y = f(x)$ 与直线 $y = C$ 至少有一个交点.

四、零点定理

如果函数 $f(x)$ 在闭区间$[a,b]$连续，且 $f(a)$ 与 $f(b)$ 异号，则在(a,b)内至少存在一点 ξ，使得 $f(\xi) = 0$.

如图 2-12 所示，零点定理的几何意义是：如果点$(a,f(a))$与点$(b,f(b))$分别在 x 轴的两侧，那么连接这两点的连续曲线至少与 x 轴有一个交点．该定理也叫根的存在定理，它说明在满足该定理的条件下，方程 $f(x) = 0$ 在(a,b)内至少有一实根.

假设某闭区间上连续函数的最大值为 M，最小值为 m．不妨假设 $m = f(x_1)$，$M = f(x_2)$，而 $m \neq M$，在闭区间$[x_1,x_2]$（或$[x_2,x_1]$）上应用介值定理，即可得下面的推论.

五、推论

在闭区间上连续的函数必取得介于最大值 M 和最小值 m 之间的任何值.

最后需要说明的是，本节的所有定理都是存在性定理，它只是告诉我们函数满足一定条件时存在某些性质，但并没有告诉我们具体的数值．下面通过例题来举例说明定理的一些应用.

【例2.51】 证明方程 $x^3 - 3x^2 - x + 3 = 0$ 在区间$(-2,0)$，$(0,2)$，$(2,4)$内各有一根.

【证明】 函数 $f(x) = x^3 - 3x^2 - x + 3$ 在区间$[-2,0]$，$[0,2]$，$[2,4]$上均连续.

且 $f(-2) = -15 < 0$，$f(0) = 3 > 0$，$f(2) = -3 < 0$，$f(4) = 15 > 0$.

在区间 $[-2,0]$, $[0,2]$, $[2,4]$ 上分别应用零点定理,便知 $f(x)$ 在区间 $(-2,0)$,
$(0,2)$, $(2,4)$ 内各至少有一个零点,而方程 $x^3-3x^2-x+3=0$ 至多有三个根,所以方程
$x^3-3x^2-x+3=0$ 在区间 $(-2,0)$, $(0,2)$, $(2,4)$ 内各有一个根.

【例 2.52】 判断方程 $x^3+3x-1=0$ 在区间 $(0,1)$ 内是否有解,若有,求近似解.

【解】 因为函数 $f(x)=x^3+3x-1$ 在 $[0,1]$ 上连续,且端点值 $f(0)=-1$, $f(1)=3$,
根据零点定理可以知道,该函数在区间 $(0,1)$ 内至少存在一个零点.即方程 $x^3+3x-1=0$
在区间 $(0,1)$ 上至少有一个解.解的个数就是函数 $y=x^3$ 与 $y=1-3x$ 图像交点的个数,做
出两者图像,知只有一解.或画出 $f(x)=x^3+3x-1$ 的图像,观察其与 x 轴的交点.

接下来,我们可以用二分法去求方程的近似解.

记 $f(x)=x^3+3x-1$,设方程 $x^3+3x-1=0$ 的实数解为 x_0, $x_0\in(0,1)$.

第一次: $f(0)<0$, $f(0.5)>0$ $\Rightarrow$ $x_0\in(0,0.5)$;

第二次: $f(0.25)<0$, $f(0.5)>0$ $\Rightarrow$ $x_0\in(0.25,0.5)$;

第三次: $f(0.25)<0$, $f(0.375)>0$ $\Rightarrow$ $x_0\in(0.25,0.375)$;

第四次: $f(0.3125)<0$, $f(0.375)>0$ $\Rightarrow$ $x_0\in(0.3125,0.375)$.

若近似解的精确度为 0.1,通过取四次中点就可达到 x_0 的近似解,此时 $|0.375-0.3125|<0.1$,所以 x_0 的近似解为 0.3125 或 0.375.若给定精确度为 0.01 还需继续取中点
直到达到精确度为止.

【例 2.53】 求函数 $f(x)=\ln x+2x-6$ 的零点(精确度为 0.1).

【解】 因为该函数是单调增加函数,因此至多有一个零点.先找出端点函数值异号的
区间,即找到零点的存在大致范围.例如 $[2,3]$,可以计算得出是端点值异号区间,根据零点
定理及单调性可知,在该区间有且仅有一个零点,接下来用二分法求近似解.

区 间	中点的值	中点函数近似值
$(2,3)$	2.5	-0.084
$(2.5,3)$	2.75	0.512
$(2.5,2.75)$	2.625	0.215
$(2.5,2.625)$	2.5625	0.066
$(2.5,2.5625)$	2.53125	-0.009

此时 $|2.5625-2.5|=0.0625<0.1$,所以,函数的零点近似可取为 2.5,或
$(2.5,2.5625)$ 内任一实数.

函数的值为 0,即 $f(x)=0$,是关于 x 的方程,因而方程 $f(x)=0$ 是否有解与函数 $f(x)$
是否存在零点是等价的.这样,求方程的解可以转化为求函数的零点.所以,函数零点存在
性定理是"用二分法求方程近似解"的基础.零点是函数与 x 轴焦点的横坐标,根是方程为 0
的解.

习题 2.7

1. 证明方程 $x^5 - 3x = 1$ 至少有一个根介于 1 和 2 之间.

2. 证明方程 $\sin x + x + 1 = 0$ 在 $(-\dfrac{\pi}{2}, \dfrac{\pi}{2})$ 至少有一个实根.

3. 证明方程 $2x = 1 + \sin 5x$ 至少有一个小于 3 的正根.

4. 方程 $x^3 + \lg x = 18$ 的根 x 约等于多少?(结果精确到 0.1)

5. 在一个风雨交加的夜里,从某水库闸房到防洪指挥部的电话线路发生了故障. 这是一条 10km 长的线路,如果沿着线路一小段一小段查找,困难很多. 每查一个点要爬一次电线杆子,10km 长的线路上大约有 200 多根电线杆子. 请你设计一个维修方案来迅速查出故障所在.

6. 请画出用二分法去求函数 $y = f(x)$ 零点的流程图.(假设区间为 $[a, b]$,精度为给定的某数 e)

7. 请总结已学过的方程求根方法,并找相关资料了解其他一些解决一般方程的求根方法.

第
二
部
分

一元函数微分学

数学文化与应用拓展资源(二)

数学文化 2-1　微积分的文化意义

数学文化 2-2　企业家用数学经营事业

数学文化 2-3　数学和经济学的关系

数学文化 2-4　数学名人的故事:洛必达

应用拓展 2-1　双层玻璃的功效建模案例

应用拓展 2-2　定价问题建模案例

应用拓展 2-3　森林救火问题建模案例

第三章　导数与微分

在第二章,我们系统地研究了函数,描述了因变量对自变量的各种依赖关系.但是,对于一个变化过程来说仅仅知道因变量随自变量的变化规律是不够的,还需要进一步研究因变量的变化快慢以及其他的变化性态,导数和微分就是研究函数的变化快慢及其他的变化性态的有力工具.导数和微分这两个数学概念在自然科学、工程技术与社会科学中有着广泛的应用,例如运动物体的速度、物质分布的密度、化学反应的速度、生物繁殖速度、电流强度以及放射物质的衰变速度、经济学上的成本和利润变化等都可以用导数来描述.

这一章的主要内容包括导数与微分的概念和运算法则以及经济学中的边际与弹性概念.结合各种实际背景理解上述概念,熟练地掌握其各种运算法则,对于今后的学习和应用有着重要的意义.

§3.1　导数的概念

在生产实践和科学实验中,常常需要研究函数相对于自变量的变化快慢程度.例如,要预报人造地球卫星飞过各大城市的时间,就需要知道卫星的飞行速度;要研究轴和梁的弯曲变形问题,就必须会求曲线的切线斜率;要研究某种产品随着产量的增加,其总成本、收益及利润的变化快慢等.上述这些问题都可归结到求函数的变化率问题,数学上称为求导数.下面,我们将从几个实际问题入手,引入导数的概念.

一、两个引例

(一)切线斜率问题

首先我们回顾一下切线的定义:

设 M_0 是曲线 L 上的任一点,M 是曲线上与点 M_0 邻近的一点,作割线 M_0M.当点 M 沿着曲线 L 无限趋近于点 M_0 时的极限位置 M_0T 称为过点 M_0 处的切线(见图 3-1).

现在的问题是:已知曲线方程 $y = f(x)$,要确定过曲线上点 $M_0(x_0, y_0)$ 处的切线斜率.

根据切线的定义,在曲线 $y = f(x)$ 上取邻近于点 M_0 的点 $M(x_0 + \Delta x, y_0 + \Delta y)$,割线 M_0M 的倾角为 φ,其斜率是点 M_0 的纵坐标的改变量 Δy 与横坐标的改变量 Δx 之比

$$\tan \varphi = \frac{\Delta y}{\Delta x} = \frac{f(x_0 + \Delta x) - f(x_0)}{\Delta x}.$$

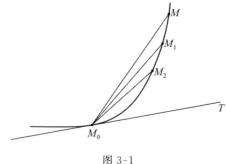

图 3-1

用割线 M_0M 的斜率表示切线的斜率,这是近似值;显然,Δx 越小,即点 M 沿曲线越接近于点 M_0,其近似程度越好.

我们让点 $M(x_0 + \Delta x, y_0 + \Delta y)$ 沿着曲线移动并无限趋于点 $M_0(x_0, y_0)$,即当 $\Delta x \to 0$ 时,割线 M_0M 将绕着点 M_0 转动通过点 $M_1, M_2, \cdots$ 而达到极限位置成为切线 M_0T(见图 3-2).所以割线 M_0M 的斜率的极限,即

$$\tan \alpha = \lim_{\Delta x \to 0} \tan \varphi = \lim_{\Delta x \to 0} \frac{f(x_0 + \Delta x) - f(x_0)}{\Delta x}.$$

上式就是曲线 $y = f(x)$ 在点 $M_0(x_0, y_0)$ 处切线 M_0T 的斜率,上式中的 α 是切线 M_0T 的倾角.

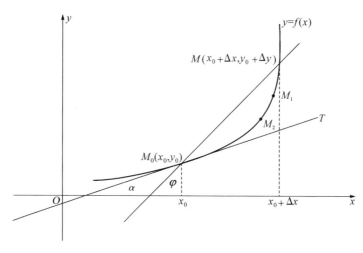

图 3-2

由上述推导过程可知,曲线 $y = f(x)$ 在点 $M_0(x_0, y_0)$ 与点 $M(x_0 + \Delta x, y_0 + \Delta y)$ 的割线斜率 $\dfrac{\Delta y}{\Delta x}$ 是曲线上的点的纵坐标 y 对横坐标 x 在区间 $[x_0, x_0 + \Delta x]$ 上的平均变化率;而在点 M_0 处的切线斜率是曲线上的点的纵坐标 y 对横坐标 x 在 x_0 处的变化率.显然,后者反映了曲线的纵坐标 y 随横坐标 x 的变化而变化,且在横坐标为 x_0 处变化的快慢程度.

(二) 瞬时速度

通常人们所说的物体运动速度是指物体在一段时间内运动的平均速度.例如,一辆汽

车从甲地出发到达乙地,全程 120 千米,行驶了 4 小时,汽车行驶的速度 $\frac{120}{4} = 30$(千米 / 小时),这仅是回答了汽车从甲地到乙地运行的平均速度.事实上,汽车并不是每时每刻都是以 30 千米 / 小时行驶.这是因为,汽车下坡时跑得快些,上坡时跑得慢些,也可能中途停车等,即汽车每时每刻的速度是变化的.一般来说,平均速度并不能反映汽车在某一时刻的瞬时速度.随着科学技术的发展,仅仅知道物体运动的平均速度是不够用的,还要知道物体在某一时刻的瞬时速度.例如,研究子弹的穿透能力,必须知道弹头接触目标时的瞬时速度.

如果物体作非匀速直线运动,其运动规律(函数)是
$$s = s(t).$$
其中 t 是时间,s 是距离.讨论它在时刻 t_0 的瞬时速度.

在时刻 t_0 以前或以后取一个时刻 $t_0 + \Delta t$,Δt 是时间的改变量.当 $\Delta t > 0$ 时,$t_0 + \Delta t$ 在 t_0 之后;$\Delta t < 0$ 时,$t_0 + \Delta t$ 在 t_0 之前.

当 $t = t_0$ 时,设 $s_0 = s(t_0)$;当 $t = t_0 + \Delta t$ 时,设物体运动的距离是 $s_0 + \Delta s = s(t_0 + \Delta t)$,有 $\Delta s = s(t_0 + \Delta t) - s(t_0)$,$\Delta s$ 是物体在 Δt 时间内运动的距离.

已知物体在 Δt 时间的平均速度 $\bar{v}$(亦称距离对时间的变化率)是
$$\bar{v} = \frac{\Delta s}{\Delta t} = \frac{s(t_0 + \Delta t) - s(t_0)}{\Delta t}.$$

当 Δt 变化时,平均速度 $\bar{v}$ 也随之变化.当 $|\Delta t|$ 较小时,理所当然地应该认为,平均速度 $\bar{v}$ 是物体在时刻 t_0 的"瞬时速度"的近似值,当 $|\Delta t|$ 越小它的近似程度也越好.于是,物体在时刻 t_0 的瞬时速度 v_0 就是当 Δt 无限趋近 $0(\Delta t \neq 0)$ 时,平均速度 $\bar{v}$ 的极限,即
$$v_0 = \lim_{\Delta t \to 0} \bar{v} = \lim_{\Delta t \to 0} \frac{\Delta s}{\Delta t} = \lim_{\Delta t \to 0} \frac{s(t_0 + \Delta t) - s(t_0)}{\Delta t}.$$

若物体作变速直线运动,其运动规律为 $s = s(t)$,则在时刻 t_0 到时刻 $t_0 + \Delta t$(即在 Δt 这一段时间间隔)的平均速度 $\frac{\Delta s}{\Delta t}$ 是运动的路程 s 对运动的时间 t 的平均变化率;而在 t_0 的瞬时速度 v_0 是运动的路程 s 对运动的时间 t 在时刻 t_0 的变化率.显然,后者反映了运动的路程 s 随运动的时间 t 变化而变化,且在时刻 t_0 变化的快慢程度.

以上两个实际问题,其一是曲线的切线斜率,其二是运动的瞬时速度.这两个问题实际意义虽然不同,一个是几何问题,一个是物理问题,但从数学上看,解决它们的方法却完全一样,都是计算同一类型的极限:函数的改变量与自变量的改变量之比,当自变量的改变量趋于 0 时的极限.即对函数 $y = f(x)$,要计算极限
$$\lim_{\Delta x \to 0} \frac{\Delta y}{\Delta x} = \lim_{\Delta x \to 0} \frac{f(x_0 + \Delta x) - f(x_0)}{\Delta x}.$$

上式中,分母 Δx 是自变量 x 在点 x_0 取得的**改变量**,要求 $\Delta x \neq 0$;分子 $\Delta y = f(x_0 + \Delta x) - f(x_0)$ 是与 Δx 相对应的函数 $f(x)$ 的**改变量**.因此,若上述极限存在,这个极限是函数在点 x_0 处的(瞬间)**变化率**,它描述了函数 $f(x)$ 在点 x_0 变化的快慢程度.

在实际中,凡是考察一个变量随着另一个变量变化的变化率问题,都归结为计算上述类型的极限.正因为如此,上述极限表述了自然科学、工程技术、经济科学中很多不同质的现象在量方面的共性,正是这种共性的抽象而引出函数的导数概念.

二、导数概念

(一) 导数定义

设函数 $y = f(x)$ 在点 x_0 的某个邻域内有定义,自变量 x 在点 x_0 的改变量是 $\Delta x(\Delta x \neq 0)$,相应函数的改变量是 $\Delta y = f(x_0 + \Delta x) - f(x_0)$. 若极限

$$\lim_{\Delta x \to 0} \frac{\Delta y}{\Delta x} = \lim_{\Delta x \to 0} \frac{f(x_0 + \Delta x) - f(x_0)}{\Delta x}, \tag{3-1}$$

存在,称函数 $y = f(x)$ 在点 x_0 **可导**(或存在导数),此极限值称为函数 $y = f(x)$ 在点 x_0 的**导数**,记作 $f'(x_0)$,$y'|_{x=x_0}$ 或者 $\frac{\mathrm{d}y}{\mathrm{d}x}\Big|_{x=x_0}$,$\frac{\mathrm{d}f}{\mathrm{d}x}\Big|_{x=x_0}$.

按定义所述,上述记号都表示函数 $y = f(x)$ 在点 x_0 的导数,它表示一个数值,并有

$$f'(x_0) = \lim_{\Delta x \to 0} \frac{f(x_0 + \Delta x) - f(x_0)}{\Delta x}. \tag{3-2}$$

若记 $x = x_0 + \Delta x$,当 $\Delta x \to 0$ 时,$x \to x_0$,则式(3-2)又可写作

$$f'(x_0) = \lim_{x \to x_0} \frac{f(x) - f(x_0)}{x - x_0}. \tag{3-3}$$

以后讨论函数 $y = f(x_0)$ 在点 x_0 的导数的问题时,可以采用式(3-2),也可采用式(3-3).

若极限式(3-1)不存在,则称函数 $y = f(x_0)$ 在点 x_0 不可导. 在极限不存在且无限趋于 ∞ 的情况下,即

$$\lim_{\Delta x \to 0} \frac{f(x_0 + \Delta x) - f(x_0)}{\Delta x} = \infty,$$

也称函数 $y = f(x_0)$ 在点 x_0 的导数为无穷大.

对于导数有以下几点说明:

(1) 比值 $\frac{\Delta y}{\Delta x} = \frac{f(x_0 + \Delta x) - f(x_0)}{\Delta x}$ 反映的是自变量 x 从 x_0 变化到 $x_0 + \Delta x$ 这段区间上,函数 $y = f(x)$ 的**平均变化速度**,或称为这段区间上函数的**平均变化率**.

(2) 而 $\lim\limits_{\Delta x \to 0} \frac{\Delta y}{\Delta x} = \lim\limits_{\Delta x \to 0} \frac{f(x_0 + \Delta x) - f(x_0)}{\Delta x}$ 反映的是自变量 x 在点 x_0 处的**瞬间变化率**,或简称为**变化率**. 只不过在数学上把瞬间变化率统一定义为导数.

(3) $f'(x_0)$ 就是函数 $y = f(x_0)$ 在点 x_0 的变化率,它反映了函数 $y = f(x_0)$ 在点 x_0 处随自变量 x 变化的快慢程度.

(二) 导函数定义

若函数 $y = f(x)$ 在区间 I 内每一点都可导,就称函数 $y = f(x)$ 在区间 I 内可导. 这时,函数 $y = f(x)$ 对于 I 内的每一个确定的 x 值,都对应着一个确定的导数,这就构成了一个新的函数,这个函数叫作原函数 $y = f(x)$ 的**导函数**(简称导数),记为 $f'(x)$,y' 或 $\frac{\mathrm{d}y}{\mathrm{d}x}$,$\frac{\mathrm{d}f}{\mathrm{d}x}$,即

$$f'(x) = \lim_{\Delta x \to 0} \frac{\Delta y}{\Delta x} = \lim_{\Delta x \to 0} \frac{f(x + \Delta x) - f(x)}{\Delta x} \quad (x \in I).$$

函数 $f(x)$ 在 x_0 处的导数 $f'(x_0)$ 是导函数 $f'(x)$ 在点 x_0 处的函数值,即

$$f'(x_0) = f'(x)\Big|_{x=x_0}.$$

求函数 $y = f(x)$ 的导数 $f'(x)$ 可以分为以下三个步骤:

(1) 计算函数的改变量: $\Delta y = f(x + \Delta x) - f(x)$;

(2) 计算比值: $\dfrac{\Delta y}{\Delta x} = \dfrac{f(x + \Delta x) - f(x)}{\Delta x}$;

(3) 计算极限: $f'(x) = \lim\limits_{\Delta x \to 0} \dfrac{\Delta y}{\Delta x} = \lim\limits_{\Delta x \to 0} \dfrac{f(x + \Delta x) - f(x)}{\Delta x}$.

(三) 求导举例

【例 3.1】　求函数 $y = f(x) = \dfrac{1}{x}$ 在点 $x = 2$ 的导数.

【解】　在 $x = 2$ 处,当自变量有改变量 Δx 时,函数相应的改变量为

$$\Delta y = f(2 + \Delta x) - f(2) = \frac{1}{2 + \Delta x} - \frac{1}{2} = \frac{-\Delta x}{2(2 + \Delta x)},$$

于是,在 $x = 2$ 处 $f(x) = \dfrac{1}{x}$ 的导数为

$$f'(2) = \lim_{\Delta x \to 0} \frac{f(2 + \Delta x) - f(2)}{\Delta x} = \lim_{\Delta x \to 0} \frac{-1}{4 + 2\Delta x} = -\frac{1}{4}.$$

采用式(3-3),当自变量由 2 改变到 x 时, $\Delta x = x - 2$,相应的函数的改变量

$$\Delta y = f(x) - f(2) = \frac{1}{x} - \frac{1}{2} = \frac{2 - x}{2x},$$

于是　　　　　$f'(2) = \lim\limits_{x \to 2} \dfrac{f(x) - f(2)}{x - 2} = \lim\limits_{x \to 2} \dfrac{-1}{2x} = -\dfrac{1}{4}.$

【例 3.2】　求函数 $f(x) = c$(c 是常数) 的导数.

【解】　由于函数值 $f(x)$ 恒等于常数 c,当自变量在点 x 的改变量为 $\Delta x (\Delta x \neq 0)$,有相应的函数的改变量

$$\Delta y = f(x + \Delta x) - f(x) = c - c = 0.$$

于是　　　　　$\dfrac{\Delta y}{\Delta x} = \dfrac{f(x + \Delta x) - f(x)}{\Delta x} = \dfrac{0}{\Delta x} = 0.$

则函数的导数

$$f'(x) = \lim_{\Delta x \to 0} \frac{\Delta y}{\Delta x} = 0.$$

即常数函数的导数为 0.

【例 3.3】　求函数 $f(x) = x^2$ 在点 $x_0 = 2$ 和任一点 x 的导数.

【解】　　　　$f'(2) = \lim\limits_{\Delta x \to 0} \dfrac{f(2 + \Delta x) - f(2)}{\Delta x} = \lim\limits_{\Delta x \to 0} \dfrac{(2 + \Delta x)^2 - 2^2}{\Delta x}$

$$= \lim_{\Delta x \to 0} \frac{4\Delta x + (\Delta x)^2}{\Delta x} = \lim_{\Delta x \to 0} (4 + \Delta x) = 4.$$

$$f'(x) = \lim_{\Delta x \to 0} \frac{f(x + \Delta x) - f(x)}{\Delta x} = \lim_{\Delta x \to 0} \frac{(x + \Delta x)^2 - x^2}{\Delta x}$$

$$= \lim_{\Delta x \to 0} \frac{2x\Delta x + (\Delta x)^2}{\Delta x} = \lim_{\Delta x \to 0}(2x + \Delta x) = 2x.$$

由于可把 $f'(x)$ 看作一个函数,所以可先计算 $f'(x)$,然后将值 $x_0 = 2$ 代入 $f'(x)$ 来计算函数 $f(x) = x^2$ 在点 $x_0 = 2$ 的导数 $f'(2)$.

【例 3.4】 求函数 $y = \sin x$ 的导数,以及该函数在 $x_1 = 0$ 和 $x_2 = \dfrac{\pi}{2}$ 的导数值.

【解】 由导数的定义有

$$(\sin x)' = \lim_{\Delta x \to 0} \frac{\sin(x + \Delta x) - \sin x}{\Delta x}$$

$$= \lim_{\Delta x \to 0} \frac{2\cos(x + \dfrac{\Delta x}{2})\sin\dfrac{\Delta x}{2}}{\Delta x}$$

$$= \lim_{\Delta x \to 0} 2\cos(x + \frac{\Delta x}{2}) \times \lim_{\Delta x \to 0} \frac{\sin\dfrac{\Delta x}{2}}{\Delta x}$$

$$= 2\cos x \times \frac{1}{2} = \cos x.$$

将 $x_1 = 0$ 和 $x_2 = \dfrac{\pi}{2}$ 分别代入 $(\sin x)' = \cos x$ 得到

$$y'\Big|_{x=0} = \cos 0 = 1, \quad y'\Big|_{x=\frac{\pi}{2}} = \cos\frac{\pi}{2} = 0.$$

以上几个例题都是对具体的函数求导数或导函数,下面我们通过几个抽象数学表达式极限的计算去进一步认识变化率与导数.

【例 3.5】 设 $f'(x_0) = 1$,求下列极限:

(1) $\displaystyle\lim_{\Delta x \to 0} \frac{f(x_0 + 4\Delta x) - f(x_0)}{\Delta x}$;   (2) $\displaystyle\lim_{h \to 0} \frac{f(x_0 - \dfrac{1}{2}h) - f(x_0)}{h}$;

(3) $\displaystyle\lim_{\Delta x \to 0} \frac{f(x_0 + 2\Delta x) - f(x_0 - \Delta x)}{\Delta x}$.

【解】 (1) $\displaystyle\lim_{\Delta x \to 0} \frac{f(x_0 + 4\Delta x) - f(x_0)}{\Delta x} = 4\lim_{\Delta x \to 0} \frac{f(x_0 + 4\Delta x) - f(x_0)}{4\Delta x}$

$$= 4f'(x_0) = 4 \times 1 = 4.$$

(2) $\displaystyle\lim_{h \to 0} \frac{f(x_0 - \dfrac{1}{2}h) - f(x_0)}{h} = -\frac{1}{2}\lim_{h \to 0} \frac{f[x_0 + (-\dfrac{1}{2}h)] - f(x_0)}{-\dfrac{1}{2}h}$

$$= -\frac{1}{2}f'(x_0) = -\frac{1}{2}.$$

(3) $\displaystyle\lim_{\Delta x \to 0} \frac{f(x_0 + 2\Delta x) - f(x_0 - \Delta x)}{\Delta x} = \lim_{\Delta x \to 0} \frac{f(x_0 + 2\Delta x) - f(x_0 - \Delta x) + f(x_0) - f(x_0)}{\Delta x}$

$$= \lim_{\Delta x \to 0} \frac{f(x_0 + 2\Delta x) - f(x_0) - [f(x_0 - \Delta x) - f(x_0)]}{\Delta x}$$

$$= 2\lim_{\Delta x \to 0} \frac{f(x_0 + 2\Delta x) - f(x_0)}{2\Delta x} - (-1)\lim_{\Delta x \to 0} \frac{f[x_0 + (-\Delta x)] - f(x_0)}{-\Delta x}$$

$$= 2f'(x_0) + f'(x_0) = 2 \times 1 + 1 = 3.$$

三、导数的实际意义

(一) 导数的几何意义

由前述,由切线的斜率问题引出了导数定义. 现在,由导数定义可知:函数 $y = f(x)$ 在点 x_0 的导数 $f'(x_0)$ 在几何上表示曲线 $y = f(x)$ 在点 $P(x_0, f(x_0))$ 处的切线的斜率. 这就是导数的几何意义(见图 3-3).

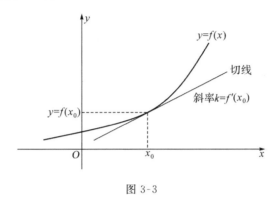

图 3-3

根据导数的几何意义及解析几何中直线的点斜式方程,若函数 $f(x)$ 在 x_0 处可导,则曲线 $y = f(x)$ 在点 $(x_0, f(x_0))$ 处的**切线方程**为

$$y - f(x_0) = f'(x_0)(x - x_0). \tag{3-4}$$

过曲线上的点 $(x_0, f(x_0))$ 而与切线垂直的直线称为曲线在该点的法线. 由于法线与切线垂直,所以当 $f'(x_0) \neq 0$,即切线不与 x 轴平行时,法线的斜率为 $-\dfrac{1}{f'(x_0)}$. 又因为法线过点 $(x_0, f(x_0))$,所以**法线方程**为

$$y - f(x_0) = -\frac{1}{f'(x_0)}(x - x_0). \tag{3-5}$$

特别当 $f'(x_0) = 0$ 时,切线方程与法线方程分别为 $y = f(x_0)$ 与 $x = x_0$.

【**例 3.6**】　求曲线 $y = x^3$ 在点 $(1,1)$ 处的切线方程和法线方程.

【**解**】　我们先求函数 $y = x^3$ 在点 $x_0 = 1$ 的导数

$$
\begin{aligned}
y'(x) &= \lim_{\Delta x \to 0} \frac{(x + \Delta x)^3 - x^3}{\Delta x} \\
&= \lim_{\Delta x \to 0} \frac{x^3 + 3x^2 \Delta x + 3x(\Delta x)^2 + (\Delta x)^3 - x^3}{\Delta x} \\
&= \lim_{\Delta x \to 0} (3x^2 + 3x \Delta x + (\Delta x)^2) = 3x^2.
\end{aligned}
$$

令 $x = 1$,得到

$$y' \Big|_{x=1} = 3 \times 1^2 = 3.$$

由式(3-4)得到曲线 $y = x^3$ 在点 $(1,1)$ 的切线方程为 $y - 1 = 3(x-1)$,即 $y = 3x - 2$.

该曲线在点 $(1,1)$ 处的法线斜率等于 $-\dfrac{1}{3}$,于是法线方程为 $y - 1 = -\dfrac{1}{3}(x-1)$,即 $y =$

$\dfrac{4}{3} - \dfrac{1}{3}x$.

若要求曲线 $y = \sin x$ 在 $x = 0$ 及 $x = \dfrac{\pi}{2}$ 处的切线和法线方程,在例 3.4 中已经得到 $(\sin x)' \big|_{x=0} = 1, (\sin x)' \big|_{x=\frac{\pi}{2}} = 0$,因此,曲线 $y = \sin x$ 在点$(0,0)$的切线方程和法线方程分别为 $y = x$ 和 $y = -x$. 在点$(\dfrac{\pi}{2},1)$处的切线和法线方程分别为 $y = 1$ 和 $x = \dfrac{\pi}{2}$.

(二)导数在其他学科中的意义

物理学中的瞬时速度、角速度、加速度、线密度、电流、功率、物体冷却(升温)速度、放射性元素的衰变率等都是某个量的变化率问题,都可以用导数来刻画.

【例 3.7】 一梯子长 13 米,上端靠墙,下端着地. 梯子顺墙下滑. 当梯子下端离墙 5 米时,沿着地面以 2 米/秒 的速率离墙. 问梯子上端此刻下降的速率是多少?

【解】 建立直角坐标系如图 3-4 所示. 设在时刻 t,梯子上端的坐标为$(0,y)$,梯子下端的坐标$(x,0)$,这里 $x = x(t), y = y(t)$. 又知梯子长度为 13 米,故

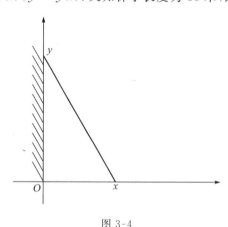

图 3-4

$$x^2 + y^2 = 169.$$

两边对 t 求导,得到变化率 $\dfrac{\mathrm{d}x}{\mathrm{d}t}$ 与 $\dfrac{\mathrm{d}y}{\mathrm{d}t}$ 的关系式

$$2x\frac{\mathrm{d}x}{\mathrm{d}t} + 2y\frac{\mathrm{d}y}{\mathrm{d}t} = 0.$$

当 $x = 5$ 时,$y = 12, \dfrac{\mathrm{d}x}{\mathrm{d}t} = 2$ 代入上式有 $\dfrac{\mathrm{d}y}{\mathrm{d}t} = -\dfrac{5}{6}$ 米/秒. 梯子上端此刻下降的速率为 $\dfrac{5}{6}$ 米/秒.

例 3.7 只是为了说明导数应用的广泛性,其中用到了复合函数的导数计算,读者可以参考后面介绍的知识来理解. 导数的应用非常广泛,除上述情况外,化学中的扩散速度、反应速度等,生物学中的种群出生率、死亡率、自然增长率等,社会学中的信息的传播速度、时尚的推广速度等问题都可用导数来表示. 导数的经济意义是本书的重点,在后续会着重介绍.

四、左导数与右导数

既然极限问题有左极限、右极限之分,而函数 $f(x)$ 在点 x_0 的导数是用一个极限式定义的,自然就有左导数和右导数问题.

左右导数定义:

如果极限 $\lim\limits_{\Delta x \to 0^-} \dfrac{\Delta y}{\Delta x} = \lim\limits_{\Delta x \to 0^-} \dfrac{f(x_0 + \Delta x) - f(x_0)}{\Delta x}$ 存在,则称该极限值为函数 $y = f(x)$ 在点 x_0 的**左导数**.记作 $f'_-(x_0)$.

如果极限 $\lim\limits_{\Delta x \to 0^+} \dfrac{\Delta y}{\Delta x} = \lim\limits_{\Delta x \to 0^+} \dfrac{f(x_0 + \Delta x) - f(x_0)}{\Delta x}$ 存在,则称该极限值为函数 $y = f(x)$ 在点 x_0 的**右导数**.记作 $f'_+(x_0)$.

由上述定义即有

$$f'_-(x_0) = \lim_{\Delta x \to 0^-} \frac{f(x_0 + \Delta x) - f(x_0)}{\Delta x},$$

$$f'_+(x_0) = \lim_{\Delta x \to 0^+} \frac{f(x_0 + \Delta x) - f(x_0)}{\Delta x}.$$

由函数极限存在的充分必要条件可知,函数在点 x_0 的导数与在该点的左右导数的关系有如下结论:

函数 $y = f(x)$ 在点 x_0 可导且 $f'(x_0) = A$ 的充分必要条件是它在点 x_0 的左导数 $f'_-(x_0)$ 和右导数 $f'_+(x_0)$ 都存在且都等于 A,即

$$f'(x_0) = A \Leftrightarrow f'_-(x_0) = f'_+(x_0) = A$$

在一些问题中(特别是分段函数),常常用这个结论去判定一个函数在某个点是否可导.

【例 3.8】 讨论函数 $f(x) = \begin{cases} x & x < 0 \\ \ln(1+x) & x \geqslant 0 \end{cases}$ 在 $x = 0$ 处是否可导.

【解】 这是一个分段函数,$x = 0$ 是其分段点.讨论函数在 $x = 0$ 的左导数与右导数.

因为 $\quad f'_-(0) = \lim\limits_{x \to 0^-} \dfrac{f(x) - f(0)}{x - 0} = \lim\limits_{x \to 0^-} \dfrac{x - 0}{x} = 1$;

$$f'_+(0) = \lim_{x \to 0^+} \frac{f(x) - f(0)}{x - 0} = \lim_{x \to 0^+} \frac{\ln(1+x) - 0}{x} = 1.$$

即 $f'_-(0) = f'_+(0)$.所以函数 $f(x)$ 在 $x = 0$ 处可导,且 $f'(0) = 1$.

五、可导和连续的关系

目前我们学了函数的连续与可导两个重要概念,它们之间有什么重要联系呢?

可导和连续的关系:函数 $f(x)$ 在点 x_0 处可导,则函数 $f(x)$ 在点 x_0 处必连续.

【证明】 由函数 $y = f(x)$ 在点 x_0 处可导,即

$$f'(x_0) = \lim_{x \to x_0} \frac{f(x) - f(x_0)}{x - x_0}.$$

得 $\quad \lim\limits_{x \to x_0} [f(x) - f(x_0)] = \lim\limits_{x \to x_0} \dfrac{f(x) - f(x_0)}{x - x_0} \cdot (x - x_0) = f'(x_0) \cdot 0 = 0.$

从而 $\lim\limits_{x \to x_0} f(x) = f(x_0)$,故函数 $f(x)$ 在点 x_0 处连续.

【例 3.9】 讨论函数 $f(x) = |x|$ 在点 $x = 0$ 处是否可导.

【解】 按绝对值定义,$|x| = \begin{cases} x, & x \geqslant 0 \\ -x, & x < 0 \end{cases}$ 这是分段函数,$x = 0$ 是分段点. 如图 3-5 所示,先考察函数在 $x = 0$ 的左导数和右导数.

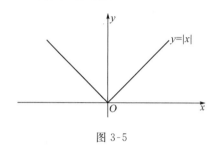

图 3-5

由于 $f(0) = 0$,且

$$f'_{-}(0) = \lim_{x \to 0^-} \frac{f(x) - f(0)}{x - 0} = \lim_{x \to 0^-} \frac{-x - 0}{x} = -1;$$

$$f'_{+}(0) = \lim_{x \to 0^+} \frac{f(x) - f(0)}{x - 0} = \lim_{x \to 0^+} \frac{x - 0}{x} = 1.$$

虽然该函数在点 $x = 0$ 处的左导数和右导数都存在,但 $f'_{-}(0) \neq f'_{+}(0)$,所以函数 $f(x) = |x|$ 在点 $x = 0$ 处不可导.

如果分析函数的连续性我们会得出函数 $f(x) = |x|$ 在 $x = 0$ 处是连续的,由此可知,函数在某点连续则函数未必在该点可导,即连续只是可导的必要条件.

习题 3.1

1.已知质点的直线运动规律方程为 $s = 5t^2 + 6$.

(1) 求从 $t = 2$ 到 $t = 2 + \Delta t$ 之间质点的平均速度,并求当 $\Delta t = 1$,$\Delta t = 0.1$ 与 $\Delta t = 0.01$ 的平均速度.

(2) 求在 $t = 2$ 秒这一时刻的瞬时速度.

2.设函数 $f(x) = x^2 + 2$.

(1) 求从 $x = 1$ 到 $x = 1.1$ 时,自变量的增量 Δx;

(2) 求从 $x = 1$ 到 $x = 1.1$ 时,因变量的增量 Δy;

(3) 求从 $x = 1$ 到 $x = 1.1$ 时,函数的平均变化率;

(4) 求函数在 $x = 1$ 处的瞬间变化率.

3.设函数 $f(x)$ 在点 x_0 处可导,求下列极限.

(1) $\lim\limits_{\Delta x \to 0} \dfrac{f(x_0) - f(x_0 + \Delta x)}{\Delta x}$;

(2) $\lim\limits_{\Delta x \to 0} \dfrac{f(x_0 - \Delta x) - f(x_0)}{\Delta x}$;

(3) $\lim\limits_{\Delta x \to 0} \dfrac{f(x_0 + 2\Delta x) - f(x_0)}{\Delta x}$;

(4) $\lim\limits_{h \to 0} \dfrac{f(x_0 + h) - f(x_0 - h)}{h}$.

4. 求下列函数在指定点的导数.

(1) $y = x^2 + 1$, 求 $\dfrac{\mathrm{d}y}{\mathrm{d}x}\Big|_{x=4}$;

(2) $y = \sqrt{x}$, 求 $\dfrac{\mathrm{d}y}{\mathrm{d}x}\Big|_{x=1}$;

(3) $y = \cos x$, 求 $\dfrac{\mathrm{d}y}{\mathrm{d}x}\Big|_{x=0}$, $\dfrac{\mathrm{d}y}{\mathrm{d}x}\Big|_{x=\frac{\pi}{2}}$;

(4) $y = \ln x$, 求 $\dfrac{\mathrm{d}y}{\mathrm{d}x}\Big|_{x=\frac{1}{3}}$.

5. 用导数定义求下列函数的导数.

(1) $y = x^4$;

(2) $y = x^{\frac{1}{3}}$;

(3) $y = \dfrac{1}{x^3}$;

(4) $y = \dfrac{1}{\sqrt{x}}$.

6. 求下列曲线在已知点的切线和法线方程.

(1) $y = \mathrm{e}^x$ 在点 $(0,1)$ 处;

(2) $y = x^2$ 在点 $(-2,4)$ 处;

(3) $y = \cos x$ 在点 $(0,1)$ 处;

(4) $y = \ln x$ 在点 $(1,0)$ 处.

7. 讨论下列函数在点 $x = 0$ 处的可导性.

(1) $f(x) = x|x|$;

(2) $f(x) = \begin{cases} x\sin\dfrac{1}{x}, & x \neq 0 \\ 0, & x = 0 \end{cases}$.

8. 设函数 $f(x) = \begin{cases} x^2, & x \leqslant 1 \\ ax + b, & x > 1 \end{cases}$ 在 $x = 1$ 处可导, 试确定 a, b 的值.

9. 在曲线 $y = x^3$ 上求一点, 使曲线在该点的切线斜率等于 12, 并求出曲线在该点处的切线方程.

10. 设函数 $f(x)$ 在 $x = 0$ 点连续, 且极限 $\lim\limits_{x \to 0} \dfrac{f(x) + 3}{x} = 2$, 问函数 $f(x)$ 在 $x = 0$ 点处是否可导? 若可导, 求 $f'(0)$.

§3.2　初等函数的导数

在导数定义中, 我们不仅阐述了导数概念的实质, 也给出了根据导数定义求函数导数的方法. 但是, 如果对每一个函数, 都直接按定义去求它的导数, 那将是极为复杂、困难的. 因此, 希望得到一些基本公式与运算法则, 借助它们来求函数的导数.

一、导数公式与运算法则

(一) 基本初等函数的导数公式

在上一节, 我们已用导数定义求出了常数函数 $y = C$、正弦函数 $y = \sin x$ 的导数分别为

$$(C)' = 0, \quad (\sin x)' = \cos x.$$

直接用导数定义还可比较容易地求出下列基本初等函数的导数(略去详细的演算过程), 我们把其汇总如下:

(1) $(C)' = 0$;

(2) $(x^\mu)' = \mu x^{\mu-1}$　(μ 为任意实数);

(3) $(a^x)' = a^x \ln a$ $(a > 0, a \neq 1)$;

(4) $(e^x)' = e^x$;

(5) $(\log_a x)' = \dfrac{1}{x \ln a}$ $(a > 0, a \neq 1)$;

(6) $(\ln x)' = \dfrac{1}{x}$;

(7) $(\sin x)' = \cos x$;

(8) $(\cos x)' = -\sin x$;

(9) $(\tan x)' = \dfrac{1}{\cos^2 x}$;

(10) $(\cot x)' = -\dfrac{1}{\sin^2 x}$.

(二) 导数的四则运算法则

设函数 $y = u(x), y = v(x)$ 都是可导函数,则

(1) 代数和 $[u(x) \pm v(x)]$ 可导,且
$$[u(x) \pm v(x)]' = u'(x) \pm v'(x).$$
这个法则可以推广到有限多个函数的代数和,即
$$[u_1(x) \pm u_2(x) \pm \cdots \pm u_k(x)]' = u'_1(x) \pm u'_2(x) \pm \cdots \pm u'_k(x).$$

(2) 乘积 $u(x) \cdot v(x)$ 可导,且
$$[u(x) \cdot v(x)]' = u'(x) \cdot v(x) + u(x) \cdot v'(x).$$
特别地,C 是常数时
$$[Cv(x)]' = Cv'(x).$$

(3) 若 $v(x) \neq 0$,商 $\dfrac{u(x)}{v(x)}$ 可导,且
$$\left[\dfrac{u(x)}{v(x)}\right]' = \dfrac{u'(x)v(x) - u(x)v'(x)}{[v(x)]^2}.$$
特别地,
$$\left[\dfrac{C}{v(x)}\right]' = -\dfrac{Cv'(x)}{[v(x)]^2}.$$

注:以上几个运算法则可用导数的定义来证明,本书没做详叙.

(三) 综合举例

【例 3.10】   设函数 $y = x^3 + 3\sin x + \cos \dfrac{\pi}{3}$,求导数 y'.

【解】   由代数和求导法则,可得
$$y' = (x^3 + 3\sin x + \cos \dfrac{\pi}{3})' = (x^3)' + (3\sin x)' + (\cos \dfrac{\pi}{3})'$$
$$= (x^3)' + 3(\sin x)' + (\cos \dfrac{\pi}{3})' = 3x^2 + 3\cos x.$$

这里要注意 $\cos \dfrac{\pi}{3}$ 为常数,所以 $(\cos \dfrac{\pi}{3})' = 0$.

【例 3.11】 求函数 $y = x^2 \sin x$ 的导数.

【解】 由乘法求导法则有
$$y' = (x^2 \sin x)' = (x^2)' \sin x + x^2 (\sin x)' = 2x \sin x + x^2 \cos x.$$

【例 3.12】 设函数 $y = \sqrt{x} \log_3 x + 2^x \ln x$,求 y'.

【解】 由代数和和乘法法则有
$$y' = (\sqrt{x} \log_3 x)' + (2^x \ln x)'$$
$$= (\sqrt{x})' \log_3 x + \sqrt{x} (\log_3 x)' + (2^x)' \ln x + 2^x (\ln x)'$$
$$= \frac{1}{2\sqrt{x}} \log_3 x + \sqrt{x} \frac{1}{x \ln 3} + 2^x \ln 2 \ln x + 2^x \frac{1}{x}$$
$$= \frac{1}{2\sqrt{x}} (\log_3 x + \frac{2}{\ln 3}) + 2^x (\ln 2 \ln x + \frac{1}{x}).$$

【例 3.13】 设函数 $y = \dfrac{x \ln x}{x^2 + 1}$,求 y',$y'|_{x=1}$.

【解】 $y' = \left(\dfrac{x \ln x}{x^2 + 1} \right)' = \dfrac{(x \ln x)'(1 + x^2) - x \ln x (1 + x^2)'}{(x^2 + 1)^2}$

$$= \frac{(1 \cdot \ln x + x \cdot \frac{1}{x})(1 + x^2) - x \ln x (0 + 2x)}{(x^2 + 1)^2} = \frac{\ln x + 1 + x^2 - x^2 \ln x}{(x^2 + 1)^2}.$$

所以 $\quad y'|_{x=1} = \dfrac{\ln x + 1 + x^2 - x^2 \ln x}{(x^2 + 1)^2} \Big|_{x=1} = \dfrac{2}{4} = \dfrac{1}{2}.$

【例 3.14】 验证 $(\tan x)' = \dfrac{1}{\cos^2 x}$.

【解】 $y' = (\tan x)' = \left(\dfrac{\sin x}{\cos x} \right)' = \dfrac{(\sin x)' \cos x - \sin x (\cos x)'}{\cos^2 x}$

$$= \frac{\cos x \cos x - \sin x (-\sin x)}{\cos^2 x} = \frac{\cos^2 x + \sin^2 x}{\cos^2 x} = \frac{1}{\cos^2 x}.$$

所以 $\quad (\tan x)' = \dfrac{1}{\cos^2 x}.$

二、复合函数求导法则

目前我们只会对一些由基本初等函数四则运算所构成的函数进行求导,若要对一般的初等函数求导,我们还要知道复合函数的求导法则.

(一) 复合函数求导法则

若 $y = f(g(x))$ 是由 $y = f(u)$ 和 $u = g(x)$ 构成的复合函数.如果 $u = g(x)$ 在点 x 有导数 $\dfrac{du}{dx} = g'(x)$,$y = f(u)$ 在点 u 有导数 $\dfrac{dy}{du} = f'(u)$,则复合函数 $y = f(g(x))$ 在点 x 有导数,且 $\dfrac{dy}{dx} = \dfrac{dy}{du} \cdot \dfrac{du}{dx}$,或记作
$$[f(g(x))]' = f'(u)g'(x) = f'(g(x))g'(x).$$

注意,上式表明了复合函数的导数等于已知函数对中间变量的导数乘以中间变量对自

变量的导数.

注:①符号$[f(g(x))]'$表示复合函数$f(g(x))$对自变量x求导数,而符号$f'(g(x))$表示复合函数对中间变量$u = g(x)$求导数.

②复合函数求导是导数计算中的难点.解题的关键是要弄清复合函数的构造,也就是复合函数是由哪几个简单函数复合而成的,然后再根据复合函数求导法则一步步解下去.

(二)综合举例

【例 3.15】   求函数$y = \sin 5x$的导数.

【解】   令$u = 5x, y = \sin u$.于是

$$y' = (\sin 5x)' = \frac{\mathrm{d}y}{\mathrm{d}x} = \frac{\mathrm{d}y}{\mathrm{d}u} \cdot \frac{\mathrm{d}u}{\mathrm{d}x} = \cos u \cdot 5 = 5\cos 5x.$$

【例 3.16】   求函数$y = \sin^5 x$的导数.

【解】   令$u = \sin x, y = u^5$.于是

$$y' = (\sin^5 x)' = \frac{\mathrm{d}y}{\mathrm{d}x} = \frac{\mathrm{d}y}{\mathrm{d}u} \cdot \frac{\mathrm{d}u}{\mathrm{d}x} = 5u^4 \cdot \cos x = 5\sin^4 x \cos x.$$

【例 3.17】   设函数$y = \ln\cos x$,求y'.

【解】   令$u = \cos x, y = \ln u$.于是

$$y' = \frac{\mathrm{d}y}{\mathrm{d}x} = \frac{\mathrm{d}y}{\mathrm{d}u} \cdot \frac{\mathrm{d}u}{\mathrm{d}x} = \frac{1}{u} \cdot (-\sin x) = -\frac{\sin x}{\cos x} = -\tan x.$$

注:在求复合函数的导数时,因设出中间变量,已知函数要对中间变量求导数,所以计算式中会出现中间变量,最后必须将中间变量用自变量代换.最初做题时,可设出中间变量,把复合函数分解.做题较熟练时,可不写出中间变量,按复合函数的构成层次,由外层向内层逐层求导.

【例 3.18】   设函数$y = \sin \mathrm{e}^x$,求y'.

【解】 $y' = (\sin \mathrm{e}^x)' = \cos \mathrm{e}^x (\mathrm{e}^x)' = \mathrm{e}^x \cos \mathrm{e}^x.$

【例 3.19】   设函数$y = (1 + x^2)^3$,求y'.

【解】 $y' = [(1 + x^2)^3]' = 3(1 + x^2)^2 (1 + x^2)' = 6x(1 + x^2)^2.$

【例 3.20】   设函数$y = \ln(\cos 2x)$,求y'.

【解】 $y' = [\ln(\cos 2x)]' = \dfrac{1}{\cos 2x}(\cos 2x)'$

$$= \frac{1}{\cos 2x}(-\sin 2x) \cdot 2 = -2\tan 2x.$$

【例 3.21】   设函数$y = \ln(x + \sqrt{1 + x^2})$,求$y'$.

【解】 $y' = [\ln(x + \sqrt{1 + x^2})]' = \dfrac{1}{x + \sqrt{1 + x^2}}\left(1 + \dfrac{2x}{2\sqrt{1 + x^2}}\right)$

$$= \frac{1}{x + \sqrt{1 + x^2}} \cdot \frac{\sqrt{1 + x^2} + x}{\sqrt{1 + x^2}} = \frac{1}{\sqrt{1 + x^2}}.$$

【例 3.22】   气球充气时,半径r以1cm/s的速度增大.设在充气过程中气球保持球形,求当半径$r = 10\text{cm}$时,气球体积v增加的速度.

【解】   气球充气时,气球半径r是时间t的函数,而体积v是半径的函数:

$$v(r) = \frac{4}{3}\pi r^3, \quad r = r(t),$$

利用复合函数求导公式得到

$$\frac{\mathrm{d}v}{\mathrm{d}t} = \frac{\mathrm{d}v}{\mathrm{d}r} \cdot \frac{\mathrm{d}r}{\mathrm{d}t} = 4\pi r^2 \frac{\mathrm{d}r}{\mathrm{d}t}.$$

已知 $\dfrac{\mathrm{d}r}{\mathrm{d}t} = 1\mathrm{cm/s}$，所以 $\dfrac{\mathrm{d}v}{\mathrm{d}t} = 4\pi r^2\,\mathrm{cm/s}$.

将 $r = 10\mathrm{cm}$ 代入，得到 $\dfrac{\mathrm{d}v}{\mathrm{d}t} = 400\pi\mathrm{cm}^3/\mathrm{s}$.

即当 $r = 10\mathrm{cm}$ 时，气球体积 v 增加的速度为 $400\pi\mathrm{cm}^3/\mathrm{s}$.

 习题 3.2

1. 求下列函数的导数.

(1) $y = 5x^4 - 3x^2 + \dfrac{1}{x}$；

(2) $y = (x+1)\sqrt{x}$；

(3) $y = \dfrac{5x}{1+x^2}$；

(4) $y = \dfrac{1-\ln x}{1+\ln x}$；

(5) $y = x^n \log_a x$；

(6) $y = \dfrac{1-x^3}{\sqrt[3]{x}}$；

(7) $y = 2^x \sin x$；

(8) $y = 3^{-x} x^2$；

(9) $y = \dfrac{x}{1-\cos x}$；

(10) $y = \tan x - x\cot x$；

(11) $y = \dfrac{\cos 2x}{\sin x + \cos x}$；

(12) $y = x^2 \tan x \ln x$；

(13) $y = 2^{-x} + x^{-2} + \log_2 5$.

2. 求下列函数的导数.

(1) $y = (2x^2 - 3)^2$；

(2) $y = \sqrt{a^2 + x^2}$；

(3) $y = \sin(5+2x)$；

(4) $y = \ln^2 x$；

(5) $y = \ln(a^2 - x^2)$；

(6) $y = \tan x^2$；

(7) $y = \ln\ln x$；

(8) $y = \tan \dfrac{1-x}{1+x}$；

(9) $y = \sin x^2 + \sin^2 x$；

(10) $y = \sin(\ln x)$；

(11) $y = \mathrm{e}^{x^2}$；

(12) $y = \mathrm{e}^{\sqrt{1+x^2}}$；

(13) $y = \ln(\mathrm{e}^x + \sqrt{1+\mathrm{e}^{2x}})$；

(14) $y = \log_3(x^2 + 1)$.

3. 求下列函数的导数及在指定点的导数.

(1) $f(x) = \dfrac{x}{5-x} + \dfrac{x^2}{5}$，求 $f'(x)$，$f'(0)$，$f'(4)$；

(2) $f(x) = \dfrac{2x}{1-x^2}$，求 $f'(x)$，$f'(0)$；

(3) $f(x) = \mathrm{e}^x \cos 3x$，求 $f'(x)$，$f'(0)$；

(4) $f(x) = \ln(x + \sqrt{x^2 - a^2})(a > 0)$，求 $f'(x)$，$f'(2a)$.

4. 设 $y = f(x)$ 是可导函数，求下列函数的导数.

(1) $y = f(x^2)$；　　　　　　　　　　(2) $y = f(\mathrm{e}^x + x^\mathrm{e})$；

(3) $y = f(\sin^2 x) + f(\cos^2 x)$；　　　　(4) $y = \ln f(x)$.

5. 求下列曲线在指定点处的切线方程.

(1) 曲线 $y = \dfrac{2}{x} + x$ 在点 $(2, 3)$ 处；

(2) 曲线 $y = (2x - 5)\sqrt[3]{x^2}$ 在点 $(1, -3)$ 及点 $(0, 0)$ 处.

§3.3　隐函数的导数

前面讨论的求导方法，都是对显函数而言的.所谓显函数，就是函数的因变量 y 可用自变量 x 的一个表达式 $y = f(x)$ 直接表示出来.如 $y = x^3$、$y = \sqrt{x^2 - 1}$ 等都是显函数.但在一些问题中，我们还会遇到一些函数的因变量 y 与自变量 x 的对应关系是用一个二元方程 $F(x, y) = 0$ 来表示的，如 $3x - 2y + 5 = 0$，$\mathrm{e}^{x+y} = xy$ 等，我们称这种形式表示的函数为隐函数.

有时隐函数可以化为显函数.例如，由方程 $x + y - 4 = 0$ 可以解出 $y = 4 - x$.但有些隐函数却很难甚至根本不可能化为显函数.例如，由方程 $\mathrm{e}^{x+y} + xy = 1$ 和方程 $x^3 + y^3 + 3xy = 0$ 都很难解出 y.

如果隐函数不能化为显函数，那么就不能用前面讲过的各种方法来计算它的导数.因此，研究隐函数求导法则就有十分重要的意义.

一、隐函数求导

给定隐函数 $F(x, y) = 0$，我们不妨假设有某个显函数 $y = f(x)$ 是由 $F(x, y) = 0$ 所确定的，将 $y = f(x)$ 代入方程，得到恒等式

$$F(x, f(x)) = 0.$$

利用复合函数的求导法则，现在恒等式两边同时求导数（求导变量为 x），在求导过程中视 y 为中间变量，再经过合并化简之后就可以求得 y 对 x 的导数 $\dfrac{\mathrm{d}y}{\mathrm{d}x}$.

下面通过例子来说明直接由方程 $F(x, y) = 0$ 求出导数 $y'(x)$ 的方法.以下我们假定，所指的隐函数都是存在的，并且可导.

【例 3.23】　设函数 $y = f(x)$ 由方程 $\ln y = xy + \cos x$ 确定，求 $\dfrac{\mathrm{d}y}{\mathrm{d}x}$，$\dfrac{\mathrm{d}y}{\mathrm{d}x}\Big|_{\substack{x=0 \\ y=\mathrm{e}}}$.

【解】　将已知方程两端对 x 求导数，注意到方程中的 $\ln y$ 是 y 的函数，从而 $\ln y$ 是 x 的复合函数，于是

$$(\ln y)' = (xy)' + (\cos x)',（注意其求导变量是 x）$$

$$\frac{1}{y}y' = 1 \cdot y + xy' - \sin x,$$

解出 y'，得到所求导数：

$$y' - xyy' = y^2 - y\sin x,$$

$$\frac{\mathrm{d}y}{\mathrm{d}x} = y' = \frac{y(y - \sin x)}{1 - xy}.$$

将 $x = 0, y = \mathrm{e}$ 代入上式，得 $\dfrac{\mathrm{d}y}{\mathrm{d}x}\Big|_{\substack{x=0 \\ y=\mathrm{e}}} = \dfrac{\mathrm{e}(\mathrm{e} - \sin 0)}{1 - 0 \cdot \mathrm{e}} = \mathrm{e}^2.$

注：① 隐函数求导时，一定要始终把 y 看作 x 的函数，即认为 $y = f(x).$

② 该题中 $(\ln y)' = [\ln f(x)]' = \dfrac{1}{f(x)}f'(x) = \dfrac{1}{y}y'.$

③ 该题中 $(xy)' = [xf(x)]' = x'f(x) + xf'(x) = 1 \cdot f(x) + xf'(x) = y + xy'.$

【例 3.24】　设函数 $y = f(x)$ 由方程 $\cos(x^2 + y) = x$ 确定，求 $\dfrac{\mathrm{d}y}{\mathrm{d}x}.$

【解】　将已知方程的两端同时对 x 求导数，有

$$-\sin(x^2 + y)(x^2 + y)' = 1,$$

$$-\sin(x^2 + y)(2x + y') = 1.$$

解出　　$y' = \dfrac{\mathrm{d}y}{\mathrm{d}x} = -\dfrac{1}{\sin(x^2 + y)} - 2x.$

【例 3.25】　求椭圆 $\dfrac{x^2}{16} + \dfrac{y^2}{9} = 1$ 在点 $(2, \dfrac{3\sqrt{3}}{2})$ 处的切线方程.

【解】　由导数的几何意义可知，此切线的斜率等于由原方程所确定的隐函数 $y = f(x)$ 在点 $x = 2$ 的导数.

对原方程两端求导，得到

$$\frac{x}{8} + \frac{2}{9} \cdot y \cdot \frac{\mathrm{d}y}{\mathrm{d}x} = 0,$$

由此解出

$$\frac{\mathrm{d}y}{\mathrm{d}x} = -\frac{9x}{16y}.$$

当 $x = 2, y = \dfrac{3\sqrt{3}}{2}$ 时，导数值为 $-\dfrac{\sqrt{3}}{4}$，于是切线方程为

$$y - \frac{3}{2}\sqrt{3} = \frac{-\sqrt{3}}{4}(x - 2),$$

即　　　　$\sqrt{3}x + 4y - 8\sqrt{3} = 0.$

二、对数求导法

以下通过两个例子，说明什么是对数求导法，以及如何利用对数求导方法求某些函数的导数.

【例 3.26】　设函数 $y = (x - 1)(x + 2)\mathrm{e}^{x^2}\cos x$，求 $y'.$

【解】　直接用导数的四则运算法则去求这个函数的导数会很烦琐，现在对函数取对数

$$\ln y = \ln\left[(x-1)(x+2)\mathrm{e}^{x^2}\cos x\right],$$

$$\ln y = \ln(x-1) + \ln(x+2) + x^2 + \ln\cos x.$$

两边求导数,注意 y 是 x 的函数,得到

$$\frac{y'}{y} = \frac{1}{x-1} + \frac{1}{x+2} + 2x - \tan x.$$

于是得到

$$y' = y\left(\frac{1}{x-1} + \frac{1}{x+2} + 2x - \tan x\right)$$

$$= (x-1)(x+2)\mathrm{e}^{x^2}\cos x\left(\frac{1}{x-1} + \frac{1}{x+2} + 2x - \tan x\right).$$

上面的解题过程,实际上是用了这样的方法:为了求函数 $y = f(x)$ 的导数,可以先对 $\ln y$ 求导数,用复合函数求导法则得到 $(\ln y)' = \dfrac{y'}{y}$,即 $y' = y(\ln y)'$. 如果能求出 $(\ln y)'$,就计算出了 y'.

【例 3.27】 设函数 $y = \sqrt[3]{\dfrac{(x-1)(x-2)^2}{(x-3)(x-4)}}$,求 y'.

【解】 $\ln y = \dfrac{1}{3}\left[\ln(x-1) + 2\ln(x-2) - \ln(x-3) - \ln(x-4)\right].$

$$\frac{y'}{y} = \frac{1}{3}\left(\frac{1}{x-1} + \frac{2}{x-2} - \frac{1}{x-3} - \frac{1}{x-4}\right),$$

$$y' = y \cdot \frac{1}{3}\left(\frac{1}{x-1} + \frac{2}{x-2} - \frac{1}{x-3} - \frac{1}{x-4}\right)$$

$$= \frac{1}{3}\sqrt[3]{\frac{(x-1)(x-2)^2}{(x-3)(x-4)}}\left(\frac{1}{x-1} + \frac{2}{x-2} - \frac{1}{x-3} - \frac{1}{x-4}\right).$$

【例 3.28】 设函数 $y = x^x$,其中 $x > 0$,求 y'.

【解】 $y = x^x$ 称为幂指函数,则有

$$\ln y = x\ln x,$$

$$\frac{y'}{y} = \ln x + x \cdot \frac{1}{x},$$

$$y' = y(\ln x + 1) = x^x(\ln x + 1).$$

结合以上几个例题,我们可以总结出,在遇到一些连乘函数、复杂的乘除构成的函数以及幂指函数时,往往考虑利用对数去求函数的导数.

习题 3.3

1. 求下列方程所确定的隐函数的导数.

(1) $ax^2 + by^2 - 1 = 0$;   (2) $y = \cos(x+y)$;

(3) $xy = \mathrm{e}^{x+y}$;   (4) $y = 1 + x\sin y$;

(5) $\mathrm{e}^y = \sin(x+y)$;   (6) $y^2 - 2axy + b = 0$.

2. 设函数 $y = y(x)$ 由方程 $xy - \mathrm{e}^x + \mathrm{e}^y = 0$ 确定,试求 $\dfrac{\mathrm{d}y}{\mathrm{d}x}\bigg|_{x=0}$.

3. 设函数 $y = y(x)$ 由方程 $y\sin x - \cos(x-y) = 0$ 确定,试求 $\dfrac{\mathrm{d}y}{\mathrm{d}x}\Big|_{\substack{x=0\\y=\frac{\pi}{2}}}$.

4. 求曲线 $x^2 + y^5 - 2xy = 1$ 在点 $(0,1)$ 处的切线方程与法线方程.

5. 用对数求导法求下列函数的导数.

(1) $y = (x-1)(x-2)^2(x-3)^3$;

(2) $y = x\sqrt{\dfrac{1-x}{1+x}}$;

(3) $y = x^{\sin x}$,其中 $x > 0$;

(4) $y = (\ln x)^x$,其中 $x > 1$;

(5) $y = x^{2x} + \sin^2 x$,其中 $x > 0$;

(6) $y = 2x^{\sqrt{x}}$,其中 $x > 0$.

§3.4　高阶导数

在研究导数定义时,我们已经知道,若物体的运动规律为函数 $s(t)$,则物体的速度为 $v(t) = s'(t)$.速度 $v(t) = s'(t)$ 仍是时间 t 函数,物理学中把速度 v 对时间 t 的变化率称为加速度.加速度是速度 v 对时间 t 的导数,也就是路程 $s(t)$ 的导数的导数,称为 $s(t)$ 的二阶导数,记为 $s''(t)$.本节就是讨论函数多次求导问题.

一、二阶导数

一般地,如果函数 $y = f(x)$ 的导函数 $f'(x)$ 在点 x_0 可导,则称 $f'(x)$ 在点 x_0 的导数为函数 $y = f(x)$ 在点 x_0 的二阶导数.记作 $f''(x_0)$,$y''(x_0)$,$\dfrac{\mathrm{d}^2 y}{\mathrm{d}x^2}\Big|_{x=x_0}$ 或 $\dfrac{\mathrm{d}^2 f}{\mathrm{d}x^2}\Big|_{x=x_0}$,即

$$f''(x_0) = \lim_{\Delta x \to 0} \frac{f'(x_0 + \Delta x) - f'(x_0)}{\Delta x}.$$

若函数 $y = f(x)$ 在区间 (a,b) 内每一点 x 都存在二阶导数,这时称 $f''(x)$ 为函数 $y = f(x)$ 在 (a,b) 内的**二阶导函数**,简称为**二阶导数**.

二阶导数的含义:

由 $f''(x) = (f'(x))'$ 可以看出,二阶导数 $f''(x)$ 实际上是函数 $f(x)$ 变化率 $f'(x)$ 的变化率.若 $f''(x) > 0$,表明变化率 $f'(x)$ 在递增,也就是说导函数 $f'(x)$ 的值越变越大;若 $f''(x) < 0$,表明变化率 $f'(x)$ 在递减,也就是说导函数 $f'(x)$ 的值越变越小.

例如,在某年美国的一家报刊报道了国防部抱怨国会和参议院消减了国防预算.但该报刊的对手却反驳道,国会只是消减了国防预算增长的变化率.换句话说,若用 $f(x)$ 表示预算关于时间的函数,那么预算的导数 $f'(x) > 0$,预算仍在增加,只是 $f''(x) < 0$,即预算的增长变缓了.

【例 3.29】　设函数 $y = x^2 \mathrm{e}^{2x}$,求 y''.

【解】　先求一阶导数
$$y' = (x^2 \mathrm{e}^{2x})' = 2x\mathrm{e}^{2x} + 2x^2 \mathrm{e}^{2x},$$
再求二阶导数
$$y'' = (2x\mathrm{e}^{2x} + 2x^2 \mathrm{e}^{2x})'$$

$$= 2\mathrm{e}^{2x} + 4x\mathrm{e}^{2x} + 4x\mathrm{e}^{2x} + 4x^2\mathrm{e}^{2x}$$
$$= \mathrm{e}^{2x}(2 + 8x + 4x^2).$$

【例 3.30】　设函数 $y = \ln(1 + x^2)$，求 y''，$y''\big|_{x=1}$.

【解】　先求一阶导数

$$y' = [\ln(1 + x^2)]' = \frac{2x}{1 + x^2},$$

再求二阶导数

$$y'' = \left(\frac{2x}{1 + x^2}\right)' = \frac{2(1 + x^2) - 2x \cdot 2x}{(1 + x^2)^2} = \frac{2(1 - x^2)}{(1 + x^2)^2}.$$

所以　　　　　　$y''\big|_{x=1} = \frac{2(1 - x^2)}{(1 + x^2)^2}\bigg|_{x=1} = 0.$

【例 3.31】　求由方程 $x + y = y^2 + 1$ 所确定的隐函数 y 的二阶导数 $\dfrac{\mathrm{d}^2 y}{\mathrm{d} x^2}$.

【解】　对方程 $x + y = y^2 + 1$ 两端同时求关于 x 的导数，得

$$1 + \frac{\mathrm{d} y}{\mathrm{d} x} = 2y\,\frac{\mathrm{d} y}{\mathrm{d} x},$$

于是得　　　　　$\dfrac{\mathrm{d} y}{\mathrm{d} x} = \dfrac{1}{2y - 1}.$

再对上式两端同时求关于 x 的导数，得

$$\frac{\mathrm{d}^2 y}{\mathrm{d} x^2} = -\frac{2}{(2y - 1)^2}\,\frac{\mathrm{d} y}{\mathrm{d} x}.$$

将 $\dfrac{\mathrm{d} y}{\mathrm{d} x} = \dfrac{1}{2y - 1}$ 代入上式，得

$$\frac{\mathrm{d}^2 y}{\mathrm{d} x^2} = -\frac{2}{(2y - 1)^3}.$$

二、高阶导数

依此类推，我们称二阶导数 $f''(x)$ 的导数为 $f(x)$ 的**三阶导数**，记作 $f'''(x)$，$y'''(x)$，$\dfrac{\mathrm{d}^3 y}{\mathrm{d} x^3}$ 或 $\dfrac{\mathrm{d}^3 f}{\mathrm{d} x^3}$.

一般地，$f'(x)$ 的 $n-1$ 阶导数称为 $f(x)$ 的 n **阶导数**，记作 $f^{(n)}(x)$，$y^{(n)}(x)$，$\dfrac{\mathrm{d}^n y}{\mathrm{d} x^n}$ 或 $\dfrac{\mathrm{d}^n f}{\mathrm{d} x^n}$.

另外，函数 $y = f(x)$ 在点 x_0 的 n 阶导数可以记作：$f^{(n)}(x_0)$，$y^{(n)}\big|_{x=x_0}$，$\dfrac{\mathrm{d}^n y}{\mathrm{d} x^n}\big|_{x=x_0}$.

二阶及以上的导数都称为**高阶导数**.

【例 3.32】　设函数 $y = 5x^3 - 6x^2 + 3x + 2$，求 y'''，$y^{(4)}$.

【解】　　　$y' = 5 \cdot 3x^2 - 12x + 3,$

$y'' = 5 \cdot 3 \cdot 2x - 12,$

$y''' = 5 \cdot 3 \cdot 2 \cdot 1 = 5 \cdot 3! = 30.$

显然　　　　　$y^{(4)} = 0.$

【例 3.33】　求函数 $y = e^{3x}$ 的二阶、三阶及 n 阶导数.

【解】　　　$y' = 3e^{3x}$,

$$y'' = (3)^2 e^{3x},$$

$$y''' = (3)^3 e^{3x},$$

……

$$y^{(n)} = (3)^n e^{3x}.$$

【例 3.34】　求下列函数的 n 阶导数.

$(1) y = \sin x$;　　　　　　　　$(2) y = \ln(1+x)$.

【解】　(1)　$y' = \cos x = \sin(x + \dfrac{\pi}{2})$,

$$y'' = \cos(x + \frac{\pi}{2}) = \sin(x + \frac{2\pi}{2}),$$

$$y''' = \cos(x + \frac{2\pi}{2}) = \sin(x + \frac{3\pi}{2}),$$

依此类推,可得

$$y^{(n)} = \sin(x + \frac{n\pi}{2}).$$

(2)　　　$y' = \dfrac{1}{1+x} = (1+x)^{-1}$,

$$y'' = (-1)(1+x)^{-2},$$

$$y''' = (-1)(-2)(1+x)^{-3} = (-1)^2 2!(1+x)^{-3},$$

$$y^{(4)} = (-1)^2 2! \cdot (-3)(1+x)^{-4} = (-1)^3 3!(1+x)^{-4},$$

于是类推可知

$$y^{(n)} = (-1)^{n-1} \frac{(n-1)!}{(1+x)^n}.$$

 习题 3.4

1.求下列函数的二阶导数.

$(1) y = 2x^2 + \ln x$;　　　　　　　　$(2) y = e^{\sqrt{x}}$;

$(3) y = \cos^2 x$;　　　　　　　　$(4) y = e^{-x} \cos x$;

$(5) y = (x^3 + 1)^2$;　　　　　　　　$(6) y = x\sqrt{2x-3}$;

$(7) y = \ln\ln x$;　　　　　　　　$(8) y = \ln(1 - x^2)$.

2.验证下列各函数满足相应的关系式.

$(1) y = e^x \sin x$ 满足 $y'' - 2y' + 2y = 0$;

$(2) y = \cos e^x + \sin e^x$ 满足 $y'' - y' + ye^{2x} = 0$.

3.求下列函数的 n 阶导数.

$(1) y = 2^x$;　　　　　　　　$(2) y = e^{ax}$;

$(3) y = x\ln x$;　　　　　　　　$(4) y = (1+x)^n$.

4. 求由下列方程所确定隐函数 y 的二阶导数.

(1) $x^2 - y^2 = 1$;   (2) $y = 1 + xe^y$.

§3.5   微   分

微分是微分学中的又一个基本概念,它在研究由于自变量的微小变化而引起函数变化的近似计算问题中起着重要的作用.

一、函数增量的近似计算

前面讲过导数描述的是函数在点 x 处变化的快慢程度.但有时,有些问题要去计算当自变量取得一个很微小的改变量 Δx 时相应的函数值改变量 Δy 的值.一般而言,当函数 $y = f(x)$ 较复杂时,Δy 也是 Δx 的一个较复杂的函数,计算 Δy 往往较困难.这里,我们给出一个近似计算 Δy 的方法.

先看一个具体例子.

设一个边长为 x 的正方形(见图 3-6),它的面积 $A = x^2$ 是 x 的函数.若边长由 x_0 改变(增加)了 Δx,相应的正方形的面积的改变量(增加)为

$$\Delta A = (x_0 + \Delta x)^2 - x_0^2 = 2x_0\Delta x + (\Delta x)^2.$$

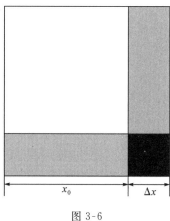

图 3-6

显然,ΔA 由两部分组成:

第一部分是 $2x_0\Delta x$,其中 $2x_0$ 是常数,$2x_0\Delta x$ 可看作是 Δx 的线性函数,即图 3-6 中浅阴影部分的面积.

第二部分是 $(\Delta x)^2$,是图 3-6 中以 Δx 为边长的深阴影部分的面积.

由此可见,当给边长 x_0 一个微小的改变量 Δx 时,由此所引起正方形面积的改变量 ΔA 可以近似地用第一部分 —— Δx 的线性函数 $2x_0\Delta x$ 来代替,这时所产生的误差比 Δx 更微小.

在上述问题中,注意到对函数 $A = x^2$,有

$$\frac{\mathrm{d}A}{\mathrm{d}x} = \frac{\mathrm{d}x^2}{\mathrm{d}x} = 2x ,\frac{\mathrm{d}A}{\mathrm{d}x}\Big|_{x=x_0} = 2x_0,$$

这表明,用来近似代替面积改变量 ΔA 的 $2x_0\Delta x$,实际上是函数 $A = x^2$ 在点 x_0 的导数 $2x_0$ 与变量 x 在点 x_0 的改变量 Δx 的乘积.

实际上这种近似代替具有一般性,这是因为函数 $y = f(x)$ 在 x_0 处函数值的变化率为 $f'(x_0)$,当自变量在 x_0 处发生微小的改变 Δx 时,可以把 x_0 处的变化率 $f'(x_0)$ 近似地看成整个过程的函数值变化率,因此得到如下近似计算公式,又称为函数的 **小增量公式**:

$$\Delta y \approx f'(x_0)\Delta x.$$

又因为 $\Delta y = f(x_0 + \Delta x) - f(x_0)$,所以,我们可得 **函数值近似计算公式**:

$$f(x_0 + \Delta x) \approx f(x_0) + f'(x_0)\Delta x.$$

下面举例说明其应用.

【例 3.35】　在 $x_0 = 1$ 且 $\Delta x = 0.1$ 和 $\Delta x = 0.01$ 时,分别求出函数 $y = x^3$ 的增量的精确值与近似值.

【解】　函数精确增量为

$$\Delta y = (x_0 + \Delta x)^3 - x_0^3 = 3x_0^2\Delta x + 3x_0(\Delta x)^2 + (\Delta x)^3.$$

函数增量的近似值为

$$f'(x_0)\Delta x = 3x_0^2\Delta x.$$

(1) 当 $x_0 = 1$ 且 $\Delta x = 0.1$ 时,代入上面的公式便得到增量的精确值是

$$\Delta y = 0.3 + 0.03 + 0.001 = 0.331,$$

近似值为 $f'(x_0)\Delta x = 0.3$,其中两者之间的误差为 0.031.

(2) 当 $x_0 = 1$ 且 $\Delta x = 0.01$ 时,得到增量的精确值和近似值分别为

$$\Delta y = 0.03 + 0.0003 + 0.000001 = 0.030301,$$
$$f'(x_0)\Delta x = 0.03,$$

其中两者之间的误差为 0.000301. 可见,当 $|\Delta x|$ 越小时,函数改变量的精确值与近似值之间的误差也越小.

【例 3.36】　求 $\sqrt[3]{1.02}$ 的近似值.

【解】　$\sqrt[3]{1.02}$ 可看作是函数 $f(x) = \sqrt[3]{x}$ 在 $x = 1.02$ 处的函数值. 于是,设

$$f(x) = \sqrt[3]{x}, x_0 = 1, \Delta x = 0.02(|\Delta x| \text{较小}),$$

由于 $f'(x) = \frac{1}{3}x^{-\frac{2}{3}}$,$f(1) = 1$,所以由函数值近似计算公式,有

$$\sqrt[3]{1.02} \approx 1 + \frac{1}{3} \cdot 0.02 \approx 1.0067.$$

【例 3.37】　一个外直径为 10 厘米的球,球壳厚度为 $\frac{1}{16}$ 厘米. 试求球壳体积的近似值.

【解】　由球的体积公式,半径为 r 的球体积为

$$V = f(r) = \frac{4}{3}\pi r^3,$$

球壳体积为 ΔV,则 ΔV 的近似值为

$$\Delta V \approx f'(r)\Delta r = 4\pi r^2 \Delta r = 4\pi \cdot 5^2 \cdot \frac{1}{16} \approx 19.36 (其中 \ r=5, \ \Delta r = \frac{1}{16}).$$

故所求球壳体积 ΔV 的近似值为 19.36 立方厘米.

二、函数的微分

以后我们把函数增量的近似值定义为函数的微分.

微分定义:

假定函数 $y=f(x)$ 在点 x_0 存在导数 $f'(x_0)$,令 $\Delta x = x - x_0$. 当 Δx 任意变化时, $f'(x_0) \cdot \Delta x$ 就是变量 Δx 的函数,称这个函数为函数 $y=f(x)$ 在点 x_0 的**微分**,记作 $\mathrm{d}f|_{x=x_0}$ 或是 $\mathrm{d}y|_{x=x_0}$,即

$$\mathrm{d}f|_{x=x_0} = f'(x_0) \cdot \Delta x.$$

对于函数的微分这个概念,需注意以下几点:

(1) $f(x)$ 在点 x_0 的微分是自变量改变量 Δx 的函数,而不是 x_0 的函数.

(2) 微分 $\mathrm{d}f|_{x=x_0} = f'(x_0) \cdot \Delta x$ 是变量 Δx 的线性函数,其中因变量等于自变量 Δx 的一个常数倍.

由微分的定义可知,函数 $f(x)$ 在任一点 x 的微分为 $f'(x) \cdot \Delta x$. 记作

$$\mathrm{d}f(x) = f'(x) \cdot \Delta x.$$

对于函数 $y = \varphi(x) = x$,由于 $y' = \varphi'(x) = 1$,从而函数 $y = x$ 的微分为

$$\mathrm{d}y = \mathrm{d}x = 1 \cdot \Delta x = \Delta x.$$

该等式表明:自变量的改变量 Δx 与其微分 $\mathrm{d}x$ 相等. 于是在教科书中一般将函数 $y = f(x)$ 的微分记作

$$\mathrm{d}y = \mathrm{d}f(x) = f'(x)\mathrm{d}x.$$

即函数的微分等于函数的导数与自变量微分的乘积.

上式中的 $\mathrm{d}x$ 和 $\mathrm{d}y$ 都有确定的意义:$\mathrm{d}x$ 是自变量 x 的微分,$\mathrm{d}y$ 是因变量 y 的微分. 这样, 上式可改写成,$f'(x) = \dfrac{\mathrm{d}y}{\mathrm{d}x}$. 因此,函数 $y = f(x)$ 在点 x 的导数 $f'(x)$ 又称为**微商**(微分 $\mathrm{d}y$ 与微分 $\mathrm{d}x$ 的商).

函数 $y = f(x)$ 在点 x 可导与可微有下述关系.

可导与可微之间的关系:

函数 $y = f(x)$ 在点 x 可微的充分必要条件是函数 $f(x)$ 在该点可导. 这表明,一元函数 $f(x)$ 的可导性与可微性是互为充分必要条件.

【**例 3.38**】 已知函数 $y = \ln x$,求 $\mathrm{d}y$ 与 $\mathrm{d}y|_{x=3}$.

【**解**】 根据微分计算公式有

$$\mathrm{d}y = \mathrm{d}\ln x = (\ln x)'\mathrm{d}x = \frac{1}{x}\mathrm{d}x.$$

$$\mathrm{d}y\Big|_{x=3} = \frac{1}{x}\Big|_{x=3}\mathrm{d}x = \frac{1}{3}\mathrm{d}x.$$

三、微分的计算

根据微分的定义,如果函数 $y = f(x)$ 的导数 $f'(x)$ 已经算出,那么只要乘上因子 $\mathrm{d}x$($\mathrm{d}x =$

Δx),即 $f'(x)\mathrm{d}x$ 便是函数的微分.因此,计算函数的微分并不需要任何新的运算.

例如 $y = \sin x$,因为 $y' = \cos x$,所以 $\mathrm{d}y = y'\mathrm{d}x = \cos x\mathrm{d}x$.

计算函数的导数与计算函数的微分,都称为函数的**微分运算**或**微分法**.

对应于求导数的基本运算法则,也可以直接推出如下的微分运算法则,建议在求微分时多采用该法则,有利于对后面知识的学习.

(1)$\mathrm{d}[u(x) \pm v(x)] = \mathrm{d}u(x) \pm \mathrm{d}v(x)$;

(2)$\mathrm{d}[u(x) \cdot v(x)] = v(x) \cdot \mathrm{d}u(x) + u(x) \cdot \mathrm{d}v(x)$;

(3)$\mathrm{d}[Cv(x)] = C\mathrm{d}v(x)$($C$ 为任意常数);

(4)$\mathrm{d}\left[\dfrac{u(x)}{v(x)}\right] = \dfrac{v(x) \cdot \mathrm{d}u(x) - u(x) \cdot \mathrm{d}v(x)}{[v(x)]^2}$;

(5)$\mathrm{d}[f(\varphi(x))] = f'(\varphi(x))\mathrm{d}\varphi(x) = f'(\varphi(x))\varphi'(x)\mathrm{d}x$.

这里,最后的一个公式是复合函数的微分法则.

【例 3.39】 求函数 $y = x^2 - \ln x + 3^x$ 的微分.

【解】
$$\mathrm{d}y = \mathrm{d}(x^2 - \ln x + 3^x) = \mathrm{d}x^2 - \mathrm{d}\ln x + \mathrm{d}3^x$$
$$= 2x\mathrm{d}x - \frac{\mathrm{d}x}{x} + 3^x\ln 3\mathrm{d}x = \left(2x - \frac{1}{x} + 3^x\ln 3\right)\mathrm{d}x.$$

【例 3.40】 求函数 $y = \mathrm{e}^x\sin x$ 的微分.

【解】 因为 $y' = (\mathrm{e}^x\sin x)' = \mathrm{e}^x\sin x + \mathrm{e}^x\cos x$,

所以 $\mathrm{d}y = y'\mathrm{d}x = \mathrm{e}^x(\sin x + \cos x)\mathrm{d}x$.

也可以套用微分公式写成

$$\mathrm{d}y = \mathrm{d}(\mathrm{e}^x\sin x) = \sin x\mathrm{d}\mathrm{e}^x + \mathrm{e}^x\mathrm{d}\sin x = \sin x\mathrm{e}^x\mathrm{d}x + \mathrm{e}^x\cos x\mathrm{d}x.$$

【例 3.41】 求函数 $y = \dfrac{x-1}{x+1}$ 的微分.

【解】 因为 $y' = \dfrac{(x-1)'(x+1) - (x-1)(x+1)'}{(x+1)^2} = \dfrac{2}{(1+x)^2}$,

所以 $\mathrm{d}y = y'\mathrm{d}x = \dfrac{2\mathrm{d}x}{(x+1)^2}$.

或者用微分运算法则写成

$$\mathrm{d}y = \frac{(x+1)\mathrm{d}(x-1) - (x-1)\mathrm{d}(x+1)}{(x+1)^2}$$
$$= \frac{(x+1)\mathrm{d}x - (x-1)\mathrm{d}x}{(x+1)^2}$$
$$= \frac{2}{(1+x)^2}\mathrm{d}x.$$

【例 3.42】 已知函数 $y = \sin x^3$,求 $\mathrm{d}y\big|_{x=1}$.

【解】 因为根据公式得 $\mathrm{d}y = \mathrm{d}(\sin x^3) = \cos x^3\mathrm{d}x^3 = 3x^2\cos x^3\mathrm{d}x$,

所以 $\mathrm{d}y\big|_{x=1} = 3\cos 1\mathrm{d}x$.

四、微分的几何意义

如图 3-7 所示,M_0T 是过曲线 $y = f(x)$ 上点 $M_0(x_0, y_0)$ 处的切线.当曲线的横坐标由

x_0 改变到 $x_0 + \Delta x$ 时,曲线相应的纵坐标的改变量为

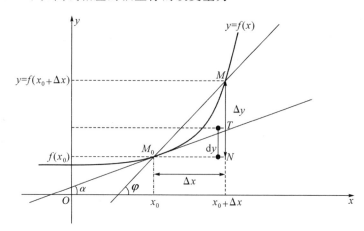

图 3-7

$$NM = f(x_0 + \Delta x) - f(x_0) = \Delta y,$$

而切线相应的纵坐标的改变量(由三角形 $M_0 NT$)是

$$NT = \tan \alpha \cdot \Delta x = f'(x_0) \cdot \Delta x = \mathrm{d}y.$$

由此知,函数 $y = f(x)$ 在点 x_0 的**微分 $\mathrm{d}y$ 的几何意义**是:函数 $y = f(x)$ 在点 x_0 的微分 $\mathrm{d}y \big|_{x = x_0}$ 是曲线 $y = f(x)$ 在点 $M_0(x_0, f(x_0))$ 处的切线的纵坐标的改变量.

用 $\mathrm{d}y$ 代替 Δy,就是用切线纵坐标的改变量代替曲线纵坐标的改变量,这正是以直线段代替曲线段.所产生的误差是 $TM = \Delta y - \mathrm{d}y$,当 $\Delta x \to 0$ 时,它也趋于 0,且趋于 0 的速度比 Δx 要快.

需要注意的是,从图 3-7 上来看的话,感觉用微分来近似刻画函数的改变量其误差会很大,事实并不如此.这是因为为了读者更好地看出其中的数量关系,取的 Δx 偏大而导致的.实际上当 $|\Delta x|$ 非常小的时候,其导致的误差是非常小的.如果从无穷小比较的角度来说明的话,其误差是一个关于 Δx 的高阶无穷小.

习题 3.5

1. 已知 $y = 2x^2 - 2x$,计算当 $x = 2, \Delta x = 0.01$ 时的 Δy 及 $\mathrm{d}y$.

2. 求出函数 $f(x) = x^2 - 3x + 1$ 在 $x = 2, \Delta x$ 依次等于 $0.1, 0.01, 0.001$ 时的改变量与微分的差,并比较所得结果.

3. 求下列函数的微分.

(1) $y = 3x^2$;   (2) $y = \sin x + \cos x$;

(3) $y = \dfrac{1 + x}{1 - x}$;   (4) $y = \sqrt{1 - x^2}$;

(5) $y = \ln 2x$;   (6) $y = x \cdot \sin 2x$;

(7) $y = \mathrm{e}^{2x} + \mathrm{e}^{-4x}$;   (8) $y = \cos(x^2)$;

(9) $y = \sin \sqrt{x}$;   (10) $y = \mathrm{e}^{-x} \cos x$;

(11)$y = \ln\cos x$；　　　　　　　　　　　　(12)$y = 5^{\tan x}$.

4.将适当的函数填入下列括号内,使等式成立.

(1)d(　　　　　) $= 2\mathrm{d}x$；　　　　　　　(2)d(　　　　　) $= 3x\mathrm{d}x$；

(3)d(　　　　　) $= \cos t\mathrm{d}t$；　　　　　　(4)d(　　　　　) $= \sin 2t\mathrm{d}t$；

(5)d(　　　　　) $= \dfrac{1}{1+x}\mathrm{d}x$；　　　　(6)d(　　　　　) $= \mathrm{e}^{-2x}\mathrm{d}x$；

(7)d(　　　　　) $= \dfrac{1}{\sqrt{x}}\mathrm{d}x$；　　　　(8)d(　　　　　) $= \dfrac{1}{x^2}\mathrm{d}x$.

5.求由方程 $\mathrm{e}^{x+y} = xy$ 所确定的函数 $y = y(x)$ 的微分 $\mathrm{d}y$.

6.求下列各题的近似值.

(1)$\cos 29°$；　　　　　　　　　　　　(2)$\sqrt[3]{996}$；

(3)$\ln 1.002$.

7.边长为 a 的金属立方体受热膨胀,当边长增加 h 时(h 很小),求立方体所增加的体积的近似值.

第四章 导数与微分的应用

在第三章中介绍了函数的导数、微分的概念及计算方法,本章主要介绍这些知识的常见应用.其主要内容为经济学上的边际、弹性概念及基本计算以及导数、微分在极限计算、函数形态分析和经济分析中的应用.

§4.1 边际与弹性

本节讨论经济学中的两个常用概念 —— 边际分析和弹性分析.它们与前面所介绍的导数与微分知识有着密切的联系.

一、边际分析

(一)边际函数概念

设函数 $y = f(x)$ 可导,函数值的增量与自变量的增量的比值为

$$\frac{\Delta y}{\Delta x} = \frac{f(x_0 + \Delta x) - f(x_0)}{\Delta x},$$

该比值表示 $y = f(x)$ 在 $(x_0, x_0 + \Delta x)$ 或 $(x_0 - \Delta x, x_0)$ 内的平均变化率.而

$$\lim_{\Delta x \to 0} \frac{f(x_0 + \Delta x) - f(x_0)}{\Delta x} = f'(x_0),$$

表示函数 $y = f(x)$ 在点 x_0 的(瞬间)变化率,在经济学中,称其为函数 $y = f(x)$ 在点 x_0 处的**边际函数值**,而 $f'(x)$ 称为函数 $y = f(x)$ 的**边际函数**.

注:计算边际函数与边际函数值在数学上就是计算函数的导函数与某点的导数值,在数学上不是什么新鲜的概念.为什么这里要以边际的概念重新介绍一遍呢?这是因为该概念是经济学中常用的一种经济术语,经常用它来解释一些经济现象与运行规律.

因为根据微分的小增量公式有

$$\Delta y \approx f'(x_0)\Delta x,$$

当函数的自变量 x 在 x_0 处改变一个单位(即 $\Delta x = 1$)时,函数的实际增量为 $\Delta y = f(x_0 + 1) - f(x_0)$.因为自变量 x 的改变量 Δx 不大($\Delta x = 1$ 与 x_0 值相比很小),则根据微分的小增量公式

$$\Delta y \approx f'(x_0)\Delta x,$$

得出

$$\Delta y = f(x_0 + 1) - f(x_0) \approx f'(x_0)\Delta x = f'(x_0).$$

它表明:当自变量在 x_0 处产生一个单位的改变时,函数 $y = f(x)$ 的改变量可以近似地用 $f'(x_0)$ 来表示.在经济学中,解释边际函数值的具体含义时,通常略去"近似"二字.

【例 4.1】 设有函数 $y = 2x^2$,试求函数的边际函数与在 $x = 5$ 时的边际函数值,并做出边际解释.

【解】 因为

$$y' = (2x^2)' = 4x, y'\Big|_{x=5} = 4 \cdot 5 = 20,$$

函数 $y = 2x^2$ 的边际函数为 $4x$,在 $x = 5$ 时的边际函数值为 20.该值表明,在 $x = 5$ 时,x 改变一个单位(增加或减少一个单位),y(近似)改变 20 个单位(增加或减少 20 个单位).

(二) 经济中常见边际函数

1. 边际成本

在经济学中,**边际成本**是指增加一个单位产品而产生的成本增加.或者说,边际成本就是每增加或减少一个单位产品而使总成本变动的数值.边际成本记作 MC.

由于假设产量 Q 是连续变化的,令 $\Delta Q \to 0$,则

$$MC = \frac{\mathrm{d}C}{\mathrm{d}Q} = \lim_{\Delta Q \to 0} \frac{\Delta C}{\Delta Q} = \lim_{\Delta Q \to 0} \frac{C(Q + \Delta Q) - C(Q)}{\Delta Q} = C'(Q).$$

边际成本 $C'(Q_0)$ 的值可解释为:生产量在 Q_0 水平时,此时产量增加或减少一个单位产品,总成本增加或减少的值为 $C'(Q_0)$(实际上是近似的),即生产第 $Q+1$ 个或是第 Q 个单位产品所花费的成本.

注:因为边际只是一个近似概念,我们也可以把边际成本 $C'(Q_0)$ 认为是生产第 Q 个单位产品所花费的成本.可能不同的数学教材与经济类书籍说法有点区别.其他边际经济函数与此类似.

【例 4.2】 已知总成本函数 $C = C(Q) = 2Q + 5$,求边际成本函数,并说明其经济含义.

【解】 $MC = C'(Q) = 2$.

这说明,产量为任何水平时,每增加单位产品,总成本都增加 2.

【例 4.3】 已知成本函数 $C = C(Q) = 2Q^2 + 36Q + 9800$,求边际成本函数及产量为 3 和 5 时的边际成本,并说明其经济含义.

【解】 $MC = C'(Q) = 4Q + 36$.

即边际成本是 Q 的函数,说明在不同的产量水平上,每增加单位产品,总成本的增加额将是不同的.

当 $Q = 3$ 时,$MC\Big|_{Q=3} = 48$,这表明,再生产 1 个单位产品,总成本将增加 48 个单位,即生产第 4 个单位产品所花费的成本为 48;

当 $Q = 5$ 时,$MC\Big|_{Q=5} = 56$,这表明,再生产 1 个单位产品,总成本将增加 56 个单位,即生产第 6 个单位产品所花费的成本为 56.

【例 4.4】 已知某产品生产 Q 单位的总成本 C 为 Q 的函数

$$C = C(Q) = 1000 + 0.012Q^2 (元).$$

求:(1) 生产 1000 件产品时的总成本和平均单位成本;

(2) 生产 1000 件产品时的边际成本.

【解】(1) 由成本函数 $C = C(Q) = 1000 + 0.012Q^2$ 知,生产 1000 件产品的总成本为

$$C(1000) = 1000 + 0.012 \times 1000^2 = 13000 (元).$$

每件产品的平均成本是

$$\frac{C(1000)}{1000} = \frac{13000}{1000} = 13 (元 / 件).$$

(2) 边际成本函数 $MC = C'(Q) = 0.024Q$,生产 1000 件产品时的边际成本为

$$C'(1000) = 0.024 \times 1000 = 24 (元 / 件).$$

2. 边际收益

总收益函数 $R = R(Q)$,则 R 对 Q 的导数称为**边际收益**,边际收益是指增加一个单位产品而产生的收益增加,记作 MR.边际收益函数为

$$MR = \frac{dR}{dQ} = R'(Q).$$

边际收益可解释为:销售第 $Q+1$ 个单位产品,总收益增加的数额,即销售第 $Q+1$ 个单位产品所得到的收益.

【例 4.5】 设某产品的需求函数为 $P = 20 - \frac{Q}{5}$,其中 P 为价格,Q 为销售量.求销售量为 15 个单位时的总收益、平均收益与边际收益,并求销售量从 15 个单位增加到 20 个单位时收益的平均变化率.

【解】 总收益为

$$R = P(Q)Q = 20Q - \frac{Q^2}{5}.$$

销售 15 个单位时,总收益为

$$R(15) = 20 \times 15 - \frac{(15)^2}{5} = 255.$$

平均收益为

$$\bar{R}(15) = \frac{R(15)}{15} = \frac{255}{15} = 17.$$

边际收益为

$$R'(15) = \left(20 - \frac{2Q}{5}\right)\Big|_{Q=15} = 14.$$

销售量从 15 个单位增加到 20 个单位时收益的平均变化率为

$$\frac{\Delta R}{\Delta Q} = \frac{R(20) - R(15)}{20 - 15} = \frac{320 - 255}{5} = 13.$$

3. 边际利润

总收益函数 $L = L(Q)$,则 L 对 Q 的导数称为**边际利润**,边际利润是指增加一个单位产品而产生的利润增加,记作 ML.边际利润函数为

$$ML = \frac{dL}{dQ}.$$

边际利润可解释为:销售第 $Q+1$ 个单位产品,总利润增加的数额,即销售第 $Q+1$ 个单位产品所得到的利润.

在产量与销量一致的情况下,总利润函数 $L(Q)$ 定义为总收益函数 $R(Q)$ 与总成本函数 $C(Q)$ 之差,即

$$L(Q) = R(Q) - C(Q),$$

则边际利润一般为

$$ML = L'(Q) = R'(Q) - C'(Q).$$

【例 4.6】 某工厂对其产品的情况进行大量的统计分析后,得出总利润 L(元)与每月产量 Q(吨)之间的关系为 $L(Q) = 250Q - 5Q^2$.试确定每月生产 20 吨、25 吨、35 吨的边际利润,并做出经济解释.

【解】 边际利润函数为

$$ML = L'(Q) = 250 - 10Q.$$

每月生产 20 吨时,边际利润为

$$L'(20) = 250 - 10 \cdot 20 = 50.$$

每月生产 25 吨时,边际利润为

$$L'(25) = 250 - 10 \cdot 25 = 0.$$

每月生产 35 吨时,边际利润为

$$L'(35) = 250 - 10 \cdot 35 = -100.$$

上述结果表明当生产量每月为 20 吨时,再增加一吨的产量,利润将增加 50 元;当生产量每月为 25 吨时,再增加一吨的产量,利润不变(几乎不增加);当生产量每月为 35 吨时,再增加一吨的产量,利润将减少 100 元;也说明对于厂家来说,并非生产的产品数量越多,利润越高.

边际利润与边际成本、边际收益之间的关系:

因为,边际利润 = 边际收益 - 边际成本,即

$$ML = MR - MC,$$

则:① 若 $MR > MC \Rightarrow ML > 0$,意味着增加单位产量可使总利润增加.此时,企业的产量不是最优.

② 若 $MR < MC \Rightarrow ML < 0$,意味着减少单位产量可使利润增加.此时,企业的产量也不是最优.

③ 若 $MR = MC \Rightarrow ML = 0$,意味着总利润达到极大,产量最优.

4. 边际需求

若 $Q = f(P)$ 是需求函数,则需求量 Q 对价格 P 的导数称为**边际需求**,记作 MQ.边际需求函数为

$$MQ = \frac{\mathrm{d}Q}{\mathrm{d}P} = f'(P).$$

边际需求可解释为:当销售价格为 P 时,此时销售价格上涨或减少一个单位时,需求量减少或增加 $f'(P)$ 个单位.

【例 4.7】 经统计分析,某商品的需求函数为 $Q = 75 - P^2$.试求 $P = 4$ 时的边际需求,

并说明其经济意义.

【解】 边际需求函数为

$$MQ = Q'(P) = -2P.$$

当 $P = 4$ 时的边际需求为

$$Q'(4) = -2 \cdot 4 = -8.$$

它的经济意义是价格为 4 时,此时价格上涨(或下降)1 个单位时,需求量将减少(或增加)8 个单位.

5. 边际消费倾向与边际储蓄倾向

消费函数的导数称为**边际消费倾向**,储蓄函数的导数称为**边际储蓄倾向**,分别反映的是收入增加 1 元所带来的消费增加的数量和储蓄增加的数量.

若假定一般的消费函数形式为 $C = a + bY$(C,Y 分别为消费和收入),则边际消费倾向 $C' = b$,即增加的收入用于消费的比例.通常人们不会把增加的收入全部用于消费,消费的增加小于收入的增加,因此有 $0 < b < 1$.边际储蓄倾向为

$$S' = [-a + (1-b)Y]' = 1 - b,$$

即增加的收入用于储蓄的比例.

【例 4.8】 假设有一家庭的每月消费函数为 $C = 1000 + 0.4Y$ 元,请写出对应的储蓄函数,再分别求边际消费倾向和边际储蓄倾向,并做出经济含义说明.

【解】 由于家庭财务满足 Y(收入)$= C$(消费)$+ S$(储蓄)关系,把 $C = 1000 + 0.4Y$ 代入可得出储蓄函数 $S = -1000 + 0.6Y$.

显然边际消费倾向 $C' = 0.4$,边际储蓄倾向 $S' = 0.6$.即该家庭每增加 1 元收入就增加 0.4 元的消费和 0.6 元的储蓄.

二、弹性分析

函数 $y = f(x)$ 的边际函数值是用来近似计算在自变量改变一个单位时函数值的变化量,不管是自变量的改变量还是因变量的改变量均属于绝对数的范围.在经济问题中,仅仅用绝对数的概念还不足以深入地分析问题.

例如,甲商品每单位价格为 5 元,涨价 1 元;乙商品每单位价格为 200 元,也是涨价 1 元,两种商品的价格绝对改变量都是 1 元,哪个商品的涨价幅度更大呢?我们只要用它们的价格改变量与原价相比就能获得答案.甲商品涨价幅度为 20%,乙商品的涨价幅度为 0.5%,显然甲商品的涨价幅度比乙商品的涨价幅度更大.如果进一步让你讨论这两种商品在价格都涨 1% 的情况下,各自的需求量又将改变百分之多少呢?这就涉及经济学上的弹性概念.为此,我们有必要研究函数的相对改变量与相对变化率,在数学上给弹性一个统一的定义.

(一) 弹性概念

先从一个简单的函数进行分析,设函数 $y = x^2$,当 x 从 8 增加到 10 时,相应地 y 从 64 到 100.

自变量 x 的改变量为 $\Delta x = 10 - 8 = 2$,因变量 y 的改变量为 $\Delta y = 100 - 64 = 36$.

自变量 x 的相对改变量为 $\dfrac{\Delta x}{x} = \dfrac{2}{8} = 25\%$,因变量 y 的相对改变量为 $\dfrac{\Delta y}{y} = \dfrac{36}{64} =$

56.25%. 即当 x 从 8 增加到 10 时, x 增加了 25%, y 相应地增加了 56.25%.

如果在本例中我们再引入下面的数学式子:

$$\frac{\frac{\Delta y}{y}}{\frac{\Delta x}{x}} = \frac{56.25\%}{25\%} = 2.25,$$

这表明在开区间 $(8,10)$ 内,从 $x = 8$ 起, x 每增加 1%,则相应地 y 便增加 2.25%,我们称 2.25 为函数值 $x = 8$ 到 $x = 10$ 时的**平均相对变化率**.

一般称 Δx 与 Δy 为自变量与函数的**绝对改变量**, $\frac{\Delta x}{x}$ 与 $\frac{\Delta y}{y}$ 为自变量与函数的**相对改变量**, $\frac{\Delta y}{\Delta x}$ 为函数的**平均变化率**, $\lim\limits_{\Delta x \to 0} \frac{\Delta y}{\Delta x}$ 为函数的(瞬间)**变化率**或导数.

对于给定的函数 $f(x)$,称

$$\frac{\Delta y / y}{\Delta x / x} = \frac{\frac{f(x + \Delta x) - f(x)}{f(x)}}{\frac{\Delta x}{x}}, \qquad \frac{\text{函数值变化的百分数}}{\text{自变量变化的百分数}},$$

为函数 $f(x)$ 在 x 与 $x + \Delta x$ **两点间的弹性**(或平均相对变化率),与导数的定义类似. 如果让自变量的绝对改变量 $\Delta x \to 0$,则

$$\lim_{\Delta x \to 0} \frac{\Delta y / y}{\Delta x / x} = \lim_{\Delta x \to 0} \frac{\Delta y}{\Delta x} \cdot \frac{x}{y} = y' \frac{x}{y} = f'(x) \frac{x}{f(x)},$$

称为函数 $f(x)$ 在 x 处的**弹性**(或瞬间相对变化率). 记为

$$E = \frac{E}{Ex} f(x) = \frac{Ey}{Ex} = y' \frac{x}{y}.$$

函数 $f(x)$ 在 x 处的弹性反映了 x 的变化幅度对 y 变化幅度大小的影响,刻画了函数 $f(x)$ 对自变量 x 变化的强烈程度和灵敏度.

若 $E\Big|_{x=x_0} = f'(x_0) \frac{x_0}{f(x_0)} = \eta$,表示在点 $x = x_0$ 处,当 x 产生 1% 的改变时,函数 $f(x)$ 的值近似地改变 $\eta\%$. 即 x 增加(或减少)1% 时,函数值近似地增加(或减少)$\eta\%$. 一般,我们在陈述的时候会省略"近似"二字.

【例 4.9】 求函数 $y = 2x - x^2$ 的弹性函数及其在 $x = 3$ 处的弹性,并做出数量解释.

【解】 函数 $y = 2x - x^2$ 的弹性函数为

$$E = y' \frac{x}{y} = (2 - 2x) \frac{x}{2x - x^2} = \frac{2 - 2x}{2 - x}.$$

在 $x = 3$ 处的弹性为

$$E\Big|_{x=3} = y' \frac{x}{y} \Big|_{x=3} = \frac{2 - 2x}{2 - x} \Big|_{x=3} = \frac{-4}{-1} = 4.$$

即在 $x = 3$ 处, x 增加(或减少)1% 时,函数值增加(或减少)4%.

(二)经济学中常见弹性函数

1. 需求(价格)弹性

若需求函数为 $Q(P)$,则**需求弹性**为

$$E = Q'(P) \frac{P}{Q(P)}, \quad \frac{需求量变化的百分数}{价格变化的百分数}.$$

若 $E\big|_{P=P_0} = \eta$，需求弹性近似地表示价格为 P_0 时，价格变动 1%，需求量将变化 $\eta\%$. 因为，一般商品在价格上涨（或下降）时需求量会减少（或增加），所以计算出来的需求弹性 $E\big|_{P=P_0} = \eta$ 一般是负值.

（1）当 $|\eta| > 1$，说明该商品需求量改变的幅度大于价格改变的幅度，在经济学上称该商品富有弹性；

（2）当 $|\eta| = 1$，说明该商品需求量改变的幅度等于价格改变的幅度，在经济学上称为单位弹性；

（3）当 $|\eta| < 1$，说明该商品需求量改变的幅度小于价格改变的幅度，在经济学上称该商品缺乏弹性.

注：① 需求弹性一般是负值，但不是所有商品的需求弹性都是负值. 可能忽略符号使用起来更方便一些，一般的经济学教材都把 $-\eta$ 称为需求弹性，请读者注意.

② 某种商品的需求价格弹性取决于可获得的替代品的数量及相近似程度. 如果某种商品有许多相近的替代品，那么其需求就是很有弹性的.

【例 4.10】 已知某商品的需求函数为 $Q = \mathrm{e}^{-\frac{P}{10}}$，求 $P = 5$，$P = 10$，$P = 15$ 时的需求弹性并说明其意义.

【解】 需求弹性为

$$\eta(P) = P \cdot \frac{Q'(P)}{Q(P)} = P \cdot \frac{-\dfrac{1}{10}\mathrm{e}^{-\frac{P}{10}}}{\mathrm{e}^{-\frac{P}{10}}} = -\frac{P}{10}.$$

$\eta(5) = -0.5$，说明 $P = 5$ 时，价格上涨 1%，需求量减少 0.5%.

$\eta(10) = -1$，说明 $P = 10$ 时，价格上涨 1%，需求量减少 1%.

$\eta(15) = -1.5$，说明 $P = 15$ 时，价格上涨 1%，需求量减少 1.5%.

2. 供给（价格）弹性

与需求价格弹性类似，若某商品的供给量 Q 与销售价格 P 的关系为 $Q(P)$，同样可以得出**供给弹性**为

$$E = Q'(P) \frac{P}{Q(P)}, \quad \frac{供给量变化的百分数}{价格变化的百分数},$$

只不过供给（价格）弹性一般是正的.

【例 4.11】 已知某商品的供给函数为 $Q = 150 + 5P + 0.1P^2$，求 $P = 10$ 时的供给弹性并说明其意义.

【解】 供给弹性函数为

$$E = P \cdot \frac{Q'(P)}{Q(P)} = P \cdot \frac{5 + 0.2P}{150 + 5P + 0.1P^2} = \frac{5P + 0.2P^2}{150 + 5P + 0.1P^2},$$

则 $P = 10$ 时的供给弹性 $E\big|_{P=10} = \dfrac{5P + 0.2P^2}{150 + 5P + 0.1P^2}\Big|_{P=10} = \dfrac{1}{3} \approx 0.33$，说明 $P = 10$ 时，价格上涨 1%，供给量增加 0.33%.

边际收益与需求弹性的关系:

总收益函数: $R = P \cdot Q = P \cdot f(P)$,

$$R' = f(P) + Pf'(P) = f(P)\left[1 + f'(P)\frac{P}{f(P)}\right] = f(P)(1 + \eta).$$

(1) 若 $|\eta| < 1$,需求变动的幅度小于价格变动的幅度.此时,$R' > 0$,R 递增,即价格上涨,总收益增加;价格下跌,总收益减少.说明商品是缺乏弹性的.

(2) 若 $|\eta| > 1$,需求变动的幅度大于价格变动的幅度.此时,$R' < 0$,R 递减,即价格上涨,总收益减少;价格下跌,总收益增加.说明商品是富有弹性的.

(3) 若 $|\eta| = 1$,需求变动的幅度等于价格变动的幅度.此时,$R' = 0$,R 取最大值.说明商品是单位弹性的.

本节只是以常见的几类经济学上的边际函数和弹性函数为例来说明边际和弹性概念的应用,经济学上还存在着许多其他边际和弹性函数,读者可以去参考相关经济学教材.

习题 4.1

1.已知某商品的成本函数为 $C(Q) = 1000 + \dfrac{Q^2}{8}$,求当产量 $Q = 120$ 时的总成本和边际成本.

2.设某产品的销量 Q 与其价格 P 之间的关系为 $P = 150 - 0.01Q$(元),求收益函数及当 $Q = 100$(件) 时的总收益与边际收益.

3.设生产某产品的固定成本为 60000 元,可变成本为每件 20 元,价格函数为

$$P = 60 - \frac{Q}{1000},$$

其中 Q 为销量.设供销平衡,求:

(1) 边际利润;

(2) 当 $P = 10$ 元时价格上涨 1%,收益增加(还是减少) 的百分数?

4.设某商品的需求函数为 $Q = 75 - P^2$,求当 $P = 4$ 时的需求价格弹性和收益价格弹性,并说明其实际含义.

5.设某商品的供给函数为 $Q = 2 + 3P$,求供给价格弹性函数及当 $P = 3$ 时的供给价格弹性,并说明其实际含义.

6.对下列需求函数,当 P 在什么范围变动时需求是富有弹性或缺乏弹性?

(1) $Q = 100(2 - \sqrt{P})$;　　　　　　　　(2) $P = \sqrt{a - bQ}$　$(a, b > 0)$.

7.设某商品的需求函数为 $Q = 100 - 5P$,如需求弹性小于 -1,求商品价格 P 的取值范围.

§4.2　洛必达法则

上一章里我们由极限的概念推出导数的概念,在这一节里我们将用导数的知识来为求

函数的极限服务,这也是导数的应用之一.

如果在 x 的某一变化过程中,两个函数 $f(x)$ 与 $g(x)$ 都趋于零或都趋于无穷大,那么 $\lim \dfrac{f(x)}{g(x)}$ 可能存在,也可能不存在.通常把这种极限叫作**未定式**,并分别简记为 $\dfrac{0}{0}$ 或 $\dfrac{\infty}{\infty}$.如极限 $\lim\limits_{x \to 0} \dfrac{\sin x}{x}$,$\lim\limits_{x \to +\infty} \dfrac{\ln(1+x)}{x}$ 就是两个未定式的例子.

对于上述两种类型的未定式,即使它存在也不能用"商的极限等于极限的商"这一法则,而下面要介绍的洛必达法则是求这类极限的一个非常有效的方法.

一、$\dfrac{0}{0}$ 型未定式

洛必达法则 I　设函数 $f(x)$ 与 $g(x)$ 同时满足下列条件:

(1) $\lim\limits_{x \to x_0} f(x) = 0$,$\lim\limits_{x \to x_0} g(x) = 0$;

(2) 在点 x_0 的某个空心邻域中,$f'(x)$ 和 $g'(x)$ 都存在,并且 $g'(x) \neq 0$;

(3) $\lim\limits_{x \to x_0} \dfrac{f'(x)}{g'(x)} = A$(或 ∞).

那么有 $\lim\limits_{x \to x_0} \dfrac{f(x)}{g(x)} = \lim\limits_{x \to x_0} \dfrac{f'(x)}{g'(x)} = A$(或 ∞).

上述用导数商的极限来计算函数商的极限的方法称为洛必达法则,下面通过前面所介绍的数学理论去分析它的正确性.

我们注意到条件中 $\lim\limits_{x \to x_0} f(x) = 0$,$\lim\limits_{x \to x_0} g(x) = 0$,但 $f(x_0)$ 与 $g(x_0)$ 可能存在,也可能不存在.不妨补充定义 $f(x_0) = g(x_0) = 0$,这样不会影响函数的极限.

又因为 $f'(x)$ 和 $g'(x)$ 都存在,根据微分的小增量公式有

$$f(x_0) - f(x) \approx f'(x)(x_0 - x),$$
$$g(x_0) - g(x) \approx g'(x)(x_0 - x),$$

并且 $(x_0 - x)$ 越小近似程度就越好.于是得到下面近似公式

$$\frac{f(x)}{g(x)} = \frac{f(x) - f(x_0)}{g(x) - g(x_0)} \approx \frac{f'(x)(x - x_0)}{g'(x)(x - x_0)} = \frac{f'(x)}{g'(x)}.$$

可以证明,当 $x \to x_0$ 时,若 $\lim\limits_{x \to x_0} \dfrac{f'(x)}{g'(x)} = A$(或 ∞),则

$$\lim\limits_{x \to x_0} \frac{f(x)}{g(x)} = \lim\limits_{x \to x_0} \frac{f'(x)}{g'(x)}.$$

这就是说,当 $\lim\limits_{x \to x_0} \dfrac{f'(x)}{g'(x)}$ 存在时,$\lim\limits_{x \to x_0} \dfrac{f(x)}{g(x)}$ 存在且等于 $\lim\limits_{x \to x_0} \dfrac{f'(x)}{g'(x)}$;当 $\lim\limits_{x \to x_0} \dfrac{f'(x)}{g'(x)}$ 无穷大时,$\lim\limits_{x \to x_0} \dfrac{f(x)}{g(x)}$ 也是无穷大.

实际上,如果将 x 变化改为 $x \to x_0^-$,$x \to x_0^+$ 及 $x \to \infty$ 等,并对上述条件(2)作相应变化,该方法依然正确.后面的法则 II 也亦然.

【例 4.12】　求极限 $\lim\limits_{x \to 0} \dfrac{\sin 5x}{x}$.

【解】　$x \to 0$ 时，$\sin 5x \to 0$，这是 $\dfrac{0}{0}$ 型未定式.

由于　　　　$\lim\limits_{x \to 0} \dfrac{(\sin 5x)'}{x'} = \lim\limits_{x \to 0} 5\cos 5x = 5$，

所以　　　　$\lim\limits_{x \to 0} \dfrac{\sin 5x}{x} = 5$.

【例 4.13】　求极限 $\lim\limits_{x \to 2} \dfrac{x^2 + x - 6}{x^2 - 3x + 2}$.

【解】　$x \to 2$ 时，$x^2 + x - 6 \to 0$，$x^2 - 3x + 2 \to 0$，

且 $\lim\limits_{x \to 2} \dfrac{(x^2 + x - 6)'}{(x^2 - 3x + 2)'} = \lim\limits_{x \to 2} \dfrac{2x + 1}{2x - 3} = \dfrac{2 \cdot 2 + 1}{2 \cdot 2 - 3} = 5$，

所以原极限等于 5.

注：上式中的 $\lim\limits_{x \to 2} \dfrac{2x + 1}{2x - 3}$ 已不是未定式，不能对它应用洛必达法则，否则要导致 $\lim\limits_{x \to 2} \dfrac{2x + 1}{2x - 3} = 1$ 的错误结果.

【例 4.14】　求极限 $\lim\limits_{x \to 1} \dfrac{\ln x}{(x - 1)^2}$.

【解】　这是一个 $\dfrac{0}{0}$ 型未定式，则有

$$\text{原式} = \lim\limits_{x \to 1} \dfrac{(\ln x)'}{[(x - 1)^2]'} = \lim\limits_{x \to 1} \dfrac{\dfrac{1}{x}}{2(x - 1)} = \lim\limits_{x \to 1} \dfrac{1}{2x(x - 1)} = \infty.$$

【例 4.15】　求极限 $\lim\limits_{x \to 0} \dfrac{x - \sin x}{x^3}$.

【解】　这是 $\dfrac{0}{0}$ 型未定式，则有

$$\text{原式} = \lim\limits_{x \to 0} \dfrac{(x - \sin x)'}{(x^3)'} = \lim\limits_{x \to 0} \dfrac{1 - \cos x}{3x^2} = \lim\limits_{x \to 0} \dfrac{(1 - \cos x)'}{(3x^2)'} = \lim\limits_{x \to 0} \dfrac{\sin x}{6x} = \dfrac{1}{6}.$$

注：① 在本题中我们连续使用了两次洛必达法则.

② 上式中的最后一步我们直接应用第一个重要极限即得，本题启发我们，洛必达法则最好能与其他求极限的方法结合使用，比如能化简时尽可能化简，能应用四则运算法则、无穷小量的性质或重要极限时，尽可能应用.

二、$\dfrac{\infty}{\infty}$ 型未定式

洛必达法则 Ⅱ　设函数 $f(x)$ 与 $g(x)$ 同时满足下列条件：

(1) $\lim\limits_{x \to x_0} f(x) = \infty$，$\lim\limits_{x \to x_0} g(x) = \infty$；

(2) 在点 x_0 的某个空心邻域中，$f'(x)$ 和 $g'(x)$ 都存在，并且 $g'(x) \neq 0$；

(3) $\lim\limits_{x \to x_0} \dfrac{f'(x)}{g'(x)} = A$（或 ∞）.

那么有 $\lim\limits_{x \to x_0} \dfrac{f(x)}{g(x)} = \lim\limits_{x \to x_0} \dfrac{f'(x)}{g'(x)} = A$（或 ∞）.

注:如果将 x 变化改为 $x \to x_0^-$，$x \to x_0^+$ 及 $x \to \infty$ 等，并对上述条件(2)做相应变化，该方法也依然正确.

【例 4.16】 求极限 $\lim\limits_{x \to +\infty} \dfrac{x^2}{e^{3x}}$.

【解】 $\lim\limits_{x \to +\infty} \dfrac{x^2}{e^{3x}} = \lim\limits_{x \to +\infty} \dfrac{2x}{3e^{3x}} = \lim\limits_{x \to +\infty} \dfrac{2}{9e^{3x}} = 0$.

【例 4.17】 求极限 $\lim\limits_{x \to +\infty} \dfrac{\ln(1+x)}{x}$.

【解】 当 $x \to +\infty$ 时，$\ln(1+x) \to +\infty$，这是一个 $\dfrac{\infty}{\infty}$ 型未定式.

所以   原式 $= \lim\limits_{x \to +\infty} \dfrac{[\ln(1+x)]'}{x'} = \lim\limits_{x \to +\infty} \dfrac{\dfrac{1}{1+x}}{1} = 0$.

【例 4.18】 求极限 $\lim\limits_{x \to 0^+} \dfrac{\ln\sin x}{\ln x}$.

【解】 当 $x \to 0^+$ 时，$\ln x \to -\infty$；与此同时，当 $x \to 0^+$ 时，$\sin x \to 0^+$，$\ln\sin x \to -\infty$，因此这是一个 $\dfrac{\infty}{\infty}$ 型未定式.

$$原式 = \lim\limits_{x \to 0^+} \dfrac{(\ln\sin x)'}{(\ln x)'} = \lim\limits_{x \to 0^+} \dfrac{\cos x \dfrac{1}{\sin x}}{\dfrac{1}{x}}$$

$$= \lim\limits_{x \to 0^+} \dfrac{x\cos x}{\sin x} = \lim\limits_{x \to 0^+} \cos x \lim\limits_{x \to 0^+} \dfrac{x}{\sin x} = 1.$$

三、其他未定式

事实上，其他还有一些如 $0 \cdot \infty$，$\infty - \infty$，1^∞，∞^0，0^0 型的未定式，也可以通过变形转化为 $\dfrac{0}{0}$ 型或 $\dfrac{\infty}{\infty}$ 型未定式来计算.

【例 4.19】 求极限 $\lim\limits_{x \to 0} \left(\dfrac{1}{e^x - 1} - \dfrac{1}{x} \right)$.

【解】 这是 $\infty - \infty$ 型未定式，通过变形转化为 $\dfrac{0}{0}$ 型，再用洛必达法则.

$$\lim\limits_{x \to 0} \left(\dfrac{1}{e^x - 1} - \dfrac{1}{x} \right) = \lim\limits_{x \to 0} \dfrac{x - e^x + 1}{x(e^x - 1)} = \lim\limits_{x \to 0} \dfrac{1 - e^x}{e^x - 1 + xe^x}$$

$$= \lim\limits_{x \to 0} \dfrac{-e^x}{2e^x + xe^x} = -\dfrac{1}{2}.$$

【例 4.20】 求极限 $\lim\limits_{x \to 0^+} x^3 \ln x$.

【解】 这是 $0 \cdot \infty$ 型未定式，可以先化成为 $\dfrac{\infty}{\infty}$ 型未定式，再应用洛必达法则.

$$\lim\limits_{x \to 0^+} x^3 \ln x = \lim\limits_{x \to 0^+} \dfrac{\ln x}{x^{-3}} = \lim\limits_{x \to 0^+} \dfrac{\dfrac{1}{x}}{-3x^{-4}} = \lim\limits_{x \to 0^+} \left(-\dfrac{x^3}{3} \right) = 0.$$

【例 4. 21】　求极限 $\lim\limits_{x \to 0^+} (\sin x)^{2x}$.

【解】　这是 0^0 型未定式. 由于要求极限的函数是幂指形式, 故先设 $y = (\sin x)^{2x}$, 然后取对数 $\ln y = 2x \ln(\sin x)$, 再取极限

$$\lim_{x \to 0^+} \ln y = \lim_{x \to 0^+} \frac{2\ln(\sin x)}{x^{-1}},$$

转化为 $\dfrac{\infty}{\infty}$ 型未定式, 最后应用洛必达法则求解. 即

$$\lim_{x \to 0^+} \ln y = \lim_{x \to 0^+} \frac{2\ln(\sin x)}{x^{-1}} = \lim_{x \to 0^+} \frac{\dfrac{2\cos x}{\sin x}}{-x^{-2}} = \lim_{x \to 0^+} \left(-2x\cos x \cdot \frac{x}{\sin x}\right)$$
$$= -2 \times 0 \times 1 = 0,$$

所以　　　　$\lim\limits_{x \to 0^+} (\sin x)^{2x} = \mathrm{e}^{\lim\limits_{x \to 0^+} \ln y} = \mathrm{e}^0 = 1.$

四、洛必达法则失效的情形

洛必达法则作为求极限的一种工具, 它不是万能的, 有时也会失效, 经常有下列两种情形不能使用洛必达法则.

情形 1: 极限 $\lim \dfrac{f(x)}{g(x)}$ 不满足法则中的条件 (1), 即 $\lim \dfrac{f(x)}{g(x)}$ 不是未定式 $\dfrac{0}{0}$ 型或 $\dfrac{\infty}{\infty}$ 型.

【例 4. 22】　求极限 $\lim\limits_{x \to 0} \dfrac{x}{\cos x}$.

错误解法: $\lim\limits_{x \to 0} \dfrac{x}{\cos x} = \lim\limits_{x \to 0} \dfrac{x'}{(\cos x)'} = \lim\limits_{x \to 0} \dfrac{1}{-\sin x} = \infty.$

正确解法: $x \to 0$ 时, $\cos x \to 1$, $\lim\limits_{x \to 0} \dfrac{x}{\cos x} = \dfrac{0}{\cos 0} = 0.$

情形 2: 极限 $\lim \dfrac{f(x)}{g(x)}$ 不满足法则中的条件 (3), 即 $\lim \dfrac{f'(x)}{g'(x)}$ 不存在且不为 ∞.

【例 4. 23】　求极限 $\lim\limits_{x \to 0} \dfrac{x^2 \sin \dfrac{1}{x}}{\sin x}$.

错误解法: $x \to 0$ 时, $\sin x \to 0$, $x^2 \to 0$ 且 $\left|\sin \dfrac{1}{x}\right| \leqslant 1$, 所以上式是 $\dfrac{0}{0}$ 型未定式.

$$\lim_{x \to 0} \frac{x^2 \sin \dfrac{1}{x}}{\sin x} = \lim_{x \to 0} \frac{2x \sin \dfrac{1}{x} + x^2 \cos x \dfrac{1}{x} \cdot (-1) \cdot x^{-2}}{\cos x} = \lim_{x \to 0} \frac{2x \sin \dfrac{1}{x} - \cos \dfrac{1}{x}}{\cos x}.$$

由于 $\lim\limits_{x \to 0} \cos \dfrac{1}{x}$ 不存在, 上式得极限不存在, 所以原极限不存在.

正确解法: 事实上, $\lim\limits_{x \to 0} \dfrac{x^2 \sin \dfrac{1}{x}}{\sin x} = \lim\limits_{x \to 0} \dfrac{x}{\sin x} \lim\limits_{x \to 0} x \sin \dfrac{1}{x}$. 由第一个重要极限和无穷小量的性质有 $\lim\limits_{x \to 0} \dfrac{x}{\sin x} = 1$, $\lim\limits_{x \to 0} x \sin \dfrac{1}{x} = 0$, 所以原极限为 0.

此例题告诉我们当 $\lim \dfrac{f'(x)}{g'(x)}$ 不存在且不为 ∞ 时,不能说明原极限就不存在,而是要另行讨论.

 习题 4.2

1.$\lim\limits_{x\to a}\dfrac{f'(x)}{g'(x)}=A$(或 ∞) 是使用洛必达法则计算未定式 $\lim\limits_{x\to a}\dfrac{f(x)}{g(x)}$ 的(　　).

A.必要条件　　　　　　B.充分条件　　　　　　C.充要条件　　　　　　D.无关条件

2.用洛必达法则计算下列极限.

(1) $\lim\limits_{x\to 0}\dfrac{1-\cos x}{x^2}$;

(2) $\lim\limits_{x\to 1}\dfrac{x^{10}-1}{x^3-1}$;

(3) $\lim\limits_{x\to 0}\dfrac{\ln\cos x}{x}$;

(4) $\lim\limits_{x\to 0}\dfrac{\mathrm{e}^x-\mathrm{e}^{-x}}{\sin x}$;

(5) $\lim\limits_{x\to 0}\dfrac{3^x-2^x}{x}$;

(6) $\lim\limits_{x\to+\infty}\dfrac{\ln x}{\sqrt{x}}$;

(7) $\lim\limits_{x\to 0}\dfrac{x^2-\sin x^2}{x^6}$;

(8) $\lim\limits_{x\to\infty}x\sin\dfrac{2}{x}$;

(9) $\lim\limits_{x\to 0}x\cdot\cot x$;

(10) $\lim\limits_{x\to 0}\dfrac{\mathrm{e}^x-\mathrm{e}^{-x}-2x}{x-\sin x}$;

(11) $\lim\limits_{x\to 1}(1-x)\tan\dfrac{\pi}{2}x$;

(12) $\lim\limits_{x\to 0}(\dfrac{1}{x^2}-\dfrac{1}{x\tan x})$;

(13) $\lim\limits_{x\to 0}\dfrac{\tan x-x}{x-\sin x}$;

(14) $\lim\limits_{x\to\infty}x^2(1-\cos\dfrac{1}{x})$.

3.说明不能用洛必达法则求下列极限的理由.

(1) $\lim\limits_{x\to 0}\dfrac{\cos x}{x-1}$;

(2) $\lim\limits_{x\to 0}\dfrac{x+\cos x}{x-\cos x}$;

(3) $\lim\limits_{x\to\infty}\dfrac{x-\sin x}{x}$;

(4) $\lim\limits_{x\to+\infty}\dfrac{\sqrt{1+x^2}}{x}$.

4.应用洛必达法则求解下列问题.

(1) 设 $f(x)$ 二阶可导,求 $\lim\limits_{h\to 0}\dfrac{f(a+h)-2f(a)+f(a-h)}{h^2}$;

(2) 设函数 $f(x)$ 有连续的导数,并且 $f(0)=f'(0)=1$,求 $\lim\limits_{x\to 0}\dfrac{f(\sin x)-1}{\ln f(x)}$.

§4.3　函数形态分析

本节主要利用导数知识去分析函数的形态,主要介绍了函数的单调性、极值、凹凸性及渐进线等.

一、函数单调性

我们先来分析一个特例,如图 4-1 所示.可导函数 $f(x) = x^2$ 在 $(-\infty, 0)$ 上每一点的切线斜率(函数的变化率、导数)都是负的,即切线与 x 轴夹角是钝角,这时曲线在区间 $(-\infty, 0)$ 上单调递减;曲线 $f(x) = x^2$ 在 $(0, +\infty)$ 上的每一点的切线斜率(函数的变化率、导数)都是正的,这时曲线在 $(0, +\infty)$ 上单调递增.

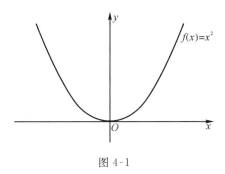

图 4-1

因此,函数在一个区间上的单调性,可以用它的导数的符号来判定.根据导数的定义,我们知道:如果 $f(x)$ 在区间 I 内可导,且 $x \in I$ 时恒有 $f'(x) = 0$,即 $f(x)$ 的变化率始终为 0,则 $f(x)$ 的值在 (a, b) 内为固定的常数;如果恒有 $f'(x) > 0$,即 $f(x)$ 的变化率始终为正,则 $f(x)$ 的值随着 x 的增大而增大;如果恒有 $f'(x) < 0$,即 $f(x)$ 的变化率始终为负,则 $f(x)$ 的值随着 x 的增大而减小.因此,通过导数去判断函数的单调性可以总结如下:

单调性判定:

设 I 是一个区间(开或闭,有界或无界),函数 $f(x)$ 在 I 上可导,则

(1) 如果在 I 上 $f'(x) > 0$ 恒成立,则 $f(x)$ 在 I 上**单调增加**;

(2) 如果在 I 上 $f'(x) < 0$ 恒成立,则 $f(x)$ 在 I 上**单调减少**.

注:在区间 I 上 $f'(x) > 0$,只是 $f(x)$ 在 I 上单调增加的充分条件,而不是必要条件.例如,函数 $f(x) = x^3$ 在 $(-\infty, +\infty)$ 上是单调递增的,但是在 R 上并不总是 $f'(x) > 0$,在点 $x = 0$ 处,有 $f'(x) = 3x^2 \big|_{x=0} = 0$.

【例 4.24】　讨论函数 $f(x) = e^x - x - 1$ 的单调性.

【解】　函数 $f(x) = e^x - x - 1$ 在定义域 $(-\infty, +\infty)$ 上连续且可导,且 $f'(x) = e^x - 1$.

在 $(-\infty, 0)$ 内,$f'(x) < 0$,所以函数 $f(x) = e^x - x - 1$ 在 $(-\infty, 0)$ 上单调减少;在 $(0, +\infty)$ 内,$f'(x) > 0$,所以函数 $f(x) = e^x - x - 1$ 在 $(0, +\infty)$ 上单调增加.函数的图形如图 4-2 所示.

【例 4.25】　求函数 $f(x) = x^3 - 3x^2 - 9x + 1$ 的单调区间.

【解】　$f(x)$ 在定义域 $(-\infty, +\infty)$ 上可导且连续,且有

$$f'(x) = 3x^2 - 6x - 9 = 3(x+1)(x-3).$$

当 $x = -1$ 或 $x = 3$ 时,$f'(x) = 0$;导数 $f'(x)$ 的这两个零点将函数定义域 $(-\infty, +\infty)$ 分成三个区间 $(-\infty, -1)$,$(-1, 3)$,$(3, +\infty)$.我们分别讨论函数在这三个区间上的单调性

（见表 4-1）.

表 4-1

x	$(-\infty,-1)$	-1	$(-1,3)$	3	$(3,+\infty)$
$f'(x)$	+	0	−	0	+
$f(x)$	↗	6	↘	-26	↗

所以函数 $f(x) = x^3 - 3x^2 - 9x + 1$ 在 $(-1,3)$ 上单调减少；在 $(-\infty,-1)$ 和 $(3,+\infty)$ 上单调增加，如图 4-3 所示.

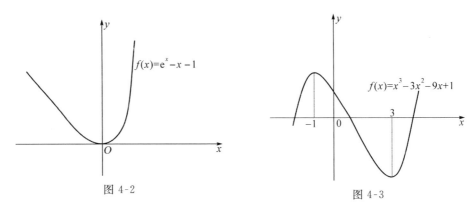

图 4-2　　　　　　　　　　图 4-3

【例 4.26】　讨论函数 $f(x) = \sqrt[3]{x^2}$ 的单调性.

【解】　函数在 $x \in \mathbf{R}$ 上有定义. 当 $x \neq 0$ 时, 函数的导数为 $f'(x) = \dfrac{2}{3\sqrt[3]{x}}$；当 $x = 0$ 时, 函数的导数不存在. $x = 0$ 将函数的定义域分成两个区间（见表 4-2）.

表 4-2

x	$(-\infty,0)$	0	$(0,+\infty)$
$f'(x)$	−	不存在	+
$f(x)$	↘	0	↗

所以函数 $f(x) = \sqrt[3]{x^2}$ 在 $x \in (-\infty,0)$ 上单调递减；在 $x \in (0,+\infty)$ 上单调递增. 函数的图形如图 4-4 所示.

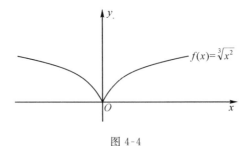

图 4-4

从以上例子我们看到，函数单调性改变的分界点包括：导数 $f'(x)$ 的零点（$f'(x_0) = 0$

的点 x_0 以后我们称之为**驻点**）和 $f'(x)$ 不存在的点.

【例 4.27】　证明当 $x > 0$ 时，$\ln(1+x) > x - \dfrac{1}{2}x^2$.

【证明】　不妨令

$$f(x) = \ln(1+x) - \left(x - \frac{1}{2}x^2\right).$$

则需要证明当 $x > 0$ 时有 $f(x) > 0$. 因为

$$f'(x) = \frac{1}{1+x} - 1 + x = \frac{x^2}{1+x},$$

当 $x > 0$ 时有 $f'(x) = \dfrac{x^2}{1+x} > 0$，即 $f(x)$ 是单调增加的，又由于 $f(0) = 0$. 所以，当 $x > 0$ 时，有 $f(x) > f(0) = 0$. 故

$$\ln(1+x) > x - \frac{1}{2}x^2.$$

二、函数极值

（一）函数极值定义

观察函数 $y = f(x) = x^3 - 9x^2 - 48x + 52(-5 \leqslant x \leqslant 14)$ 的图形（见图 4-5），点 $P(-2,104)$ 不是曲线的最高点. 但与点 P 附近的点相比，这个点是最高的. 也就是说，尽管 $f(-2) = 104$ 在整个区间 $[-5,14]$ 上不是最大值，但与 $x_0 = -2$ 附近的点的函数值 $f(x)$ 相比较，$f(-2)$ 最大. 函数这种局部最大、最小值点及函数值在数学上给定了专门的定义与名称.

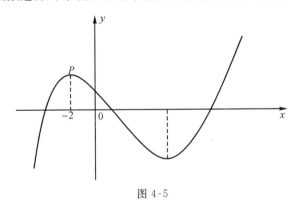

图 4-5

若函数 $f(x)$ 在点 x_0 的某邻域内有定义：

（1）如果对于邻域中的每一个点 $x(x \neq x_0)$，都有 $f(x) < f(x_0)$，则称 $f(x_0)$ 是 $f(x)$ 的一个**极大值**，并称 x_0 是 $f(x)$ 的一个**极大值点**.

（2）如果对于邻域中的每一个点 $x(x \neq x_0)$，都有 $f(x) > f(x_0)$，则称 $f(x_0)$ 是 $f(x)$ 的一个**极小值**，并称 x_0 是 $f(x)$ 的一个**极小值点**.

函数的极大值与极小值统称为**极值**，使函数取得极大值或极小值的点称为**极值点**. 如例 4.25 中的函数 $f(x) = x^3 - 3x^2 - 9x + 1$ 有极大值 $f(-1) = 6$ 和极小值 $f(3) = -26$，点 $x = -1$ 和 $x = 3$ 都是函数 $f(x)$ 的极值点.

注：函数的极大值与极小值是局部性的. 我们说 $f(x_1)$ 是极大（小）值，只是与 x_1 附近点 x 的函数值 $f(x)$ 相比较. 在整个区间上，$f(x_1)$ 未必是函数的最大值. 正如某班的最高者未必是整个学校的最高者一样.

（二）极值的必要条件与充分条件

极值点的必要条件：设 $f(x)$ 在点 x_0 取得极值，且 $f'(x_0)$ 存在，则 $f'(x_0) = 0$.

这告诉我们，可导函数的极值点必定是驻点. 然而并非函数的所有驻点均一定是极值点. 如对于函数 $y = x^3$，$x_0 = 0$ 是它的一个驻点，但 $x_0 = 0$ 不是它的极值点，因为 $f(x)$ 在 $(-\infty, +\infty)$ 是单调增加的. 有些不可导的点也可能是极值点，如函数 $y = |x|$，$x_0 = 0$ 是它的一个不可导点，也是它的一个极小值点.

综上所述，我们用图 4-6 来表示三者的关系.

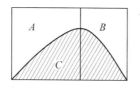

A 表示驻点

B 表示不可导点

C 表示极值点

图 4-6

极值的第一充分条件：

设函数 $f(x)$ 在点 x_0 的某个邻域内连续且可导（$f'(x_0)$ 可以不存在）：

（1）如果在 x_0 的左侧有 $f'(x) > 0$，在 x_0 的右侧有 $f'(x) < 0$，则 $f(x_0)$ 是 $f(x)$ 的极大值.

（2）如果在 x_0 的左侧有 $f'(x) < 0$，在 x_0 的右侧有 $f'(x) > 0$，则 $f(x_0)$ 是 $f(x)$ 的极小值.

（3）如果在 x_0 的两侧 $f'(x)$ 同号，则 $f(x_0)$ 不是 $f(x)$ 的极值.

该条件告诉我们适用于两种情况：

（1）$f(x)$ 在 x_0 的某实心邻域内可导，且 $f'(x_0) = 0$，这时 x_0 是 $f(x)$ 的驻点，如例 4.24.

（2）$f(x)$ 在 x_0 的某空心邻域内可导，且 $f(x)$ 在点 x_0 连续但不可导，这时 x_0 是 $f(x)$ 的不可导点，如例 4.26.

该充分条件的几何意义是明显的：当曲线 $y = f(x)$ 在 x_0 连续时，如果曲线 $y = f(x)$ 的单调性在点 x_0 的两侧改变，x_0 是 $f(x)$ 的极值点. 当然，如果函数的单调性在 x_0 两侧不改变，则 x_0 不是 $f(x)$ 的极值点.

如果函数 $f(x)$ 在所讨论的区间内连续，除个别点外处处可导，那么就可以按下列步骤来求 $f(x)$ 在该区间内的极值点和相应的极值：

（1）求出函数在可导区域上的导数 $f'(x)$.

（2）求出 $f(x)$ 的全部驻点与不可导点.

（3）考察 $f'(x)$ 的符号在每个驻点或不可导点的左右邻近的情形，以确定该点是否为极值点；如果是极值点，进一步确定是极大值点还是极小值点.

【例 4.28】 求函数 $f(x) = x^3 - 6x^2 + 9x - 3$ 的极值.

【解】 $f(x)$ 的定义域是 $(-\infty, +\infty)$.

$f'(x) = 3x^2 - 12x + 9 = 3(x-1)(x-3)$，令 $f'(x) = 0$，得到驻点 $x_1 = 1, x_2 = 3$. 驻点 $x_1 = 1, x_2 = 3$ 将函数的定义域分成三个区间（见表 4-3）.

表 4-3

x	$(-\infty,1)$	1	$(1,3)$	3	$(3,+\infty)$
$f'(x)$	+	0		0	+
$f(x)$	↗	极大值 $f(1)=1$	↘	极小值 $f(3)=-3$	↗

所以 $f(x)$ 在点 $x_1=1$ 取得极大值 $f(1)=1$, $f(x)$ 在点 $x_2=3$ 取得极小值 $f(3)=-3$. 具体图形如图 4-7 所示.

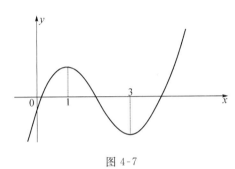

图 4-7

【例 4.29】　求函数 $f(x)=x^4-4x^3+10$ 的极值.

【解】　$f(x)$ 的定义域为 **R**.

$f'(x)=4x^3-12x^2=4x^2(x-3)$, 令 $f'(x)=0$ 得到驻点 $x_1=0$, $x_2=3$. 驻点 $x_1=0$, $x_2=3$ 将函数的定义域分成三个区间(见表 4-4).

表 4-4

x	$(-\infty,0)$	0	$(0,3)$	3	$(3,+\infty)$
$f'(x)$	−	0	−	0	+
$f(x)$	↘	非极值 $f(0)=10$	↘	极小值 $f(3)=-17$	↗

所以 $x_1=0$ 不是 $f(x)$ 的极值点, $f(x)$ 在 $x_2=3$ 取得极小值 $f(3)=-17$.

【例 4.30】　求函数 $f(x)=\left(x-\dfrac{5}{2}\right)\sqrt[3]{x^2}$ 的极值.

【解】　$f(x)$ 的定义域为 $(-\infty,+\infty)$.

$f'(x)=x^{\frac{2}{3}}+\left(x-\dfrac{5}{2}\right)\dfrac{2}{3}x^{-\frac{1}{3}}$, 即 $f'(x)=x^{-\frac{1}{3}}\left(\dfrac{5}{3}x-\dfrac{5}{3}\right)=\dfrac{5(x-1)}{3\sqrt[3]{x}}$.

令 $f'(x)=0$, 得驻点 $x=1$, $x=0$ 为 $f(x)$ 的不可导点.

$x=1$ 和 $x=0$ 将函数的定义域分成三个区间(见表 4-5).

表 4-5

x	$(-\infty,0)$	0	$(0,1)$	1	$(1,+\infty)$
$f'(x)$	+	不存在	−	0	+
$f(x)$	↗	极大值为 $f(0)=0$	↘	极小值 $f(1)=-\dfrac{3}{2}$	↗

所以函数的极大值为 $f(0) = 0$,极小值为 $f(1) = -\dfrac{3}{2}$.

注:实际上,当 $x = 0$ 时,$f'(0) = \lim\limits_{x \to 0} \dfrac{f(x) - f(0)}{x - 0} = \lim\limits_{x \to 0} \dfrac{(x - \frac{5}{2})x^{\frac{2}{3}}}{x} = \infty$.

极值的第二充分条件:

设函数 $f(x)$ 在 x_0 处一阶导数存在且为零,即 $f'(x_0) = 0$,二阶导数存在不为 0,即 $f''(x_0) \neq 0$,那么:

(1) 当 $f''(x_0) < 0$ 时,函数 $f(x)$ 在 x_0 处取得极大值;

(2) 当 $f''(x_0) > 0$ 时,函数 $f(x)$ 在 x_0 处取得极小值.

该充分条件表明,如果函数 $f(x)$ 在驻点 x_0 处的二阶导数 $f''(x_0) \neq 0$,那么该驻点 x_0 一定是极值点,并且可以按二阶导数 $f''(x_0)$ 的符号来判定 $f(x_0)$ 是极大值还是极小值.若二阶导数 $f''(x_0) = 0$,那么该驻点是否为极值点还要用第一充分条件进行判别.读者接着学习函数的凹凸性就能从函数的二阶导数几何意义形象地去了解该充分条件.

【例 4.31】 求函数 $f(x) = 2x^3 - 6x^2 - 18x + 7$ 的极值.

【解】 (1) $f(x)$ 在 $x \in \mathbf{R}$ 上连续且可导,$f'(x) = 6x^2 - 12x - 18 = 6(x + 1)(x - 3)$.

(2) 令 $f'(x) = 0$,得驻点 $x_1 = -1, x_2 = 3$.

(3) $f''(x) = 12x - 12$.

当 $x_1 = -1$ 时,$f''(-1) = -24 < 0$,根据极值的第二充分条件,有 $f(x)$ 在点 $x_1 = -1$ 取得极大值 $f(-1) = 17$.

当 $x_2 = 3$ 时,$f''(3) = 24 > 0$,根据极值的第二充分条件,有 $f(x)$ 在点 $x_2 = 3$ 取得极小值 $f(3) = -47$.具体图形如图 4-8 所示.

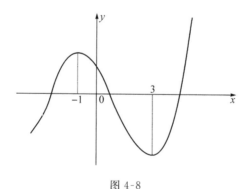

图 4-8

注:经验告诉我们,如果函数的二阶导数存在且容易求得时,用极值的第二充分条件求函数的极值往往比第一充分条件更简洁.

三、曲线的凹凸性与拐点

若连续函数 $f(x)$ 在区间 (a, b) 内是单调增加的(单调减少的),那么曲线 $y = f(x)$ 在 (a, b) 内是上升的(下降的).在研究函数的图像时,仅知道曲线的上升或下降是不够的.如图 4-9 所示,曲线 $y = f(x)$ 在 (a, b) 内虽然一直是上升的,但在不同的部分其弯曲方向是不同的,在 A 点的左侧曲线是凸的,而在 A 点右侧曲线是凹的,曲线的这种凸或凹的性质,称为曲线的凹凸性.研究函数的图像时,考察曲线凹凸性的分界点,是十分必要的.从图 4-9 还可看出,曲线凹的弧段位于这弧段上任意一点的切线的上方;曲线凸的弧段位于这弧段上任意一点的切线的下方,据此,给出如下的定义.

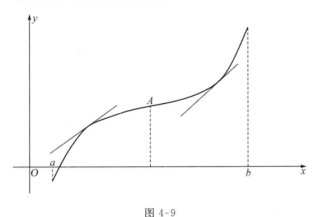

图 4-9

凹凸性定义:如果在某区间内,曲线弧位于其上任意一点的切线上方,则称曲线在此区间内是**凹**的.相反,若曲线弧位于其上任意一点的切线下方,则称曲线在此区间内是**凸**的.

接下来我们通过图像去分析函数的变化率及变化率的变化情况,从而找出函数曲线凹凸性的判定方法.

如图 4-10 所示,曲线弧位于其上每一点的切线上方,该曲线是凹的,可以看出切线斜率 $\tan\alpha$ 由小变大,即 $f'(x)$ 单调增加,也就是 $f''(x)>0$.

反之,如图 4-11 所示,曲线弧位于其上每一点的切线下方,该曲线是凸的,可以看出切线斜率 $\tan\alpha$ 由大变小,即 $f'(x)$ 单调减少,也就是 $f''(x)<0$.

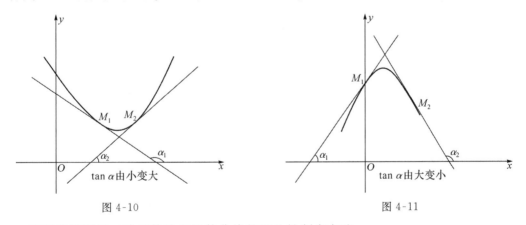

图 4-10　　　　　　　　　　　　　　图 4-11

下面我们利用二阶导数给出函数曲线的凹凸性判定方法.

曲线凹凸性的判定:

设函数 $y=f(x)$ 在区间 (a,b) 内有二阶导数.

(1) 若 $x\in(a,b)$,$f''(x)>0$,则曲线 $y=f(x)$ 在 (a,b) 内是凹的;

(2) 若 $x\in(a,b)$,$f''(x)<0$,则曲线 $y=f(x)$ 在 (a,b) 内是凸的.

【例 4.32】   讨论曲线 $y = x^3$ 的凹凸性.

【解】   因为 $y'' = 6x$.当 $x < 0$ 时,$y'' < 0$;当 $x > 0$ 时,$y'' > 0$.

于是,依曲线凹凸性的判定方法得出在 $(-\infty, 0)$ 内曲线是凸的,在 $(0, +\infty)$ 内曲线是凹的,点 $O(0,0)$ 是曲线 $y = x^3$ 凹凸向的分界点(见图 4-12).

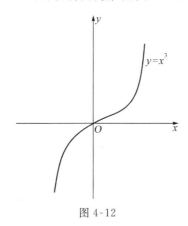

图 4-12

拐点定义:曲线凹凸向的分界点,称为曲线的**拐点**.

拐点既然是曲线凹凸向的分界点,所以在拐点左右邻近 $f''(x)$ 必定异号,这表明在拐点处 $f'(x)$ 达到极值,因而拐点处 $f''(x) = 0$ 或 $f''(x)$ 不存在.

需要说明的是,拐点指的是函数变化率发生方向性改变的点,并不是函数的单调性发生改变的点,图 4-9 可以充分说明这一点.

实际上,在经济学上经常也会出现拐点这个词,例如,2006 年全球经济出现高速增长,2006 年年末,经济学家预测 2007 年全球经济会出现拐点.其意思是全球经济的增长会放慢,而并不意味着经济会负增长.

另外,拐点在投资学上也有重要的指导意义,一般来说下降中的拐点是对风险资产买进的参考点,上升中的拐点是卖出的参考点.

【例 4.33】   确定曲线 $y = x^3 - 6x^2 + 9x - 3$ 的凹凸区间和拐点.

【解】 $y' = 3x^2 - 12x + 9$,$y'' = 6x - 12 = 6(x - 2)$.

令 $y'' = 0$,得 $x = 2$.

下面列表说明曲线的凹凸向与拐点(见表 4-6):

表 4-6

x	$(-\infty, 2)$	2	$(2, +\infty)$
y''	$-$	0	$+$
y	$\cap$	拐点 $(2, -1)$	$\cup$

由表 4-6 可知,曲线在 $(-\infty, 2)$ 区间内是凸的,在 $(2, +\infty)$ 内是凹的,拐点是 $(2, -1)$.具体图形如图 4-13 所示.

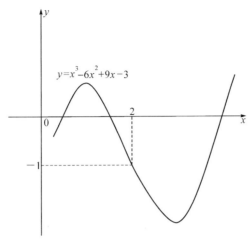

图 4-13

【例 4.34】 确定曲线 $y = (x-1)^{\frac{5}{3}}$ 的凹凸区间和拐点.

【解】 $y' = \frac{5}{3}(x-1)^{\frac{2}{3}}, y'' = \frac{10}{9}(x-1)^{-\frac{1}{3}}$.

当 $x=1$ 时,$y'=0$,而 y'' 都不存在.

但当 $x<1$ 时,$y''<0$;当 $x>1$ 时,$y''>0$.

因此,曲线在 $(-\infty, 1)$ 内是凸的,在 $(1, +\infty)$ 内是凹的,$(1, 0)$ 是拐点.具体图形如图 4-14 所示.

【例 4.35】 确定曲线 $y = 2 + (x-4)^{\frac{1}{3}}$ 的凹凸区间和拐点.

【解】 $y' = \frac{1}{3}(x-4)^{-\frac{2}{3}}, y'' = -\frac{2}{9}(x-4)^{-\frac{5}{3}}$.当 $x=4$ 时,y' 及 y'' 都不存在.

但函数 $y = 2 + (x-4)^{\frac{1}{3}}$ 连续,且 $x<4$ 时,$y''>0$,$x>4$ 时,$y''<0$,因此 $(4, 2)$ 是拐点.曲线在 $(-\infty, 4)$ 内是凹的,在 $(4, +\infty)$ 内是凸的.具体图形如图 4-15 所示.

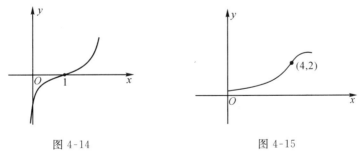

图 4-14   图 4-15

四、曲线的渐近线

由平面解析几何知道,双曲线 $\frac{x^2}{a^2} - \frac{y^2}{b^2} = 1$ 有渐近线 $\frac{x}{a} \pm \frac{y}{b} = 0$.通过对渐近线的讨论使我们对双曲线无限延伸时的走向及趋势有所了解.下面我们讨论一般曲线的渐近线.

渐近线定义:如果曲线上的动点沿着曲线趋于无穷远时,动点与某固定直线之间的距离趋于零,则称此直线为曲线的渐近线(见图 4-16).

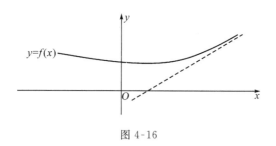

图 4-16

在什么情况下曲线有渐近线?如果有渐近线,又怎样求出它的渐近线?以下给出三种渐近线的求法.

(一) 水平渐近线

如果 $\lim\limits_{x \to +\infty} f(x) = b$(或 $\lim\limits_{x \to -\infty} f(x) = b$),则直线 $y = b$ 是曲线 $y = f(x)$ 的一条**水平渐近线**.

(二) 垂直渐近线

如果曲线 $y = f(x)$ 在点 c 处间断,且 $\lim\limits_{x \to c^-} f(x) = \infty$(或 $\lim\limits_{x \to c^+} f(x) = \infty$),则直线 $x = c$ 是曲线 $y = f(x)$ 的一条**垂直渐近线**.

(三) 斜渐近线

若 $\lim\limits_{x \to \infty} \dfrac{f(x)}{x} = a$ 且 $\lim\limits_{x \to \infty} [f(x) - ax] = b$,则直线 $y = ax + b$ 是曲线 $y = f(x)$ 的一条**斜渐近线**.

【例 4.36】 求曲线 $y = \dfrac{1}{x-1} - 2$ 的渐近线.

【解】 因为 $\lim\limits_{x \to \infty} \left(\dfrac{1}{x-1} - 2 \right) = -2$,所以 $y = -2$ 是曲线的一条水平渐近线.又因为 $x = 1$ 是曲线的间断点,且 $\lim\limits_{x \to 1} \left(\dfrac{1}{x-1} - 2 \right) = \infty$,所以 $x = 1$ 是曲线的一条垂直渐近线(见图 4-17).

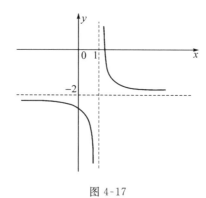

图 4-17

【例 4.37】 求曲线 $y = \dfrac{x^2}{x+1}$ 的渐近线.

【解】　由求斜渐近线 a,b 的公式得

$$a = \lim_{x \to \infty} \frac{f(x)}{x} = \lim_{x \to \infty} \frac{x^2}{x^2 + x} = 1,$$

$$b = \lim_{x \to \infty} [f(x) - ax] = \lim_{x \to \infty} \left[\frac{x^2}{x + 1} - x\right] = -1.$$

所以 $x \to \infty$ 时,曲线有斜渐近线 $y = x - 1$.

又因为 $\lim_{x \to -1} \frac{x^2}{x + 1} = \infty$,所以 $x = -1$ 为垂直渐近线.

五、函数图像的描绘

通过以上各节对函数形态的讨论,为我们利用导数描绘函数图像提供了条件. 虽然我们利用所学知识通过手工可以画出一些相对复杂的函数曲线,但毕竟费时又费力,而且也不可能做到十分精确.因此,我们画函数图像一般是利用数学软件来完成,这使得这项工作变得轻松简单.接下来,我们只是简单地介绍一下画函数曲线的步骤和方法.

作图步骤大致如下:

(1) 确定函数的定义域和值域(确定图像范围).

(2) 讨论函数的奇偶性、周期性(若函数具有上述性质,则可利用图像的对称性和周期性缩小作图范围).

(3) 讨论函数 $f(x)$ 的单调性与极值、曲线 $y = f(x)$ 的凹凸性与拐点,并列成一表.

(4) 考察曲线的渐近线.

(5) 为了使图像描绘得更准确,确定曲线与坐标轴的交点,有时还可适当再补充一些点.

根据上述讨论的结果最后画出函数的图像.

【例 4.38】　作函数 $y = \frac{2(x + 1)}{x^2} - 1$ 的图像.

【解】　(1) 定义域是 $x \neq 0$ 的一切实数,$x = 0$ 是间断点.

(2) 非奇非偶函数.

(3) 讨论单调性、极值、凹凸性及拐点.

因为 $y' = -\frac{2(x + 2)}{x^3}$,$y'' = \frac{4(x + 3)}{x^4}$.令 $y' = 0$,得 $x = -2$;令 $y'' = 0$,得 $x = -3$.

其结果如表 4-7 所示.

表 4-7

x	$(-\infty, -3)$	-3	$(-3, -2)$	-2	$(-2, 0)$	0	$(0, +\infty)$
y'	$-$	$-$	$-$	0	$+$		$-$
y''	$-$	0	$+$	$+$	$+$		$+$
y	$\downarrow \cap$	$\left(-3, -\frac{13}{9}\right)$(拐点)	$\downarrow \cup$	$-\frac{3}{2}$(极小值)	$\uparrow \cup$	间断	$\downarrow \cup$

(4) 渐近线.

因为 $\lim\limits_{x\to\infty}\left[\dfrac{2(x+1)}{x^2}-1\right]=-1$，所以 $y=-1$ 是水平渐近线．

因为 $\lim\limits_{x\to 0}\left[\dfrac{2(x+1)}{x^2}-1\right]=\infty$，所以 $x=0$ 是垂直渐近线．

(5) 曲线与 x 轴的交点为 $(1-\sqrt{3},0)$ 和 $(1+\sqrt{3},0)$，可适当再求出几个点，如 $A(-1,-1)$，$B(1,3)$，$C\left(4,-\dfrac{3}{8}\right)$，并记拐点为 $P\left(-3,-\dfrac{13}{9}\right)$．

最后画出函数图像，如图 4-18 所示．

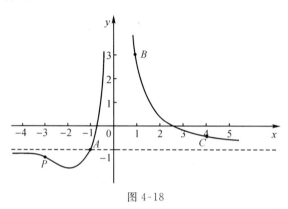

图 4-18

习题 4.3

1. 什么是函数的驻点？可导函数取得极值的必要条件是什么？由 $f'(x_0)=0$ 能否推出 x_0 是函数的极值点？

2. 单项选择题．

(1) 可导函数 $f(x)$ 在 x_0 处的导数 $f'(x_0)=0$，即点 x_0 是 $f(x)$ 的驻点是 $f(x)$ 在 x_0 取得极值的（   ）条件．

A. 必要　　　　　　　B. 充分　　　　　　　C. 充要　　　　　　　D. 无关

(2) 函数 $f(x)$ 在 x_0 处的导数 $f'(x_0)=0$ 是 $f(x)$ 在 x_0 取得极值的（   ）条件．

A. 必要　　　　　　　B. 充分　　　　　　　C. 充要　　　　　　　D. 无关

3. 求下列函数的单调区间与极值．

(1) $f(x)=x^3-3x+1$；

(2) $f(x)=\dfrac{x}{1+x^2}$；

(3) $f(x)=\dfrac{\ln x}{x}$；

(4) $f(x)=(x^2-2x)\mathrm{e}^x$；

(5) $f(x)=12-12x+2x^2$；

(6) $f(x)=x-\mathrm{e}^x$；

(7) $f(x)=(1+x^2)\mathrm{e}^{-x^2}$；

(8) $f(x)=\dfrac{x^2+1}{x^2-1}$；

(9) $f(x)=(x-1)^{\frac{2}{3}}$．

4. 设 $f(x)=x^3+ax^2+bx$，且 $f(1)=3$．试确定 a 和 b，使得 $x=1$ 是 $f(x)$ 的驻点．又

问:此时 $x=1$ 是否为 $f(x)$ 的极值点?

5. a 为何值时,函数 $f(x)=a\sin x+\dfrac{1}{3}\sin 3x$ 在点 $x=\dfrac{\pi}{3}$ 处取得极值?是极大值还是极小值.

6. 讨论函数 $y=\mathrm{e}^{|x|}$ 在点 $x=0$ 处是否可导?有没有极值?如果有,求出其极值.

7. 证明:二次函数 $y=ax^2+bx+c(a\neq 0)$ 在点 $x=-\dfrac{b}{2a}$ 处取极值.并讨论在什么条件下,它取得极大值(极小值)?

8. 利用函数的单调性,证明:

(1) 当 $x>0$ 时,有 $\mathrm{e}^x>1+x$.

提示:构造函数 $f(x)=\mathrm{e}^x-(1+x)$,只要证明 $f(x)$ 在 $[0,+\infty)$ 上单调递增.

(2) 当 $x>0$ 时,有 $1+\dfrac{1}{2}x>\sqrt{1+x}$.

9. 确定下列曲线的凹凸区间和拐点.

(1) $y=x^2-x^3$;

(2) $y=\dfrac{1}{4-2x+x^2}$;

(3) $y=x\mathrm{e}^x$;

(4) $y=\dfrac{x^2}{x-1}$.

10. 画出下列曲线的草图.

(1) $y=x^3-x^2-x+1$;

(2) $y=x-\ln(x+1)$;

(3) $y=\dfrac{x^2}{3x+1}$.

§4.4　函数的最优化

在实际应用中,例如成本最低、利润最大、路程最短、容积最大、用量最省等许多问题,都可以归结为在某个区间上求函数的最大值与最小值的问题. 一般,我们把寻找函数的最大值与最小值问题称为最优化.

函数的最值与函数的极值是有区别的,极值是函数在某个区域的局部性概念,而最值是函数的全局性概念.

一、闭区间上连续函数的最值

我们知道,闭区间 $[a,b]$ 上的连续函数 $f(x)$ 在区间 $[a,b]$ 上一定有最大值和最小值. 如果 $f(x)$ 是 $[a,b]$ 上的单调函数,则最大值和最小值只能在端点取得. $f(x)$ 在 $[a,b]$ 上单调增加与单调减少时的最值如图 4-19 所示.

如果 $f(x)$ 在 $[a,b]$ 上连续但非单调函数,那么它的最值点除可能是端点外还可能是极值点. 如图 4-20 所示.

据上一节的分析,函数取得极值的点一定是函数的驻点或导数不存在的点. 因此,求一

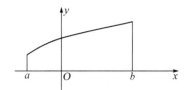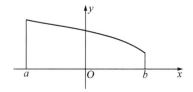

图 4-19

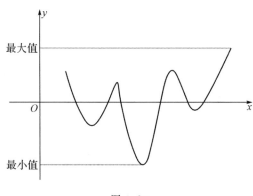

图 4-20

个连续函数在闭区间 $[a,b]$ 上的最值要综合考虑函数的端点、驻点和不可导点.

因此,我们总结求连续函数 $f(x)$ 在闭区间 $[a,b]$ 上的最值的步骤如下:

(1) 求出函数 $f(x)$ 在区间内部的所有驻点及导数不存在的点 $x_1,x_2,\cdots,x_n$;

(2) 计算函数值 $f(x_1),f(x_2),\cdots,f(x_n)$,以及端点的函数值 $f(a)$ 与 $f(b)$;

(3) 所有这些函数值中最大(小)的值,就是 $f(x)$ 在 $[a,b]$ 上的最大(小)值.

【例 4.39】 求函数 $f(x)=2x^3+3x^2-12x+14$ 区间 $[-3,4]$ 上的最大值与最小值.

【解】 如图 4-21 所示,$f'(x)=6x^2+6x-12=6(x+2)(x-1)$.

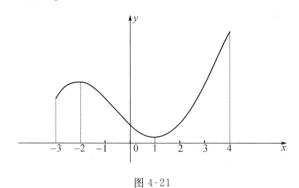

图 4-21

令 $f'(x)=0$,得到驻点 $x_1=-2,x_2=1$.计算 $f(x)$ 在所有驻点及区间端点上的函数值:$f(-2)=34,f(1)=7,f(-3)=23,f(4)=142$.

比较这些值的大小可知 $f(4)=142$ 为 $f(x)$ 在 $[-3,4]$ 上最大值;$f(1)=7$ 是最小值.

在求最值的问题中,有一种特殊情况经常碰到:设 $f(x)$ 在 $[a,b]$ 上连续,在 (a,b) 内可导,且只有一个驻点.如果这个驻点是极大(小)值点,那么它一定是 $f(x)$ 在 $[a,b]$ 上的最大

（小）值点. 参见例 4.40.

【例 4.40】　求出函数 $f(x) = x^2 - \dfrac{54}{x}$ 在 $(-\infty, 0)$ 上的最大值与最小值.

【解】　$f'(x) = 2x + \dfrac{54}{x^2}$.

令 $f'(x) = 0$ 得 $x = -3$.

$$f''(x) = 2 - \frac{108}{x^3}, \quad f''(-3) = 6 > 0.$$

根据极值的第二充分条件知道, $x = -3$ 是 $f(x)$ 在 $(-\infty, 0)$ 上的极小值点.

又因为 $x = -3$ 是 $f(x)$ 在 $(-\infty, 0)$ 上的唯一极小值点, 所以 $f(-3) = 27$ 是 $f(x)$ 在 $(-\infty, 0)$ 上的最小值. 该函数在 $(-\infty, 0)$ 没有最大值. 如图 4-22 所示.

注: 函数在开区间上的最值问题不必考虑端点情况.

图 4-22

二、应用问题

（一）经济应用问题

【例 4.41】　一玩具经销商独家销售某种玩具, 经销商的收入函数为 $R(Q) = 7.2Q - 0.001Q^2 (0 \leqslant Q \leqslant 6000, Q$ 为销售量), 成本函数为 $C(Q) = 2.4Q - 0.0002Q^2$. 求该经销商的最佳销售方案及最大利润.

【解】　经销商的最佳销售方案就是利润最大时的方案, 所以先求利润函数

$$\begin{aligned} L(Q) &= R(Q) - C(Q) \\ &= (7.2Q - 0.001Q^2) - (2.4Q - 0.0002Q^2) \\ &= 4.8Q - 0.0008Q^2 \quad (0 \leqslant Q \leqslant 6000). \end{aligned}$$

接下来求利润函数的最大值, 由

$$L'(Q) = (4.8Q - 0.0008Q^2)' = 4.8 - 0.0016Q = 0$$

得唯一驻点 $Q = 3000$. 又因为

$$L''(3000) = -0.0016 < 0,$$

所以当 $Q = 3000$ 时利润函数取得极大值, 也就是最大值, 即最大利润为

$$L(3000) = 4.8 \times 3000 - 0.0008 \times 3000^2 = 7200.$$

【例 4.42】　已知成本函数 $C(x) = 4000 + 3x + 10^{-3}x^2$, 求使平均成本最小的 x 值.

【解】　$A(x) = \dfrac{C(x)}{x} = \dfrac{4000 + 3x + 10^{-3}x^2}{x} = \dfrac{4000}{x} + 3 + 10^{-3}x \quad (x > 0)$,

$$A'(x) = -\frac{4000}{x^2} + 10^{-3},$$

令 $A'(x) = 0$, 则 $x_1 = 2000, x_2 = -2000$（舍）.

$$A''(x) = \frac{8000}{x^3}, \quad A''(2000) = \frac{8000}{2000^3} > 0.$$

所以, 当 $x = 2000$ 时, $A(x)$ 取唯一极小值, 即取最小值. 所以, 当 $x = 2000$ 时, 平均成本

最小.

注:例 4.42 告诉我们对于很多商品,不是产量越多平均成本就越低,也就是说,盲目地扩大生产规模并不一定降低产品的成本.

【例 4.43】 已知某厂生产摄像机,年产量 1000 台,每台成本 800 元,每一季度每台摄像机的库存费是成本的 5%;工厂分批生产,每批生产准备费为 5000 元;市场对产品一致需求,不许缺货.试求一年库存总费用最小时的批量.

【解】 由题目知,$D = 1000$ 台,$C_1 = 5000$ 元.设批量为 Q 台,则每年每台摄像机库存费用为

$$C_2 = 800 \times 5\% \times 4 = 160,$$

$$E = E(Q) = \frac{D}{Q} C_1 + \frac{Q}{2} C_2$$

$$= \frac{1000}{Q} \times 5000 + \frac{Q}{2} \times 160 = \frac{5000000}{Q} + 80Q \quad (0 < Q \leqslant 1000),$$

$$E' = -\frac{5000000}{Q^2} + 80.$$

令 $E' = 0$,得 $Q = 250$,或 $Q = -250$(舍).

$$E'' = \frac{10000000}{Q^3}, \quad E''(250) > 0.$$

所以,当 $Q = 250$ 时,一年库存总费用最小.

【例 4.44】 已知某商品的需求函数为 $Q = 12 - \frac{P}{2}$,求:

(1) 需求弹性函数.

(2) 在 $P = 6$ 时的需求弹性并说明其意义.

(3) 在 $P = 6$ 时,若价格上涨 1%,总收益增加还是减少?将变化百分之几?

(4) P 为何值时总收益最大,最大总收益是多少?

【解】 (1) 需求弹性函数为

$$\eta(P) = P \cdot \frac{Q'(P)}{Q(P)} = P \cdot \frac{-\frac{1}{2}}{12 - \frac{P}{2}} = -\frac{P}{24 - P}.$$

(2) $\eta(6) = -\frac{1}{3}$,说明 $P = 6$ 时,价格上涨 1%,需求量约减少 0.33%.

(3) $|\eta(6)| = \left| -\frac{1}{3} \right| = \frac{1}{3} < 1$,说明商品缺乏弹性,当价格上涨 1% 时,总收益将增加.

$$R(P) = P \cdot Q = P \cdot \left(12 - \frac{P}{2} \right) = 12P - \frac{P^2}{2}, \quad R'(P) = 12 - P,$$

$$\frac{ER}{EP} = P \cdot \frac{R'(P)}{R(P)} = P \cdot \frac{12 - P}{12P - \frac{P^2}{2}} = \frac{2(12 - P)}{24 - P},$$

$$\frac{ER}{EP} \bigg|_{P=6} = \frac{2(12 - 6)}{24 - 6} = \frac{2}{3} \approx 0.67,$$

说明当价格上涨 1% 时,总收益将增加 0.67%.

$(4) R(P) = P \cdot Q = P \cdot \left(12 - \dfrac{P}{2}\right) = 12P - \dfrac{P^2}{2}, R'(P) = 12 - P.$

令 $R'(P) = 0$，得唯一驻点 $P = 12$，而 $R''(P) = -1 < 0$，则 $P = 12$ 是 $R(P)$ 的唯一极大值点，也是最大值点.

所以，当 $P = 12$ 时，总收益 $R(P)$ 最大.此时总收益为 $R(12) = 72$.

（二）几何应用问题

【例 4.45】 要造一圆柱形油桶，体积为 V，问底半径 R 和高 H 等于多少时，才能使表面积 S 最小?这时底直径与高的比是多少?

【解】 （1）分析问题，建立目标函数.
$$V = \pi R^2 H, S = 2\pi RH + 2\pi R^2,$$
$$S(R) = 2\pi R \times \dfrac{V}{\pi R^2} + 2\pi R^2 = \dfrac{2V}{R} + 2\pi R^2.$$

（2）解极小值问题.
$$S'(R) = 2V \times (-R^{-2}) + 4\pi R = 4\pi R - \dfrac{2V}{R^2} = \dfrac{4\pi R^3 - 2V}{R^2}.$$

令 $S'(R) = 0$ 得驻点 $R_0 = \sqrt[3]{\dfrac{V}{2\pi}}$.
$$S''(R) = 4\pi + 4V/R^3, S''(R_0) > 0.$$

所以 $S(R)$ 在 $R_0 = \sqrt[3]{\dfrac{V}{2\pi}}$ 取得唯一极小值即最小值.

这时 $H = \dfrac{V}{\pi R^2} = \sqrt[3]{\dfrac{4V}{\pi}}, H : 2R = 1 : 1$.

（三）其他

【例 4.46】 某实验得列一组观测数据 $x_1, x_2, x_3, \cdots, x_n$，证明当 x 取 $\dfrac{1}{n}(x_1 + x_2 + \cdots + x_n)$ 时，函数 $f(x) = \sum\limits_{i=1}^{n} (x - x_i)^2$ 有最小值.

【证明】 $f(x) = (x - x_1)^2 + (x - x_2)^2 + \cdots + (x - x_n)^2.$
$$\begin{aligned}
f'(x) &= 2(x - x_1) + 2(x - x_2) + \cdots + (2x - x_n) \\
&= 2nx - 2(x_1 + x_2 + \cdots + x_n).
\end{aligned}$$

令 $f'(x) = 0$，得唯一驻点
$$X = \dfrac{1}{n}(x_1 + x_2 + \cdots + x_n).$$

又因为 $f''(x) = 2n > 0$，根据极值的第二充分条件有：

当 $x = \dfrac{1}{n}(x_1 + x_2 + \cdots + x_n)$ 时，$f(x)$ 取极小值也是最小值.

习题 4.4

1.函数在区间 $[a,b]$ 上取得最值的点来自(   ).

A.驻点   B.不可导点

C.区间端点   D.以上均有可能

2.求下列函数在指定区间上的最大值与最小值.

(1) $f(x) = (x-1)(x-2)^2$ $\left[0,\dfrac{5}{2}\right]$;   (2) $f(x) = x - x^3$ $[0,1]$;

(3) $f(x) = x + \dfrac{4}{x}$ $[1,3]$;   (4) $f(x) = \sqrt{x}\tan x$ $\left[\dfrac{1}{4},1\right]$;

(5) $f(x) = x^2 e^{-x}$ $[-4,4]$;   (6) $f(x) = \dfrac{x}{1+x^2}$ $(-\infty,+\infty)$.

3.用 x 表示某企业生产某种产品的数量,当企业生产 x 个产品时,总成本为 $C(x) = 8x + x^2$,总收入为 $R = 26x - 2x^2 - 4x^3$,问生产多少个产品时能获得最大利润?

4.制造一个圆柱形无盖金属桶,其容积为 V.当金属桶 h 与 r 等于多少时,表面积最小?

5.某工厂生产某种产品,固定成本为 200 元,每多生产一个单位产品成本增加 10 元,该产品的需求函数为 $Q = 50 - 2P$.求 Q 为多少时,工厂的总利润最大.

6.有一 $8\text{cm}\times 5\text{cm}$ 的长方形厚纸,在各角剪去相同的小正方形,把四边折起成一个无盖盒子.要使纸盒的容积为最大,问剪去的小正方形的边长为多大?

7.成本函数 $C(x) = 4000 + 3x + 0.001x^2$,求使平均成本最低的 x 的值.

8.某工厂每天生产 x 台收音机的总成本为 $C(x) = \dfrac{1}{9}x^2 + x + 100$(元),该种收音机独家经营市场规律为 $x = 75 - 3P$,其中 P 是收音机的单价(元).问每天生产多少台时,所获利润最大?此时每台收音机的价格为多少元?

9.求内接于半径为 R 的球的圆柱体的最大体积.

10.某工厂全年需要购进某种材料 3200 吨,每次购进材料需要采购费 200 元,每吨材料库存一年需库存费 2 元.问批量为多少吨时,能使全年的采购费和库存费的总和最小?

11.假设窗子的形状为一个矩形和一个半圆相接,其中半圆的直径 $2r$ 与矩形的一条边长相等.设窗子的周长为 10,求:

(1)将窗子的面积 S 表示为半径 r 的函数.

(2)当 r 为何值时,窗子的面积最大?

12.一火车锅炉每小时消耗煤的费用与火车行驶的速度之立方成正比,已知当速度为每小时 20 千米时,每小时耗煤价值 40 元,至于其他费用每小时 200 元.问火车行驶的速度为多少时才能使火车从甲城开往乙城的总费用最省?

13.欲围一个面积为 150 平方米的矩形场地,正面所用材料每米造价 6 元,其余三面每米造价 3 元.求场地长和宽各为多少时,所用材料费用最省?

14.甲轮船位于乙轮船东 75 海里处,以 12 海里/小时的速度向西行驶,而乙轮船则以 6 海里/小时的速度向北行驶.问经过多少时间两船相距最近?

15. 在一条公路的一侧有某公社的 A,B 两个大队,其位置如图 4-23 所示. 公社欲在公路旁边修建一个堆货场 M,并从 A,B 两个大队各修一条直线大道通往堆货场,欲使 A,B 到 M 的大道总长为最短,堆货场 M 应该修建在何处?

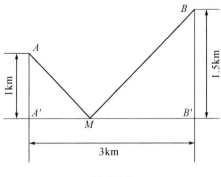

图 4-23

第

三

部

分

一元函数积分学

数学文化与应用拓展资源(三)

数学文化 3-1　数学名人的故事:牛顿与莱布尼茨

数学文化 3-2　以直代曲数学思想

应用拓展 3-1　投资回报期限建模案例

应用拓展 3-2　雨中行走问题建模案例

应用拓展 3-3　微分方程建模案例

应用拓展 3-4　定积分物理应用赏析

应用拓展 3-5　147 个常用积分公式

第五章　积分及计算

前面我们讨论了一元函数的微分学,接下来我们将讨论一元函数积分学.一元函数积分学包括两部分内容:不定积分与定积分,本章主要讲述不定积分的概念、性质和求不定积分的基本方法以及定积分的计算,关于积分知识的应用我们归纳到第六章去阐述.

§5.1　不定积分的概念与性质

在数学中有许多成对的运算,若相互抵消将使其还原到出发点.也许最显著的就是乘法和除法.如果你将一个数乘以非零常数 k,然后再将它除以 k,你将得到原来的这个数.在数学上称这种情况下的两个运算为互逆运算.在微积分中,导数的逆运算被称为积分.

一、不定积分概念

假设你需要找到一个函数 $F(x)$,它的导数为
$$f(x) = 3x^2.$$
根据前面所学的知识,我们很容易地得出答案,其表达式为
$$F(x) = x^3.$$
因为 $F'(x) = (x^3)' = f(x)$.

进一步思考,是不是 $F(x)$ 只能是 x^3 呢?其实 x^3+1 的导数也为 $3x^2$,考虑到任何常数的导数皆为零,则 x^3 加上任意常数 C 后其导数还是为 $3x^2$.即
$$F'(x) = (x^3 + C)' = 3x^2 = f(x).$$
总的说来,在某区间 I 上,若有
$$F'(x) = f(x) \quad \text{或} \quad dF(x) = f(x)dx,$$
则称函数 $F(x)$ 是函数 $f(x)$ 在该区间上的一个**原函数**(有时也被称为**反导数**).

例如,在区间 $(-\infty, +\infty)$ 内,因为 $(x^2)' = 2x$,所以 x^2 是 $2x$ 在 $(-\infty, +\infty)$ 内的一个原函数.

又如,$\frac{1}{5}x^5$ 是函数 x^4 在区间 $(-\infty, +\infty)$ 上的一个原函数,因为 $(\frac{1}{5}x^5)' = x^4$, $x \in (-\infty, +\infty)$.

设 C 为任意常数,因为 $(\sin x + C)' = \cos x$,所以 $\sin x + C$ 也是 $\cos x$ 的原函数,C 每

取定一个实数,就得到 $\cos x$ 的一个原函数,从而原函数不是唯一的. 因此,原函数有如下特性:

若函数 $F(x)$ 是函数 $f(x)$ 的一个原函数,则

(1) 对任意的常数 C,函数族 $F(x)+C$ 也是 $f(x)$ 的原函数;

(2) 函数 $f(x)$ 的任意两个原函数之间仅相差一个常数;

(3) 设函数 $F(x)$ 是函数 $f(x)$ 在区间 I 上的一个原函数,则 $F(x)+C$ 是函数 $f(x)$ 在区间 I 上的**所有原函数**,其中 C 为任意常数.

为了给上述的运算取定一个专业的数学名词及运算符号,接下来就给出其数学定义:

不定积分定义:

函数 $f(x)$ 的所有原函数称为 $f(x)$ 的**不定积分**,记作

$$\int f(x)\mathrm{d}x.$$

其中,符号 $\int$ 为**积分符号**,$f(x)$ 称为**被积函数**,$f(x)\mathrm{d}x$ 称为**积分表达式**,x 称为**积分变量**.

如果 $F(x)$ 为 $f(x)$ 的一个原函数,则根据定义有

$$\int f(x)\mathrm{d}x = F(x)+C.$$

其中,C 为任意常数,称为积分常数. 不定积分与原函数是整体与个体的关系.

例如,如前所述有

$$\int 2x\mathrm{d}x = x^2 + C;$$

$$\int x^4 \mathrm{d}x = \frac{1}{5}x^5 + C;$$

$$\int \cos x\mathrm{d}x = \sin x + C.$$

通过上述描述,我们已经知道,其实求不定积分的过程就是寻找函数的原函数. 因此,根据这个思路再结合前面所学的导数知识,我们可以去做一些习题,以巩固不定积分这个数学概念.

【**例 5.1**】 求不定积分 $\int \sin x\mathrm{d}x$.

【**解**】 因为 $(-\cos x)' = \sin x$,所以 $-\cos x$ 是 $\sin x$ 的一个原函数,因此

$$\int \sin x\mathrm{d}x = -\cos x + C.$$

【**例 5.2**】 求下列不定积分.

(1) $\int a^x \mathrm{d}x$;   (2) $\int x^a \mathrm{d}x$ $(a \neq -1)$.

【**解**】 (1) 被积函数 $f(x) = a^x$,因为 $(a^x)' = a^x \ln a$,故 $\left(\dfrac{a^x}{\ln a}\right)' = \dfrac{1}{\ln a}a^x \ln a = a^x$,于是

$$\int a^x \mathrm{d}x = \frac{1}{\ln a}a^x + C.$$

(2) 注意到 $(x^{a+1})' = \dfrac{1}{a+1}x^a$,故 $\left(\dfrac{1}{a+1}x^{a+1}\right)' = x^a$,于是

$$\int x^a \mathrm{d}x = \frac{1}{a+1}x^{a+1} + C \quad (a \neq -1).$$

二、不定积分的几何意义

函数 $f(x)$ 的不定积分 $\int f(x)\mathrm{d}x$ 是一组积分曲线,这一组积分曲线可由其中任何一条沿着 y 轴平行移动而得到.在每一条积分曲线上横坐标相同的点 x 处作曲线,切线互相平行,其斜率都是 $f(x)$,如图 5-1 所示.

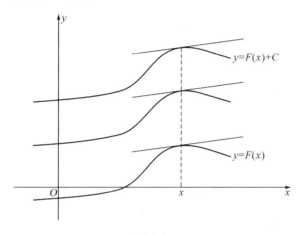

图 5-1

【例 5.3】　求通过点 $(1,2)$,斜率为 $2x$ 的曲线.

【解】　设有曲线为 $y = F(x)$,由题意知,
$$y' = F'(x) = 2x.$$
因为 $(x^2)' = 2x$,所以积分曲线族为
$$y = \int 2x\mathrm{d}x = x^2 + C,$$
即 $\qquad\qquad y = x^2 + C.$
已知所求曲线通过点 $(1,2)$,于是有 $2 = 1^2 + C$,解得 $C = 1$,故所求曲线为
$$y = x^2 + 1.$$

三、不定积分运算性质

为了扩大不定积分的计算,接下来给出一些常用的不定积分运算性质,这些性质可以微分或是导数的运算推导过来.

性质 5.1　被积分函数中不为零的常数因子 k 可移到积分符号外,即
$$\int kf(x)\mathrm{d}x = k\int f(x)\mathrm{d}x.$$

性质 5.2　函数代数和的不定积分等于函数的不定积分的代数和,即
$$\int [f(x) \pm g(x)]\mathrm{d}x = \int f(x)\mathrm{d}x \pm \int g(x)\mathrm{d}x.$$

上式可推广到有限个函数的代数和的情形,即

$$\int [f_1(x) \pm f_2(x) \pm \cdots \pm f_n(x)] dx = \int f_1(x) dx \pm \int f_2(x) dx \pm \cdots \pm \int f_n(x) dx.$$

性质 5.3 求不定积分与求导数或求微分互为逆运算,即

(1) $\dfrac{d}{dx}\left[\int f(x) dx\right] = f(x)$ 或 $d\left[\int f(x) dx\right] = f(x) dx$;

(2) $\int F'(x) dx = F(x) + C$ 或 $\int dF(x) = F(x) + C$.

这些等式,由不定积分定义立即可得.需要注意的是,一个函数先进行微分运算,再进行积分运算,得到的不是这一个函数,而是一族函数,必须加上一个任意常数 C.

四、基本积分公式

由于不定积分是求导(或微分)的逆运算,所以根据导数基本公式就可以得到对应的基本积分公式:

(1) $\int 0 dx = C$;

(2) $\int x^a dx = \dfrac{1}{a+1} x^{a+1} + C \quad (a \neq -1)$;

(3) $\int \dfrac{1}{x} dx = \ln |x| + C$;

(4) $\int a^x dx = \dfrac{a^x}{\ln a} + C \quad (a > 0 \text{ 且 } a \neq 1)$;

(5) $\int e^x dx = e^x + C$;

(6) $\int \sin x dx = -\cos x + C$;

(7) $\int \cos x dx = \sin x + C$;

(8) $\int \dfrac{1}{\cos^2 x} dx = \tan x + C$;

(9) $\int \dfrac{1}{\sin^2 x} dx = -\cot x + C$.

这些公式是求不定积分的基础,必须熟记.利用基本积分公式和不定积分的性质,可以直接计算一些简单的不定积分,这种方法一般称为**直接积分法**.

注:基本积分公式是以 x 为积分变量的,若将 x 换成其他字母,公式也是成立的.例如, $\int \cos u du = \sin u + C$.但若是 $\int (u+x) dx = ux + \dfrac{1}{2} x^2 + C$,因为,此时积分变量是 x,则 u 被看作是常数.

【**例 5.4**】 求不定积分 $\int \left(3x^3 - 4x - \dfrac{1}{x} + 3\right) dx$.

【**解**】 由不定积分的性质和基本积分公式得

$$I = 3\int x^3 \mathrm{d}x - 4\int x \mathrm{d}x - \int \frac{1}{x} \mathrm{d}x + 3\int \mathrm{d}x \quad (\ast)$$

$$= 3\frac{1}{1+3}x^{3+1} - 4\frac{1}{1+1}x^{1+1} - \ln|x| + 3x + C$$

$$= \frac{3}{4}x^4 - 2x^2 - \ln|x| + 3x + C.$$

注:($\ast$)此处用 I 表示所求不定积分,以后均如此.

【例 5.5】　求不定积分 $\displaystyle\int \frac{(x+1)^2}{\sqrt{x}} \mathrm{d}x$.

【解】　将被积函数化简,得

$$I = \int x^{\frac{3}{2}} \mathrm{d}x + 2\int x^{\frac{1}{2}} \mathrm{d}x + \int x^{-\frac{1}{2}} \mathrm{d}x$$

$$= \frac{2}{5}x^{\frac{5}{2}} + \frac{4}{3}x^{\frac{3}{2}} + 2x^{\frac{1}{2}} + C.$$

直接用基本积分公式和不定积分的运算性质计算不定积分,计算范围有限. 有时须先将被积函数进行恒等变形,便可求得一些函数的不定积分.

【例 5.6】　求不定积分 $\displaystyle\int \frac{x^2-9}{x-3} \mathrm{d}x$.

【解】　将被积函数化简,得

$$I = \int \frac{x^2-9}{x-3} \mathrm{d}x = \int \frac{(x-3)(x+3)}{x-3} \mathrm{d}x$$

$$= \int (x+3) \mathrm{d}x = \frac{1}{2}x^2 + 3x + C.$$

【例 5.7】　求不定积分 $\displaystyle\int \sin^2 \frac{x}{2} \mathrm{d}x$.

【解】　利用三角函数的降幂公式:$\sin^2 \dfrac{x}{2} = \dfrac{1}{2}(1-\cos x)$,于是有

$$I = \frac{1}{2}\int (1-\cos x) \mathrm{d}x = \frac{1}{2}\int \mathrm{d}x - \frac{1}{2}\int \cos x \mathrm{d}x$$

$$= \frac{1}{2}x - \frac{1}{2}\sin x + C.$$

【例 5.8】　已知每月生产某种产品的边际成本是 $C'(Q) = 2 + \dfrac{7}{\sqrt[3]{Q^2}}$,固定成本是 5000 元,求总成本 C 与产量 Q 的函数关系.

【解】　因为总成本函数是边际成本函数的原函数,所以有

$$C(Q) = \int \left(2 + \frac{7}{\sqrt[3]{Q^2}}\right) \mathrm{d}Q = 2Q + 21Q^{\frac{1}{3}} + C.$$

又因为固定成本即 $C(0) = 5000$,代入上式得 $C = 5000$,于是

$$C(Q) = 2Q + 21Q^{\frac{1}{3}} + 5000.$$

即为总成本 C 与产量 Q 的函数关系.

习题 5.1

1. 填空题.

(1) 设函数 $f(x) = \sin x + \cos x$，则 $\int f'(x)\mathrm{d}x = $ _____，$\int f(x)\mathrm{d}x = $ _____.

(2) 设 $\int f(x)\mathrm{d}x = \mathrm{e}^x(x^2 - 2x + 2) + C$，则 $f(x) = $ _____.

(3) 设 e^{-x} 是 $f(x)$ 的一个原函数，则 $\int f(x)\mathrm{d}x = $ _____，$\int f'(x)\mathrm{d}x = $ _____，$\int \mathrm{e}^x f'(x)\mathrm{d}x = $ _____.

2. 单项选择题.

(1) 设 C 是不为 1 的常数，则函数 $f(x) = \dfrac{1}{x}$ 的原函数不是（ ）.

A. $\ln|x|$　　　　B. $\ln|x| + C$　　　　C. $\ln|Cx|$　　　　D. $C\ln|x|$

(2) 设函数 $f(x)$ 的一个原函数为 $\ln x$，则 $f'(x) = $（ ）.

A. $\dfrac{1}{x}$　　　　B. $-\dfrac{1}{x^2}$　　　　C. $x\ln x$　　　　D. e^x

(3) 设函数 $f(x)$ 的导函数是 a^x，则 $f(x)$ 的全体原函数是（ ）.

A. $\dfrac{a^x}{\ln a} + C$　　　　　　　　B. $\dfrac{a^x}{\ln^2 a} + C$

C. $\dfrac{a^x}{\ln^2 a} + C_1 x + C_2$　　　　D. $a^x \ln^2 a + C_1 x + C_2$

(4) $\int f(x)\mathrm{d}x$ 指的是 $f(x)$ 的（ ）.

A. 某一个原函数　　　　　　　　B. 所有原函数
C. 唯一的原函数　　　　　　　　D. 任意一个原函数

(5) 如果函数 $F(x)$ 是函数 $f(x)$ 的一个原函数，则（ ）.

A. $\int F(x)\mathrm{d}x = f(x) + C$　　　　B. $\int F'(x)\mathrm{d}x = f(x) + C$

C. $\int f(x)\mathrm{d}x = F(x) + C$　　　　D. $\int f'(x)\mathrm{d}x = F(x) + C$

(6) 在函数 $f(x)$ 的积分曲线族中，所有的曲线在横坐标相同的点处的切线（ ）.

A. 平行于 x 轴　　　B. 平行于 y 轴　　　C. 相互平行　　　D. 相互垂直

3. 求下列不定积分.

(1) $\displaystyle\int \left(3 + x^3 + \dfrac{1}{x^3} + 3^x\right)\mathrm{d}x$;　　　　(2) $\displaystyle\int \left(\sin x + \dfrac{2}{x}\right)\mathrm{d}x$;

(3) $\displaystyle\int \dfrac{(2x-3)^2}{\sqrt{x}}\mathrm{d}x$;　　　　(4) $\displaystyle\int x(x-1)\mathrm{d}x$;

(5) $\displaystyle\int (u + ux^2)\mathrm{d}x$;　　　　(6) $\displaystyle\int \dfrac{x-9}{\sqrt{x}+3}\mathrm{d}x$;

(7) $\int \sin^2 \dfrac{x}{2} \mathrm{d}x$;　　　　　　　　(8) $\int \dfrac{1+\cos^2 x}{1+\cos 2x} \mathrm{d}x$.

4. 已知某曲线在任一点处的切线斜率等于该点横坐标的倒数,且曲线通过点$(\mathrm{e},2)$,试求此曲线的方程.

5. 边际成本 $C'(x) = 33 + 38x - 12x^2$,固定成本为 68,求:

(1) 总成本函数;　　　　　　　　(2) 平均成本函数.

§5.2　换元积分法

虽然积分的思想可以看成是求导数的逆运算,但对一些复杂点的函数求其积分,如果仅仅从这个角度去计算,难度是比较大的. 也就是说,用直接积分法所能计算的不定积分是非常有限的,因此,有必要进一步研究不定积分的求法. 换元积分法和分部积分法是两种基本的积分法. 本节讲换元积分法,换元积分法又可以分为第一换元积分法和第二换元积分法.

先看一个简单的例子,求 $\int \cos 3x \mathrm{d}x$.

在基本积分公式中有 $\int \cos x \mathrm{d}x = \sin x + C$,但这里不能直接应用,因为被积函数 $\cos 3x$ 是一个复合函数,为了套用这个积分公式,先把原积分作如下变形,然后进行计算.

$$\int \cos 3x \mathrm{d}x = \frac{1}{3} \int \cos 3x \mathrm{d}(3x) \xrightarrow{\text{令 } 3x = u} \frac{1}{3} \int \cos u \mathrm{d}u = \frac{1}{3} \sin u + C$$

$$\xrightarrow{\text{回代 } u = 3x} \frac{1}{3} \sin 3x + C.$$

容易验证:$\left(\dfrac{1}{3} \sin 3x + C\right)' = \cos 3x$. 所以以上算法是正确的.

这种积分的基本思想是先凑微分式,再作变量代换 $u = \varphi(x)$,把要计算的积分化为基本积分公式中所具有的形式,求出原函数后再换回原来变量,这种积分法通常称为第一换元法或凑微分法.

一般地,被积函数若具有 $f(\varphi(x))\varphi'(x)$ 形式,则可用第一换元积分法(凑微分法).

一、第一换元积分法(凑微分法)

通过上述分析,我们可以把**第一换元积分法**总结如下:

设函数 $u = \varphi(x)$ 可导,若

$$\int f(u) \mathrm{d}u = F(u) + C,$$

则

$$\int f(\varphi(x))\varphi'(x) \mathrm{d}x = \int f(\varphi(x)) \mathrm{d}\varphi(x)$$

$$\xrightarrow{\text{令 } \varphi(x) = u} \int f(u) \mathrm{d}u = F(u) + C$$

$$\xrightarrow{\text{回代 } u = \varphi(x)} F(\varphi(x)) + C.$$

下面我们通过一些例题来进一步掌握该积分方法及使用技巧.

【例 5.9】　求不定积分 $\int \cos 5x \mathrm{d}x$.

【解】　取 $u = 5x$, 则 $\mathrm{d}u = 5\mathrm{d}x$ 可推出 $\mathrm{d}x = \dfrac{1}{5}\mathrm{d}u$, 所以

$$I = \int \cos 5x \mathrm{d}x = \int \cos u \frac{1}{5}\mathrm{d}u = \frac{1}{5}\int \cos u \mathrm{d}u = \frac{1}{5}\sin u + C = \frac{1}{5}\sin 5x + C.$$

或者写成:

$$I = \int \cos 5x \mathrm{d}x = \frac{1}{5}\int \cos 5x \mathrm{d}5x \xrightarrow{\text{令 } 5x = u} \frac{1}{5}\int \cos u \mathrm{d}u = \frac{1}{5}\sin u + C$$

$$\xrightarrow{\text{回代 } u = 5x} \frac{1}{5}\sin 5x + C.$$

【例 5.10】　求不定积分 $\int \dfrac{1}{3x+2}\mathrm{d}x$.

【解】　取 $u = 3x + 2$, 则 $\mathrm{d}u = 3\mathrm{d}x$, 则 $\dfrac{1}{3}\mathrm{d}u = \mathrm{d}x$, 所以

$$I = \int \frac{1}{3x+2}\mathrm{d}x = \int \frac{1}{u}\frac{1}{3}\mathrm{d}u = \frac{1}{3}\int \frac{1}{u}\mathrm{d}u = \frac{1}{3}\ln \mid u \mid + c = \frac{1}{3}\ln \mid 3x+2 \mid + C.$$

注: 当运算熟练以后, 所选新变量 $u = \varphi(x)$ 只要记在心里, 不必写出来.

【例 5.11】　求不定积分 $\int \dfrac{1}{x^2}\mathrm{e}^{\frac{1}{x}}\mathrm{d}x$.

【解】　因 $\left(\dfrac{1}{x}\right)' = \left(-\dfrac{1}{x^2}\right)$, 所以取 $u = \dfrac{1}{x}$, 于是

$$I = \int \frac{1}{x^2}\mathrm{e}^{\frac{1}{x}}\mathrm{d}x = -\int \mathrm{e}^{\frac{1}{x}}\mathrm{d}\left(\frac{1}{x}\right) = -\int \mathrm{e}^u \mathrm{d}u = -\mathrm{e}^u + C = -\mathrm{e}^{\frac{1}{x}} + C.$$

【例 5.12】　求不定积分 $\int x\sqrt{4+x^2}\mathrm{d}x$.

【解】　因 $(4+x^2)' = 2x$, 所以取 $u = 4 + x^2$, 于是

$$I = \frac{1}{2}\int \sqrt{4+x^2}\mathrm{d}(4+x^2) = \frac{1}{2}\int u^{\frac{1}{2}}\mathrm{d}u = \frac{1}{2}\cdot\frac{2}{3}u^{\frac{3}{2}} + C = \frac{1}{3}(4+x^2)^{\frac{3}{2}} + C.$$

【例 5.13】　求不定积分 $\int \dfrac{\ln^3 x}{x}\mathrm{d}x$.

【解】　因 $(\ln x)' = \dfrac{1}{x}$, 所以取 $u = \ln x$, 于是

$$I = \int \ln^3 x \frac{1}{x}\mathrm{d}x = \int \ln^3 x \mathrm{d}(\ln x) = \int u^3 \mathrm{d}u = \frac{1}{4}u^4 + c = \frac{1}{4}\ln^4 x + C.$$

【例 5.14】　求不定积分 $\int \tan x \mathrm{d}x$.

【解】　因为 $\tan x = \dfrac{\sin x}{\cos x} = -\dfrac{1}{\cos x}(\cos x)'$, 所以令 $u = \cos x$, 于是

$$I = -\int \frac{1}{\cos x}(-\sin x)\mathrm{d}x = -\int \frac{1}{\cos x}\mathrm{d}(\cos x) = -\int \frac{1}{u}\mathrm{d}u = -\ln \mid u \mid + C$$

$$= -\ln \mid \cos x \mid + C.$$

【例 5.15】　求不定积分 $\displaystyle\int (2-3x)^{20}\mathrm{d}x$.

【解】　因为 $(2-3x)'=-3$，所以令 $u=2-3x$，于是

$$I=-\frac{1}{3}\int (2-3x)^{20}(-3)\mathrm{d}x=-\frac{1}{3}\int u^{20}\mathrm{d}u=-\frac{1}{3}\cdot\frac{1}{21}u^{21}+C$$

$$=-\frac{1}{63}(2-3x)^{21}+C.$$

【例 5.16】　求不定积分 $\displaystyle\int \frac{4x+6}{x^2+3x-4}\mathrm{d}x$.

【解】　注意到 $(x^2+3x-4)'=2x+3=\frac{1}{2}(4x+6)$，于是

$$I=2\int \frac{2x+3}{x^2+3x-4}\mathrm{d}x=2\int \frac{1}{x^2+3x-4}\mathrm{d}(x^2+3x-4)$$

$$=2\ln|x^2+3x-4|+C.$$

【例 5.17】　求不定积分 $\displaystyle\int \cos^2 x\,\mathrm{d}x$

【解】　因为 $\cos^2 x=\dfrac{1+\cos 2x}{2}$，于是

$$I=\frac{1}{2}\int (1+\cos 2x)\mathrm{d}x=\frac{1}{2}x+\frac{1}{4}\int \cos 2x\,\mathrm{d}(2x)=\frac{1}{2}x+\frac{1}{4}\sin 2x+C.$$

一般地，如果所遇到的不定积分能化为下列形式之一时，就可以考虑用第一换元积分法进行求解.

$(1)\displaystyle\int f(ax+b)\mathrm{d}x=\frac{1}{a}f(u)\mathrm{d}u\quad (a\neq 0);$　　　　（其中 $u=ax+b$）

$(2)\displaystyle\int xf(ax^2+b)\mathrm{d}x=\frac{1}{2a}\int f(u)\mathrm{d}u\quad (a\neq 0);$　　（其中 $u=ax^2+b$）

$(3)\displaystyle\int \frac{1}{\sqrt{x}}f(\sqrt{x})\mathrm{d}x=2\int f(u)\mathrm{d}u;$　　　　　　（其中 $u=\sqrt{x}$）

$(4)\displaystyle\int \frac{1}{x}f(\ln x)\mathrm{d}x=\int f(u)\mathrm{d}u;$　　　　　　　（其中 $u=\ln x$）

$(5)\displaystyle\int \mathrm{e}^x f(\mathrm{e}^x)\mathrm{d}x=\int f(u)\mathrm{d}u;$　　　　　　　（其中 $u=\mathrm{e}^x$）

$(6)\displaystyle\int \cos xf(\sin x)\mathrm{d}x=\int f(u)\mathrm{d}u;$　　　　　（其中 $u=\sin x$）

$(7)\displaystyle\int \sin xf(\cos x)\mathrm{d}x=-\int f(u)\mathrm{d}u.$　　　　（其中 $u=\cos x$）

二、第二换元积分法（拆微分法）

对于被积函数中含有根式的某些不定积分，也可以利用换元积分法进行求解，求解这类问题的主要原则就是通过引进新的变量化简被积函数.

【引例 5.1】　求不定积分 $\displaystyle\int x\sqrt{x-1}\,\mathrm{d}x$.

【分析】　此题中，被积函数中含有根式 $\sqrt{x-1}$. 若视 $\sqrt{x-1}=t$，即用 t 代换 $\sqrt{x-1}$，

则被积函数中的根式可以去掉,为了将被积函数中的积分变量 x 换成 t,须先由 $\sqrt{x-1}=t$ 解出 x,得到其反函数 $x=1+t^2$.

解题过程:设 $\sqrt{x-1}=t$,则 $x=1+t^2$,则 $\mathrm{d}x=2t\mathrm{d}t$,于是

$$I=\int(1+t^2)t\cdot 2t\mathrm{d}t \qquad (\text{换元})$$

$$=2\int(t^2+t^4)\mathrm{d}t \qquad (\text{恒等变形})$$

$$=\frac{2}{3}t^3+\frac{2}{5}t^5+C \qquad (\text{运用积分公式积分})$$

$$=\frac{2}{3}(x-1)^{\frac{3}{2}}+\frac{2}{5}(x-1)^{\frac{5}{2}}+C. \quad (\text{变量回代})$$

此例给出的解题思路和计算过程就是**第二换元积分法**,又因为通过换元之后求 x 的微分,把 $\mathrm{d}x$ 拆开来处理,故又称**拆微分法**.该方法可以总结如下:

函数 $x=\varphi(t)$ 可微,其反函数 $t=\varphi^{-1}(x)$ 存在且可微,若

$$\int f(\varphi(t))\varphi'(t)\mathrm{d}t=F(t)+C,$$

则

$$\int f(x)\mathrm{d}x=F(\varphi^{-1}(x))+C.$$

【例 5.18】 求不定积分 $\displaystyle\int\frac{1}{2(1+\sqrt{x})}\mathrm{d}x$.

【解】 为将被积函数中根号去掉,取 $\sqrt{x}=t$,则 $x=t^2$,所以 $\mathrm{d}x=2t\mathrm{d}t$,于是有

$$I=\int\frac{2t}{2(1+t)}\mathrm{d}t$$

$$=\int(1-\frac{1}{t+1})\mathrm{d}t$$

$$=t-\ln|1+t|+C$$

$$=\sqrt{x}-\ln(1+\sqrt{x})+C.$$

【例 5.19】 求不定积分 $\displaystyle\int\frac{x+1}{\sqrt[3]{3x+1}}\mathrm{d}x$.

【解】 为将被积函数中根号去掉,取 $\sqrt[3]{3x+1}=t$,可得 $x=\dfrac{t^3-1}{3}$,则 $\mathrm{d}x=t^2\mathrm{d}t$.

于是有 $\displaystyle I=\int\frac{\dfrac{t^3-1}{3}+1}{t}t^2\mathrm{d}t$

$$=\frac{1}{3}\int(t^4+2t)\mathrm{d}t$$

$$=\frac{1}{3}(\frac{t^5}{5}+t^2)+C$$

$$=\frac{1}{3}\left[\frac{1}{5}(3x+1)^{\frac{5}{3}}+(3x+1)^{\frac{2}{3}}\right]+C$$

$$=\frac{1}{5}(x+2)\sqrt[3]{(3x+1)^2}+C.$$

习题 5.2

1. 求下列不定积分.

(1) $\int (2x+1)^{50} \mathrm{d}x$;

(2) $\int \dfrac{1}{(2x+3)^2} \mathrm{d}x$;

(3) $\int \dfrac{1}{\sqrt{4x+3}} \mathrm{d}x$;

(4) $\int \sin(5-4x) \mathrm{d}x$;

(5) $\int \dfrac{x}{x^2+4} \mathrm{d}x$;

(6) $\int \dfrac{x-2}{x^2-4x-5} \mathrm{d}x$;

(7) $\int \dfrac{\mathrm{e}^x}{\mathrm{e}^x+1} \mathrm{d}x$;

(8) $\int x\sqrt{4x^2-1} \mathrm{d}x$;

(9) $\int \dfrac{\ln^2 x}{x} \mathrm{d}x$;

(10) $\int \dfrac{1}{x\ln x} \mathrm{d}x$;

(11) $\int \mathrm{e}^x \cos \mathrm{e}^x \mathrm{d}x$;

(12) $\int \dfrac{1}{\sqrt{x}} \mathrm{e}^{\sqrt{x}} \mathrm{d}x$;

(13) $\int \dfrac{1}{9-4x^2} \mathrm{d}x$;

(14) $\int \dfrac{1}{x^2} \sin \dfrac{1}{x} \mathrm{d}x$;

(15) $\int \cos^3 x \sin x \mathrm{d}x$;

(16) $\int x\cos x^2 \mathrm{d}x$.

2. 求下列函数的不定积分.

(1) $\int x^2 \sqrt{1-x} \mathrm{d}x$;

(2) $\int \dfrac{1}{\sqrt{1-2x}+3} \mathrm{d}x$;

(3) $\int \dfrac{\mathrm{d}x}{(1+x)\sqrt{1-x}}$;

(4) $\int \dfrac{\mathrm{d}x}{\sqrt{x}+\sqrt[3]{x}}$;

(5) $\int \dfrac{\sin \sqrt{x}}{\sqrt{x}} \mathrm{d}x$;

(6) $\int \sqrt{1+\mathrm{e}^x} \mathrm{d}x$;

(7) $\int \dfrac{\mathrm{d}x}{1+\sqrt[3]{x+2}}$.

§5.3 分部积分法

换元积分法虽然能计算很多积分,但遇到形如 $\int \ln x \mathrm{d}x, \int x\sin x \mathrm{d}x, \int x^n \mathrm{e}^{ax} \mathrm{d}x, \int x^n \cos x \mathrm{d}x$ 等积分时,用换元积分法还是无法计算,这就需要另一种基本积分法——分部积分法.分部积分法也是求不定积分的主要方法.

一、分部积分公式

设函数 $u=u(x), v=v(x)$ 都有连续的导数,由微分法

$$[u(x)v(x)]' = u'(x)v(x) + u(x)v'(x),$$

两端积分得

$$u(x)v(x) = \int u'(x)v(x)\mathrm{d}x + \int u(x)v'(x)\mathrm{d}x,$$

移项,有

$$\int u(x)v'(x)\mathrm{d}x = u(x)v(x) - \int u'(x)v(x)\mathrm{d}x, \tag{5-1}$$

简写作

$$\int uv'\mathrm{d}x = uv - \int u'v\mathrm{d}x, \tag{5-2}$$

或

$$\int u\mathrm{d}v = uv - \int v\mathrm{d}u. \tag{5-3}$$

式(5-1)、式(5-2)或式(5-3)就是**分部积分公式**.

二、公式的意义

对一个不易求出结果的不定积分,若被积函数 $f(x)$ 可看作是两个因子的乘积
$$f(x) = u(x)v'(x),$$
则问题就转化为 $u(x)v'(x)$ 作为被积函数的不定积分,右端或者可直接计算出结果,或者较左端易于计算,这就是用分部积分公式的意义.

三、选取 $u(x)$ 和 $v'(x)$ 的原则

若被积函数可看作是两个函数的乘积,那么其中哪一个应视为 $u(x)$,哪一个应视为 $v'(x)$ 呢?一般考虑如下:

(1) 选作 $v'(x)$ 的函数,必须能求出它的原函数 $v(x)$,这是可用分部积分法的前提.

(2) 选取 $u(x)$ 和 $v'(x)$,最终要使式(5-1)右端的积分 $\int u'(x)v(x)\mathrm{d}x$ 较左端的积分 $\int u(x)v'(x)\mathrm{d}x$ 易于计算,这是用分部积分法要达到的目的.

【例 5. 20】 求不定积分 $\int x\sin x\mathrm{d}x$.

【解法一】 令 $u = x, v' = \sin x$,则 $u' = 1, v = -\cos x$,于是

$$I = \int x\sin x\mathrm{d}x = \int x(-\cos x)'\mathrm{d}x = -x\cos x + \int \cos x \cdot 1\mathrm{d}x$$
$$= -x\cos x + \sin x + C.$$

【解法二】 $I = \int x\mathrm{d}(-\cos x) = -x\cos x + \int \cos x\mathrm{d}x = -x\cos x + \sin x + C.$

【例 5. 21】 求不定积分 $\int x\mathrm{e}^x\mathrm{d}x$.

【解】 被积函数可看作两个函数 x 与 e^x 的乘积,用分部积分法:
设 $u = x, v' = \mathrm{e}^x$,则 $u' = 1, v = \mathrm{e}^x$,于是

$$I = \int x(\mathrm{e}^x)'\mathrm{d}x = x\mathrm{e}^x - \int \mathrm{e}^x \cdot 1\mathrm{d}x = x\mathrm{e}^x - \mathrm{e}^x + C.$$

再看另一种情况：

若设 $u = \mathrm{e}^x, v' = x$，则 $u' = \mathrm{e}^x, v = \frac{1}{2}x^2$，于是

$$\int x\mathrm{e}^x \mathrm{d}x = \int \left(\frac{1}{2}x^2\right)' \mathrm{e}^x \mathrm{d}x = \frac{1}{2}x^2\mathrm{e}^x - \frac{1}{2}\int x^2\mathrm{e}^x \mathrm{d}x.$$

此时，上式右端的积分比左端的积分更难于计算，这样选取 $u(x)$ 和 $v'(x)$ 显然是失效的．

有的积分需连续两次或更多次用分部积分法方能得到结果．

【例 5.22】　求不定积分 $\int x^2\mathrm{e}^{-x} \mathrm{d}x$．

【解】　被积函数可看作 x^2 与 e^{-x} 的乘积，用分部积分法，设 $u = x^2, v' = \mathrm{e}^{-x}$，则 $u' = 2x, v = -\mathrm{e}^{-x}$，于是

$$I = \int x^2(-\mathrm{e}^{-x})' \mathrm{d}x = -x^2\mathrm{e}^{-x} + 2\int x\mathrm{e}^{-x} \mathrm{d}x.$$

对上式右端的不定积分再用一次分部积分公式：

设 $u = x, v' = \mathrm{e}^{-x}$，则 $u' = 1, v = -\mathrm{e}^{-x}$，有

$$\int x\mathrm{e}^{-x} \mathrm{d}x = \int x(-\mathrm{e}^{-x})' \mathrm{d}x = -x\mathrm{e}^{-x} + \int \mathrm{e}^{-x} \mathrm{d}x = -x\mathrm{e}^{-x} - \mathrm{e}^{-x} + C,$$

将结果代入原不定积分，有

$$\begin{aligned} I &= -x^2\mathrm{e}^{-x} + 2(-x\mathrm{e}^{-x} - \mathrm{e}^{-x}) + C \\ &= -\mathrm{e}^{-x}(x^2 + 2x + 2) + C. \end{aligned}$$

【例 5.23】　求不定积分 $\int x\ln x \mathrm{d}x$．

【解】　被积函数是 x 与 $\ln x$ 的乘积，由于尚不知道函数 $\ln x$ 的原函数，故设 $u = \ln x$，$v' = x$，则 $u' = \frac{1}{x}, v = \frac{x^2}{2}$，于是

$$I = \int \left(\frac{1}{2}x^2\right)' \ln x \mathrm{d}x = \frac{1}{2}x^2\ln x - \int \frac{1}{x}\frac{x^2}{2} \mathrm{d}x = \frac{1}{2}x^2\ln x - \frac{1}{4}x^2 + C.$$

在用分部积分法公式时，也可不写出 u 和 v' 而直接用式(5-3)．

【例 5.24】　求不定积分 $\int \mathrm{e}^x\sin x \mathrm{d}x$．

【解】
$$\begin{aligned} I &= \int \sin x \mathrm{d}\mathrm{e}^x = \mathrm{e}^x\sin x - \int \mathrm{e}^x \mathrm{d}\sin x = \mathrm{e}^x\sin x - \int \mathrm{e}^x\cos x \mathrm{d}x \\ &= \mathrm{e}^x\sin x - \int \cos x \mathrm{d}\mathrm{e}^x = \mathrm{e}^x\sin x - \mathrm{e}^x\cos x - \int \mathrm{e}^x\sin x \mathrm{d}x. \end{aligned}$$

可以看到连续两次用分部积分法，出现了"循环"现象，所以上式可视为关于 $\int \mathrm{e}^x\sin x \mathrm{d}x$ 的方程，移项得

$$2\int \mathrm{e}^x\sin x \mathrm{d}x = \mathrm{e}^x\sin x - \mathrm{e}^x\cos x + C,$$

故　　　　　$$\int \mathrm{e}^x\sin x \mathrm{d}x = \frac{1}{2}\mathrm{e}^x(\sin x - \cos x) + C.$$

在介绍完不定积分的基本内容后,在此需要特别指出的是,求不定积分不仅比求导数困难,而且有些积分用前面介绍的方法是"积不出来的". 对于任一给定的初等函数,我们可以求出其导数. 但对于有些积分,如 $\int e^{-x^2}\mathrm{d}x$,$\int \dfrac{\cos x}{x}\mathrm{d}x$ 等,尽管被积函数是初等函数,但其原函数却不可能用初等函数表示出来.

 习题 5.3

1. 求下列不定积分.

(1) $\int x\cos 4x\mathrm{d}x$;

(2) $\int x^2\cos x\mathrm{d}x$;

(3) $\int xe^x\mathrm{d}x$;

(4) $\int xe^{-4x}\mathrm{d}x$;

(5) $\int x^2 e^x\mathrm{d}x$;

(6) $\int x^2\sin x\mathrm{d}x$;

(7) $\int x^2\ln x\mathrm{d}x$;

(8) $\int \ln(x^2+1)\mathrm{d}x$;

(9) $\int \cos\sqrt{x}\mathrm{d}x$;

(10) $\int e^x\cos 2x\mathrm{d}x$.

2. 已知函数 $f(x)$ 的原函数是 $\dfrac{\sin x}{x}$,求不定积分 $\int xf'(x)\mathrm{d}x$.

3. 已知 $f(x)=\dfrac{e^x}{x}$,求 $\int xf''(x)\mathrm{d}x$.

§5.4 定积分

当我们利用积分去研究几何、经济等问题的时候,往往要用到另外一个数学概念——定积分. 本节只介绍定积分的计算及基本性质,要想对定积分有全面的理解,读者还要结合第六章里面所介绍的一些相关知识.

定积分的基本公式:

若函数 $f(x)$ 在区间 $[a,b]$ 上连续,$F(x)$ 是 $f(x)$ 在 $[a,b]$ 上的一个原函数,即 $\int f(x)\mathrm{d}x = F(x)+C$,则数值

$$F(b)-F(a),$$

称为 $f(x)$ 在区间 $[a,b]$ 上的**定积分**或是 $f(x)$ 从 a 到 b 的定积分,记为 $\int_a^b f(x)\mathrm{d}x$. 其中 $f(x)$ 称为被积函数,x 为积分变量,a 和 b 分别称为积分下限和上限,$[a,b]$ 称为积分区间. 即

$$\int_a^b f(x)\mathrm{d}x = F(x)\Big|_a^b = F(b)-F(a).$$

上式称为**牛顿-莱布尼茨公式**或 **N-L 公式**,它是微积分学中的一个基本公式. 因此,有了

这个基本公式之后,计算定积分的问题主要就是求不定积分当中的原函数 $F(x)$,然后再去求其差值.

例如,要计算 $f(x) = x^2$ 从 1 到 2 的定积分,首先要找出 $f(x)$ 的一个原函数,因为 $F(x) = \frac{1}{3}x^3$ 便是 x^2 的一个原函数,故 $f(x) = x^2$ 从 1 到 2 的定积分就为

$$\int_1^2 x^2 \mathrm{d}x = \frac{1}{3}x^3 \Big|_1^2 = \frac{8}{3} - \frac{1}{3} = \frac{7}{3}.$$

下面通过几个简单的例题来熟悉牛顿-莱布尼茨公式的使用,并掌握一些简单函数的定积分计算.

【例 5.25】　求定积分 $\int_0^1 2x^3 \mathrm{d}x$.

【解】　因为 $\left(\frac{1}{2}x^4\right)' = 2x^3$,根据牛顿-莱布尼茨公式得

$$\int_0^1 2x^3 \mathrm{d}x = \frac{1}{2}x^4 \Big|_0^1 = \frac{1}{2} - 0 = \frac{1}{2}.$$

【例 5.26】　求定积分 $\int_0^{\frac{\pi}{2}} 2\cos x \mathrm{d}x$.

【解】　因为 $(2\sin x)' = 2\cos x$,根据 牛顿-莱布尼茨公式得

$$\int_0^{\frac{\pi}{2}} 2\cos x \mathrm{d}x = 2\sin x \Big|_0^{\frac{\pi}{2}} = 2 - 0 = 2.$$

在计算定积分时,有时候不能直接找出原函数,需要利用基本初等函数的运算性质,将被积函数进行恒等变形后再计算.

【例 5.27】　求定积分 $\int_0^{\pi} 4\sin \frac{x}{2}\cos \frac{x}{2} \mathrm{d}x$.

【解】　原式 $= \int_0^{\pi} 2\sin x \mathrm{d}x = 2\int_0^{\pi} \sin x \mathrm{d}x$

$$= 2(-\cos x) \Big|_0^{\pi} = 2(-\cos \pi + \cos 0) = 4.$$

【例 5.28】　求定积分 $\int_4^9 \sqrt{x}(1 + 2\sqrt{x}) \mathrm{d}x$.

【解】　原式 $= \int_4^9 (x^{\frac{1}{2}} + 2x) \mathrm{d}x = \left(\frac{2}{3}x^{\frac{3}{2}} + x^2\right) \Big|_4^9$

$$= \left(\frac{2}{3} \cdot 3^3 + 9^2\right) - \left(\frac{2}{3} \cdot 2^3 + 4^2\right) = \frac{233}{3}.$$

【例 5.29】　求定积分 $\int_0^1 2^x \cdot 3^x \cdot 4^x \mathrm{d}x$.

【解】　原式 $= \int_0^1 (2 \cdot 3 \cdot 4)^x \mathrm{d}x = \int_0^1 24^x \mathrm{d}x = \frac{24^x}{\ln 24} \Big|_0^1 = \frac{1}{\ln 24}(24^1 - 24^0) = \frac{23}{\ln 24}.$

不过,我们在理解定积分时应该注意以下几点:

(1) 定积分 $\int_a^b f(x)\mathrm{d}x$ 表示一个数值,这个值取决于被积函数 $f(x)$ 和积分区间 $[a,b]$,而与积分变量用什么字母无关,即

$$\int_a^b f(x)\mathrm{d}x = \int_a^b f(t)\mathrm{d}t.$$

（2）在定积分的定义中，我们总是假设 $a < b$. 如果 $b < a$，则

$$\int_a^b f(x)\mathrm{d}x = -\int_b^a f(x)\mathrm{d}x.$$

即颠倒积分上、下限时，必须改变定积分的符号. 特别地，有

$$\int_a^a f(x)\mathrm{d}x = 0.$$

（3）在计算 $\int_a^b f(x)\mathrm{d}x$ 时，选取哪一个原函数是无关紧要的. 事实上，如果 $F(x)$ 是 $f(x)$ 的一个原函数，而 $G(x)$ 是 $f(x)$ 的另一个原函数，这两个原函数之间必定只相差一个常数，即

$$G(x) = F(x) + C(C \text{ 为一个常数}).$$

$$\int_a^b f(x)\mathrm{d}x = F(b) - F(a) = [F(b) + C] - [F(a) + C] = G(b) - G(a).$$

（4）变上限的定积分 $\int_a^x f(t)\mathrm{d}t$ 满足

$$\int_a^x f(t)\mathrm{d}t = F(t)\Big|_a^x = F(x) - F(a),$$

$$\left[\int_a^x f(t)\mathrm{d}t\right]' = [(F(x) - F(a)]' = f(x).$$

所以，$\int_a^x f(t)\mathrm{d}t$ 还是 x 的一个函数，并且该函数还是 $f(x)$ 的一个原函数.

【例 5.30】 求下列函数 $\Phi(x)$ 的导数.

$(1)\Phi(x) = \int_2^x \sqrt{1+t^2}\,\mathrm{d}t$；$\qquad\qquad (2)\Phi(x) = \int_x^5 \dfrac{2t}{3+2t+t^2}\mathrm{d}t.$

【解】 （1）$\Phi'(x) = (\int_2^x \sqrt{1+t^2}\,\mathrm{d}t)' = \sqrt{1+x^2}$.

（2）首先将变下限积分化为变上限积分，即

$$\Phi(x) = \int_x^5 \frac{2t}{3+2t+t^2}\mathrm{d}t = -\int_5^x \frac{2t}{3+2t+t^2}\mathrm{d}t,$$

于是 $\qquad \Phi'(x) = \left[-\int_5^x \dfrac{2t}{3+2t+t^2}\mathrm{d}t\right]' = -\left[\int_5^x \dfrac{2t}{3+2t+t^2}\mathrm{d}t\right]' = -\dfrac{2x}{3+2x+x^2}.$

【例 5.31】 设 $\Phi(x) = \int_0^{x^2} \ln(1+t^2)\mathrm{d}t$，求 $\Phi'(x)$ 及 $\Phi'(1)$.

【解】 $\qquad \Phi'(x) = \left[\int_0^{x^2} \ln(1+t^2)\mathrm{d}t\right]' = \ln[1+(x^2)^2] \cdot (x^2)' = 2x\ln(1+x^4).$

$$\Phi'(1) = 2x\ln(1+x^4)\Big|_{x=1} = 2\ln 2.$$

注：例 5.31 中的 $\Phi(x) = \int_0^{x^2} \ln(1+t^2)\mathrm{d}t$，可以看成是 $\Phi(u) = \int_0^u \ln(1+t^2)\mathrm{d}t, u = x^2$ 的复合函数，因此求导时可以按照复合函数求导法则来计算.

【例 5.32】 求极限 $\lim\limits_{x\to 0} \dfrac{\int_0^{3x} \ln(1+t)\mathrm{d}t}{x^2}$.

【解】 这是一个 $\dfrac{0}{0}$ 型的未定式,因此由洛必达法则有

$$\lim_{x\to 0}\frac{\displaystyle\int_0^{3x}\ln(1+t)\,\mathrm{d}t}{x^2}=\lim_{x\to 0}\frac{3\ln(1+3x)}{2x}=\lim_{x\to 0}\frac{9x}{2x}=\frac{9}{2}.$$

习题 5.4

1. 求下列定积分的值.

(1) $\displaystyle\int_0^1 x^3\,\mathrm{d}x$;

(2) $\displaystyle\int_2^5 (2x-1)\,\mathrm{d}x$;

(3) $\displaystyle\int_1^4 (x^2-x+1)\,\mathrm{d}x$;

(4) $\displaystyle\int_0^1 \mathrm{e}^x\,\mathrm{d}x$;

(5) $\displaystyle\int_{-1}^2 (2x+1)\,\mathrm{d}x$;

(6) $\displaystyle\int_1^2 \frac{1}{2x-1}\,\mathrm{d}x$;

(7) $\displaystyle\int_{-1}^1 (x^3+x+1)\,\mathrm{d}x$;

(8) $\displaystyle\int_0^1 (2^x+x^2)\,\mathrm{d}x$.

2. 求下列函数 $F(x)$ 的导数.

(1) $F(x)=\displaystyle\int_0^x \sqrt{1+t^2}\,\mathrm{d}t$;

(2) $F(x)=\displaystyle\int_0^{x^2} t\sin t^2\,\mathrm{d}t$;

(3) $F(x)=\displaystyle\int_0^x \ln(1+t)\,\mathrm{d}t$;

(4) $F(x)=\displaystyle\int_x^1 t^2\mathrm{e}^{-t^2}\,\mathrm{d}t$.

3. 求下列极限.

(1) $\displaystyle\lim_{x\to 0}\frac{\displaystyle\int_0^{3x}\sin t\,\mathrm{d}t}{x^2}$;

(2) $\displaystyle\lim_{x\to 0}\frac{\displaystyle\int_0^{x^2}\ln(1+t)\,\mathrm{d}t}{x^4}$.

4. 计算函数 $y=x^2$ 在 $[-2,2]$ 区间上的平均值,并求出当 x 在 $[-2,2]$ 上取何值时函数值恰等于该平均值.

§5.5 定积分的性质及计算

为了便于定积分的计算,我们列出定积分的一些简单性质. 并假设所讨论的函数在给定的区间上是连续可积的.

一、定积分的基本性质

性质 5.4 常数因子 k 可提到积分符号前.

$$\int_a^b kf(x)\,\mathrm{d}x=k\int_a^b f(x)\,\mathrm{d}x.$$

性质 5.5 代数和的积分等于积分的代数和.

$$\int_a^b [f(x)\pm g(x)]\,\mathrm{d}x=\int_a^b f(x)\,\mathrm{d}x\pm\int_a^b f(x)\,\mathrm{d}x.$$

性质 5.6 定积分对积分区间的可加性.

如果积分区间 $[a,b]$ 被点 c 分成两个区间 $[a,c]$ 和 $[c,b]$,则

$$\int_a^b f(x)\mathrm{d}x = \int_a^c f(x)\mathrm{d}x + \int_c^b f(x)\mathrm{d}x.$$

性质 5.6 中的点 c 在 $[a,b]$ 之外时,其结论仍成立.事实上,当 $a < b < c$,由于

$$\int_a^c f(x)\mathrm{d}x = \int_a^b f(x)\mathrm{d}x + \int_b^c f(x)\mathrm{d}x.$$

于是得 $\qquad \int_a^b f(x)\mathrm{d}x = \int_a^c f(x)\mathrm{d}x - \int_b^c f(x)\mathrm{d}x = \int_a^c f(x)\mathrm{d}x + \int_c^b f(x)\mathrm{d}x.$

当 $c < a < b$ 时,证法类似.

【例 5.33】 求定积分 $\displaystyle\int_{-1}^2 (x^2 - 3\mathrm{e}^x)\mathrm{d}x.$

【解】
$$\begin{aligned}
\int_{-1}^2 (x^2 - 3\mathrm{e}^x)\mathrm{d}x &= \int_{-1}^2 x^2 \mathrm{d}x - 3\int_{-1}^2 \mathrm{e}^x \mathrm{d}x \\
&= \frac{1}{3}x^3 \Big|_{-1}^2 - 3\mathrm{e}^x \Big|_{-1}^2 \\
&= \frac{8}{3} - (-\frac{1}{3}) - (3\mathrm{e}^2 - 3\frac{1}{\mathrm{e}}) \\
&= 3 - 3\mathrm{e}^2 + \frac{3}{\mathrm{e}}.
\end{aligned}$$

【例 5.34】 求定积分 $\displaystyle\int_{-1}^3 |x-2|\,\mathrm{d}x.$

【解】 首先将被积函数中的绝对值符号去掉,因为

$$|x-2| = \begin{cases} 2-x & -1 \leqslant x \leqslant 2 \\ x-2 & 2 < x \leqslant 3 \end{cases},$$

所以
$$\begin{aligned}
\int_{-1}^3 |x-2|\mathrm{d}x &= \int_{-1}^2 (2-x)\mathrm{d}x + \int_2^3 (x-2)\mathrm{d}x \\
&= \left(2x - \frac{1}{2}x^2\right)\Big|_{-1}^2 - (x^2 - 2x)\Big|_2^3 = \frac{9}{2} + \frac{1}{2} = 5.
\end{aligned}$$

前面我们学习了用换元积分法和分部积分法求已知函数的原函数,而用牛顿-莱布尼茨公式计算定积分时,就是要先求出被积函数的一个原函数.因此,在某些条件下换元积分法和分部积分法也可以用来计算定积分.

二、定积分的换元积分法

若函数 $f(x)$ 在区间 $[a,b]$ 上连续,设 $x = \varphi(t)$ 使之满足:

(1)$\varphi(t)$ 是区间 $[\alpha,\beta]$ 上的单调连续函数;

(2)$\varphi(\alpha) = a, \varphi(\beta) = b$;

(3)$\varphi(t)$ 在区间 $[\alpha,\beta]$ 上有连续的导数 $\varphi'(t)$,则

$$\int_a^b f(x)\mathrm{d}x \xrightarrow{x = \varphi(t)} \int_\alpha^\beta f(\varphi(t))\varphi'(t)\mathrm{d}t.$$

【例 5.35】 求定积分 $\displaystyle\int_0^1 \dfrac{x}{1+x^2}\mathrm{d}x$.

【解】 按不定积分的第一换元积分法,设 $u=1+x^2$,则 $\mathrm{d}u=2x\mathrm{d}x$. 当 $x=0$ 时,$u=1$;当 $x=1$ 时,$u=2$,于是

$$I=\frac{1}{2}\int_1^2 \frac{1}{u}\mathrm{d}u=\frac{1}{2}\ln u\Big|_1^2=\frac{1}{2}\ln 2.$$

若不写出新的积分变量,则无须换限,可如下书写:

$$\int_0^1 \frac{x}{1+x^2}\mathrm{d}x=\frac{1}{2}\int_0^1 \frac{1}{1+x^2}\mathrm{d}(1+x^2)=\frac{1}{2}\ln(1+x^2)\Big|_0^1=\frac{1}{2}\ln 2.$$

【例 5.36】 求定积分 $\displaystyle\int_0^1 2x\mathrm{e}^{x^2}\mathrm{d}x$.

【解】 取 $u=x^2$,则 $\mathrm{d}u=2x\mathrm{d}x$. 当 $x=0$ 时,$u=0$;当 $x=1$ 时 $u=1$,于是

$$\int_0^1 2x\mathrm{e}^{x^2}\mathrm{d}x=\int_0^1 \mathrm{e}^u\mathrm{d}u=\mathrm{e}^u\Big|_0^1=\mathrm{e}-1.$$

【例 5.37】 求定积分 $\displaystyle\int_{\frac{1}{\pi}}^{\frac{2}{\pi}} \dfrac{1}{x^2}\sin\dfrac{1}{x}\mathrm{d}x$.

【解】 按不定积分的第一换元积分法思路:

$$\int_{\frac{1}{\pi}}^{\frac{2}{\pi}} \frac{1}{x^2}\sin\frac{1}{x}\mathrm{d}x=-\int_{\frac{1}{\pi}}^{\frac{2}{\pi}} \sin\frac{1}{x}\mathrm{d}\left(\frac{1}{x}\right)=\cos\frac{1}{x}\Big|_{\frac{1}{\pi}}^{\frac{2}{\pi}}=\cos\frac{\pi}{2}-\cos\pi=1.$$

如用新的积分变量,则令 $u=\dfrac{1}{x}$,则 $\mathrm{d}u=-\dfrac{1}{x^2}\mathrm{d}x$. 当 $x=\dfrac{1}{\pi}$ 时,$u=\pi$;当 $x=\dfrac{2}{\pi}$ 时,$u=\dfrac{\pi}{2}$,于是

$$\int_{\frac{1}{\pi}}^{\frac{2}{\pi}} \frac{1}{x^2}\sin\frac{1}{x}\mathrm{d}x=-\int_{\pi}^{\frac{\pi}{2}} \sin u\mathrm{d}u=\cos u\Big|_{\pi}^{\frac{\pi}{2}}=\cos\frac{\pi}{2}-\cos\pi=1.$$

【例 5.38】 求定积分 $\displaystyle\int_0^4 \dfrac{1}{1+\sqrt{x}}\mathrm{d}x$.

【解】 取 $\sqrt{x}=t$,则 $\mathrm{d}x=2t\mathrm{d}t$,当 $x=0$ 时,$t=0$;当 $x=4$ 时,$t=2$,于是

$$\int_0^4 \frac{1}{1+\sqrt{x}}\mathrm{d}x=\int_0^2 \frac{2t}{1+t}\mathrm{d}t=\int_0^2\left(2-\frac{2}{1+t}\right)\mathrm{d}t$$

$$=2t\Big|_0^2-2\ln(1+t)\Big|_0^2=4-2\ln 3=4-\ln 9.$$

【例 5.39】 若 $f(x)$ 在 $[0,1]$ 上连续,证明 $\displaystyle\int_0^{\frac{\pi}{2}} f(\sin x)\mathrm{d}x=\int_0^{\frac{\pi}{2}} f(\cos x)\mathrm{d}x$.

【证明】 设 $t=\dfrac{\pi}{2}-x$,则 $x=\dfrac{\pi}{2}-t$,$\mathrm{d}x=-\mathrm{d}t$. 当 $x=0$ 时,$t=\dfrac{\pi}{2}$;当 $x=\dfrac{\pi}{2}$ 时,$t=0$,于是

$$左边=\int_{\frac{\pi}{2}}^0 f\left[\sin\left(\frac{\pi}{2}-t\right)\right](-\mathrm{d}t)=\int_0^{\frac{\pi}{2}} f(\cos t)\mathrm{d}t=\int_0^{\frac{\pi}{2}} f(\cos x)\mathrm{d}x=右边.$$

三、定积分的分部积分法

设函数 $u = u(x), v = v(x)$ 在区间 $[a,b]$ 上有连续的导数,则

$$\int_a^b uv' \mathrm{d}x = uv \Big|_a^b - \int_a^b u'v \mathrm{d}x \quad 或 \quad \int_a^b u \mathrm{d}v = uv \Big|_a^b - \int_a^b v \mathrm{d}u.$$

这就是定积分的分部积分公式.

【例 5.40】　求定积分 $\displaystyle\int_0^1 x\mathrm{e}^{2x}\mathrm{d}x$.

【解法一】　令 $u = x, v' = \mathrm{e}^{2x}$,则 $u' = 1, v = \dfrac{1}{2}\mathrm{e}^{2x}$,于是

$$\int_0^1 x\mathrm{e}^{2x}\mathrm{d}x = x \frac{1}{2}\mathrm{e}^{2x} \Big|_0^1 - \int_0^1 \frac{1}{2}\mathrm{e}^{2x}\mathrm{d}x = \frac{1}{2}\mathrm{e}^2 - \frac{1}{4}\mathrm{e}^{2x} \Big|_0^1 = \frac{1}{2}\mathrm{e}^2 - \frac{1}{4}(\mathrm{e}^2 - 1)$$

$$= \frac{1}{4}(\mathrm{e}^2 + 1).$$

【解法二】　$\displaystyle\int_0^1 x\mathrm{e}^{2x}\mathrm{d}x = \int_0^1 x\mathrm{d}(\frac{1}{2}\mathrm{e}^{2x}) = x\frac{1}{2}\mathrm{e}^{2x}\Big|_0^1 - \int_0^1 \frac{1}{2}\mathrm{e}^{2x}\mathrm{d}x = \frac{1}{2}\mathrm{e}^2 - \frac{1}{4}\mathrm{e}^{2x}\Big|_0^1$

$$= \frac{1}{4}(\mathrm{e}^2 + 1).$$

【例 5.41】　求定积分 $\displaystyle\int_0^\pi x\sin 2x\mathrm{d}x$.

【解】　注意到 $x\sin 2x\mathrm{d}x = x\mathrm{d}(-\dfrac{1}{2}\cos 2x)$,于是

$$\int_0^\pi x\sin 2x\mathrm{d}x = -\frac{1}{2}\int_0^\pi x\mathrm{d}(\cos 2x) = -\frac{1}{2}\cos 2x \cdot x \Big|_0^\pi + \int_0^\pi \frac{1}{2}\cos 2x\mathrm{d}x$$

$$= -\frac{\pi}{2} + \frac{1}{4}\sin 2x \Big|_0^\pi = -\frac{\pi}{2}.$$

【例 5.42】　求定积分 $\displaystyle\int_0^{\sqrt{\ln 2}} x^3 \mathrm{e}^{x^2}\mathrm{d}x$.

【解】　注意到 $2x\mathrm{e}^{x^2}\mathrm{d}x = \mathrm{d}\mathrm{e}^{x^2}$,于是

$$\int_0^{\sqrt{\ln 2}} x^3 \mathrm{e}^{x^2}\mathrm{d}x = \frac{1}{2}\int_0^{\sqrt{\ln 2}} x^2 \mathrm{d}\mathrm{e}^{x^2} = \frac{1}{2}x^2\mathrm{e}^{x^2} \Big|_0^{\sqrt{\ln 2}} - \frac{1}{2}\int_0^{\sqrt{\ln 2}} \mathrm{e}^{x^2}\mathrm{d}x^2$$

$$= \ln 2 - \frac{1}{2}\mathrm{e}^{x^2} \Big|_0^{\sqrt{\ln 2}} = \ln 2 - \frac{1}{2}.$$

【例 5.43】　求定积分 $\displaystyle\int_1^2 x^2 \ln x\mathrm{d}x$.

【解】　注意到 $x^2\ln x\mathrm{d}x = \ln x\mathrm{d}(\dfrac{1}{3}x^3)$,于是

$$\int_1^2 x^2\ln x\mathrm{d}x = \int_1^2 \ln x\mathrm{d}(\frac{1}{3}x^3) = \frac{1}{3}x^3\ln x \Big|_1^2 - \int_1^2 \frac{1}{3}x^3\mathrm{d}(\ln x)$$

$$= \frac{8}{3}\ln 2 - \frac{1}{9}x^3 \Big|_1^2 = \frac{8}{3}\ln 2 - \frac{7}{9}.$$

通过本章的讨论可以看出,积分的计算远比导数的计算灵活、复杂.在应用拓展 3-5 中汇集了 147 个常用积分公式,供读者查阅.

习题 5.5

1.填空题.

(1) 定积分 $\displaystyle\int_{-1}^{1}\frac{x}{1+x^{2}}\mathrm{d}x =$ _____;

(2) 定积分 $\displaystyle\int_{\frac{1}{2}}^{1}\frac{1}{x^{2}}\mathrm{e}^{\frac{1}{x}}\mathrm{d}x =$ _____;

(3) $\displaystyle\frac{\mathrm{d}}{\mathrm{d}x}\int_{a}^{b}f(x)\mathrm{d}x =$ _____;

(4) 设 $f(x)$ 在 $[a,b]$ 上连续,则 $\displaystyle\int_{a}^{b}f(x)\mathrm{d}x - \int_{a}^{b}f(t)\mathrm{d}t =$ _____.

2.(1) 设函数 $f(x) = \begin{cases} 1+x^{2}, & 0 \leqslant x \leqslant 1 \\ 2-x, & 1 < x \leqslant 2 \end{cases}$,求 $\displaystyle\int_{0}^{2}f(x)\mathrm{d}x$;

(2) $\displaystyle\int_{0}^{2}x\,|\,x-1\,|\,\mathrm{d}x$; \qquad\qquad (3) $\displaystyle\int_{0}^{2\pi}|\,\sin x\,|\,\mathrm{d}x$.

3.求下列定积分.

(1) $\displaystyle\int_{0}^{\pi}(x-\pi)\cos x\mathrm{d}x$; \qquad\qquad (2) $\displaystyle\int_{0}^{1}\frac{x^{2}}{1+x^{2}}\mathrm{d}x$;

(3) $\displaystyle\int_{0}^{\pi}(1-\sin^{3}x)\mathrm{d}x$; \qquad\qquad (4) $\displaystyle\int_{1}^{9}\frac{1}{x+\sqrt{x}}\mathrm{d}x$;

(5) $\displaystyle\int_{0}^{1}x^{2}\sqrt{1-x^{2}}\mathrm{d}x$; \qquad\qquad (6) $\displaystyle\int_{0}^{\frac{\pi}{2}}\cos^{5}x\sin x\mathrm{d}x$;

(7) $\displaystyle\int_{1}^{4}\frac{\sqrt{x-1}}{x}\mathrm{d}x$; \qquad\qquad (8) $\displaystyle\int_{0}^{4}\frac{1}{1+\sqrt{x}}\mathrm{d}x$;

(9) $\displaystyle\int_{0}^{\frac{\pi}{2}}\sin 2x\mathrm{d}x$; \qquad\qquad (10) $\displaystyle\int_{0}^{1}x\mathrm{e}^{x}\mathrm{d}x$;

(11) $\displaystyle\int_{1}^{4}\mathrm{e}^{\sqrt{x}}\mathrm{d}x$; \qquad\qquad (12) $\displaystyle\int_{0}^{3}\frac{x}{\sqrt{1+x}}\mathrm{d}x$.

4.证明等式:$\displaystyle\int_{a}^{b}f(x)\mathrm{d}x = \int_{a}^{b}f(a+b-x)\mathrm{d}x$.

5.设函数 $f(x) = x^{2} - \displaystyle\int_{0}^{a}f(x)\mathrm{d}x(a \neq -1)$,证明:$\displaystyle\int_{0}^{a}f(x)\mathrm{d}x = \frac{a^{3}}{3(a+1)}$.

6.已知 $f(2) = \dfrac{1}{2}, f'(2) = 0, \displaystyle\int_{0}^{2}f(x)\mathrm{d}x = 1$,证明:$\displaystyle\int_{0}^{2}x^{2}f''(x)\mathrm{d}x = 0$.

第六章　积分应用

一元函数积分学是高等数学的重要概念之一,它与微分学一样在几何及现代经济管理活动中有着广泛的应用,是在计算不规则平面图形的面积及连续变量累加求和等方面的有力工具.为了读者更好地理解和掌握积分的应用,本章先再一次讨论定积分的概念,然后再介绍积分的诸多应用.

§6.1　定积分概念的深化

前面我们已经接触过定积分的计算公式,并且会利用 N-L 公式去计算定积分.但这些都是在抛开定积分的实际背景下的一个计算定义,要想把定积分部分的数学知识应用到实践中去,我们必须得对定积分有进一步的认识.

一、实例分析(曲边梯形的面积)

由连续曲线 $y = f(x)(f(x) \geqslant 0)$,直线 $x = a$,$x = b$ $(a < b)$ 和 $y = 0$(即 x 轴)所围成的平面图形 $aABb$ 称为**曲边梯形**,如图 6-1 所示.

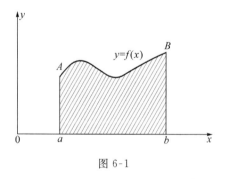

图 6-1

这个四边形,由于有一条边为曲边,所以不能用初等数学计算面积.下面,我们按下述程序计算曲边梯形的面积 A.

(一)分割——分曲边梯形为 n 个小曲边梯形

任意选取分点

$$a = x_0 < x_1 < x_2 < \cdots < x_{n-1} < x_n = b,$$

把区间 $[a,b]$ 分成 n 个小区间 $[x_0,x_1]$，$[x_1,x_2]$，$\cdots$，$[x_{n-1},x_n]$，简记为

$$[x_{i-1},x_i],i=1,2,\cdots,n.$$

每个小区间的长度是

$$\Delta x_i = x_i - x_{i-1},i=1,2,\cdots,n,$$

其中最长的记作 $\Delta x = \max\limits_{1\leqslant i\leqslant n}\{\Delta x_i\}$.

过各分点作 x 轴的垂线，这样，原曲边梯形就被分成 n 个小曲边梯形（见图 6-2），第 i 个小曲边梯形的面积记为 $\Delta A_i,i=1,2,\cdots,n.$

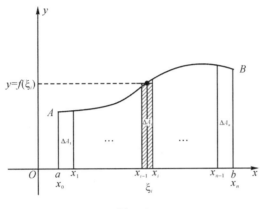

图 6-2

(二)近似代替——用小矩形的面积代替小曲边梯形的面积

如图 6-2 所示，在每一个小区间 $[x_{i-1},x_i](i=1,2,\cdots,n)$ 上任选一点 ξ_i，用与小曲边梯形同底，以 $f(\xi_i)$ 为高的小矩形的面积 $f(\xi_i)\Delta x_i$ 近似代替小曲边梯形的面积，这时有

$$\Delta A_i \approx f(\xi_i)\Delta x_i \quad (i=1,2,\cdots,n).$$

(三)求和——求 n 个小矩形面积之和

n 个小矩形构成的阶梯形的面积 $\sum\limits_{i=1}^{n}f(\xi_i)\Delta x_i$，是原曲边梯形面积的一个近似值，即有

$$A = \sum_{i=1}^{n}\Delta A_i \approx \sum_{i=1}^{n}f(\xi_i)\Delta x_i.$$

(四)取极限——由近似值过渡到精确值

分割区间 $[a,b]$ 的点越多，即 n 越大，且每个小区间的长度 Δx_i 越短，即分割越细，阶梯形的面积即和数 $\sum\limits_{i=1}^{n}f(\xi_i)\Delta x_i$ 与曲边梯形面积 A 的误差越小. 但不管 n 多大，只要取定为有限数，上述和数都只能是面积 A 的近似值. 现将区间 $[a,b]$ 无限地细分下去，并使每个小区间的长度 Δx_i 都趋于零，这时，和数的极限就是原曲边梯形面积的精确值，即

$$A = \lim_{\Delta x \to 0}\sum_{i=1}^{n}f(\xi_i)\Delta x_i,$$

这就得到了曲边梯形的面积.

二、定积分的严格定义

通过上面所介绍的实例可以看出,曲边梯形的面积最后归结为"和式的极限",实际中类似的问题还很多,例如变速直线运动物体的位移、资金流的总和等.现结合上面的引例,**给出定积分的原始定义**:

设函数 $f(x)$ 在闭区间 $[a,b]$ 上有定义,用分点

$$a = x_0 < x_1 < x_2 < \cdots < x_{n-1} < x_n = b,$$

把区间 $[a,b]$ 任意分割成 n 个小区间 $[x_{i-1}, x_i](i = 1,2,\cdots,n)$,其长度

$$\Delta x_i = x_i - x_{i-1} \quad (i = 1,2,\cdots,n),$$

并记长度最大值为

$$\Delta x = \max_{1 \leqslant i \leqslant n}\{\Delta x_i\}.$$

在每个小区间 $[x_{i-1}, x_i]$ 上任取一点 ξ_i,作乘积的和式

$$\sum_{i=1}^{n} f(\xi_i)\Delta x_i,$$

当 $\Delta x \to 0$ 时,若上述和式的极限存在,且这极限与区间 $[a,b]$ 的分法无关,与点 ξ_i 的取法无关,则称函数 $f(x)$ 在 $[a,b]$ 上是可积的,并称此极限值为函数 $f(x)$ 在 $[a,b]$ 上的**定积分**,记作

$$\int_a^b f(x)\mathrm{d}x,$$

即

$$\int_a^b f(x)\mathrm{d}x = \lim_{\Delta x \to 0}\sum_{i=1}^{n} f(\xi_i)\Delta x_i.$$

其中,$f(x)$ 称为被积函数,$f(x)\mathrm{d}x$ 称为被积表达式,x 称为积分变量,a 称为积分下限,b 称为积分上限,$[a,b]$ 称为积分区间.

【例 6.1】 利用定积分的定义,计算 $\int_0^1 x^3\mathrm{d}x$ 的值,并说明该定积分可表示的图形面积.

【解】 (1)先分割,在区间 $[0,1]$ 上等间隔地插入 $n-1$ 个分点,把区间 $[0,1]$ 等分成 n 个小区间 $\left[\dfrac{i-1}{n}, \dfrac{i}{n}\right](i = 1,2,\cdots,n)$,每个小区间的长度为 $\Delta x = \dfrac{1}{n}$.

近似代替、作和,取 $\xi_i = \dfrac{i}{n}(i = 1,2,\cdots,n)$,则

$$\int_0^1 x^3\mathrm{d}x \approx \sum_{i=1}^{n} f\left(\frac{i}{n}\right)\Delta x = \sum_{i=1}^{n}\left(\frac{i}{n}\right)^3\frac{1}{n} = \frac{1}{n^4}\sum_{i=1}^{n} i^3$$

$$= \frac{1}{n^4}\cdot\frac{1}{4}n^2(n+1)^2 = \frac{1}{4}\left(1+\frac{1}{n}\right)^2.$$

取极限得

$$\int_0^1 x^3\mathrm{d}x = \lim_{n\to\infty}\frac{1}{4}\left(1+\frac{1}{n}\right)^2 = \frac{1}{4}.$$

(2)该积分的值实际上等于曲线 $y = x^3$ 与直线 $y = 0, x = 1$ 所围成的平面图形面积.

接下来我们就该例题继续分析.由于这个定积分的被积函数比较简单,可以通过原始定义公式来求函数的定积分.但如果被积函数变得更复杂些,那么用原始定义公式来求函

数的定积分就变得非常困难. 这时我们往往通过找到被积函数 $f(x)$ 的原函数 $F(x)$, 再利用上章提到的定积分基本公式 $\left(\displaystyle\int_a^b f(x)\mathrm{d}x = F(x)\Big|_a^b = F(b) - F(a)\right)$ 来计算. 那么该定积分的计算就可写成

$$\int_0^1 x^3 \mathrm{d}x = \frac{1}{4}x^4 \Big|_0^1 = \frac{1}{4} - 0 = \frac{1}{4}.$$

因此, 定积分基本公式 (N-L 公式) 在定积分与原函数两个概念之间建立起了定量关系, 从而为定积分的计算找到了一种便捷途径.

三、定积分的几何意义

按定积分的定义, 由连续曲线 $y = f(x)(f(x) \geqslant 0)$, 直线 $x = a, x = b(a < b)$ 和 x 轴所围成的曲边梯形 (见图 6-3), 其面积 A 是作为曲边的函数 $y = f(x)$ 在区间 $[a,b]$ 上的定积分

$$A = \int_a^b f(x)\mathrm{d}x.$$

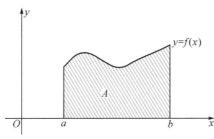

图 6-3

当 $f(x) \leqslant 0$, 由曲线 $y = f(x)$, 直线 $x = a, x = b \ (a < b)$ 和 x 轴所围成的平面图形是倒挂在 x 轴上的曲边梯形 (见图 6-4), 这时定积分 $\displaystyle\int_a^b f(x)\mathrm{d}x$ 在几何上表示该曲边梯形面积的负值, 其面积

$$A = -\int_a^b f(x)\mathrm{d}x.$$

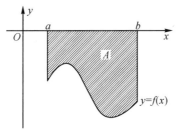

图 6-4

当 $f(x)$ 在区间 $[a,b]$ 上有正有负时, 如图 6-5 所示, 定积分 $\displaystyle\int_a^b f(x)\mathrm{d}x$ 在几何上表示各个阴影部分面积的代数和, 即面积

$$A = \int_a^c f(x)\mathrm{d}x - \int_c^d f(x)\mathrm{d}x + \int_d^b f(x)\mathrm{d}x.$$

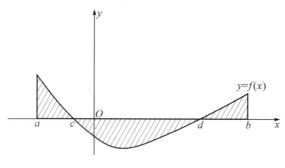

图 6-5

【例 6.2】 用定积分的几何意义说明等式 $\int_{-1}^{1}\sqrt{1-x^2}\,\mathrm{d}x = \dfrac{\pi}{2}$ 成立.

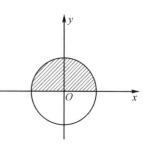

【解】 曲线 $y = \sqrt{1-x^2}$，$x \in [-1,1]$ 是单位圆在 x 轴上方的部分(见图 6-6).由定积分的几何意义,上半圆的面积正是函数 $y = \sqrt{1-x^2}$ 在区间 $[-1,1]$ 上的定积分;而上半圆的面积为 $\dfrac{\pi}{2}$.故有等式 $\int_{-1}^{1}\sqrt{1-x^2}\,\mathrm{d}x = \dfrac{\pi}{2}$.

图 6-6

对于对称区间上的奇偶函数求定积分,按定积分的几何意义,根据图像的几何对称性(见图 6-7),易得如下结论:在区间 $[-a,a]$ 上,若 $f(x)$ 是偶函数,即 $f(-x) = f(x)$,则 $\int_{-a}^{a} f(x)\mathrm{d}x = 2\int_{0}^{a} f(x)\mathrm{d}x$;若 $f(x)$ 是奇函数,即 $f(-x) = -f(x)$,则 $\int_{-a}^{a} f(x)\mathrm{d}x = 0$.

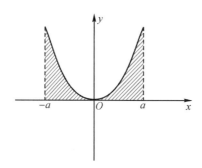 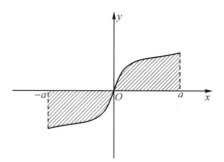

图 6-7

【例 6.3】 求定积分 $\int_{-2}^{2} x^4 \sin x\,\mathrm{d}x$.

【解】 观察 $x^4 \sin x$ 为奇函数,积分区间为对称区间,所以

$$\int_{-2}^{2} x^4 \sin x\,\mathrm{d}x = 0.$$

【例 6.4】 求图 6-8 中阴影部分的面积.

【解】 该图形的面积可以分割成左、右两块来计算,则面积

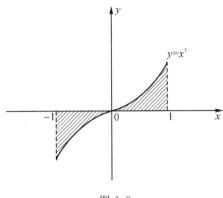

图 6-8

$$S = -\int_{-1}^{0} x^3 \, \mathrm{d}x + \int_{0}^{1} x^3 \, \mathrm{d}x = -\frac{1}{4}x^4 \bigg|_{-1}^{0} + \frac{1}{4}x^4 \bigg|_{0}^{1} = \frac{1}{4} + \frac{1}{4} = \frac{1}{2}.$$

因为根据对称性,左、右两块面积是相等的,所以也可写成

$$S = 2\int_{0}^{1} x^3 \, \mathrm{d}x = \frac{1}{2}x^4 \bigg|_{0}^{1} = \frac{1}{2}.$$

注:我们可以利用积分来计算某些平面图形的面积,但平面图形的面积不一定就是函数在区间上的定积分,有时候需要找到面积与积分的对应关系. 如果直接计算 $\int_{-1}^{1} x^3 \, \mathrm{d}x$,则该积分 $\int_{-1}^{1} x^3 \, \mathrm{d}x = 0$,显然不等于阴影部分的面积. 这点请读者们要分析清楚,加以注意.

习题 6.1

1.用几何图形说明下列各式对否.

(1) $\int_{0}^{\pi} \sin x \mathrm{d}x > 0$；

(2) $\int_{0}^{\pi} \cos x \mathrm{d}x > 0$；

(3) $\int_{0}^{1} x \mathrm{d}x = \frac{1}{2}$；

(4) $\int_{0}^{a} \sqrt{a^2 - x^2} \, \mathrm{d}x = \frac{\pi}{4}a^2$.

2.利用定积分的几何意义求下列定积分的值.

(1) $\int_{-1}^{1} \sqrt{1 - x^2} \, \mathrm{d}x$；

(2) $\int_{0}^{1} 3x \mathrm{d}x$；

(3) $\int_{-1}^{1} x \mathrm{d}x$；

(4) $\int_{-\pi}^{\pi} \sin x \mathrm{d}x$.

3.一质点做直线运动,其速度为 $v = t^2 + 3$,则从 $t = 4$ 到 $t = 9$ 的时段内,该质点所走的路程 s 为多少?

4.设有一质量分布不均匀的细棒,其长度为 2m,在距离左端 x m 处的线密度(单位长度的质量)为 $\rho = 2 + 5x(\mathrm{g/m})$,求细棒的质量.

§6.2 定积分的几何应用

定积分的应用很广泛,如果只了解定积分的几何意义的话,那也只能计算一些简单不规则平面图形的面积.实际上不管把定积分应用到几何方面,还是经济学、物理学方面,都有一个核心的数学思想和方法——定积分的微元法.本节首先介绍定积分计算的微元法,接着介绍其在几何领域中的一些应用,有关经济方面的应用归纳在下一节里.

一、定积分的微元法

当我们要计算一个具体的量 Q 时:

(1) 在区间 $[a,b]$ 上任取一个微小区间 $[x,x+\mathrm{d}x]$,然后写出在这个小区间上的部分量 ΔQ 的近似值,记为 $\mathrm{d}Q = f(x)\mathrm{d}x$(称为 Q 的**微元**);

(2) 将微元 $\mathrm{d}Q$ 在 $[a,b]$ 上无限"累加",即在 $[a,b]$ 上积分,得

$$Q = \int_a^b f(x)\mathrm{d}x.$$

上述两步解决问题的方法称为**微元法**.

关于微元 $\mathrm{d}Q = f(x)\mathrm{d}x$,我们有两点要说明:

① $f(x)\mathrm{d}x$ 作为 ΔQ 的近似表达式,应该足够准确,确切地说,就是要求其差是关于 Δx 的高阶无穷小,即 $\Delta Q - f(x)\mathrm{d}x = o(\Delta x)$.称作微元的量 $f(x)\mathrm{d}x$,实际上就是所求量的微分 $\mathrm{d}Q$.

② 具体怎样求微元呢?这是问题的关键,需要分析问题的实际意义及数量关系.一般按在局部 $[x,x+\mathrm{d}x]$ 上以"常代变""直代曲"的思路(局部线性化),写出局部上所求量的近似值,即为微元 $\mathrm{d}Q = f(x)\mathrm{d}x$.

二、平面图形的面积计算

由定积分的几何意义可知,由两条连续曲线 $y = g(x)$,$y = f(x)$ 及两条直线 $x = a$,$x = b(a < b)$ 所围成的平面图形的面积按如下方法求得.

如图 6-9 所示,取横坐标 x 为积分变量,它的取值区间为 $[a,b]$,闭区间 $[a,b]$ 上任一小区间 $[x,x+\mathrm{d}x]$ 上窄条的面积近似于高为 $f(x)-g(x)$,底宽为 $\mathrm{d}x$ 的小矩形的面积,即面积 S 的微元为 $\mathrm{d}S = [f(x)-g(x)]\mathrm{d}x$.以 $\mathrm{d}S = [f(x)-g(x)]\mathrm{d}x$ 为被积表达式,在闭区间 $[a,b]$ 上作定积分,得

$$S = \int_a^b [f(x) - g(x)]\mathrm{d}x.$$

若在 $[a,b]$ 上 $f(x) \geqslant g(x)$ 不成立,可以证明 $S = \int_a^b |f(x) - g(x)|\mathrm{d}x$.

若平面图形是由连续曲线 $x = \varphi(y)$,$x = \psi(y)$ 以及直线 $y = c$,$y = d(c < d)$ 围成(见图 6-10),同样可证

$$S = \int_c^d |\varphi(y) - \psi(y)|\mathrm{d}y.$$

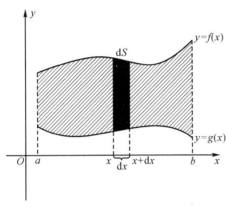

图 6-9

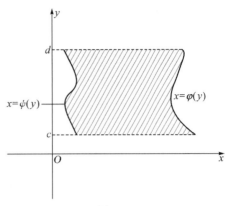

图 6-10

【例 6.5】　求由曲线 $xy = 1$,直线 $y = x$ 和 $x = 2$ 所围图形的面积.

【解】　首先,画出草图(见图 6-11),求出曲线 $xy = 1$ 和直线 $y = x$ 的交点 P 的横坐标,

联立 $\begin{cases} xy = 1 \\ y = x \end{cases}$ 得 $\begin{cases} x_1 = 1 \\ y_1 = 1 \end{cases}$, $\begin{cases} x_2 = -1 \\ y_2 = -1 \end{cases}$ (舍去).

因为点 P 坐标为 $(1,1)$,易知积分区间为 $[1,2]$,且在 $[1,2]$ 上 $x \geqslant \dfrac{1}{x}$,所以有

$$S = \int_1^2 \left[x - \frac{1}{x} \right] \mathrm{d}x = \left(\frac{1}{2}x^2 - \ln x \right) \Big|_1^2 = \frac{3}{2} - \ln 2.$$

【例 6.6】　求由曲线 $y = x^2$ 与 $y = 2x - x^2$ 所围图形的面积.

【解】　首先,画出草图(见图 6-12),求出两曲线交点坐标.

由 $\begin{cases} y = x^2 \\ y = 2x - x^2 \end{cases}$ 得 $x^2 = 2x - x^2 \Rightarrow x_1 = 0, x_2 = 1.$

所以两交点坐标分别为 $(0,0)$ 和 $(1,1)$,积分区间为 $[0,1]$.

又因为在区间 $[0,1]$ 上有 $2x - x^2 \geqslant x^2$,所以有

$$S = \int_0^1 (2x - x^2 - x^2) \mathrm{d}x = x^2 \Big|_0^1 - \frac{2}{3}x^3 \Big|_0^1 = 1 - \frac{2}{3} = \frac{1}{3}.$$

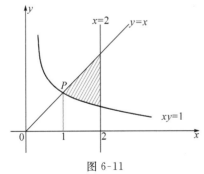

图 6-11

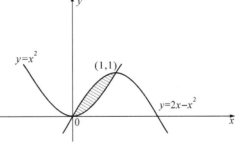

图 6-12

【例 6.7】　求由直线 $y = x - 1$ 与曲线 $y^2 = 2x + 6$ 所围图形的面积.

【解】　首先,画出草图(见图 6-13),求出两曲线交点坐标.

由 $\begin{cases} y = x - 1 \\ y^2 = 2x + 6 \end{cases}$ 得两交点坐标分别为 $(-1, -2)$ 及 $(5, 4)$.

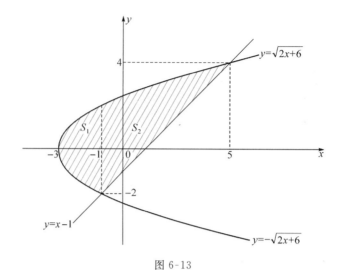

图 6-13

由于图形的下边曲线是由不同的方程构成,因此应该将整个图形看成是由两部分构成的,一部分面积记为 S_1,一部分面积记为 S_2. 所以

$$S = S_1 + S_2$$

$$= \int_{-3}^{-1} \left[\sqrt{2x+6} - (-\sqrt{2x+6}) \right] \mathrm{d}x + \int_{-1}^{5} \left[\sqrt{2x+6} - (x-1) \right] \mathrm{d}x$$

$$= 2\int_{-3}^{-1} \sqrt{2x+6}\, \mathrm{d}x + \int_{-1}^{5} \sqrt{2x+6}\, \mathrm{d}x - \int_{-1}^{5} (x-1)\mathrm{d}x$$

$$= \frac{2}{3}(2x+6)^{\frac{3}{2}} \Big|_{-3}^{-1} + \frac{1}{3}(2x+6)^{\frac{3}{2}} \Big|_{-1}^{5} - \left(\frac{1}{2}x^2 - x \right) \Big|_{-1}^{5}$$

$$= \frac{16}{3} + \frac{56}{3} - 6 = 18.$$

此面积也可以关于 y 来积分,这样使计算变得更简单,此时

$$S = \int_{-2}^{4} \left[(y+1) - \left(\frac{1}{2}y^2 - 3 \right) \right] \mathrm{d}y = \left(-\frac{1}{6}y^3 + \frac{1}{2}y^2 + 4y \right) \Big|_{-2}^{4} = 18.$$

三、旋转体的体积

由一个平面图形绕这平面内的一条直线旋转一周而成的立体就称为**旋转体**,这条直线称为旋转轴. 例如,直角三角形绕它的一直角边旋转一周而成的旋转体就是圆锥体,矩形绕它的一条边旋转一周就得到圆柱体.

设一旋转体是由曲线 $y = f(x)$,直线 $x = a$,$x = b (a < b)$ 及 x 轴所围成的曲边梯形绕 x 轴旋转一周而成(见图 6-14),则可用定积分来计算这类旋转体的体积.

取横坐标 x 为积分变量,其变化区间为 $[a, b]$,在此区间内任一点 x 处垂直 x 轴的截面是半径等于 $|y| = |f(x)|$ 的圆,因此此截面面积为

$$A(x) = \pi y^2 = \pi \left[f(x) \right]^2 ,$$

体积的微元为

$$\mathrm{d}V = \pi \left[f(x) \right]^2 \mathrm{d}x ,$$

所求旋转体的体积为

$$V = \int_a^b \pi y^2 \mathrm{d}x = \int_a^b \pi [f(x)]^2 \mathrm{d}x.$$

用类似方法可推得由曲线 $x = \varphi(y)$，直线 $y = c, y = d (c < d)$ 及 y 轴所围成的曲边梯形绕 y 轴旋转一周而成的旋转体（见图 6-15）的体积为

$$V = \int_c^d \pi x^2 \mathrm{d}y = \int_c^d \pi [\varphi(y)]^2 \mathrm{d}y.$$

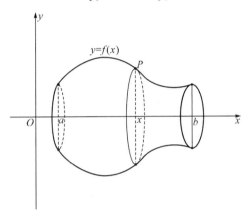
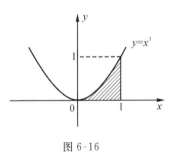

图 6-14   图 6-15

【例 6.8】 求曲线 $y = x^3, x = 1, y = 0$ 所围成的区域分别绕 x 轴旋转和绕 y 轴旋转所产生的旋转体的体积.

【解】 所围区域如图 6-16 所示，绕 x 轴旋转得到的旋转体的体积为

$$V_x = \pi \int_0^1 (x^3)^2 \mathrm{d}x = \frac{\pi \cdot x^7}{7} \Big|_0^1 = \frac{\pi}{7}.$$

绕 y 轴旋转得到的旋转体的体积为

$$\begin{aligned}
V_y &= \pi \int_0^1 1^2 \mathrm{d}y - \pi \int_0^1 (y^{\frac{1}{3}})^2 \mathrm{d}y \\
&= \pi y \Big|_0^1 - \frac{3\pi}{5} y^{\frac{5}{3}} \Big|_0^1 \\
&= \pi - \frac{3\pi}{5} = \frac{2}{5}\pi.
\end{aligned}$$

图 6-16

【例 6.9】 求由椭圆 $\dfrac{x^2}{a^2} + \dfrac{y^2}{b^2} = 1$ 所围成的图形绕 x 轴旋转而成的旋转体（称为旋转椭圆球体）的体积.

【解】 这个旋转体可以看作是由半个椭圆 $y = \dfrac{a}{b}\sqrt{a^2 - x^2}$ 及 x 轴围成的图形绕 x 轴旋转一周而成的立体（见图 6-17），于是所求体积为

$$\begin{aligned}
V &= \int_{-a}^a \pi \left(\frac{a}{b}\sqrt{a^2 - x^2}\right)^2 \mathrm{d}x = \frac{b^2}{a^2}\pi \int_{-a}^a (a^2 - x^2) \mathrm{d}x \\
&= \frac{2b^2}{a^2}\pi \int_0^a (a^2 - x^2) \mathrm{d}x = 2\pi \frac{b^2}{a^2}\left(a^2 x - \frac{1}{3}x^3\right)\Big|_0^a = \frac{4}{3}\pi ab^2.
\end{aligned}$$

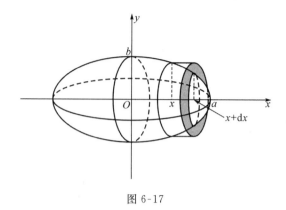

图 6-17

当 $a = b$ 时，旋转体即为半径为 a 的球体，它的体积为 $\frac{4}{3}\pi a^3$.

四、平面曲线弧长

现在我们讨论曲线 $y = f(x)$ 上相应于 x 从 a 到 b 的弧长(见图 6-18)的计算公式.

取横坐标 x 为积分变量，它的变化区间为 $[a,b]$. 如果函数 $y = f(x)$ 具有一阶连续导数，则曲线 $y = f(x)$ 上相应于 $[a,b]$ 上任一小区间 $[x, x+\mathrm{d}x]$ 的一段弧的长度，可以用该曲线在点 $(x, f(x))$ 处切线上相应的一小线段的长度来近似代替，而切线上这相应的小线段长度为

$$\sqrt{(\mathrm{d}x)^2 + (\mathrm{d}y)^2} = \sqrt{1 + (y')^2}\,\mathrm{d}x,$$

从而得到弧长微元

$$\mathrm{d}S = \sqrt{1 + (y')^2}\,\mathrm{d}x.$$

将弧长元素在闭区间 $[a,b]$ 上作定积分，便得到所要求的**弧长计算公式**为

$$S = \int_a^b \sqrt{1 + (y')^2}\,\mathrm{d}x.$$

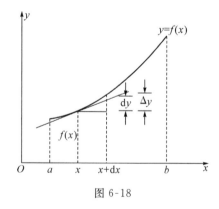

图 6-18

【例 6.10】　计算曲线 $y = \dfrac{2}{3}x^{\frac{3}{2}}$ 相应于 x 从 a 到 b 的一段弧(见图 6-19)的长度.

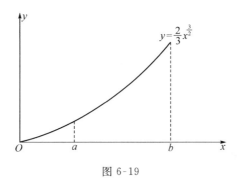

图 6-19

【解】　$y' = x^{\frac{1}{2}}$,从而弧长微元 $\mathrm{d}S = \sqrt{1+(x^{\frac{1}{2}})^2}\,\mathrm{d}x = \sqrt{1+x}\,\mathrm{d}x$.
因此,所求弧长为
$$S = \int_a^b \sqrt{1+x}\,\mathrm{d}x = \frac{2}{3}(1+x)^{\frac{3}{2}}\Big|_a^b = \frac{2}{3}\big[(1+b)^{\frac{3}{2}}-(1+a)^{\frac{3}{2}}\big].$$

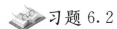 习题 6.2

1.填空题.

(1) 椭圆 $x^2 + \dfrac{y^2}{3} = 1$ 的面积 $S = $ ＿＿＿＿＿＿.

(2) 曲线 $y = \sqrt{x}$ 与 $y = 1, x = 4$ 所围平面图形的面积 $S = $ ＿＿＿＿＿＿.

(3) 曲线 $y = |\ln x|$ 与直线 $x = \dfrac{1}{e}$,$x = e$ 及 $y = 0$ 所围平面图形的面积 $S = $ ＿＿＿＿＿＿.

(4) 曲线 $y = e^x$,$y = e^{-x}$ 及 $x = 1$ 所围平面图形的面积 $S = $ ＿＿＿＿＿＿.

(5) 曲线 $y = e^x$,$y = e^{-x}$ 及 $x = 1$ 所围平面图形绕 x 轴旋转的旋转体的体积 $V_x = $ ＿＿＿＿＿＿.

(6) 曲线 $y = x^3$ 及 $y = 0, x = 1$ 所围平面图形绕 y 轴旋转的旋转体的体积 $V_y = $ ＿＿＿＿＿＿.

2.计算题.

(1) 求由曲线 $y = 2^x$ 与 $y = 1-x, x = 1$ 所围平面图形的面积.

(2) 求由曲线 $y = x^2$,$y = \dfrac{x^2}{4}$ 及 $y = 1$ 所围平面图形的面积.

(3) 求由曲线 $y = x^2$ 及其在点 $(1,1)$ 的法线与 x 轴所围平面图形的面积.

(4) 求由曲线 $y = e^x$,$y = e, x = 0$ 所围平面图形绕 x 轴旋转的旋转体的体积.

(5) 求由曲线 $y = x^2$,$y = x, y = 2x$ 所围平面图形绕 x 轴旋转的旋转体的体积.

(6) 求由曲线 $y = \dfrac{1}{x}$ 与 $x = 1, x = 2$ 及 x 轴所围平面图形绕 y 轴旋转的旋转体的体积.

(7) 求圆 $(x-1)^2 + y^2 = 1$ 绕 y 轴旋转所形成的旋转体的体积.

3. 计算曲线 $y = \ln x$ 在相应区间 $[\sqrt{3}, \sqrt{8}]$ 的一段弧长.

4. 计算曲线 $y = \dfrac{1}{3}\sqrt{x}(3-x)$ 在相应区间 $[1,3]$ 的一段弧长.

§6.3　积分的经济应用

前面我们已介绍了定积分的微元法,本节主要是体现该方法在经济学中的一些应用.

一、由边际函数求原经济函数

已知某函数(如成本、收入、需求函数等),利用微分或导数运算可以求出其边际函数(如边际成本、边际收入、边际需求等). 作为导数的逆运算,求积分则是由已知的边际函数去确定原经济函数.

例如,已知边际成本函数 $MC = C'(Q)$,则产量为 Q 时的总成本函数 $C(Q)$ 用定积分表示为

$$C(Q) = \int_0^Q C'(Q)\,\mathrm{d}Q + C_0.$$

其中,上式右端的第一项为变动成本,$C_0 = C(0)$ 为固定成本.

用不定积分表示为 $C(Q) = \int C'(Q)\,\mathrm{d}Q$.

上述不定积分中的积分常数由所给的固定成本确定.

【例 6.11】　已知某企业的边际成本是产量 Q 的函数 $C'(Q) = 2\mathrm{e}^{-0.2Q}$,假设固定成本 $C_0 = 90$. 求总成本函数.

【解】　用定积分求得

$$C(Q) = \int_0^Q C'(Q)\,\mathrm{d}Q + C_0 = \int_0^Q 2\mathrm{e}^{-0.2Q}\,\mathrm{d}Q + 90$$

$$= -\frac{2}{0.2}(\mathrm{e}^{-0.2Q} - 1) + 90 = 100 - 10\mathrm{e}^{-0.2Q}.$$

或是用不定积分求得

$$C(Q) = \int C'(Q)\,\mathrm{d}Q = \int 2\mathrm{e}^{-0.2Q}\,\mathrm{d}Q$$

$$= -\frac{2}{0.2}\int \mathrm{e}^{-0.2Q}\,\mathrm{d}(-0.2Q) = -\frac{2}{0.2}\mathrm{e}^{-0.2Q} + C = -10\mathrm{e}^{-0.2Q} + C.$$

由于固定成本为 90,即将 $C(0) = 90$ 代入上式,得

$$90 = -10\mathrm{e}^{-0.2 \times 0} + C,\ C = 100,$$

$$C(Q) = 100 - 10\mathrm{e}^{-0.2Q}.$$

当产量由 a 个单位变到 b 个单位时,总成本的改变量为

$$\Delta C = \int_a^b MC\,\mathrm{d}Q = \int_a^b C'(Q)\,\mathrm{d}Q.$$

例 6.11 中若要求产量为 100 到 200 时总成本的改变量,则直接用上式可求得

$$\Delta C = \int_{100}^{200} 2\mathrm{e}^{-0.2Q}\mathrm{d}Q = -10\mathrm{e}^{-0.2Q}\Big|_{100}^{200} = -10(\mathrm{e}^{-40} - \mathrm{e}^{-20}) = 10\mathrm{e}^{-20}(1 - \mathrm{e}^{-20}).$$

同理,若已知边际收益为 $\mathrm{MR} = R'(Q)$,则总收益函数可表示为

$$R = R(Q) = \int_0^Q \mathrm{MR}\mathrm{d}Q = \int_0^Q R'(Q)\mathrm{d}Q.$$

当销售量由 a 个单位变到 b 个单位时,总收入的改变量为

$$\Delta R = \int_a^b R'(Q)\mathrm{d}Q.$$

因边际利润是边际收入与边际成本之差 $L'(Q) = \mathrm{MR} - \mathrm{MC}$,于是产量为 Q 时的总利润函数 $L(Q)$ 为

$$L = L(Q) = \int_0^Q (\mathrm{MR} - \mathrm{MC})\mathrm{d}Q - C_0.$$

其中 C_0 是固定成本,积分 $\int_0^Q (\mathrm{MR} - \mathrm{MC})\mathrm{d}Q$ 是不计固定成本下的利润函数.

当产量由 a 个单位变到 b 个单位时,总利润的改变量为 $\Delta L = \int_a^b (\mathrm{MR} - \mathrm{MC})\mathrm{d}Q.$

【例 6.12】　在经济活动中,生产 x 件产品的总投入称为生产 x 件产品时的总成本,总收入与总成本的差称为利润. 若已知生产某产品的总成本是 $C(x) = 200 + 2x$,边际收入是 $R'(x) = 10 - 0.01x$,其中 x 的单位是件,C 与 R 的单位是元. 问生产多少件产品时,才能够获得最大利润?

【解】　生产 x 件产品时的总收入为

$$R(x) = \int_0^x R'(t)\mathrm{d}t = \int_0^x (10 - 0.01t)\mathrm{d}t = 10x - 0.005x^2,$$

生产 x 件产品时的利润为

$$L(x) = R(x) - C(x) = 10x - 0.005x^2 - 200 - 2x = 8x - 0.005x^2 - 200.$$

由 $L'(x) = 8 - 0.01x = 0$,得 $x = 800$.

又因为 $L''(x) = -0.01 < 0$,所以 $x = 800$ 是 $L(x)$ 的最大值点,即生产 800 件产品时,可以得到最大利润,最大利润是

$$L(800) = 8 \times 800 - 0.005 \times (800)^2 - 200 = 3000(元).$$

【例 6.13】　设生产某产品的固定成本为 1 万元,边际收益和边际成本(单位:万元/百台)分别为 $R'(Q) = 8 - Q, C'(Q) = 4 + \dfrac{Q}{4}$.

(1) 求产量由 5 百台增加到 5 百台时,总成本、总收益、总利润各增加多少?

(2) 求产量为多少时,总利润最大?

(3) 求利润最大时的总利润、总成本和总收益.

【解】　(1) 总成本的增加量为

$$\int_1^5 C'(Q)\mathrm{d}Q = \int_1^5 \left(4 + \frac{Q}{4}\right)\mathrm{d}Q = \left(4Q + \frac{Q^2}{8}\right)\Big|_1^5 = 19(万元),$$

总收益的增加量为

$$\int_1^5 R'(Q)\mathrm{d}Q = \int_1^5 (8 - Q)\mathrm{d}Q = \left(8Q - \frac{1}{2}Q^2\right)\Big|_1^5 = 20(万元).$$

总利润的增加量为总收益增加量减去总成本增加量,即为 1 万元.

(2)由公式可得总利润函数

$$L(Q) = \int_0^Q \left[(8-Q) - \left(4 + \frac{Q}{4}\right) \right] dQ - 1 = \left(4Q - \frac{5}{8}Q^2\right) \Big|_0^Q - 1 = 4Q - \frac{5}{8}Q^2 - 1,$$

由 $L'(Q) = 4 - \frac{5}{4}Q = 0$,得 $Q = 3.2$(百台).

又因为 $L''(Q) = -\frac{5}{4} < 0$(对任何 Q 都成立),故产量 $Q = 3.2$(百台)时,利润最大.

(3)将 $Q = 3.2$ 代入利润函数中,可得最大利润为

$$L(3.2) = 4 \times 3.2 - \frac{5}{8} \times (3.2)^2 - 1 = 5.4(万元).$$

由公式可得利润最大时的总成本为

$$C(Q) = \int_0^{3.2} \left(4 + \frac{Q}{4}\right) dQ + 1 = \left(4Q + \frac{Q^2}{8}\right) \Big|_0^{3.2} + 1 = 15.08(万元).$$

由公式可得利润最大时的总收益为

$$R(Q) = \int_0^{3.2} (8-Q) dQ = \left(8Q - \frac{1}{2}Q^2\right) \Big|_0^{3.2} = 20.48(万元).$$

【例 6.14】 假定 S 为居民储蓄额,Y 为居民收入,已知边际储蓄倾向

$$\frac{dS}{dY} = 0.5 - 0.2Y^{-0.5},$$

当 $Y = 25$ 时,$S = -3.5$.

(1)求储蓄函数.

(2)若收入从 36 变为 49,储蓄将如何变化?

【解】 (1)这是已知边际倾向(导函数)去求原函数的问题,因此

$$S(Y) = \int S'(Y) dY = \int (0.5 - 0.2Y^{-0.5}) dY$$
$$= 0.5Y - 0.4Y^{0.5} + C.$$

把 $Y = 25$,$S = -3.5$ 代入得 $C = -14$,所以所求储蓄函数为

$$S(Y) = 0.5Y - 0.4Y^{0.5} - 14.$$

(2)若收入从 36 变为 49,则储蓄额的变化为

$$\Delta S = S(49) - S(36) = 6.1.$$

二、非均匀资金流量的和及现值与未来值

(一)资金流量的和

在连续的情况下,设资金流 A 是时间 t 的函数 $A = A(t)$,这样在很短的时间间隔 $[t, t + \Delta t]$ 内资金流量的近似值是 $A(t) dt$,到第 T 年年末资金流量的总和就是从 0 到 T 的定积分,即

$$W = \int_0^T A(t) dt.$$

【例 6.15】 如果现有某连续资金流 $A(t) = 9000\sqrt{t}$, t 以年为单位. 计算：

（1）从第一年年末到第四年年末的资金总量；

（2）资金总量超过 100000 所需要的年份.

【解】 （1）第一年年末到第四年年末的资金总量实际上就是关于 $A(t)$ 的一个定积分，即

$$W = \int_1^4 9000\sqrt{t}\,\mathrm{d}t = 9000\int_1^4 t^{\frac{1}{2}}\,\mathrm{d}t = 9000\left(\frac{2}{3}t^{\frac{3}{2}}\right)\Big|_1^4$$

$$= 9000\left(\frac{16}{3} - \frac{2}{3}\right) = 42000.$$

（2）先计算何时资金总量等于 100000，即

$$\int_0^T 9000\sqrt{t}\,\mathrm{d}t = 100000,$$

$$9000\int_0^T t^{\frac{1}{2}}\,\mathrm{d}t = 100000,$$

$$9000\left(\frac{2}{3}t^{\frac{3}{2}}\right)\Big|_0^T = 100000,$$

$$6000 T^{\frac{3}{2}} = 100000,$$

$$T^{\frac{3}{2}} \approx 16.67,$$

$$T \approx 6.5.$$

所以，大概需要 6 年半的时间资金总量将超过 100000.

（二）现值

在连续的情况下，设资金流 A 是时间 t 的函数 $A = A(t)$ ，这样在很短的时间间隔 $[t, t+\Delta t]$ 内资金流量的近似值是 $A(t)\mathrm{d}t$ ，在利率为 R 时，其现值为 $A(t)\mathrm{d}t \times \mathrm{e}^{-Rt} = A(t)\mathrm{e}^{-Rt}\mathrm{d}t$. 于是，到第 T 年年末资金流量总和的现值就是从 0 到 T 的定积分，即

$$P = \int_0^T A(t)\mathrm{e}^{-Rt}\,\mathrm{d}t.$$

特别地，若每年的资金流量不变，均为常数 A ，按连续复利贴现，则其现值为

$$P = \int_0^T A\mathrm{e}^{-Rt}\,\mathrm{d}t = -\frac{A}{R}\int_0^T \mathrm{e}^{-Rt}\,\mathrm{d}(-Rt) = \frac{A}{R}(1 - \mathrm{e}^{-RT}).$$

【例 6.16】 （设备报废问题）某企业想购买一台设备，该设备成本为 5000 元，t 年后该设备的报废价值为 $S(t) = 5000 - 400t$（元），使用该设备 t 年时可使企业增加收入 $850 - 40t$（元）. 若年利率为 5％，按连续复利计算，企业应该在什么时候报废该设备？此时总利润的现值为多少？

【解】 企业选择报废设备的时间必然是实现总利润最大的时候，假设 T 年后报废该设备，此时实现总利润最大，其总现值 $L(T)$ 也最大.

总利润的现值 $L(T) = $ 总收益的现值 $R(T) - $ 总成本 $C(T)$.

由于使用该设备 t 年时可使企业增加收入 $850 - 40t$（元），所以增加的收入是关于时间 t 的函数. 也就是说，收入是随时间源源不断地流入的，即收入资金流. 每一时刻收入 $(850 - 40t)\mathrm{d}t$ 的现值是

$$(850 - 40t)e^{-0.05t}dt.$$

上述收入流的现值在时间 $[0,T]$ 内的无限累加是该项收入的总现值,求定积分得设备使用收入的总现值为

$$\int_0^T (850 - 40t)e^{-0.05t}dt = R(T).$$

另一方面,T 年后设备的报废价值为 $S(t) = 5000 - 400t$(元),其现值为

$$(5000 - 400T)e^{-0.05T}.$$

于是 T 年后总利润的现值为

$$L(T) = R(T) - C(T) = \int_0^T (850 - 40t)e^{-0.05t}dt - 5000 + (5000 - 400T)e^{-0.05T}.$$

现在要求 $L(T)$ 的最大值,由 $L'(T) = 0$ 得

$$\left[\int_0^T (850 - 40t)e^{-0.05t}dt\right]' - 5000' + \left[(5000 - 400T)e^{-0.05T}\right]' = 0,$$

即 $(850 - 40T)e^{-0.05T} - 400e^{-0.05T} + (5000 - 400T)(-0.05)e^{-0.05T} = 0.$

化简得 $(200 - 20T)e^{-0.05T} = 0.$

解得唯一驻点 $T = 10$. 当 $T < 10$ 时,$L'(T) > 0$,$L(T)$ 递增;当 $T > 10$ 时,$L'(T) < 0$,$L(T)$ 递减. 所以 $T = 10$ 是极大值点,也是最大值点. 即企业应在 10 年后报废该设备,所得最大利润的现值为

$$L(10) = \int_0^{10} (850 - 40t)e^{-0.05t}dt - 5000 + (5000 - 4000)e^{-0.5} \approx 852.25(元).$$

(三) 未来值

在 $[t, t + \Delta t]$ 时间间隔内,资金流量近似值 $A(t)dt$ 的未来值为

$$A(t)dt \times e^{R(T-t)} = A(t)e^{R(T-t)}dt.$$

于是,在 0 到 T 年内资金流量未来 T 年值为

$$F = \int_0^T A(t)e^{R(T-t)}dt.$$

特别地,若每年的资金流量 $A(t)$ 不变,均为常数 A,按连续复利计算,则 T 年末的未来值为

$$F = \int_0^T A(t)e^{R(T-t)}dt = -\frac{A}{R}\int_0^T e^{R(T-t)}dR(T-t) = \frac{A}{R}(e^{RT} - 1).$$

【例 6.17】   某一机床使用寿命为 10 年,若购进此机床需 3.5 万元,若租用此机床,每月租金为 0.06 万元,设资金的年利率为 14%. 按连续复利计算,购进机床合算还是租用机床合算?

【解法一】   用现值进行比较.

先计算租金流量总值的现值,然后与购进费用比较. 由每月租金 600 元知道机床的年租金为 7200 元,则租金流量总值的现值为

$$P = \int_0^{10} 7200e^{-0.14t}dt = \frac{7200}{0.14}(1 - e^{-0.14 \times 10})$$

$$\approx 54128.5 \times (1 - 0.2466) \approx 40780.4(元).$$

如果一次性购买只需要 3.5 万元,很显然购进机床比租用机床合算.

【解法二】　用未来值进行比较.

把购进机床款与租用机床款都化为 10 年未来值,然后加以比较.

35000 元 10 年末的未来值为

$$F_1 = 35000\mathrm{e}^{0.14 \times 10} \approx 141932(元),$$

年租金 7200 元 10 年末的未来值为

$$F_2 = \int_0^{10} 7200\mathrm{e}^{0.14(10-t)}\mathrm{d}t = \frac{7200}{0.14}(\mathrm{e}^{0.14 \times 10} - 1) \approx 219974(元).$$

因此,按照未来值比较,购进机床比租用机床合算.

另外,假设资金流量 $A(t)$ 长久持续下去,这种流量的现值可表示为无穷极限积分

$$P = \int_0^{+\infty} A(t)\mathrm{e}^{-Rt}\mathrm{d}t.$$

当 $A(t) = A$ 为常量时,则有

$$P = \int_0^{+\infty} A(t)\mathrm{e}^{-Rt}\mathrm{d}t = A \lim_{b \to +\infty}\int_0^b \mathrm{e}^{-Rt}\mathrm{d}t = \frac{A}{R} \lim_{b \to +\infty}(1 - \mathrm{e}^{-Rt}) = \frac{A}{R}.$$

三、消费者剩余与生产者剩余

消费者剩余和生产者剩余都是经济学上的重要概念. **消费者剩余**的定义是,消费者对某种商品所愿意付出的代价超过他实际付出的代价余额,即

消费者剩余(CS) = 愿意付出的金额 — 实际付出的金额.

实际上,消费者剩余可以衡量消费者所得到的额外满足.

如图 6-20 所示,假定消费者愿意支付的产品价格与购买数量之间的函数关系为 $p = f(q)$.当购买数量 $q = q_0$ 时,价格 $p = p_0$,此时在商品 q_0 上的实际付出金额是 $q_0 p_0$,由矩形 $OABC$ 面积表示,而消费者愿意付出的金额可以由图形面积 $OABD$ 表示,那么可以根据定积分的几何意义得出

消费者剩余(CS) $= \int_0^{q_0} f(q)\mathrm{d}q - q_0 p_0.$

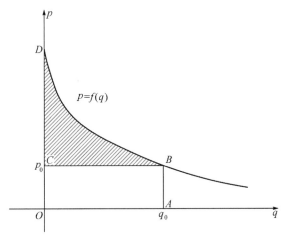

图 6-20

【例 6.18】 根据以下需求函数,求在 $q = 5$ 时的消费者剩余.
$$p = 30 - 4q.$$

【解】 本题中 $f(q) = 30 - 4q$,把 $q = 5$ 代入得到价格 $p = 30 - 4 \times 5 = 10$,根据计算公式得,消费者剩余为

$$\int_0^5 (30 - 4q)\mathrm{d}q - 5 \times 10 = 100 - 50 = 50.$$

生产者剩余的定义是,生产者对某种商品所获得的实际收益超过可能获得的收益,即

生产者剩余(PS) = 生产者实际收益 − 生产者可能收益.

实际上,生产者剩余可以衡量生产者所得到的额外收益.

如图 6-21 所示,假定消费者愿意支付的产品价格与市场供给量之间的函数关系为 $p = g(q)$.当价格 $p = p_0$ 时,供给量 $q = q_0$,此时生产者在商品 q_0 上的实际收益是 $q_0 p_0$,由矩形 $OABC$ 面积表示,而生产者可能收益可以由图形面积 $OABD$ 表示,那么可以根据定积分的几何意义得出

生产者剩余(PS) $= q_0 p_0 - \displaystyle\int_0^{q_0} g(q)\mathrm{d}q.$

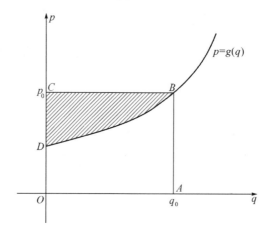

图 6-21

【例 6.19】 给定需求函数 $p = 35 - q^2$,给定供给函数 $p = 3 + q^2$,在完全竞争的假设下,求生产者剩余.

【解】 先求市场完全竞争下的均衡价格和均衡数量,令两者相等,即

$$35 - q^2 = 3 + q^2,$$

得到均衡数量 $q = 4$,均衡价格 $p = 3 + 4^2 = 19$.

根据生产者剩余公式,得

$$\begin{aligned}
生产者剩余 &= q_0 p_0 - \int_0^{q_0} g(q)\mathrm{d}q \\
&= 4 \times 19 - \int_0^4 (3 + q^2)\mathrm{d}q \\
&= 76 - \left(3q + \frac{q^3}{3}\right)\Big|_0^4 \\
&\approx 42.67.
\end{aligned}$$

四、国民收入分配

为了研究国民收入在国民之间的分配,美国统计学家洛伦茨提出了著名的洛伦茨曲线.

洛伦茨首先将一国的总人口按收入由低到高排列,然后考虑收入最低的任意百分比人口所得到的收入百分比.例如,收入最低的 20% 人口所得到的收入的比例为 6%,收入最低的 40% 人口所得到的收入的比例为 7.5%……最后,把这样得到的人口累计百分比 P 和收入累计百分比 I 的对应关系描绘在图形上,就得到洛伦茨曲线,如图 6-22 中的 ODY 所示.

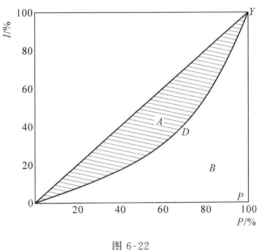

图 6-22

图 6-22 中 OY 为 $45°$ 线,在这条线上,任一人口百分比等于其收入百分比,从而人口累计百分比等于收入累计百分比,例如每 20% 的人口得到 20% 的收入,表明收入分配绝对平等.所以 OY 称为绝对平等线.

图 6-22 中 OPY 表示收入绝对不平等,绝大多数人一贫如洗,极少数的富豪占有着国家几乎全部的财富.折线 OPY 是绝对不平等线.

一般来说,一个国家的收入分配既不是绝对平等,也不是绝对不平等.所以,洛伦茨曲线介于 OY 与 OPY 这两条线之间.显而易见,洛伦茨曲线的弯曲程度具有重要的意义.一般来说,它反映了收入分配的不平等程度:洛伦茨曲线与 OY 越接近,即它的弯曲程度越小,说明这个国家的收入分配越平等;相反,洛伦茨曲线与 OPY 越接近,即它的弯曲程度越大,说明这个国家的收入分配越不平等.

绝对平等线与洛伦茨曲线之间的面积用 A 来表示.洛伦茨曲线的弯曲程度越大,A 就越大,收入就越不平等.因此,我们把 A 叫作"不平等面积".

当收入达到完全不平等时,洛伦茨曲线就成为绝对不平等线,此时,它与绝对平等线之间的面积为 $A+B$.$A+B$ 就是"完全不平等面积".

不平等面积 A 与完全不平等面积 $A+B$ 之比,称为**基尼系数**.它是衡量一个国家贫富差距的标准.

$$基尼系数 = \frac{A}{A+B}.$$

当 $A = 0$ 时,基尼系数 $= 0$,收入分配绝对平均.洛伦茨曲线成为绝对平等线.

当 $B = 0$ 时,基尼系数 $= 1$,收入分配绝对不平均.洛伦茨曲线成为绝对不平等线.

以上是两个极端的情况,实际基尼系数总是大于0而小于1.基尼系数越小,收入分配越平均;基尼系数越大,收入分配越不平均.

按国际上通用的标准:

基尼系数 < 0.2,表示绝对平均;

$0.2 \leqslant$ 基尼系数 < 0.3,表示比较平均;

$0.3 \leqslant$ 基尼系数 < 0.4,表示基本合理;

基尼系数 $= 0.4$,为临界点;

$0.4 <$ 基尼系数 $\leqslant 0.5$,表示差距较大;

基尼系数 > 0.5,表示收入差距悬殊,即存在两极分化.

洛伦茨曲线与基尼系数,作为一种统计分析的工具,都在一定程度上反映了一国的分配状况和政策的收入分配效应,但两者各有其优、缺点.

【例 6.20】 已知某国某年国民收入在国民之间的分配洛伦茨曲线可以近似地由 $y = x^2, x \in [0,1]$ 所表示,试求该国的基尼系数.

【解】 由公式得

$$A = \frac{1}{2} - \int_0^1 f(x) \, dx = \frac{1}{2} - \int_0^1 x^2 \, dx = \frac{1}{2} - \frac{1}{3} = \frac{1}{6},$$

则基尼系数为

$$\frac{A}{A + B} = \frac{\frac{1}{6}}{\frac{1}{2}} \approx 0.33.$$

习题 6.3

1. 已知生产某产品的固定成本为2000,边际成本函数为 $MC = 3Q^2 - 118Q + 1315$,试确定总成本函数.

2. 生产某产品,其边际收益函数为 $MR = 200 - \dfrac{Q}{50}$.

(1) 求总收益函数.

(2) 求生产200个单位产品时的总收益.

(3) 若已经生产了200个单位产品,求再生产200个单位产品时的总收益.

3. 每天生产某产品的固定成本为20万元,边际成本函数为 $MC = 0.4Q + 2$(万元/吨),商品的销售价格 P 为18万元/吨.

(1) 求总成本函数.

(2) 求总利润函数.

(3) 每天生产多少吨产品可获得最大利润?最大利润是多少?

4. 生产某产品的固定成本为6,而边际成本函数和边际收益函数分别是

$$MC = 3Q^2 - 18Q + 36, \quad MR = 33 - 8Q.$$

试求获得最大利润的产量和最大利润.

5. 已知某产品的总成本 C(万元)关于产量的变化率为 $C'(x) = 2$,其边际收入为 $R'(x) = 6 - \dfrac{x}{2}$(万元). 求:

(1) 产量 x 为多少时,总利润 $L(x)$ 最大?

(2) 在利润最大的生产量上又生产了 100 台,总利润减少了多少?

6. 已知某产品的边际成本 $C'(Q) = 2$(元/件),固定成本为 0,边际收入为 $R'(Q) = 20 - 0.2Q$. 求:

(1) 产量为多少时利润最大?

(2) 在最大利润的基础上再生产 40 件,利润会发生什么变化?

7. 已知某一商品每周生产 Q 单位时,总费用的变化率是 $C'(Q) = 0.4Q - 12$(元/单位),求总费用 $C(Q)$.如果这种产品的销售单价是 20 元,求总利润 $L(Q)$.每周生产多少单位时才能获得最大利润?

8. 根据以下需求函数,求 $Q = 8$ 时的消费者剩余.
$$P = 100 - Q^2.$$

9. 给定需求函数 $P = 50 - Q_D^2$,给定供给函数 $P = 10 + 3Q_S$,在完全竞争的假设下,求消费者剩余和生产者剩余.

10. 如果现有某连续资金流
$$A(t) = 800t^{\frac{1}{3}},$$
计算:(1) 从第一年年末到第八年年末的资金总量.

(2) 资金总量超过 48600 所需要的时间.

11. 在连续复利计算下,若年利率为 9%,某人连续 5 年每年有 100000 元的持续资金进入,求该资金流的现值.

12. 假设某国某年的洛伦茨曲线近似地由 $y = x^3, x \in [0,1]$ 表示,求该国的基尼系数.

§6.4　微分方程

微积分学的主要研究对象是函数. 在某些情况下,函数关系不容易直接建立,那么能否用其他的方法确定变量之间的函数关系呢?不定积分的方法告诉我们,一个函数的导数如果是已知的,就有可能求出这个函数. 现在进一步讨论,如果只知道函数的导数满足一个关系式,怎样确定一个函数呢?这就是微分方程所要研究和解决的问题.

下面我们先来看两个例子.

【例 6.21】 已知一条曲线过点 $(1,2)$,且在该直线上任意点 $P(x,y)$ 处的切线斜率为 $2x$.求这条曲线的方程.

【解】 设所求曲线的方程为 $y = f(x)$,我们根据导数的几何意义,可知 $y = f(x)$ 应满足方程:$\dfrac{\mathrm{d}y}{\mathrm{d}x} = 2x.$

我们发现关系式 $\dfrac{\mathrm{d}y}{\mathrm{d}x}=2x$ 这个方程中含有未知函数 y 的导数,这类方程称为微分方程.
转化后两边积分得

$$\mathrm{d}y=2x\mathrm{d}x,$$

$$\int\mathrm{d}y=\int 2x\mathrm{d}x,$$

$$y=x^2+C.$$

又因为函数曲线过点 $(1,2)$,所以 $C=1$,即曲线方程为 $y=x^2+1$.

【例 6.22】 已知某种产品的需求量 Q 是价格的函数,需求弹性恒为 -1,并且当价格为 2 时,需求量为 300.求需求函数.

【解】 需求弹性的定义是

$$\eta=\frac{P}{Q}\frac{\mathrm{d}Q}{\mathrm{d}P},$$

由已知条件得

$$\frac{P}{Q}\frac{\mathrm{d}Q}{\mathrm{d}P}=-1\quad 或\quad \frac{\mathrm{d}Q}{Q}=-\frac{\mathrm{d}P}{P}.$$

上述关系式含有函数的导数或微分,它是一个微分方程.上式两边分别积分得

$$\ln Q=-\ln P+C,$$

其中 C 是任意常数,把它记为 $\ln c$,则有

$$Q=\frac{c}{P}.$$

再由已知条件得

$$300=\frac{c}{2},$$

得出 $c=600$,从而得出需求函数为

$$Q=\frac{600}{P}.$$

一、微分方程基本概念

凡含有未知函数的导数或微分的方程叫**微分方程**.

微分方程中出现的未知函数的最高阶导数的阶数称为**微分方程的阶**.

如 $\dfrac{\mathrm{d}y}{\mathrm{d}x}=2x$ 是一阶微分方程,$y''+2y'-3y=\mathrm{e}^x$ 是二阶微分方程.本书主要讨论的是一阶微分方程,对于高阶微分方程读者可以参考其他书籍.

微分方程解的概念:

从微分方程求出未知函数的过程就叫作**解微分方程**.满足微分方程的函数称为微分方程的解,微分方程的一般形式的解称为微分方程的通解.满足微分方程的一个有特殊要求的解称为微分方程的特解,这种特解通常是满足一定的附加条件(称为初始条件)的解.

通常,微分方程的通解里,含有一些任意常数,其个数与微分方程的阶数相同,因此用来确定任意常数以从通解得出一个特解的初始条件的个数也与微分方程的阶数相同.

【例 6.23】　验证下列给出的函数是否为所给微分方程的解：

(1) 函数 $y = Cx + \dfrac{1}{C}$，方程 $x(y')^2 - yy' + 1 = 0$；

(2) 函数 $y = x + Ce^y$，方程 $(x - y + 1)y' = 1$.

【解】　(1) 将 $y = Cx + \dfrac{1}{C}$ 及其导数 $y' = C$ 代入方程的左边，得到

$$左边 = xC^2 - (Cx + \frac{1}{C})C + 1 = 0 = 右边.$$

因此，$y = Cx + \dfrac{1}{C}$ 是所给微分方程的解.

(2) 等式 $y = x + Ce^y$ 左、右两边都对 x 求导，得 $y' = 1 + Ce^y y'$，则 $y' = \dfrac{1}{1 - Ce^y}$.

又因为 $Ce^y = y - x$，所以 $y' = \dfrac{1}{1 - y + x}$，代入微分方程得

$$左边 = (x - y + 1)\frac{1}{1 - y + x} = 1 = 右边.$$

所以，$y = x + Ce^y$ 是方程 $(x - y + 1)y' = 1$ 的解. 这也变相地告诉我们，微分方程的解有可能是隐函数.

【例 6.24】　确定下列函数中 C_1，C_2 的值，使函数满足所给的初始条件
$$y = (C_1 + C_2 x)e^{-x}, y(0) = 4, y'(0) = -2.$$

【解】　将 $x = 0$，$y = 4$ 代入 $y = (C_1 + C_2 x)e^{-x}$ 得 $C_1 = 4$.

对 $y = (C_1 + C_2 x)e^{-x}$ 求导并代入 $C_1 = 4$ 得
$$y' = C_2 e^{-x} - (4 + C_2 x)e^{-x} = (C_2 - 4 - C_2 x)e^{-x}.$$

将 $x = 0$，$y' = -2$ 代入得 $C_2 = 2$.

所以　　　　$C_1 = 4$，　$C_2 = 2$.

二、可分离变量的一阶微分方程

一阶微分方程中一类很重要的微分方程就是可分离变量的微分方程. 形如
$$g(y)\mathrm{d}y = f(x)\mathrm{d}x$$
的方程称为**可分离变量的微分方程**.

可分离变量的微分方程的解法：

第一步，将方程表示为 $g(y)\mathrm{d}y = f(x)\mathrm{d}x$.

第二步，两端积分，得 $\displaystyle\int g(y)\mathrm{d}y = \int f(x)\mathrm{d}x$，则 $G(y) = F(x) + C$.

第三步，求出 $G(y) = F(x) + C$ 所确定的隐函数.

【例 6.25】　求微分方程 $\dfrac{\mathrm{d}y}{\mathrm{d}x} = 2xy$ 的通解.

【解】　分离变量，得 $\dfrac{\mathrm{d}y}{y} = 2x\mathrm{d}x$；

两端积分，得 $\displaystyle\int \frac{1}{y}\mathrm{d}y = \int 2x\mathrm{d}x$，则 $\ln |y| = x^2 + C_1$；

即 $$y = \pm\, \mathrm{e}^{x^2 + C_1} = \pm\, \mathrm{e}^{C_1}\,\mathrm{e}^{x^2} = C\mathrm{e}^{x^2}.$$

所以,所求通解为 $y = C\mathrm{e}^{x^2}$.

【例 6.26】 求微分方程 $y'\sin x - y\cos x = 0$ 满足初始条件 $y\left(\dfrac{\pi}{2}\right) = 3$ 的特解.

【解】 原方程可化为 $\dfrac{\mathrm{d}y}{\mathrm{d}x}\sin x = y\cos x$;

分离变量,得 $\dfrac{1}{y}\mathrm{d}y = \dfrac{\cos x}{\sin x}\mathrm{d}x$;

两端积分,得 $\ln|y| = \ln|\sin x| + \ln|C|$;

所以,原方程的通解为 $y = C\sin x$. 将初始条件 $y\left(\dfrac{\pi}{2}\right) = 3$ 代入可得 $C = 3$.

所以,所求特解为 $y = 3\sin x$.

还有一类一阶微分方程经过变量替换可以化为可分离变量的微分方程. 形如

$$\frac{\mathrm{d}y}{\mathrm{d}x} = f\left(\frac{y}{x}\right)$$

的微分方程称为**齐次微分方程**.

齐次微分方程的解法:

第一步,作变量代换 $u = \dfrac{y}{x}$,即 $y = ux$,所以 $\dfrac{\mathrm{d}y}{\mathrm{d}x} = u + x\dfrac{\mathrm{d}u}{\mathrm{d}x}$.

第二步,代入原方程 $f(u) = u + x\dfrac{\mathrm{d}u}{\mathrm{d}x}$,即 $\dfrac{\mathrm{d}u}{\mathrm{d}x} = \dfrac{f(u) - u}{x}$ 为可分离变量的方程.

第三步,两端积分,当 $f(u) - u \neq 0$ 时,得

$$\int \frac{1}{f(u) - u}\mathrm{d}u = \ln|x| + \ln C_1,$$

$$\int \frac{1}{f(u) - u}\mathrm{d}u = \ln|C_1 x|.$$

第四步,求得 $x = C\mathrm{e}^{\varphi(u)}$,其中 $\varphi(u) = \displaystyle\int \frac{1}{f(u) - u}\mathrm{d}u$,将 $u = \dfrac{y}{x}$ 代入得通解为

$$x = C\mathrm{e}^{\varphi\left(\frac{y}{x}\right)}.$$

【例 6.27】 求解微分方程 $\left(x - y\cos\dfrac{y}{x}\right)\mathrm{d}x + x\cos\dfrac{y}{x}\,\mathrm{d}y = 0$.

【解】 变量代换:令 $u = \dfrac{y}{x}$,则 $y = ux$, $\mathrm{d}y = u\mathrm{d}x + x\mathrm{d}u$.

代入原方程: $(x - ux\cos u)\mathrm{d}x + x\cos u(u\mathrm{d}x + x\mathrm{d}u) = 0$, $\cos u\mathrm{d}u = -\dfrac{1}{x}\mathrm{d}x$.

两端积分: $\sin u = -\ln|x| + C$.

所以,微分方程的通解为 $\sin\dfrac{y}{x} = -\ln|x| + C$.

【例 6.28】 求方程 $y^2 + x^2\dfrac{\mathrm{d}y}{\mathrm{d}x} = xy\dfrac{\mathrm{d}y}{\mathrm{d}x}$ 满足初始条件 $y\big|_{x=1} = 1$ 的特解.

【解】 原方程可化为

$$\frac{\mathrm{d}y}{\mathrm{d}x} = \frac{\left(\dfrac{y}{x}\right)^2}{\dfrac{y}{x} - 1};$$

设 $u = \dfrac{y}{x}$，则 $y = ux$，于是

$$\frac{\mathrm{d}y}{\mathrm{d}x} = u + x\frac{\mathrm{d}u}{\mathrm{d}x};$$

代入上面方程得

$$x\frac{\mathrm{d}u}{\mathrm{d}x} = \frac{u}{u - 1};$$

分离变量，得

$$\frac{u - 1}{u}\mathrm{d}u = \frac{1}{x}\mathrm{d}x;$$

两边积分，得

$$u - \ln|u| = \ln|x| + \ln|C|;$$

将 $u = \dfrac{y}{x}$ 代入上式即得原方程的通解

$$\ln|y| = \frac{y}{x} - \ln|C|,$$

即

$$y = C\mathrm{e}^{\frac{y}{x}}.$$

由 $y|_{x=1} = 1$ 可定出 $C = \mathrm{e}^{-1}$，于是所求的特解为 $y = \mathrm{e}^{\frac{y}{x} - 1}$.

三、一阶线性微分方程

（一）一阶线性微分方程

形如

$$y' + P(x)y = Q(x) \tag{$*$}$$

的方程叫**一阶线性微分方程**. 当 $Q(x) = 0$ 时，方程称为齐次的；当 $Q(x) \neq 0$ 时，方程称为非齐次的.

（二）一阶线性齐次微分方程的解法

齐次线性微分方程 $y' + P(x)y = 0$ 是可分离变量方程.

分离变量，得 $\dfrac{1}{y}\mathrm{d}y = -P(x)\mathrm{d}x$；

两端积分，得 $\displaystyle\int \frac{1}{y}\mathrm{d}y = -\int P(x)\mathrm{d}x$，$\ln y = -\displaystyle\int P(x)\mathrm{d}x + \ln C$；

得齐次方程的通解为 $y = C\mathrm{e}^{-\int P(x)\mathrm{d}x}$.

（三）一阶线性非齐次微分方程的解法

我们用把齐次方程通解中的常数变易为待定函数的方法，设原方程（ $*$ ）的通解为

$$y = u(x)\mathrm{e}^{-\int P(x)\mathrm{d}x},$$

求导得

$$y' = u'(x)\mathrm{e}^{-\int P(x)\mathrm{d}x} + u(x)[-P(x)]\mathrm{e}^{-\int P(x)\mathrm{d}x},$$

再将 y 和 y' 代入原方程（＊）得

$$u'(x)\mathrm{e}^{-\int P(x)\mathrm{d}x} = Q(x),$$

积分得

$$u(x) = \int Q(x)\mathrm{e}^{\int P(x)\mathrm{d}x}\mathrm{d}x + C.$$

所以，一阶线性非齐次微分方程**通解公式**为：

$$y = \left[\int Q(x)\mathrm{e}^{\int P(x)\mathrm{d}x}\mathrm{d}x + C\right]\mathrm{e}^{-\int P(x)\mathrm{d}x}$$

$$= C\mathrm{e}^{-\int P(x)\mathrm{d}x} + \mathrm{e}^{-\int P(x)\mathrm{d}x} \cdot \int Q(x)\mathrm{e}^{\int P(x)\mathrm{d}x}\mathrm{d}x.$$

注：$C\mathrm{e}^{-\int P(x)\mathrm{d}x}$ 为对应的齐次方程通解，$\mathrm{e}^{-\int P(x)\mathrm{d}x} \cdot \int Q(x)\mathrm{e}^{\int P(x)\mathrm{d}x}\mathrm{d}x$ 为非齐次方程特解.

【例 6.29】 求方程 $\dfrac{\mathrm{d}y}{\mathrm{d}x} - \dfrac{2y}{x+1} = 0$ 的通解.

【解】 这是一个齐次线性微分方程，分离变量，得

$$\frac{\mathrm{d}y}{y} = \frac{2\mathrm{d}x}{x+1},$$

两边积分，得

$$\ln y = 2\ln(x+1) + \ln C.$$

即通解为

$$y = C(x+1)^2.$$

【例 6.30】 求方程 $y' + \dfrac{1}{x}y = \dfrac{\sin x}{x}$ 的通解.

【解】 这是一阶线性非齐次微分方程，直接代入通解公式得通解为

$$y = \mathrm{e}^{-\int\frac{1}{x}\mathrm{d}x}\left(\int \frac{\sin x}{x} \cdot \mathrm{e}^{\int\frac{1}{x}\mathrm{d}x}\mathrm{d}x + C\right)$$

$$= \frac{1}{x}(-\cos x + C).$$

四、微分方程应用举例

【例 6.31】 某银行账户的利息每年以当前账户现金总量 5％ 的速率连续增长. 假设初始存款为 1000 美元，且没有其他存款，也没有从账户中取款. 请解答以下问题：

（1）写出满足这一账户现金总量变化的微分方程.

（2）求解该微分方程.

【解】 （1）目的是要找出当前账户中现金总量 B（美元）关于时间 t（年）的函数. 根据

账户中现金总量的增长率 ＝ 当前账户现金总量的 5％，

那么，能描述这一过程的微分方程为

$$\frac{\mathrm{d}B}{\mathrm{d}t} = 0.05B.$$

(2) 这是一个可分离变量的微分方程，$B_0 = 1000$ 是 B 的初始值. 所以方程的解为
$$B = B_0 e^{0.05t} = 1000 e^{0.05t}.$$

【例 6.32】 一公司每年以其净值的 5% 连续获取其收益. 同时，该公司每年固定向工人支付 200 百万美元工资. 若该公司没有其他收益和支出，请解答以下问题：

(1) 建立公司净值变化的微分方程.

(2) 假设公司的初始值为 W_0 百万美元，求该微分方程.

(3) 如果 $W_0 = 3000, 4000, 5000$，对于这些 W_0，公司会破产吗？如果会的话，哪一年破产？

【解】 (1) 设公司净值为 W（百万美元），时间为 t（年），根据
$$W \text{ 的变化率} = \text{收益率} - \text{支出率}$$
得
$$\frac{dW}{dt} = 0.05W - 200.$$

(2) 提取 0.05 可得
$$\frac{dW}{dt} = 0.05(W - 4000),$$
通解为
$$W = 4000 + Ce^{0.05t}.$$
为求出常数 C，使用初始条件，即当 $t = 0$ 时 $W = W_0$，得到
$$C = W_0 - 4000,$$
把 C 代入得
$$W = 4000 + (W_0 - 4000)e^{0.05t}.$$

(3) 如果 $W_0 = 4000$，那么 $W = 4000$ 为均衡解.

如果 $W_0 = 5000$，那么 $W = 4000 + 1000e^{0.05t}$，则净值在增大.

如果 $W_0 = 3000$，那么 $W = 4000 - 1000e^{0.05t}$，则当 $t \approx 27.7$ 时，$W = 0$，因此，该公司将在第 28 年时破产.

【例 6.33】 在空气中自由落下初始质量为 m_0 的雨点均匀地蒸发着，设每秒蒸发 m，空气阻力和雨点速度成正比，其系数为常数 k. 如果一开始雨点速度为零，试求雨点运动速度和时间的关系.

【解】 这是一个动力学问题，设 t 时刻雨点运动速度为 $v(t)$，这时雨点的质量为 $(m_0 - mt)$，于是由牛顿第二定律知
$$(m_0 - mt)\frac{dv}{dt} = (m_0 - mt)g - kv, \quad v(0) = 0.$$
这是一个一阶线性方程，其通解为
$$v = e^{-\int \frac{k}{m_0 - mt}dt}\left(C + \int g e^{\int \frac{k}{m_0 - mt}dt}dt\right)$$
$$= -\frac{g}{m-k}(m_0 - mt) + C(m_0 - mt)^{k/m}.$$
由 $v(0) = 0$，得 $C = \frac{g}{m-k}m_0^{\frac{m-k}{m}}$，
故
$$v = \frac{g}{m-k}(m_0 - mt) + \frac{g}{m-k}m_0^{\frac{m-k}{m}}(m_0 - mt)^{k/m}.$$

【例 6.34】 静脉输入葡萄糖是一种重要的医疗技术，为了研究这一过程，设 $G(t)$ 是 t 时刻

血液中的葡萄糖含量,且设葡萄糖以每分钟 k 克的固定速率输入到血液中,与此同时,血液中的葡萄糖还会转化为其他物质或转移到其他地方,其转化速率与血液中的葡萄糖含量成正比.

（1）列出描述这一情况的微分方程,并求此方程的解;

（2）确定血液中葡萄糖的平衡含量.

【解】 （1）根据题意,设 a 为比例常数,则

$$\frac{\mathrm{d}G}{\mathrm{d}t} = k - aG.$$

解此方程,得

$$G(t) = \frac{k}{a} + C\mathrm{e}^{-at}.$$

$G(0)$ 表示最初血液中葡萄糖的含量,所以

$$G(0) = \frac{k}{a} + C,$$

即

$$C = G(0) - \frac{k}{a}.$$

这样便得到　$G(t) = \frac{k}{a} + \left(G(0) - \frac{k}{a}\right)\mathrm{e}^{-at}.$

（2）当 $t \to +\infty$ 时,$\mathrm{e}^{-at} \to 0$,所以 $G(t) \to \frac{k}{a}$.

故血液中葡萄糖的平衡含量为 $\frac{k}{a}$.

习题 6.4

1.求下列可分离变量微分方程的通解.

(1) $y\mathrm{d}y = x\mathrm{d}x$;

(2) $\frac{\mathrm{d}y}{\mathrm{d}x} = y\ln y$;

(3) $\frac{\mathrm{d}y}{\mathrm{d}x} = \mathrm{e}^{x-y}$.

2.求下列方程满足给定初值条件的解.

(1) $\frac{\mathrm{d}y}{\mathrm{d}x} = y(y-1), y(0) = 1$;

(2) $(x^2-1)y' + 2xy^2 = 0, y(0) = 1$.

3.解下列方程.

(1) $(y^2 - 2xy)\mathrm{d}x + x^2\mathrm{d}y = 0$;

(2) $xy' - y = x\tan\frac{y}{x}$;

(3) $\frac{\mathrm{d}y}{\mathrm{d}x} + 2xy = 4x$;

(4) $y' - \frac{1}{x-2}y = 2(x-2)^2$.

4.求一曲线,使其具有以下性质:曲线上各点处的切线与切点到原点的径向量及 x 轴可围成一个等腰三角形（以 x 轴为底）,且通过点 $(1,2)$.

5.求曲线,使其切线在纵轴上的截距等于切点的横坐标.

6.某公司连续每月赚取公司资产的 2%,同时,连续每月支出 80000 美元.

（1）写出该公司的价值 V 所满足的微分方程，其为时间 t（月）的函数.

（2）求解建立的微分方程.

（3）如果 $t = 0$，该公司的资产价值 $V_0 = 3$ 百万美元，请问一年后其价值为多少？

7. 某账户每年以 8% 的利率连续获利，且其每年固定支出为 5000 美元. 该账户初始存款为 50000 美元. 写出 t 时，该账户中的货币量 B 所满足的微分方程. 该账户是否会清空？如果会的话，何时将清空？

§6.5 广义积分

在求定积分时，我们假设函数 $f(x)$ 在闭区间 $[a,b]$ 上连续，即积分区间是有限的，被积函数是有界的. 现从两方面再推广积分概念：

（1）有界函数在无限区间上的积分.

被积函数 $f(x)$ 有界，$f(x)$ 为连续函数，而积分区间为 $[a, +\infty), (-\infty, b], (-\infty, +\infty)$.

（2）无界函数在有限区间上的积分.

被积函数在积分区间 $[a,b]$ 上无界.

一、有界函数在无限区间上的广义积分

设函数 $f(x)$ 在无穷区间 $[a, +\infty)$ 上连续，则称 $\int_a^{+\infty} f(x)\mathrm{d}x$ 为无限区间上的**广义积分**.

取 $b > a$，若极限 $\lim\limits_{b \to +\infty} \int_a^b f(x)\mathrm{d}x$ 存在，则称广义积分 $\int_a^{+\infty} f(x)\mathrm{d}x$ **收敛**，并以此极限值为 $\int_a^{+\infty} f(x)\mathrm{d}x$ 的值，即

$$\int_a^{+\infty} f(x)\mathrm{d}x = \lim_{b \to +\infty} \int_a^b f(x)\mathrm{d}x.$$

若上述极限不存在，则称广义积分 $\int_a^{+\infty} f(x)\mathrm{d}x$ **发散**.

类似地，函数 $f(x)$ 在无限区间 $(-\infty, b]$ 上的广义积分 $\int_{-\infty}^b f(x)\mathrm{d}x$，用极限

$$\lim_{a \to -\infty} \int_a^b f(x)\mathrm{d}x \quad (a < b)$$

来定义它的敛散性.

函数 $f(x)$ 在无限区间 $(-\infty, +\infty)$ 的广义积分 $\int_{-\infty}^{+\infty} f(x)\mathrm{d}x$ 则定义为

$$\int_{-\infty}^{+\infty} f(x)\mathrm{d}x = \int_{-\infty}^c f(x)\mathrm{d}x + \int_c^{+\infty} f(x)\mathrm{d}x.$$

其中 c 是任一有限数. 当且仅当 $\int_{-\infty}^c f(x)\mathrm{d}x$ 与 $\int_c^{+\infty} f(x)\mathrm{d}x$ 都收敛时，$\int_{-\infty}^{+\infty} f(x)\mathrm{d}x$ 才收敛；否则，$\int_{-\infty}^{+\infty} f(x)\mathrm{d}x$ 发散.

【例 6.35】 求广义积分 $\int_0^{+\infty} \cos x \mathrm{d}x$.

【解】 取 $b > 0$,则

$$\int_0^{+\infty} \cos x \mathrm{d}x = \lim_{b \to +\infty} \int_0^b \cos x \mathrm{d}x = \lim_{b \to +\infty} \sin x \Big|_0^b = \lim_{b \to +\infty} (\sin b).$$

显然,上述极限不存在,所以 $\int_0^{+\infty} \cos x \mathrm{d}x$ 发散.

【例 6.36】 求广义积分 $\int_{-\infty}^0 \mathrm{e}^x \mathrm{d}x$.

【解】 取 $a < 0$,则

$$\int_{-\infty}^0 \mathrm{e}^x \mathrm{d}x = \lim_{a \to -\infty} \int_a^0 \mathrm{e}^x \mathrm{d}x = \lim_{a \to -\infty} \mathrm{e}^x \Big|_a^0 = \lim_{a \to -\infty} (1 - \mathrm{e}^a) = 1.$$

所以,该广义积分收敛,其值为 1.

通过此例的计算,结合定积分几何意义可得如图 6-23 所示阴影部分的面积和是有限值,面积值为 1.

【例 6.37】 求广义积分 $\int_1^{+\infty} \dfrac{1}{\sqrt{x}} \mathrm{d}x$.

【解】 取 $b > 0$,则

$$\int_1^{+\infty} \frac{1}{\sqrt{x}} \mathrm{d}x = \lim_{b \to +\infty} \int_1^b \frac{1}{\sqrt{x}} \mathrm{d}x = \lim_{b \to +\infty} 2\sqrt{x} \Big|_1^b = \lim_{b \to +\infty} (2\sqrt{b} - 2) = +\infty.$$

显然,上述极限不存在,所以 $\int_1^{+\infty} \dfrac{1}{\sqrt{x}} \mathrm{d}x$ 发散.

通过此例计算结果可知,如图 6-24 所示阴影部分的面积和是无限大的.

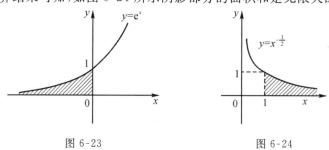

图 6-23   图 6-24

【例 6.38】 某放射性物质在 t(年)时刻的衰变速率为 $f(t) = 10^3 \mathrm{e}^{-0.01t}$(kg/ 年),求该放射性物质在 10 年以后的衰变量总和.

【解】 该放射性物质在时间区间 $[10, +\infty)$ 上的衰变量总和为

$$\int_{10}^{+\infty} f(t)\mathrm{d}t = \int_{10}^{+\infty} 10^3 \mathrm{e}^{-0.01t} \mathrm{d}t$$
$$= -10^5 \mathrm{e}^{-0.01t} \Big|_{10}^{+\infty}$$
$$= 10^5 \mathrm{e}^{-0.1} \approx 90480(\text{kg}).$$

二、无界函数的广义积分

设函数 $f(x)$ 在区间 (a, b) 上连续,当 $x \to a^+$ 时,$f(x) \to \infty$.任取 $0 < \varepsilon < b - a$,如果

极限 $\lim\limits_{\varepsilon \to 0^+}\int_{a+\varepsilon}^{b} f(x)\mathrm{d}x$ 存在,则称此极限值为无界函数 $f(x)$ 在区间 (a,b) 上的**广义积分**,又称

瑕积分,a 为**瑕点**,记作 $\int_{a}^{b} f(x)\mathrm{d}x$,即

$$\int_{a}^{b} f(x)\mathrm{d}x = \lim_{\varepsilon \to 0^+}\int_{a+\varepsilon}^{b} f(x)\mathrm{d}x.$$

若极限值存在,称瑕积分 $\int_{a}^{b} f(x)\mathrm{d}x$ 收敛;如果极限 $\lim\limits_{\varepsilon \to 0^+}\int_{a+\varepsilon}^{b} f(x)\mathrm{d}x$ 不存在,则称瑕积分 $\int_{a}^{b} f(x)\mathrm{d}x$ 发散.

类似地,可定义瑕积分:

(1) $\int_{a}^{b} f(x)\mathrm{d}x = \lim\limits_{\varepsilon \to 0^+}\int_{a}^{b-\varepsilon} f(x)\mathrm{d}x (0 < \varepsilon < b-a, b$ 是瑕点);

(2) $\int_{a}^{b} f(x)\mathrm{d}x = \int_{a}^{c} f(x)\mathrm{d}x + \int_{c}^{b} f(x)\mathrm{d}x (a,b$ 是瑕点,$c \in (a,b))$.

上式(2)中只有当右端两个瑕积分都收敛时,称瑕积分 $\int_{a}^{b} f(x)\mathrm{d}x$ 收敛;否则,称瑕积分 $\int_{a}^{b} f(x)\mathrm{d}x$ 发散.

【例 6.39】　求积分 $\int_{0}^{1} \dfrac{1}{x^2}\mathrm{d}x$.

【解】　因为 $\lim\limits_{x \to 0} \dfrac{1}{x^2} = \infty$,所以 0 是瑕点,于是

$$\int_{0}^{1} \frac{1}{x^2}\mathrm{d}x = \lim_{\varepsilon \to 0^+}\int_{0+\varepsilon}^{1} \frac{1}{x^2}\mathrm{d}x$$
$$= \lim_{\varepsilon \to 0^+}\left(-\frac{1}{x}\right)\Big|_{\varepsilon}^{1} = +\infty,$$

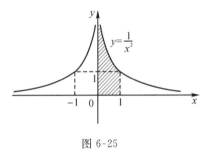

图 6-25

所以该积分是发散的.

该例表明如图 6-25 所示阴影部分面积是无限大的.

【例 6.40】　求积分 $\int_{0}^{1} \dfrac{1}{\sqrt{x}}\mathrm{d}x$.

【解】　因为 0 是瑕点,于是

$$\int_{0}^{1} \frac{1}{\sqrt{x}}\mathrm{d}x = \lim_{\varepsilon \to 0^+}\int_{\varepsilon}^{1} \frac{1}{\sqrt{x}}\mathrm{d}x = \lim_{\varepsilon \to 0^+} 2\sqrt{x}\Big|_{\varepsilon}^{1}$$
$$= \lim_{\varepsilon \to 0^+}(2 - 2\sqrt{\varepsilon}) = 2,$$

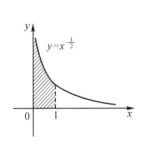

图 6-26

所以该积分收敛于 2.

该例表明如图 6-26 所示阴影部分的面积为 2.

【例 6.41】　求积分 $\int_{0}^{3} \dfrac{1}{(x-1)^{\frac{2}{3}}}\mathrm{d}x$.

【解】　因为 $\lim\limits_{x \to 1} \dfrac{1}{(x-1)^{\frac{2}{3}}} = \infty$,所以 1 是瑕点,于是

$$\int_0^3 \frac{1}{(x-1)^{\frac{2}{3}}} \mathrm{d}x = \lim_{\varepsilon \to 0^+} \int_0^{1-\varepsilon} \frac{1}{(x-1)^{\frac{2}{3}}} \mathrm{d}x + \lim_{\varepsilon \to 0^+} \int_{1+\varepsilon}^3 \frac{1}{(x-1)^{\frac{2}{3}}} \mathrm{d}x$$

$$= \lim_{\varepsilon \to 0^+} \left(\left[3(x-1)^{\frac{1}{3}} \right]_0^{1-\varepsilon} + \left[3(x-1)^{\frac{1}{3}} \right]_{1+\varepsilon}^3 \right) = 3(\sqrt[3]{2}+1).$$

习题 6.5

1. 下列广义积分是否收敛？若收敛，求出广义积分值.

(1) $\int_0^{+\infty} \mathrm{e}^{-x} \mathrm{d}x$;　　　　　　　　(2) $\int_0^{+\infty} \frac{1}{x^3} \mathrm{d}x$;

(3) $\int_e^{+\infty} \frac{1}{x \ln^2 x} \mathrm{d}x$;　　　　　　(4) $\int_0^{+\infty} \frac{x}{1+x^2} \mathrm{d}x$;

(5) $\int_0^2 \frac{1}{(1-x)^2} \mathrm{d}x$;　　　　　　　(6) $\int_1^2 \frac{x}{\sqrt{x-1}} \mathrm{d}x$.

2. 当 k 为何值时，广义积分 $\int_2^{+\infty} \frac{1}{x(\ln x)^k} \mathrm{d}x$ 收敛？当 k 为何值时，这个广义积分发散？

第四部分

多元函数微积分

数学文化与应用拓展资源(四)

数学文化 4-1 微积分的哲学思想

数学文化 4-2 中外名家谈数学

应用拓展 4-1 消费者的选择问题建模案例

应用拓展 4-2 贮存问题建模案例

应用拓展 4-3 经济增长计量模型

应用拓展 4-4 易拉罐设计问题建模案例

第七章　二元函数微积分及应用

函数描述了变量之间的依赖关系,通常把变量分为自变量和因变量,一元函数就是只有一个自变量的函数.但我们经常会遇到多个自变量的函数,例如在经济学上,一种商品的需求量不仅依赖于它自身的价格,还依赖于替代品和互补品的价格、消费者的收入、广告支出等.类似地,一种商品的产出依赖于各种投入,包括土地、资本和劳动力.很明显,以上所说的经济学上的关系包含两个及两个以上的变量.如果我们要分析以上所说的更一般的经济行为,必须将函数的概念扩展为多元函数.这一章我们将讨论二元函数微积分的基本内容及其经济应用.由于完全按照严格的数学理论来阐述该部分内容,对于大部分学生来说,接受起来比较困难.因此,本章知识的构建不再遵循严格的数学逻辑,而是把一元微积分相关的数学思想、理论、方法迁移到二元函数中来,当你掌握二元函数微积分理论后,也可以推广到多元函数上去.希望读者重点掌握本章的数学知识基本运算与相关经济应用.

§7.1　二元函数的极限和连续性

我们前面所学的函数的自变量的个数都是一个,称为一元函数或是单变量函数;但是在实际问题中,所涉及的函数的自变量的个数往往是两个或者更多,这些函数称为多元函数或是多变量函数.

一、二元函数概念

例如,圆柱体的体积 V 和它的底半径 r、高 h 之间具有关系
$$V = \pi r^2 h.$$
这里,当 r,h 在集合 $\{(r,h) \mid r > 0, h > 0\}$ 内取定一对值 (r,h) 时,V 对应的值就随之确定.我们把符号 r,h 看成是自变量,把符号 V 看成是因变量.我们先以两个独立的变量为基础,来给出二元函数的定义.

(一) 二元函数的定义

设 D 是平面上的一个非空点集,如果对于 D 内的任意点 $p(x,y)$,按照某种法则 f,都有唯一确定的实数 z 与之对应,则称 f 是 D 上的**二元函数**,它在点 (x,y) 处的函数值记作 $f(x,y)$,即
$$z = f(x,y),(x,y) \in D \quad \text{或} \quad z = f(p),p \in D.$$

其中，点集 D 称为该函数的定义域，x,y 称为自变量，z 称为因变量，数集 $\{z \mid z = f(x,y),(x,y) \in D\}$ 称为该函数的值域.

例如，函数 $z = \ln(x+y)$ 的定义域为 $D = \{(x,y) \mid x+y > 0\}$，值域为 $(-\infty,+\infty)$.

又如，函数 $z = \sqrt{1-x^2-y^2}$ 的定义域为 $D = \{(x,y) \mid x^2 + y^2 \leqslant 1\}$，值域为 $[0,1]$.

（二）二元函数的图形

利用平面直角坐标系我们可以描绘出一元函数的图像，有助于我们对该函数的直观感受. 一个显然要问的问题是：多变量函数能否用图像表示呢？对于二元函数来说，答案是肯定的. 只不过相对于一元函数来说，它的图像构建要困难一些，如果手绘就相当不容易，一般我们通过使用计算机三维图像软件或是数学软件去建立.

对于一个二元函数 $z = f(x,y)$ 把自变量 x,y 及因变量 z 当作空间点的直角坐标，先在 xOy 平面内作出函数 $z = f(x,y)$ 的定义域 D；再过 D 域中的任一点 $P(x,y)$ 作垂直于 xOy 平面的有向线段 MP，使其值为与 (x,y) 对应的函数值 z；当点 P 在 D 中变动时，对应的点 M 的轨迹就是函数 $z = f(x,y)$ 的几何图形. 它通常是三维空间中的一张曲面，形状如图 7-1 所示.

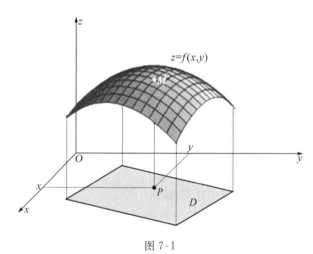

图 7-1

如果二元函数比较特殊，则该函数的图像就比较规范. 例如，$\dfrac{x^2+y^2}{b^2} - \dfrac{z^2}{c^2} = 1$ 是单叶旋转双曲面（见图 7-2）；而函数 $\dfrac{x^2}{a^2} + \dfrac{y^2}{b^2} + \dfrac{z^2}{c^2} = d$ 的图形是椭球面（见图 7-3）.

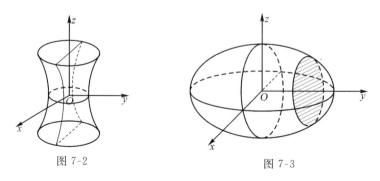

图 7-2　　　　　　　　　　　　　　　图 7-3

二、二元函数的极限

在一元函数中,我们曾学习过当自变量趋向于有限值时函数的极限.对于二元函数 $z = f(x,y)$ 我们同样可以学习当自变量 x 与 y 趋向于有限值 x_0 与 y_0 时,函数 z 的变化状态.在平面 xOy 上,(x,y) 趋向 (x_0,y_0) 的方式可以多种多样,因此二元函数的情况要比一元函数复杂得多.

如果当点 $p(x,y)$ 以任意方式趋向点 $p_0(x_0,y_0)$ 时,$f(x,y)$ 总是趋向于一个确定的常数 A,就称 A 是二元函数 $f(x,y)$ 在自变量 $(x,y) \rightarrow (x_0,y_0)$ 时的极限,记作 $\lim\limits_{\substack{x \rightarrow x_0 \\ y \rightarrow y_0}} f(x,y) = A$,或 $\lim\limits_{p \rightarrow p_0} f(x,y) = A$,或 $f(x,y) \rightarrow A\ (x \rightarrow x_0, y \rightarrow y_0)$. 这种极限通常称为**二重极限**.

【例 7.1】 求 $\lim\limits_{(x,y) \rightarrow (0,2)} \dfrac{\sin xy}{x}$.

【解】 原式 $= \lim\limits_{(x,y) \rightarrow (0,2)} \dfrac{\sin xy}{xy} y = 1 \times 2 = 2$.

【例 7.2】 求 $\lim\limits_{(x,y) \rightarrow (0,1)} xy \sin \dfrac{1}{x^2 + y^2}$.

【解】 由于 $\lim\limits_{(x,y) \rightarrow (0,1)} xy = 0 \times 1 = 0$,而 $\left| \sin \dfrac{1}{x^2 + y^2} \right| \leqslant 1$. 又因为,有界变量与无穷小量的积仍为无穷小量,所以

$$原式 = \lim\limits_{(x,y) \rightarrow (0,1)} xy \sin \frac{1}{x^2 + y^2} = 0.$$

三、二元函数的连续性

有了二元函数的极限概念后,我们就可以分析二元函数的连续性.根据一元函数连续性的要求:

函数在某点处的极限等于该点的函数值.对于二元函数 $f(x,y)$,如果当点 (x,y) 趋向点 (x_0,y_0) 时,函数 $f(x,y)$ 的二重极限等于 $f(x,y)$ 在点 (x_0,y_0) 处的函数值 $f(x_0,y_0)$,即

$$\lim\limits_{\substack{x \rightarrow x_0 \\ y \rightarrow y_0}} f(x,y) = f(x_0,y_0).$$

那么称函数 $f(x,y)$ 在点 (x_0,y_0) 处**连续**.如果函数 $z = f(x,y)$ 在点 (x_0,y_0) 处不满足连续的定义,我们就称点 (x_0,y_0) 是 $f(x,y)$ 的一个**间断点**.如果 $f(x,y)$ 在某区域 D 的每一点都连续,则称它在区域 D 连续.

对于一元初等函数来说,在其定义区间内都是连续的.与此类似,二元初等函数及多元初等函数在其定义域内也是连续的.

【例 7.3】 求函数 $f(x,y) = \dfrac{1}{x^2 + y^2}$ 的连续区域.

【解】 因为在点 $(0,0)$,函数值 $f(0,0)$ 是不存在的,显然函数在原点不连续.除点 $(0,0)$ 之外,函数在 xOy 平面上所有区域都是连续的.

【例 7.4】 已知函数

$$f(x,y) = \begin{cases} \dfrac{x^2 - y^2}{x^2 + y^2}, & (x \neq 0, y \neq 0) \\ 0, & (x = 0, y = 0) \end{cases}.$$

问:这个函数在点$(0,0)$是否连续?

【解】 由定义知,$f(0,0) = 0$.当点 $P(x,y)$ 沿直线 $y = kx$ 趋近于点$(0,0)$ 时,

$$\lim_{\substack{x \to 0 \\ y = kx \to 0}} f(x,y) = \lim_{\substack{x \to 0 \\ y = kx \to 0}} \frac{x^2 - (kx)^2}{x^2 + (kx)^2} = \frac{1 - k^2}{1 + k^2}.$$

当 $k = \pm 1$ 时,上式等于 0;当 $k \neq \pm 1$ 时,上式不等于 0.因此不满足二元函数极限存在的要求,所以 $\lim\limits_{\substack{x \to 0 \\ y \to 0}} f(x,y)$ 不存在,即这个函数在原点没有极限值,在点$(0,0)$ 处是不连续的.

注:通过上述例题也告诉我们,对于二重极限来说,只有 $p(x,y)$ 以任意方式趋向点 $p_0(x_0, y_0)$ 时 $f(x,y)$ 都趋向于一固定常数,该极限才存在.

习题 7.1

1.求下列函数的定义域,并画出定义域的图形.

(1)$z = \sqrt{1 - \dfrac{x^2}{a^2} - \dfrac{y^2}{b^2}}$; (2)$z = \dfrac{1}{\ln(x - y)}$.

2.设函数 $f(x,y) = x^3 - 2xy + 3y^2$,求:

(1)$f(-2,3)$; (2)$f\left(\dfrac{1}{x}, \dfrac{2}{y}\right)$;

(3)$f(x + y, x - y)$.

3.求下列极限.

(1)$\lim\limits_{\substack{x \to 0 \\ y \to 0}} \dfrac{\sin xy}{x}$; (2)$\lim\limits_{\substack{x \to 0 \\ y \to 1}} \dfrac{1 - xy}{x^2 + y^2}$;

(3)$\lim\limits_{\substack{x \to 0 \\ y \to 0}} \dfrac{xy}{\sqrt{xy + 1} - 1}$; (4)$\lim\limits_{\substack{x \to \infty \\ y \to \infty}} \dfrac{\sin xy}{x^2 + y^2}$.

§7.2 偏导数与全微分

对于二元函数来说,如果两个自变量的某一个自变量的值发生一定的改变,或两个自变量的值同时发生改变,一般都会对函数值产生影响,本节的主要内容就是分析它们之间的变化率及变化的大小关系,也就是偏导数和全微分方面的数学理论.

一、偏导数

给定函数 $z = f(x,y)$,如果我们将 y 保持不变,则 z 对 x 的一阶导数称为 z 对 x **偏导数**,记为 $\dfrac{\partial z}{\partial x}, \dfrac{\partial f}{\partial x}, z_x$, 或 $f_x(x,y)$.

同样,如果我们将 x 保持不变,则 z 对 y 的一阶导数称为 z 对 y **偏导数**,记为 $\dfrac{\partial z}{\partial y},\dfrac{\partial f}{\partial y},z_y$,或 $f_y(x,y)$.

在标记中我们使用卷曲的 ∂ 去区分多变量的偏导数与单变量导数的记载.求 $\dfrac{\partial f}{\partial x}$ 时,只要把 y 暂时看作常量而对 x 求导数;求 $\dfrac{\partial f}{\partial y}$ 时,只要把 x 暂时看作常量而对 y 求导数.例如, $z=x^2 y+\cos y$,则 $\dfrac{\partial z}{\partial x}=2xy,\dfrac{\partial z}{\partial y}=x^2-\sin y$.

【例 7.5】 求 $z=x^2\sin 5y$ 的偏导数.

【解】 $\quad\dfrac{\partial z}{\partial x}=2x\sin 5y,\quad \dfrac{\partial z}{\partial y}=5x^2\cos 5y.$

【例 7.6】 设 $z=x^y(x>0,x\neq 1)$,求证: $\dfrac{x}{y}\dfrac{\partial z}{\partial x}+\dfrac{1}{\ln x}\dfrac{\partial z}{\partial y}=2z.$

【证】 先求出 $\dfrac{\partial z}{\partial x}=yx^{y-1},\dfrac{\partial z}{\partial y}=x^y\ln x$,代入得

$$\frac{x}{y}\frac{\partial z}{\partial x}+\frac{1}{\ln x}\frac{\partial z}{\partial y}=\frac{x}{y}yx^{y-1}+\frac{1}{\ln x}x^y\ln x=x^y+x^y=2z.$$

若函数 $z=f(x,y)$ 在区域 D 内具有偏导数

$$\frac{\partial z}{\partial x}=f_x(x,y),\quad \frac{\partial z}{\partial y}=f_y(x,y),$$

那么在区域 D 内, $f_x(x,y),f_y(x,y)$ 都是 x,y 的函数.如果这两个函数的偏导数也存在,则称它们是函数 $z=f(x,y)$ 的**二偏导数**.按照对变量求导次序的不同,有下列四个二阶偏导数:

$$\frac{\partial}{\partial x}\left(\frac{\partial z}{\partial x}\right)=\frac{\partial^2 z}{\partial x^2}=f_{xx}(x,y),\quad \frac{\partial}{\partial y}\left(\frac{\partial z}{\partial x}\right)=\frac{\partial^2 z}{\partial x\partial y}=f_{xy}(x,y),$$

$$\frac{\partial}{\partial x}\left(\frac{\partial z}{\partial y}\right)=\frac{\partial^2 z}{\partial y\partial x}=f_{yx}(x,y),\quad \frac{\partial}{\partial y}\left(\frac{\partial z}{\partial y}\right)=\frac{\partial^2 z}{\partial y^2}=f_{yy}(x,y).$$

其中, $\dfrac{\partial}{\partial y}\left(\dfrac{\partial z}{\partial x}\right)=\dfrac{\partial^2 z}{\partial x\partial y}=f_{xy}(x,y),\dfrac{\partial}{\partial x}\left(\dfrac{\partial z}{\partial y}\right)=\dfrac{\partial^2 z}{\partial y\partial x}=f_{yx}(x,y)$ 称为**混合偏导数**.

同样可得三阶、四阶以及 n 阶偏导数.二阶及二阶以上的偏导数统称为**高阶偏导数**.

【例 7.7】 设 $z=xe^y+x^2$,求 $\dfrac{\partial z}{\partial x},\dfrac{\partial z}{\partial y},\dfrac{\partial^2 z}{\partial x^2},\dfrac{\partial^2 z}{\partial y^2},\dfrac{\partial^2 z}{\partial x\partial y}$ 和 $\dfrac{\partial^2 z}{\partial y\partial x}$.

【解】 先求出 $\dfrac{\partial z}{\partial x}=e^y+2x,\dfrac{\partial z}{\partial y}=xe^y$;

再对函数 $\dfrac{\partial z}{\partial x}=e^y+2x$ 求 x 的偏导数,得 $\dfrac{\partial^2 z}{\partial x^2}=2$;

再对函数 $\dfrac{\partial z}{\partial y}=xe^y$ 求 y 的偏导数,得 $\dfrac{\partial^2 z}{\partial y^2}=xe^y$;

再对函数 $\dfrac{\partial z}{\partial x}=e^y+2x$ 求 y 的偏导数得 $\dfrac{\partial^2 z}{\partial x\partial y}=e^y$;

再对函数 $\dfrac{\partial z}{\partial y}=xe^y$ 求 x 的偏导数得 $\dfrac{\partial^2 z}{\partial y\partial x}=e^y$.

【**例 7.8**】　设 $z = x^3 y^2 - 3xy^3 - xy + 1$，求 $\dfrac{\partial^2 z}{\partial x^2}, \dfrac{\partial^3 z}{\partial x^3}, \dfrac{\partial^2 z}{\partial x \partial y}$ 和 $\dfrac{\partial^2 z}{\partial y \partial x}$.

【**解**】　　$\dfrac{\partial z}{\partial x} = 3x^2 y^2 - 3y^3 - y, \qquad \dfrac{\partial z}{\partial y} = 2x^3 y - 9xy^2 - x;$

$$\dfrac{\partial^2 z}{\partial x^2} = 6xy^2, \qquad \dfrac{\partial^3 z}{\partial x^3} = 6y^2;$$

$$\dfrac{\partial^2 z}{\partial x \partial y} = 6x^2 y - 9y^2 - 1, \qquad \dfrac{\partial^2 z}{\partial y \partial x} = 6x^2 y - 9y^2 - 1.$$

由以上两个例题我们可以注意到

$$\dfrac{\partial^2 z}{\partial y \partial x} = \dfrac{\partial^2 z}{\partial x \partial y}.$$

这可能表明该结论对出现在经济学中所有的函数都成立，以哪种顺序实施偏导数是无所谓的. 但读者也要注意，对于数学上一些古怪的函数，该结论是不成立的，但我们不必为此担心.

以上我们仅针对二元函数进行了讨论，实际上对于更多变量的函数，例如 $z = f(x_1, x_2, \cdots, x_n)$，有 n 个一阶偏导数，记为

$$\dfrac{\partial f}{\partial x_i} \quad 或 \quad f_i \quad (i = 1, 2, \cdots, n).$$

求导方法与二元函数类似，固定其余变量，只对一个变量 x_i 求导. 二阶及以上偏导数也以类似方法求得.

【**例 7.9**】　设 $f(x_1, x_2, x_3) = x_1^3 + x_1 x_3^2 + 5x_2^4$，求偏导数 f_{13} 与 f_{31}.

【**解**】　符号 f_{13} 实际上是求 $\dfrac{\partial^2 f}{\partial x_1 \partial x_3}$，只是记载方式不同而已.

先求 $f_1 = \dfrac{\partial f}{\partial x_1} = 3x_1^2 + x_3^2$，接着求 $f_{13} = \dfrac{\partial^2 f}{\partial x_1 \partial x_3} = 2x_3$.

调换求导顺序后，得到相同的结果 $f_{31} = 2x_3$.

目前，我们已经掌握如何求偏导数的方法，但还没掌握其任何含义. 为了提供偏导数的一个解释，让我们退回到前面，回忆一元函数导数的定义，再把其数学思想挪用到二元函数上来便得到偏导数的严格数学解释.

设函数 $z = f(x, y)$ 在点 (x_0, y_0) 的某一邻域内有定义，当 y 固定在 y_0 而 x 在 x_0 处有增量 Δx 时，相应地函数有增量

$$f(x_0 + \Delta x, y_0) - f(x_0, y_0).$$

如果极限

$$\lim_{\Delta x \to 0} \dfrac{f(x_0 + \Delta x, y_0) - f(x_0, y_0)}{\Delta x}$$

存在，则称此极限为函数 $z = f(x, y)$ 在点 (x_0, y_0) 处对 x 的偏导数，记作

$$\dfrac{\partial z}{\partial x}\bigg|_{\substack{x = x_0 \\ y = y_0}}, \dfrac{\partial f}{\partial x}\bigg|_{\substack{x = x_0 \\ y = y_0}}, z_x\bigg|_{\substack{x = x_0 \\ y = y_0}} \quad 或 \quad f_x(x_0, y_0).$$

即 $f_x(x_0, y_0) = \lim\limits_{\Delta x \to 0} \dfrac{f(x_0 + \Delta x, y_0) - f(x_0, y_0)}{\Delta x}$，也就是函数 $z = f(x, y)$ 在点 (x_0, y_0) 处对 x 的变化率.

类似地,函数 $z = f(x,y)$ 在点 (x_0,y_0) 处对 y 的偏导数定义为

$$f_y(x_0,y_0) = \lim_{\Delta y \to 0} \frac{f(x_0, y_0 + \Delta y) - f(x_0, y_0)}{\Delta y},$$

记作 $\quad \dfrac{\partial z}{\partial y}\Big|_{\substack{x=x_0 \\ y=y_0}}, \dfrac{\partial f}{\partial y}\Big|_{\substack{x=x_0 \\ y=y_0}}, z_y\Big|_{\substack{x=x_0 \\ y=y_0}}$ 或 $f_y(x_0,y_0)$.

也就是函数 $z = f(x,y)$ 在点 (x_0,y_0) 处对 y 的变化率.

【例 7.10】　求 $z = x^2 + 3xy + y^2$ 在点 $(1,2)$ 处的偏导数.

【解】　$\dfrac{\partial z}{\partial x} = 2x + 3y, \quad \dfrac{\partial z}{\partial y} = 3x + 2y;$

$\dfrac{\partial z}{\partial x}\Big|_{\substack{x=1 \\ y=2}} = 2 \times 1 + 3 \times 2 = 8, \quad \dfrac{\partial z}{\partial y}\Big|_{\substack{x=1 \\ y=2}} = 3 \times 1 + 2 \times 2 = 7.$

如果从变化率的角度来说,就是函数 $z = x^2 + 3xy + y^2$ 在点 $(1,2)$ 处对 x 的变化率为 8,对 y 的变化率为 7.

二、全微分

对于一元函数 $y = f(x)$,若导数存在,函数值的小增量

$$\Delta y \approx \frac{\mathrm{d}y}{\mathrm{d}x}\Delta x,$$

近似程度随着 Δx 变小而越来越好.

对于函数 $z = f(x,y)$,如果 x 变化一个很小的量 Δx,y 保持固定,那么相应的 z 的变化满足

$$\Delta z \approx \frac{\partial z}{\partial x}\Delta x.$$

类似地,如果 y 变化一个很小的量 Δy,x 保持固定,那么相应的 z 的变化满足

$$\Delta z \approx \frac{\partial z}{\partial y}\Delta y.$$

在实际中,若 x 和 y 同时变化,那么 z 的净变化是 x 和 y 各自的变化的组合,即

$$\Delta z \approx \frac{\partial z}{\partial x}\Delta x + \frac{\partial z}{\partial y}\Delta y,$$

这就是**二元函数小增量公式**.虽然这只是一个近似公式,但它表示对许多函数,当 Δx 和 Δy 都趋向于 0 时,相应的误差也趋向于 0.因此,这个公式通常用符号表示为

$$\mathrm{d}z = \frac{\partial z}{\partial x}\mathrm{d}x + \frac{\partial z}{\partial y}\mathrm{d}y,$$

称为函数 $z = f(x,y)$ 的**全微分**.

二元函数的全微分等于它的两个偏微分之和这件事称为二元函数的微分符号叠加原理.叠加原理也适用于二元以上的函数,例如函数 $u = f(x,y,z)$ 的全微分为

$$\mathrm{d}u = \frac{\partial u}{\partial x}\mathrm{d}x + \frac{\partial u}{\partial y}\mathrm{d}y + \frac{\partial u}{\partial z}\mathrm{d}z.$$

【例 7.11】　计算函数 $z = x^2 y + y^2$ 的全微分.

【解】　因为 $\dfrac{\partial z}{\partial x} = 2xy, \quad \dfrac{\partial z}{\partial y} = x^2 + 2y,$

所以　　　　$dz = 2xy\,dx + (x^2 + 2y)\,dy.$

【例 7.12】　计算函数 $z = e^{xy}$ 在点 $(2,1)$ 处的全微分.

【解】　因为 $\dfrac{\partial z}{\partial x} = ye^{xy}$，　$\dfrac{\partial z}{\partial y} = xe^{xy}$，

$$\dfrac{\partial z}{\partial x}\bigg|_{\substack{x=2 \\ y=1}} = e^2, \quad \dfrac{\partial z}{\partial y}\bigg|_{\substack{x=2 \\ y=1}} = 2e^2,$$

所以　　　　$dz = e^2\,dx + 2e^2\,dy.$

【例 7.13】　计算函数 $u = x + \sin\dfrac{y}{2} + e^{yz}$ 的全微分.

【解】　因为 $\dfrac{\partial u}{\partial x} = 1$，　$\dfrac{\partial u}{\partial y} = \dfrac{1}{2}\cos\dfrac{y}{2} + ze^{yz}$，　$\dfrac{\partial u}{\partial z} = ye^{yz}$，

所以　　　　$du = dx + (\dfrac{1}{2}\cos\dfrac{y}{2} + ze^{yz})dy + ye^{yz}\,dz.$

【例 7.14】　估计函数 $z = x^3 y - y^3 x$ 在点 $(1,3)$ 处，当 x 由 1 增加到 1.1 且 y 同时由 3 减少到 2.8 时，函数值 z 的变化.

【解】　先求函数的偏导数

$$\dfrac{\partial z}{\partial x} = 3x^2 y - y^3, \quad \dfrac{\partial z}{\partial y} = x^3 - 3y^2 x;$$

$$\dfrac{\partial z}{\partial x}\bigg|_{\substack{x=1 \\ y=3}} = 3 \times 1^2 \times 3 - 3^3 = -18, \quad \dfrac{\partial z}{\partial y}\bigg|_{\substack{x=1 \\ y=3}} = 1^3 - 3 \times 3^2 \times 1 = -26.$$

自变量的改变量（正数表示增加，负数表示减少）为

$$\Delta x = 0.1, \Delta y = -0.2.$$

根据小增量公式

$$\Delta z \approx \dfrac{\partial z}{\partial x}\Delta x + \dfrac{\partial z}{\partial y}\Delta y,$$

得出函数值 z 的变化的近似值为

$$\Delta z \approx (-18)(0.1) + (-26)(-0.2) = 3.4.$$

 习题 7.2

1. 求下列各函数的偏导数.

(1) $z = x^3 y + 3x^2 y^2$；

(2) $z = (1+x)^y$；

(3) $z = e^{xy} + x^2 - 3y$；

(4) $z = \sin(xy) + \cos^2(xy).$

2. 已知 $f(x,y) = e^{-\sin x}(x + 2y)$，求 $f'_x(0,1)$，$f'_y(0,1)$.

3. 求函数 $z = x^2 + xy^2$ 的全微分.

4. 计算函数 $z = \ln(2 + x^2 + y^2)$ 在点 $(1,2)$ 处的全微分.

5. 求函数 $z = x^2 y + y^2$ 在点 $(2,1)$ 处，当 $\Delta x = 0.1$，$\Delta y = -0.2$ 时的全增量和全微分.

§7.3 偏导数与全微分的经济应用

偏导数与全微分是研究多元函数自变量与因变量之间的变化关系的重要数学理论,其经济学上存在着广泛的应用.本节我们只集中在微观经济学上的边际、弹性与效用这三个方面进行分析与应用举例.

一、边际分析

(一)边际成本

设某企业生产 A,B 两种产品,产量分别为 x,y 时的总成本函数为

$$C = C(x,y),$$

那么总成本 $C = C(x,y)$ 对产量 x 和对产量 y 的偏导数就是总成本的**边际成本**.

偏导数 $\dfrac{\partial C}{\partial x} = C_x(x,y)$ 表示总成本对产量 x 的边际成本,它表示在两种产品的产量为 (x,y) 的基础上,再多生产一个单位的 A 产品时,总成本 $C(x,y)$ 的改变量.

偏导数 $\dfrac{\partial C}{\partial y} = C_y(x,y)$ 表示总成本对产量 y 的边际成本,它表示在两种产品的产量为 (x,y) 的基础上,再多生产一个单位的 B 产品时,总成本 $C(x,y)$ 的改变量.

【**例 7.15**】 设生产 A,B 两种产品的产量分别为 x,y 时总成本为

$$C(x,y) = 300 + \frac{1}{2}x^2 + 4xy + \frac{3}{2}y^2.$$

求:(1) $C(x,y)$ 对产量 x 和对产量 y 的边际成本函数;

(2) 当 $x = 50, y = 50$ 时的边际成本,并解释其经济含义.

【**解**】 (1)总成本 $C(x,y)$ 对产量 x 的边际成本函数为

$$C_x(x,y) = \left(300 + \frac{1}{2}x^2 + 4xy + \frac{3}{2}y^2\right)'_x = x + 4y.$$

总成本 $C(x,y)$ 对产量 y 的边际成本函数为

$$C_y(x,y) = \left(300 + \frac{1}{2}x^2 + 4xy + \frac{3}{2}y^2\right)'_y = 4x + 3y.$$

(2) 当 $x = 50, y = 50$ 时,$C_x(50,50) = 50 + 4 \times 50 = 250$.

这说明,当两种产品的产量都为 50 个单位时,再多生产一个单位的 A 产品时,总成本将增加 250 个单位.

当 $x = 50, y = 50$ 时,$C_y(50,50) = 4 \times 50 + 3 \times 50 = 350$.

这说明,当两种产品的产量都为 50 个单位时,再多生产一个单位的 B 产品时,总成本将增加 350 个单位.

(二)边际生产率

设某企业生产某产品的产量 Q 与投入的劳动力 L 和资金 K 的生产函数为

$$Q = Q(L,K),$$

那么产量 $Q(L,K)$ 对劳动力 L 的偏导数 $Q_L(L,K)$,称为 $Q(L,K)$ 对劳动力 L 的**边际生产率**,它表示在投入劳动力 L 和资金 K 的基础上,再多投入一个单位的劳动力时,产量 $Q(L,K)$ 的变化率.

产量 $Q(L,K)$ 对资金 K 的偏导数 $Q_K(L,K)$,称为 $Q(L,K)$ 对资金 K 的**边际生产率**,它表示在投入劳动力 L 和资金 K 的基础上,再多投入一个单位的资金时,产量 $Q(L,K)$ 的变化率.

【例 7.16】 设某产品的生产函数为

$$Q(L,K) = 4L^{\frac{3}{4}} K^{\frac{1}{4}},$$

其中,Q 是产量,L 为劳动力,K 是资金.求 Q 对 L 和 K 的边际生产率.

【解】 Q 对 L 的边际生产率为

$$Q_L(L,K) = (4L^{\frac{3}{4}} K^{\frac{1}{4}})'_L = 3L^{-\frac{1}{4}} K^{\frac{1}{4}};$$

Q 对 K 的边际生产率为

$$Q_K(L,K) = (4L^{\frac{3}{4}} K^{\frac{1}{4}})'_K = L^{\frac{3}{4}} K^{-\frac{3}{4}}.$$

二、交叉弹性分析

在一元微分学中,我们引出了边际和弹性的概念,来分别表示经济函数在一点的变化率与相对变化率. 这些概念也可以推广到二元函数微分学来,并被赋予了更丰富的经济含义.

例如,一种商品的需求量 Q_A 不仅依赖于自身的价格 P_A,还依赖于其他商品的价格 P_B,即可用二元函数来表示

$$Q_A = f(P_A, P_B).$$

通过分析其边际需求函数 $\dfrac{\partial Q_A}{\partial P_A}$ 及 $\dfrac{\partial Q_A}{\partial P_B}$,可知道需求量 Q_A 随着 P_A 及 P_B 变化而变化的规律.

进一步分析其弹性,有

(1)Q_A 对 P_A 的弹性

$$E_{P_A} = \frac{\dfrac{\partial Q_A}{\partial P_A}}{\dfrac{Q_A}{P_A}} = \frac{P_A}{Q_A} \frac{\partial Q_A}{\partial P_A}, \qquad \frac{\text{需求量 } Q_A \text{ 变化的百分数}}{\text{自身价格 } P_A \text{ 变化的百分数}},$$

称为**需求(自身)价格弹性**.

(2)Q_A 对 P_B 的弹性

$$E_{P_B} = \frac{\dfrac{\partial Q_A}{\partial P_B}}{\dfrac{Q_A}{P_B}} = \frac{P_B}{Q_A} \frac{\partial Q_A}{\partial P_B}, \qquad \frac{\text{需求量 } Q_A \text{ 变化的百分数}}{\text{其他价格 } P_B \text{ 变化的百分数}},$$

称为**需求的交叉价格弹性**,又简称为需求变叉弹性.

通过具体的计算结果,可以知道该商品的需求量与自身价格变化及其他商品价格变化的灵敏度. 这里我们主要研究交叉弹性及其经济意义,先分析以下两个例题.

【例 7.17】 随着养鸡工业化程度的提高,肉鸡价格会不断下降.现估计明年肉鸡价格(用 P_B 表示)将下降 5%,且猪肉需求量(用 Q_A 表示)对肉鸡价格的交叉弹性为 0.85.问:明年猪肉的需求量将如何变化?

【解】 由于鸡肉与猪肉互为替代品,故肉鸡价格的下降将导致猪肉需求量的下降.依题意,猪肉的需求量对肉鸡价格的交叉弹性为

$$E_{P_B} = \frac{\frac{\partial Q_A}{\partial P_B}}{\frac{Q_A}{P_B}} = 0.85 = \frac{需求量 Q_A 变化的百分数}{其他价格 P_B 变化的百分数}.$$

所以,猪肉需求量 Q_A 的变化为

$$E_{P_B} \times (-5\%) = -4.25\%.$$

于是猪肉的需求量将下降 4.25%.

【例 7.18】 某种数码相机的销售量 Q_A,除与它自身的价格 P_A 有关外,还与彩色喷墨打印机的价格 P_B 有关,具体为

$$Q_A = 120 + \frac{250}{P_A} - 10P_B - P_B^2.$$

当 $P_A = 50$,$P_B = 5$ 时,求:

(1) Q_A 对 P_A 的弹性并说明经济含义; (2) Q_A 对 P_B 的弹性并说明经济含义.

【解】 (1) Q_A 对 P_A 的弹性为

$$E_{P_A} = \frac{\partial Q_A}{\partial P_A} \frac{P_A}{Q_A} = -\frac{250}{P_A^2} \frac{P_A}{120 + \frac{250}{P_A} - 10P_B - P_B^2}$$

$$= -\frac{250}{120P_A + 250 - P_A(10P_B + P_B^2)}.$$

当 $P_A = 50$,$P_B = 5$ 时,

$$E_{P_A} = -\frac{250}{120 \times 50 + 250 - 50(50 + 25)} = -0.1.$$

表示当 $P_A = 50$,$P_B = 5$ 时,若 P_B 不变,此时自身价格增加 1%,则数码相机销售量 Q_A 减少 0.1%.

(2) Q_A 对 P_B 的弹性为

$$E_{P_B} = \frac{\partial Q_A}{\partial P_B} \frac{P_B}{Q_A}$$

$$= -(10 + 2P_B) \frac{P_B}{120 + \frac{250}{P_A} - 10P_B - P_B^2}.$$

当 $P_A = 50$,$P_B = 5$ 时,

$$E_{P_B} = -20 \times \frac{5}{120 + 5 - 50 - 25} = -2.$$

表示当 $P_A = 50$,$P_B = 5$ 时,若 P_A 不变,此时彩色喷墨打印机价格 P_B 增加 1%,则数码相机销售量 Q_A 减少 2%.

交叉弹性指某种其他物品的价格每变化 1%,会使该物品的需求量变化百分之几.由这

个概念我们可以推导出**替代品**、**互补品**这两个经济学中的重要概念.

需求交叉弹性反映了相应于其他商品价格的变动,消费者对某种商品需求量变动的敏感程度,其弹性系数定义为需求量变动的百分比除以另外商品价格变动的百分比. 交叉弹性系数可以大于 0、等于 0 或小于 0,它表明两种商品之间分别为替代、不相关或互补关系. 如果交叉弹性是正值,说明这两种商品是替代品;如果交叉弹性是负值,则说明这两种商品是互补品. 例 7.18 中数码相机与彩色喷墨打印机就为互补品.

三、效用分析

以上的两个例题中,我们关注的是生产者,下面我们把注意力集中到消费者上来. 因为对于消费者来说,既需要购买若干份不同的商品,并且在可行的选择中有所偏好,也要使自身的消费满足感最大化. 为了分析消费者的行为,我们给每个选择组合一个数 U,称为**效用**,它表示满足程度.

假设有两种商品 A 和 B,且消费者购买 x_1 份商品 A 和 x_2 份商品 B,那么变量 U 是 x_1 和 x_2 的函数,记为

$$U = U(x_1, x_2).$$

如果 $\qquad U(3,7) = 20, \quad U(4,5) = 25,$

那么消费者从买 4 份商品 A 和 5 份商品 B 中获得了比买 3 份商品 A 和 7 份商品 B 更大的满足.

效用是双变量函数,因此我们也可以计算出两个一阶偏导数 $\dfrac{\partial U}{\partial x_1}$ 和 $\dfrac{\partial U}{\partial x_2}$,其中,$\dfrac{\partial U}{\partial x_i}$ 给出了 U 对 x_i 的变化率,且被称为 x_i 的**边际效用**. 如果 x_i 变化一个很少的量 Δx_i,而另一个变量保持不变,那么 U 的变化满足

$$\Delta U \approx \frac{\partial U}{\partial x_i} \Delta x_i.$$

如果 x_1 和 x_2 都变化,那么 U 的净变化可由小增量公式得出

$$\Delta U \approx \frac{\partial U}{\partial x_1} \Delta x_1 + \frac{\partial U}{\partial x_2} \Delta x_2.$$

【例 7.19】 给定效用函数

$$U = (x_1)^{\frac{1}{4}} (x_2)^{\frac{3}{4}}.$$

(1) 当 $x_1 = 100, x_2 = 200$ 时,求总效用.

(2) 当 $x_1 = 100, x_2 = 200$ 时,求边际效用.

(3) 当 x_1 由 100 减少到 99,x_2 由 200 增加到 201 时,估计总效用的变化.

【解】 (1) 当 $x_1 = 100, x_2 = 200$ 时,总效用为

$$U = (100)^{\frac{1}{4}} (200)^{\frac{3}{4}} \approx 168.18.$$

(2) 分别对两个变量求偏导数

$$\frac{\partial U}{\partial x_1} = \frac{1}{4} (x_1)^{-\frac{3}{4}} (x_2)^{\frac{3}{4}};$$

$$\frac{\partial U}{\partial x_2} = \frac{3}{4} (x_1)^{\frac{1}{4}} (x_2)^{-\frac{1}{4}}.$$

因此当 $x_1 = 100, x_2 = 200$ 时,各自的边际效用值为

$$\frac{\partial U}{\partial x_1} = \frac{1}{4}(100)^{-\frac{3}{4}}(200)^{\frac{3}{4}} \approx 0.42;$$

$$\frac{\partial U}{\partial x_2} = \frac{3}{4}(100)^{\frac{1}{4}}(200)^{-\frac{1}{4}} \approx 0.63.$$

(3)x_1 减少 1 个单位,故 $\Delta x_1 = -1$,而 x_2 增加一个单位,故 $\Delta x_2 = 1$.

增量公式为

$$\Delta U \approx \frac{\partial U}{\partial x_1}\Delta x_1 + \frac{\partial U}{\partial x_2}\Delta x_2,$$

因此效用的变化为 $\Delta U \approx 0.42 \times (-1) + 0.63 \times 1 = 0.21$.

习题 7.3

1.设生产 A,B 两种产品的产量分别为 x,y 时总成本为
$$C(x,y) = \ln xy + xy + 10.$$
求:(1)$C(x,y)$ 对产量 x 和对产量 y 的边际成本函数.

(2) 当 $x = 5, y = 10$ 时的边际成本,并解释其经济含义.

2.设生产某产品时需要 x,y 两种投入,且产品的产量 z 与两种投入量 x,y 的关系为
$$z = 4xy - x^2 - 2y^2.$$
(1) 求边际生产率函数.

(2) 求 $x = 8, y = 5$ 时的边际生产率,并说明其经济含义.

3.给定需求函数
$$Q = 100 - 2P + P_A + 0.1Y.$$
其中,$P = 10$ 为商品自身的价格,$P_A = 12$ 为其他商品的价格,$Y = 1000$ 为消费者的收入.求:

(1) 需求的价格弹性.

(2) 需求的交叉弹性.

(3) 需求的收入弹性.

(4) 其他商品是替代品还是互补品?

4.给定需求函数
$$Q = 500 - 3P - 2P_A + 0.01Y.$$
其中,$P = 20$ 为商品自身的价格,$P_A = 30$ 其他商品的价格,$Y = 5000$ 为消费者的收入. 求:

(1) 需求的价格弹性;

(2) 需求的交叉弹性;

(3) 需求的收入弹性.

(4) 如果收入上升 5%,计算相应的需求变化百分比. 你认为该商品是优质的还是低质的?

5.如果一个人的效用函数为
$$U = 1000x_1 + 450x_2 + 5x_1x_2 - 2x_1^2 - x_2^2.$$
其中,x_1 是每周以小时计算的闲暇量,而 x_2 是每周以美元计算的收入.

（1）当 $x_1 = 138, x_2 = 500$ 时，确定边际效用 $\dfrac{\partial U}{\partial x_1}, \dfrac{\partial U}{\partial x_2}$ 的值.

（2）如果每周个人额外工作 1 小时，他也将每周增加 15 美元的收入，试估计效用的变化.

6.给定效用函数
$$U = (x_1)^{\frac{1}{2}} (x_2)^{\frac{1}{2}}.$$

（1）当 $x_1 = 300, x_2 = 500$ 时，求总效用.

（2）当 $x_1 = 300, x_2 = 500$ 时，求边际效用.

（3）当 x_1 减少 3 个单位，为维持现有的效用水平，x_2 应增加几个单位？

§7.4　二元函数的优化问题

本节我们要讨论的是如何去求二元函数的最优值（最大值、最小值）.正如你可能期待的一样，它与求一元函数的最大值、最小值比较类似.但多元经济函数的性质迫使我们将最优化问题分为两类：无约束的和有约束的.

为了理解它们之间的差别，考虑效用函数
$$U = (x_1)^{\frac{1}{4}} (x_2)^{\frac{3}{4}},$$
U 的值是购买 x_1 份 A 和 x_2 份 B 所获得的满足感.这里自然要做的事就是试图选择 x_1 和 x_2，使得 U 尽可能大，即最大化效应.但片刻思考后，你应该可以确认，这个问题没有有限解.因为我们可以通过不断增加 x_1 的值，使得 $(x_1)^{\frac{1}{4}}$ 达到我们所需要的值，$(x_2)^{\frac{3}{4}}$ 与之类似.换句话说，当越来越多份的 A 和 B 被购买时，效用无限增加.实际上这是不可能发生的，因为个人购买力是有限的，不可能无限制地增加购买量.

例如，假定每份 A 和 B 的价格分别是 2 元和 3 元时，且我们限于 100 元用于购买这些商品，则购买 x_1 份 A 和 x_2 份 B 的总成本是
$$2x_1 + 3x_2.$$
因此我们需要 $2x_1 + 3x_2 = 100$（元）.现在的问题是在预算约束 $2x_1 + 3x_2 = 100$（元）下，求效用函数 $U = (x_1)^{\frac{1}{4}} (x_2)^{\frac{3}{4}}$ 的最大值.这种在有限制条件下求函数的最优值的问题，称为**有约束最优化问题**；反之，称为**无约束最优化问题**.

一、无约束最优化

对于一个二元函数 $z = f(x, y)$，我们要求它的最值，与一元函数类似，先找出它的驻点，再判断驻点的类型，从而找出最优点与最优值.

驻点由联立方程求得
$$\begin{cases} \dfrac{\partial z}{\partial x} = 0 \\[2mm] \dfrac{\partial z}{\partial y} = 0 \end{cases},$$

即
$$\begin{cases} f_x(x_0,y_0) = 0 \\ f_y(x_0,y_0) = 0 \end{cases}.$$

这是一元函数的自然扩展.我们先求出一阶偏导数的表达式,然后令其为 0.用这种方式得到的驻点 (x_0,y_0) 可分为三种类型:**极小值点**、**极大值点**和**鞍点**.

跟一元函数类似,判断驻点类型要用到二阶导数.假设函数 $z = f(x,y)$ 在点 (x_0,y_0) 的某邻域内连续,且有一阶及二阶连续的偏导数,又
$$f_x(x_0,y_0) = f_y(x_0,y_0) = 0,$$
记为
$$A = f_{xx}(x_0,y_0), \quad B = f_{xy}(x_0,y_0), \quad C = f_{yy}(x_0,y_0).$$

（一）极小值点

极小值点表明在该点的邻域内(局部范围)函数值 $f(x_0,y_0)$ 最小,可以被认为是一个碗形的山谷底.如果你站在该点往任何方向走,你一定是开始向上移动的,数学上称为**极小值点**.可以证明,当满足
$$A > 0, \quad AC - B^2 > 0$$
两个条件时,点 (x_0,y_0) 为极小值点,对应的函数值 $f(x_0,y_0)$ 为极小值,如图 7-4 所示.

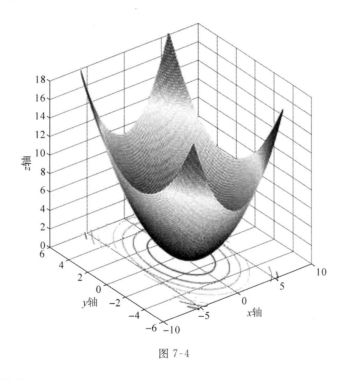

图 7-4

（二）极大值点

极大值点表明在该点的邻域内(局部范围)函数值 $f(x_0,y_0)$ 最大,可以被认为是一个山顶.如果你站在该点往任何方向走,你一定是开始向下移动的,数学上称为**极大值点**.可以证明,当满足
$$A < 0, \quad AC - B^2 > 0$$

两个条件时,点(x_0, y_0)为极大值点,对应的函数值$f(x_0, y_0)$为极大值,如图 7-5 所示.

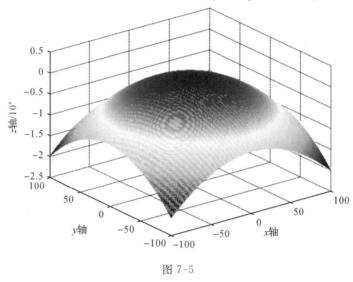

图 7-5

(三) 鞍点

顾名思义,鞍点可以被认为是马鞍的中部,表明在该点的邻域内(局部范围)函数值$f(x_0, y_0)$既不是最大,也不是最小.站在该点上,如果你向头或向尾走,那么你开始向上移动;如果你向两边走,那么你开始向下移动.因此我们把这种类型的点称为**鞍点**.可以证明,当满足

$$AC - B^2 < 0$$

条件时,点(x_0, y_0)为鞍点,如图 7-6 所示.

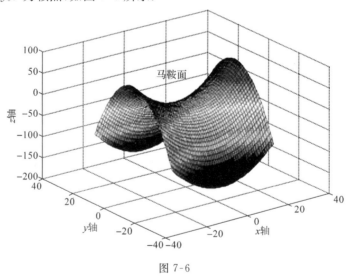

图 7-6

因此,我们把求二元函数的驻点分类总结如下:

步骤 1　先解联立方程

$$\begin{cases} f_x(x_0,y_0)=0 \\ f_y(x_0,y_0)=0 \end{cases}$$

得到驻点 (x_0,y_0).

步骤 2　求二阶偏导数,并记为
$$A=f_{xx}(x_0,y_0),\quad B=f_{xy}(x_0,y_0),\quad C=f_{yy}(x_0,y_0).$$

步骤 3　判断:

(1) $AC-B^2>0$ 时具有极值,且当 $A<0$ 时有极大值,当 $A>0$ 时有极小值;

(2) $AC-B^2<0$ 时没有极值.

在完成以上工作之后,若函数 $z=f(x,y)$ 在某区域内部只有唯一的极值点,即为最值点.若函数比较特殊,有多个极值点,比较全部极值的大小也能找出**全局最优值**.

【例 7.20】　求函数 $f(x,y)=x^3-y^3+3x^2+3y^2-9x$ 的极值.

【解】　函数具有一、二阶连续偏导数,先求出驻点.

解方程组
$$\begin{cases} f_x=3x^2+6x-9=3(x-1)(x+3)=0 \\ f_y=-3y^2+6y=-3y(y-2)=0 \end{cases}$$

求出全部驻点为 $(1,0),(1,2),(-3,0),(-3,2)$.

再求二阶偏导数
$$A=f_{xx}=6x+6,B=f_{xy}=0,C=f_{yy}=-6y+6.$$

在点 $(1,0)$ 处,$AC-B^2=12\times6-0=72>0,A=12>0$,函数取得极小值 $f(1,0)=-5$;

在点 $(1,2)$ 处,$AC-B^2=12\times(-6)-0=-72<0$,函数无极值;

在点 $(-3,0)$ 处,$AC-B^2=(-12)\times6-0=-72<0$,函数无极值;

在点 $(-3,2)$ 处,$AC-B^2=(-12)\times(-6)-0=72>0,A=-12<0$,函数取得极大值 $f(-3,2)=31$.

【例 7.21】　如图 7-7 所示,某厂要用铁板做成一个体积为 2 立方米的有盖长方体水箱,当长、宽、高各取怎样的尺寸时,才能用料最省?

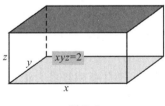

图 7-7

【解】　设水箱的长为 x 米,宽为 y 米,高为 $\dfrac{2}{xy}$ 米.

表面积为
$$A=2\left(xy+y\cdot\frac{2}{xy}+x\cdot\frac{2}{xy}\right)=2\left(xy+\frac{2}{x}+\frac{2}{y}\right)\quad(x>0,y>0).$$

令
$$
\begin{cases}
A_x = 2\left(y - \dfrac{2}{x^2}\right) = 0 \\
A_y = 2\left(x - \dfrac{2}{y^2}\right) = 0
\end{cases},
$$

解方程组得唯一驻点 $x = y = \sqrt[3]{2}$.

据问题的实际背景,水箱所用材料面积的最小值一定存在,并在区域 $D = \{(x,y) \mid x > 0,$ $y > 0\}$ 内取得,又因为函数在区域 D 内只有唯一的驻点,因此,可断定当 $x = y = \sqrt[3]{2}$ 时,函数取得最小值.

这表明:当水箱的长、宽、高分别为 $\sqrt[3]{2}$ 米时,所用材料最省,此时的最小表面积为 $6(\sqrt[3]{2})^2$ 平方米.

【例 7.22】　某工厂生产两种产品 A 与 B,出售单价分别为 10 元和 9 元,生产 x 单位的产品 A 与生产 y 单位的产品 B 的总费用为
$$
400 + 2x + 3y + 0.01(3x^2 + xy + 3y^2).
$$
求取得最大利润时,两种产品的产量各是多少?

【解】　由题意知,总收益函数为 $R = 10x + 9y$.

总利润函数为 $L = R - C = 10x + 9y - [400 + 2x + 3y + 0.01(3x^2 + xy + 3y^2)]$

解方程组
$$
\begin{cases}
\dfrac{\partial L}{\partial x} = 10 - 2 - 0.06x - 0.01y = 0 \\
\dfrac{\partial L}{\partial y} = 9 - 3 - 0.06y - 0.01x = 0
\end{cases},
$$

得唯一驻点 $x = 120, y = 80$.

由题意知,所求最大利润一定在区域 $D = \{(x,y) \mid x > 0, y > 0\}$ 内取得,又因为函数在区域 D 内只有唯一驻点,因此该驻点为所求最大值点.

所以,产品 A 与 B 的产量分别为 120 单位和 80 单位时,可取得最大利润.

【例 7.23】　设一市场有 A,B 两家厂商生产同样的产品,如果厂商 A 的产量为 q_1,厂商 B 的产量为 q_2,则市场总产量为 $Q = q_1 + q_2$.并设市场出清价格 P 是市场总量的递减函数 $P = P(Q) = 8 - Q$.设两厂商都无固定成本,且每增加 1 单位产量的边际成本相等,即 $C_1 = C_2 = 2$.两厂商各自可以决定自己的产量,即他们在决策之前都不知道另一方的产量.

(1)问两厂商应该如何决定产量,使自身利益最大化?

(2)若两厂商以总体利益最大化为目标该如何选择产量?

【解】　(1)A,B 两家厂商的利润分别为
$$
u_1 = q_1 P(Q) - C_1 q_1 = q_1(8 - q_1 - q_2) - 2q_1 = 6q_1 - q_1 q_2 - q_1^2,
$$
$$
\frac{\partial u_1}{\partial q_1} = 6 - q_2 - 2q_1 = 0;
$$
$$
u_2 = q_2 P(Q) - C_2 q_2 = q_2(8 - q_1 - q_2) - 2q_2 = 6q_2 - q_1 q_2 - q_2^2,
$$
$$
\frac{\partial u_2}{\partial q_2} = 6 - q_1 - 2q_2 = 0.
$$

则得到各自最佳产量为 $q_1^* = q_2^* = 2$,总产量为 $Q^* = q_1^* + q_2^* = 2 + 2 = 4$,各自利润

为 $u_1{}^* = 4, u_2{}^* = 4$. 市场总利润为 $U^* = u_1{}^* + u_2{}^* = 4 + 4 = 8$.

（2）若两厂商以总体利益最大化为目标选择产量分别为 q_1^+, q_2^+，则总利润为

$$U = u_1 + u_2 = [q_1 P(Q) - C_1 q_1] + [q_2 P(Q) - C_2 q_2]$$
$$= 6(q_1 + q_2) - (q_1 + q_2)^2,$$

则有
$$\begin{cases} \dfrac{\partial U}{\partial q_1} = 6 - 2(q_1 + q_2) = 0 \\[2mm] \dfrac{\partial U}{\partial q_2} = 6 - 2(q_1 + q_2) = 0 \end{cases},$$

得到最佳选择为 $q_1^+ + q_2^+ = 3$，总产量为 $Q^+ = q_1^+ + q_2^+ = 3$，市场出清价格为 $P^+ = 8 - 3 = 5$，市场总利润为 $U^+ = 6 \times 3 - 3^2 = 9$.

注：① 在判断驻点的类型的时候，若 $AC - B^2 = 0$ 时，函数在该点可能有极值，也可能没有极值，需另作判定.

② 本节我们只介绍了通过判断驻点的类型去求二元函数的最优值，实际上在二元函数的偏导数不存在的点，函数也可能取得最优值.

因为以上所注明的两种情况在经济函数中很少碰到，所以我们没有特别地介绍与举例说明，读者要想了解详细理论请参考其他数学类教材.

二、有约束最优化

前面所讨论的最值问题，对于函数的自变量，除了限制它在定义域内之外，再无其他的约束条件，因此，我们称这类最值为**无约束最优化**. 但是，在实际问题中，有时会遇到对函数的自变量还有附加限制条件的最值问题，称为**有约束最优化**.

（一）简单有约束最优化

我们先看两个简单的有约束最优化问题.

【例 7.24】　在约束条件 $2x - y = 1$ 限制下，求目标函数 $z = -2x^2 + y^2$ 的最小值.

【解】　由于给出的约束条件为 $2x - y = 1$，很容易地转化为显函数 $y = 2x - 1$. 显然我们要做的事情就是把限制条件给定的 y 的表达式代入我们试图去最优化的函数中，得

$$z = -2x^2 + (2x - 1)^2 = 2x^2 - 4x + 1,$$

那么目标函数就变成一元函数，可以由一元函数求最值的理论和方法去解决.

先求驻点，令 $\dfrac{\mathrm{d}z}{\mathrm{d}x} = 0$，即

$$4x - 4 = 0.$$

解得 $x = 1$. 我们再次求导数，得出

$$\frac{\mathrm{d}^2 z}{\mathrm{d}x^2} = 4 > 0.$$

确定 $x = 1$ 为极小值点且唯一，那么函数在该点就取得最小值，其最小值为

$$z = (-2) \times 1^2 + (2 \times 1 - 1)^2 = -1.$$

接下来把 $x = 1$ 代入约束条件 $2x - y = 1$，得

$$y = 1.$$

即二元函数 $z = -2x^2 + y^2$ 在约束条件 $2x - y = 1$ 限制下，在点 $(1,1)$ 上取得最小值 -1.

【例 7.25】 如果某厂商的生产函数为

$$Q = 4LK + L^2.$$

其中,K 与 L 分别表示资本投入和劳动力投入.现已知资本和劳动力单位成本分别为 1 元和 2 元.现在厂商在资本和劳动力的总成本为 105 元的基础上求该厂的最大产出,并给出 K 与 L 的分配情况.

【解】 经过分析,该问题明显是想在投入固定的情况下得到最大的产出水平.这是经济学上的常见问题,也是一个典型的有约束最优化问题.

其中,目标函数为

$$Q = 4LK + L^2,$$

约束条件为

$$K + 2L = 105(元),$$

很容易将约束条件转化为 $K = 105 - 2L$.将 K 的表达式代入目标函数中,得

$$Q = 4L(105 - 2L) + L^2 = 420L - 7L^2.$$

那么目标函数就变成一元函数,可以由一元函数求最值的理论和方法去解决.

先求驻点,令 $\dfrac{dQ}{dL} = 0$,即

$$420 - 14L = 0.$$

解得 $L = 30$.我们再次求导数,得出

$$\frac{d^2 Q}{dL^2} = -14 < 0.$$

确定 $L = 30$ 为极大值点且唯一,那么函数在该点就取得最大值,其最大值为

$$Q = 420 \times 30 - 7 \times 30^2 = 6300(元).$$

接下来把 $L = 30$ 代入约束条件 $K = 105 - 2L$,得

$$K = 45.$$

因此该厂商应该使用 30 单位的劳动力和 45 单位的资本去组织生产,此时有最大产出 6300 元.

通过上面的例题我们可得出,求二元函数 $z = f(x,y)$ 在某限制条件 $\varphi(x,y) = 0$ 下的最优问题,只要限制方程 $\varphi(x,y) = 0$ 可以转化为某个变量的显函数,就可以将有约束的二元函数最优化问题转化为无约束的一元函数最优化问题,再利用一元函数最优化理论就可以求出相应的最值.

但对一些复杂的约束函数,有约束最优化很难转化为无约束最优化.因此,我们有必要探讨有约束最优化的一般方法.

(二) 拉格朗日乘数法

要求函数 $z = f(x,y)$ 在限制条件 $\varphi(x,y) = 0$ 下的最优值,可先构造新的函数

$$F(x,y,\lambda) = f(x,y) + \lambda\varphi(x,y),$$

该函数称为**拉格朗日函数**,其中标量 λ 称为**拉格朗日乘数**.

再分别求偏导数,得到方程组

$$\begin{cases} \dfrac{\partial F}{\partial x} = f_x(x,y) + \lambda\varphi_x(x,y) = 0 \\[2mm] \dfrac{\partial F}{\partial y} = f_y(x,y) + \lambda\varphi_y(x,y) = 0. \\[2mm] \dfrac{\partial F}{\partial \lambda} = \varphi(x,y) = 0 \end{cases}$$

通过求解方程组,得到点 (x,y,λ),这样求出的点 (x,y) 就是可疑的最优点. 当然我们也可以再利用二阶导数去分类判断,不幸的是,这项工作是相当复杂的. 但往往我们碰到的一些经济问题只有一个最优点. 那么在经济背景下,按以上方法求出的点 (x,y),要么是最大值点,要么是最小值点.

【**例 7.26**】　用拉格朗日乘数法求函数 $z = x^2 - 3xy + 12x$ 在约束条件 $2x + 3y = 6$ 下的最优值.

【**解**】　在本例题中目标函数为
$$f(x,y) = x^2 - 3xy + 12x,$$
约束函数为
$$\varphi(x,y) = 6 - 2x - 3y,$$
因此,拉格朗日函数为
$$F(x,y,\lambda) = x^2 - 3xy + 12x + \lambda(6 - 2x - 3y).$$

计算三个偏导数
$$\begin{cases} \dfrac{\partial F}{\partial x} = 2x - 3y + 12 - 2\lambda = 0 \\[2mm] \dfrac{\partial F}{\partial y} = -3x - 3\lambda = 0 \\[2mm] \dfrac{\partial F}{\partial \lambda} = 6 - 2x - 3y = 0 \end{cases},$$

解方程得到点 $x = -1, y = \dfrac{8}{3}, \lambda = 1$.

因此最优解为 $\left(-1, \dfrac{8}{3}\right)$,而相应的目标函数值为
$$(-1)^2 - 3 \times (-1) \times \frac{8}{3} + 12 \times (-1) = -3.$$

【**例 7.27**】　两种产品 A 和 B 由一个垄断者生产,有一个联合总成本函数
$$C = 10Q_1 + Q_1 Q_2 + 10Q_2,$$
其中,Q_1, Q_2 分别是产品 A 和 B 的生产数量,P_1, P_2 分别是产品 A 和 B 的价格,需求方程为
$$P_1 = 50 - Q_1 + Q_2, \quad P_2 = 30 + 2Q_1 - Q_2.$$
如果厂家只生产 A 和 B,其产品数量和为 15 份,求其最大利润.

【**解**】　我们首先要做的是先建立目标函数与约束条件.
厂商的总收入为
$$\begin{aligned} R &= P_1 Q_1 + P_2 Q_2 \\ &= (50 - Q_1 + Q_2)Q_1 + (30 + 2Q_1 - Q_2)Q_2 \end{aligned}$$

$$= 50Q_1 - Q_1^2 + 3Q_1Q_2 + 30Q_2 - Q_2^2.$$

总收入减去总成本为利润函数,也就是该题的目标函数

$$L = R - C = (50Q_1 - Q_1^2 + 3Q_1Q_2 + 30Q_2 - Q_2^2) - (10Q_1 + Q_1Q_2 + 10Q_2)$$
$$= 40Q_1 - Q_1^2 + 2Q_1Q_2 + 20Q_2 - Q_2^2.$$

约束函数很容易确定,就是产品数量和为 15 份,即

$$Q_1 + Q_2 = 15.$$

因此,拉格朗日函数为

$$G(Q_1, Q_2, \lambda) = 40Q_1 - Q_1^2 + 2Q_1Q_2 + 20Q_2 - Q_2^2 + \lambda(15 - Q_1 - Q_2).$$

计算三个偏导数

$$\begin{cases} \dfrac{\partial G}{\partial Q_1} = 40 - 2Q_1 + 2Q_2 - \lambda = 0 \\[2mm] \dfrac{\partial G}{\partial Q_2} = 2Q_1 + 20 - 2Q_2 - \lambda = 0, \\[2mm] \dfrac{\partial G}{\partial \lambda} = 15 - Q_1 - Q_2 = 0 \end{cases}$$

解方程得到点 $Q_1 = 10$,$Q_2 = 5$,$\lambda = 30$.

因此最优解为 $(10, 5)$,而相应的目标函数值为

$$L = 40 \times 10 - 10^2 + 2 \times 10 \times 5 + 20 \times 5 - 5^2 = 475.$$

即 15 份产品中,生产 10 份 A 产品和 5 份 B 产品,可得到最大利润 475.

注:拉格朗日乘数法也可以推广到三元及以上的函数当中去. 请参看以下例题.

【例 7. 28】 求表面积为 a^2 而体积为最大值的长方体的体积.

【解】 设长方体的三棱长度分别为 x, y, z,则问题就是在约束条件 $2(xy + yz + xz) = a^2$ 下求函数 $V = xyz$ 的最大值(目标函数为三元函数).

构成辅助函数

$$F(x, y, z) = xyz + \lambda(2xy + 2xz + 2yz - a^2).$$

解方程组

$$\begin{cases} F_x(x, y, z) = yz + 2\lambda(y + z) = 0 \\ F_y(x, y, z) = xz + 2\lambda(x + z) = 0 \\ F_z(x, y, z) = xy + 2\lambda(y + x) = 0, \\ 2xy + 2yz + 2xz = a^2 \end{cases}$$

得 $x = y = z = \dfrac{\sqrt{6}}{6}a$. 这是唯一可能的极值点. 因为由问题本身可知最大值一定存在,所以最大值就在这个可能的值点处取得. 此时 $V = \dfrac{\sqrt{6}}{36}a^3$.

习题 7.4

1. 求下列函数的极值,并判断是极大值还是极小值.

(1) $f(x, y) = x^2 - xy + y^2 - 2x + y$;

(2) $f(x,y) = x^2 + y^2 - 2\ln x - 2\ln y, x > 0, y > 0$;

(3) $f(x,y) = 2xy - 3x^3 - 2y^2 + 1$;

(4) $f(x,y) = y^3 - x^2 + 6x - 12y + 25$;

(5) $f(x,y) = e^{2x}(x + y^2 + 2y)$.

2. 求下列函数在指定条件下的极值.

(1) $f(x,y) = xy, 2x + y = 6$;

(2) $f(x,y) = x + y, \dfrac{1}{x} + \dfrac{1}{y} = 2, x > 0, y > 0$;

(3) $f(x,y) = xy - 1, (x-1)(y-1) = 1, x > 0, y > 0$.

3. 设某工厂生产甲、乙两种产品,产量分别为 x 和 y(单位:千件),利润(单位:万元) 函数为

$$L(x,y) = 6x - x^2 + 16y - 4y^2 - 2.$$

已知生产这两种产品时,每千件产品均需消耗某种原料 2000 千克,现有该原料 12000 千克,问两种产品各生产多少千件时,总利润最大?最大利润为多少?

4. 某地区生产出口服装和家用电器,由以往的经验得知,欲使这两类产品的产量分别增加 x 单位和 y 单位,需分别增加 $\sqrt{x}$ 单位和 $\sqrt{y}$ 单位的投资,这时出口的销售总收入将增加 $R = 3x + 4y$ 单位.现该地区用 K 单位的资金投给服装工业和家用电器工业,问:如何分配这 K 单位资金,才能使出口总收入增加最大?最大增量为多少?

5. 设生产某种产品必须投入两种要素,x_1 和 x_2 分别为两种要素的投入量,Q 为产出量;若生产函数为 $Q = 2x_1^{\alpha} x_2^{\beta}$,其中 α, β 为正常数,且 $\alpha + \beta = 1$.假设两种要素的价格分别为 p_1 和 p_2,试问:当产出量为 12 时,两要素各投入多少,可以使得投入总费用最小?

6. 假设某企业在两个相互分割的市场上出售同一种产品,两个市场的需求函数分别是

$$p_1 = 18 - 2Q_1, \quad p_2 = 12 - Q_2.$$

其中 p_1 和 p_2 分别表示该产品在两个市场的价格(单位:万元/吨),Q_1 和 Q_2 分别表示该产品在两个市场的销售量(即需求量,单位:吨),并且该企业生产这种产品的总成本函数是 $C = 2Q + 5$,其中 Q 表示该产品在两个市场的销售总量,即

$$Q = Q_1 + Q_2.$$

(1) 如果该企业实行价格差别策略,试确定两个市场上该产品的销售量和价格,使该企业获得最大利润.

(2) 如果该企业实行价格无差别策略,试确定两个市场上该产品的销售量及其统一价格,使该企业的总利润最大化;并比较两种价格策略下的总利润大小.

§7.5　二重积分

二重积分和定积分一样,都是由和式的极限定义.但是,由于定积分的积分区域通常只是区间,而二重积分的积分域则是平面区域,所以积分区域的恰当表示和积分顺序的合理选择是保证二重积分计算过程简捷正确的关键.

一、二重积分的概念

(一) 引例

【引例 7.1】 曲顶柱体的体积.

设有一立体的底是 xOy 面上的有界闭区域 D,侧面是以 D 的边界曲线为准线、母线平行于 z 轴的柱面,顶是由二元非负连续函数 $z = f(x,y)$ 所表示的曲面,如图 7-8 所示.这个立体称为 D 上的曲顶柱体,试求该曲顶柱体的体积.

【解】 对于平顶柱体的体积 $V = $ 高×底面积,然而,曲顶柱体不是平顶柱体,那么具体做法如下.

(1) 分割:把区域 D 任意划分成 n 个小闭区域 $\Delta\sigma_1, \Delta\sigma_2, \cdots, \Delta\sigma_n$,其中 $\Delta\sigma_i$ 表示第 i 个小闭区域,也表示它的面积.在每个小闭区域内,以它的边界曲线为准线、母线平行于 z 轴的柱面,如图 7-9 所示.这些柱面就把原来的曲顶柱体分割成 n 个小曲顶柱体.

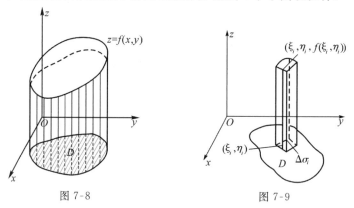

图 7-8   图 7-9

(2) 近似:在每一个小闭区域 $\Delta\sigma_i$ 上任取一点 (ξ_i, η_i),以 $f(\xi_i, \eta_i)$ 为高,$\Delta\sigma_i$ 为底的平顶柱体的体积 $f(\xi_i, \eta_i)\Delta\sigma_i$ 近似代替第 i 个小曲顶柱体的体积,即

$$\Delta V \approx f(\xi_i, \eta_i)\Delta\sigma_i.$$

(3) 求和:这 n 个小平顶柱体的体积之和即为曲顶柱体体积的近似值,即

$$V = \sum_{i=1}^{n} \Delta V \approx \sum_{i=1}^{n} f(\xi_i, \eta_1)\Delta\sigma_i.$$

(4) 取极限:将区域 D 无限细分,且每个小闭区域趋向于或说缩成一点,这个近似值趋近于曲顶柱体的体积,即

$$V = \lim_{\lambda \to 0} \sum_{i=1}^{n} f(\xi_i, \eta_i)\Delta\sigma_i.$$

其中,λ 表示这 n 个小闭区域 $\Delta\sigma_i$ 直径中最大值的直径(有界闭区域的直径是指区域中任意两点间的距离).

【引例 7.2】 平面薄片的质量.

设有一平面薄片占有 xOy 面上的有界闭区域 D,它的密度为 D 上的连续函数 $z = \rho(x,y)$,试求平面薄片的质量.

【解】 对于均匀平面薄片的质量 $m = $ 密度×薄片面积,然而,平面薄片并非均匀,那么具体做法如下.

(1) 分割:将薄片(即区域 D)任意划分成 n 个小薄片 $\Delta\sigma_1,\Delta\sigma_2,\cdots,\Delta\sigma_n$,其中 $\Delta\sigma_i$ 表示第 i 个小薄片,也表示它的面积,如图 7-10 所示.

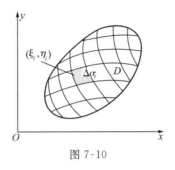

图 7-10

(2) 近似:在每一个小薄片 $\Delta\sigma_i$ 上任取一点 (ξ_i,η_i),以 $\rho(\xi_i,\eta_i)$ 为其密度,当 $\Delta\sigma_i$ 很小时,可认为小薄片是均匀的,则 $\rho(\xi_i,\eta_i)\Delta\sigma_i$ 近似代替第 i 个小薄片的质量,即

$$\Delta m \approx \rho(\xi_i,\eta_i)\Delta\sigma_i.$$

(3) 求和:这 n 个小薄片的质量之和即为薄片的质量的近似值,即

$$m = \sum_{i=1}^{n}\Delta m \approx \sum_{i=1}^{n}\rho(\xi_i,\eta_i)\Delta\sigma_i.$$

(4) 取极限:将薄片 D 无限细分,且每个小薄片趋向于或说缩成一点,这个近似值趋近于薄片的质量,即

$$m = \lim_{\lambda \to 0}\sum_{i=1}^{n}\rho(\xi_i,\eta_i)\Delta\sigma_i.$$

其中,λ 表示这 n 个小薄片 $\Delta\sigma_i$ 直径中最大值的直径.

(二) 二重积分的概念

抛开引例的几何意义和物理意义,单纯地从数学结构角度来考虑,那就是二重积分.

二重积分定义:设 $z = f(x,y)$ 是有界闭区域 D 上的有界函数;则

(1) 将闭区域 D 任意分成 n 个小闭区域 $\Delta\sigma_1,\Delta\sigma_2,\cdots,\Delta\sigma_n$,其中 $\Delta\sigma_i$ 表示第 i 个小闭区域,也表示它的面积.

(2) 在每个 $\Delta\sigma_i$ 上任取一点 (ξ_i,η_i),作乘积 $f(\xi_i,\eta_i)\Delta\sigma_i(i = 1,2,\cdots,n)$.

(3) 并作和 $\sum_{i=1}^{n}f(\xi_i,\eta_i)\Delta\sigma_i$.

(4) 如果当各小闭区域的直径中的最大值 λ 趋于零时,此和式的极限存在且与分割、取点无关,则称此极限为函数 $f(x,y)$ 在闭区域 D 上的**二重积分**,记作

$$\iint\limits_{D}f(x,y)\mathrm{d}\sigma,$$

即

$$\iint\limits_{D}f(x,y)\mathrm{d}\sigma = \lim_{\lambda\to 0}\sum_{i=1}^{n}f(\xi_i,\eta_i)\Delta\sigma_i.$$

其中,$f(x,y)$ 叫作被积函数,$f(x,y)\mathrm{d}\sigma$ 叫作被积表达式,$\mathrm{d}\sigma$ 叫作面积元素,x 与 y 叫作积分

变量，D 叫作积分区域，$\sum_{i=1}^{n} f(\xi_i, \eta_i) \Delta\sigma_i$ 叫作积分和.

在二重积分的定义中对闭区域 D 的划分是任意的(见图 7-11)，若在直角坐标系中用平行于坐标轴的直线网来划分 D，那么除了包含边界点的一些小闭区域外，其余的小闭区域都是矩形闭区域. 设矩形闭区域 $\Delta\sigma_i$ 的边长为 Δx_j 和 Δy_k，则 $\Delta\sigma_i = \Delta x_j \Delta y_k$，因此在直角坐标系中，有时也把面积元素 $d\sigma$ 记作 $dxdy$，从而

$$\iint_{D} f(x,y)d\sigma = \iint_{D} f(x,y)dxdy.$$

其中，$dxdy$ 叫作直角坐标系中的面积元素.

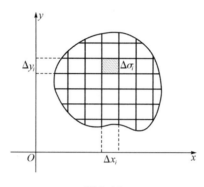

图 7-11

(三) 二重积分的几何意义

若 $f(x,y) \geqslant 0$，函数 $f(x,y)$ 在闭区域 D 上的二重积分表示为以 D 为底面，$f(x,y)$ 为曲顶的曲顶柱体的体积；

若 $f(x,y) < 0$，表示柱体在 xOy 面的下方，二重积分是该曲顶柱体体积的相反数；

若函数 $f(x,y)$ 在闭区域 D 上既有正的，又有负的，则二重积分表示在 xOy 面的上、下方的曲顶柱体体积的代数和.

(四) 二重积分存在性

如果被积函数 $f(x,y)$ 在积分区域 D 上连续，那么二重积分 $\iint_{D} f(x,y)d\sigma$ 必定存在.

二、二重积分的性质

性质 7.1　被积函数中的常数因子可以提到二重积分符号外面去，即

$$\iint_{D} kf(x,y)d\sigma = k\iint_{D} f(x,y)d\sigma.$$

性质 7.2　有限个函数代数和的二重积分等于各函数二重积分的代数和，即

$$\iint_{D} [f(x,y) \pm g(x,y)]d\sigma = \iint_{D} f(x,y)d\sigma \pm \iint_{D} g(x,y)d\sigma.$$

如果 α, β 为常数，则

$$\iint\limits_{D}[\alpha f(x,y)\pm\beta g(x,y)]\mathrm{d}\sigma = \alpha\iint\limits_{D}f(x,y)\mathrm{d}\sigma\pm\beta\iint\limits_{D}g(x,y)\mathrm{d}\sigma.$$

性质 7.3 若闭区域 D 被有限条曲线分为有限个部分闭区域,则在 D 上的二重积分就等于在各个部分闭区域上的二重积分的和($D = D_1\bigcup D_2, D_1\bigcap D_2 = 0$),即

$$\iint\limits_{D}f(x,y)\mathrm{d}\sigma = \iint\limits_{D_1}f(x,y)\mathrm{d}\sigma\pm\iint\limits_{D_2}f(x,y)\mathrm{d}\sigma.$$

性质 7.4 若在 D 上,$f(x,y) = 1$,σ 为 D 的面积,则

$$\iint\limits_{D}1\cdot\mathrm{d}\sigma = \iint\limits_{D}\mathrm{d}\sigma = \sigma,$$

且

$$\iint\limits_{D}A\mathrm{d}\sigma = A\iint\limits_{D}\mathrm{d}\sigma = A\sigma.$$

性质 7.5 若在 D 上,$f(x,y)\leqslant g(x,y)$,则

$$\iint\limits_{D}f(x,y)\mathrm{d}\sigma\leqslant\iint\limits_{D}g(x,y)\mathrm{d}\sigma.$$

三、二重积分的计算方法

用定义计算二重积分是相当困难的,而且非常麻烦.接下来我们主要探讨在直角坐标系中寻找一种二重积分的计算方法和技巧.

用不等式 $\varphi_1(x)\leqslant y\leqslant\varphi_2(x)$,$a\leqslant x\leqslant b$ 来表示的区域,其中函数 $\varphi_1(x)$,$\varphi_2(x)$ 在区间 $[a,b]$ 上连续,如图 7-12 所示,称为 **X-型区域**;

用不等式 $\psi_1(y)\leqslant x\leqslant\psi_2(y)$,$c\leqslant y\leqslant d$ 来表示的区域,其中函数 $\psi_1(y)$,$\psi_2(y)$ 在区间 $[c,d]$ 上连续,如图 7-13 所示,称为 **Y-型区域**.

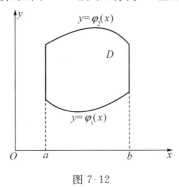

图 7-12　　　　　　　　　　　图 7-13

读者要注意到,X-型或 Y-型区域,如果经过该区域内任意一点(即不是区域边界上的点)作平行于 x 轴(或 y 轴)的直线,则此直线交区域的边界不超过两点.

(一)X-型区域上的二重积分的计算方法

如图 7-14 所示,对 X-型区域 D

$$\begin{cases}\varphi_1(x)\leqslant y\leqslant\varphi_2(x),\\a\leqslant x\leqslant b\end{cases}$$

选 x 为积分变量,$x\in[a,b]$,任取子区间 $[x,x+\mathrm{d}x]\in[a,b]$.设 $A(x)$ 表示过点 x 且垂直于 x 轴的平面与曲顶柱体相交的截面的面积(见图 7-14),则曲顶柱体体积 V 的微元 $\mathrm{d}V$ 为

$$dV = A(x)dx,$$

那么曲顶柱体体积 V 为

$$V = \int_a^b A(x)dx.$$

由图 7-14 知,该截面是一个以区间 $\left[\varphi_1(x), \varphi_2(x)\right]$ 为底,以曲线 $z = f(x,y)(x$ 固定$)$ 为曲边的曲边梯形,其面积为

$$A(x) = \int_{\varphi_1(x)}^{\varphi_2(x)} f(x,y)dy,$$

则曲顶柱体体积为

$$V = \int_a^b \left[\int_{\varphi_1(x)}^{\varphi_2(x)} f(x,y)dy\right]dx.$$

故二重积分的计算法为

$$\iint\limits_D f(x,y)d\sigma = \int_a^b \left[\int_{\varphi_1(x)}^{\varphi_2(x)} f(x,y)dy\right]dx = \int_a^b dx \int_{\varphi_1(x)}^{\varphi_2(x)} f(x,y)dy.$$

(二)Y-型区域上的二重积分的计算方法

如图 7-15 所示,对 Y- 型区域 D

$$\begin{cases} \psi_1(y) \leqslant x \leqslant \psi_2(y), \\ c \leqslant y \leqslant d, \end{cases}$$

选取 y 为积分变量,则用垂直于 y 轴的平面去截曲顶柱体,类似以上的方法可得曲顶柱体的体积

$$V = \int_c^d \left[\int_{\psi_1(y)}^{\psi_2(y)} f(x,y)dx\right]dy.$$

故二重积分的计算法为

$$\iint\limits_D f(x,y)d\sigma = \int_c^d \left[\int_{\psi_1(y)}^{\psi_2(y)} f(x,y)dx\right]dy = \int_c^d dy \int_{\psi_1(y)}^{\psi_2(y)} f(x,y)dx.$$

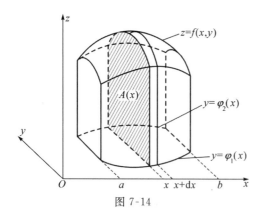

图 7-14

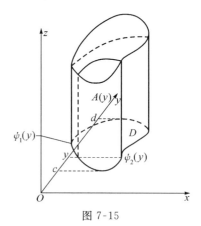

图 7-15

由此可得,二重积分的计算采取的方法是化为两次定积分来计算.

若区域 D 为 X-型,则先把 x 看成常量,对 y 进行积分,它的积分限一般是 x 的函数;然后再对 x 进行积分,它的积分限是常数.

若区域是 D 为 Y-型,则先把 y 看成常量,对 x 进行积分,它的积分限一般是 y 的函数;然

后再对 y 进行积分,它的积分限是常数.

这种先对一个变量积分,然后再对另一个变量积分的方法,称为累次积分法.

(三) 累次积分上、下限的确定方法

把二重积分化为累次积分,其关键是依据所给出的积分区域 D,确定其属于什么类型,定出两次定积分的上、下限.上、下限的确定方法如下:

(1) 在 xOy 平面上画出曲线所围成的区域 D;

(2) 积分限的确定.

若区域是 X- 型区域,则先把区域 D 投影到 x 轴上,得到区间 $[a,b]$,则区域 D 的最左点 a 和最右点 b 就是 x 的积分下限和上限.在 $[a,b]$ 上任意取一点 x,过 x 画一条与 y 轴平行的直线,与区域 D 的边界曲线交点为 $y=\varphi_1(x),y=\varphi_2(x)$.如果 $\varphi_1(x)\leqslant\varphi_2(x)$,那么下部边界曲线 $\varphi_1(x)$ 和上部边界曲线 $\varphi_2(x)$ 就是 y 的积分下限和上限,如图 7-16 所示.

若区域是 Y-型,则先把区域 D 投影到 y 轴上,得到区间 $[c,d]$,则区域 D 的最下点 c 和最上点 d 就是 y 的积分下限和上限.在区间 $[c,d]$ 上任意取一点 y,过 y 画一条与 x 轴平行的直线,与区域 D 的边界曲线交点为 $x=\psi_1(y),x=\psi_2(y)$.如果 $\psi_1(y)\leqslant\psi_2(y)$,那么左部边界曲线 $\psi_1(y)$ 和右部边界曲线 $\psi_2(y)$ 就是 x 的积分下限和上限,如图 7-13 所示.

若区域既不是 X-型区域,又不是 Y-型区域,则用平行于 x 轴或 y 轴的直线,把区域 D 分成若干个属于同一类型的区域(见图 7-17),然后在每个区域分别确定其上、下限,最后根据积分的性质即可求解积分.

若区域既是 X-型区域,又是 Y-型区域(见图 7-18),则这种类型区域的累次积分可以交换积分次序.即区域 D 既为 X-型,可以用不等式 $\varphi_1(x)\leqslant y\leqslant\varphi_2(x),a\leqslant x\leqslant b$ 来表示,又为 Y-型的,可以用不等式 $\psi_1(y)\leqslant x\leqslant\psi_2(y),c\leqslant y\leqslant d$ 来表示,则

$$\int_a^b \mathrm{d}x \int_{\varphi_1(x)}^{\varphi_2(x)} f(x,y)\mathrm{d}y = \int_c^d \mathrm{d}y \int_{\psi_1(y)}^{\psi_2(y)} f(x,y)\mathrm{d}x.$$

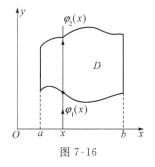

图 7-16

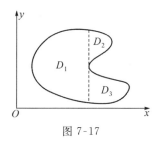

图 7-17

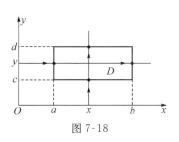

图 7-18

(四) 计算练习

【例 7.29】　求二重积分 $\displaystyle\iint\limits_{D}(x^2+y^2)\mathrm{d}\sigma$,其中 D 是由 $y=x^2,x=1,y=0$ 所围成的区域.

【解】　因为 D 既是 X-型区域,又是 Y-型区域,所以可先对 y 后对 x 积分,也可先对 x 后对 y 积分.

先对 y 后对 x 积分,则

$$I = \iint_D (x^2 + y^2) d\sigma = \int_0^1 dx \int_0^{x^2} (x^2 + y^2) dy$$

$$= \int_0^1 \left(x^2 y + \frac{1}{3} y^3 \right) \Big|_0^{x^2} dx = \int_0^1 \left(x^4 + \frac{1}{3} x^6 \right) dx$$

$$= \left(\frac{1}{5} x^5 + \frac{1}{21} x^7 \right) \Big|_0^1 = \frac{26}{105}.$$

【例7.30】 求二重积分$\iint_D f(x,y) d\sigma$化为两种不同次序的累次积分,其中D是由$x = a$,$x = b, y = c, y = d(a < b, c < d)$所围成的区域,如图7-18所示.

【解】 画出积分区域D,其既是X-型区域,又是Y-型区域.

先对y后对x积分,则

$$\iint_D f(x,y) d\sigma = \int_a^b dx \int_c^d f(x,y) dy.$$

先对x后对y积分,则

$$\iint_D f(x,y) d\sigma = \int_c^d dy \int_a^b f(x,y) dx.$$

【例7.31】 求二重积分$\iint_D f(x,y) d\sigma$化为两种不同次序的累次积分,其中D是由$y = x$,x轴,$y = 2 - x$所围成的区域.

【解】 画出积分区域D,如图7-19所示.

先对y后对x积分,将区域D分成D_1和D_2,则

$$\iint_{D_1} f(x,y) d\sigma = \int_0^1 dx \int_0^x f(x,y) dy,$$

$$\iint_{D_2} f(x,y) d\sigma = \int_1^2 dx \int_0^{2-x} f(x,y) dy,$$

故

$$\iint_D f(x,y) d\sigma = \int_0^1 dx \int_0^x f(x,y) dy + \int_1^2 dx \int_0^{2-x} f(x,y) dy.$$

先对x后对y积分(见图7-20),则

$$\iint_D f(x,y) d\sigma = \int_0^1 dy \int_y^{2-y} f(x,y) dx.$$

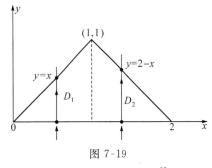

图 7-19

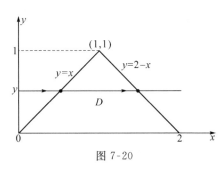

图 7-20

【例7.32】 计算二重积分$\iint_D xy d\sigma$,其中D是由抛物线$y^2 = x, y = x - 2$所围成的区域.

【解】　画出积分区域 D(见图 7-21),其是 Y- 型区域,先对 x 后对 y 积分,则

$$\iint\limits_{D} xy\,\mathrm{d}\sigma = \int_{-1}^{2}\mathrm{d}y\int_{y^2}^{2+y}xy\,\mathrm{d}x = \int_{-1}^{2}\left(\frac{x^2}{2}y\right)\Big|_{y^2}^{2+y}\mathrm{d}y = \frac{45}{8}.$$

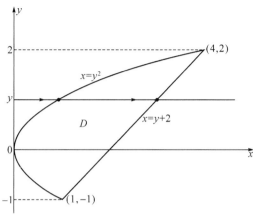

图 7-21

【例 7.33】　求二重积分 $\iint\limits_{D}\mathrm{e}^{-y^2}\,\mathrm{d}\sigma$,其中 D 是由 $y=x,y=1,y$ 轴所围成的区域.

【解】　画出积分区域 D(见图 7-22),其既是 X- 型区域,又是 Y- 型区域.

先对 y 后对 x 积分,e^{-y^2} 就无法积分,因此只能先对 x 后对 y 积分,则

$$\iint\limits_{D}\mathrm{e}^{-y^2}\,\mathrm{d}\sigma = \int_{0}^{1}\mathrm{d}y\int_{0}^{y}\mathrm{e}^{-y^2}\,\mathrm{d}x = \frac{1}{2}(1-\mathrm{e}^{-1}).$$

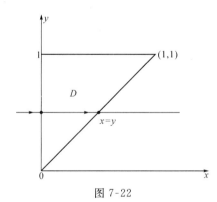

图 7-22

【例 7.34】　某城市受地理限制呈直角三角形分布,斜边临一条河.由于交通关系,城市发展不太均衡,这一点可从税收状况反映出来.若以两直角边为坐标轴建立直角坐标系,则位于 x 轴和 y 轴上的城市长度各为 16 千米和 12 千米,且税收情况与地理位置的关系大体为
$$R(x,y) = 20x + 10y(万元 / 平方千米).$$
试计算该城市总的税收收入.

【解】　这是一个二重积分的应用问题.其中积分区域 D 由 x 轴、y 轴及直线 $\dfrac{x}{16}+\dfrac{y}{12}=1$

围成,该区域可表示为 $D = \left\{(x,y) \mid 0 \leqslant y \leqslant 12 - \dfrac{3}{4}x, 0 \leqslant x \leqslant 16\right\}$,于是所求总税收收

入为

$$L = \iint_D R(x,y)\mathrm{d}\sigma = \int_0^{16} \mathrm{d}x \int_0^{12-\frac{3}{4}x} (20x + 10y)\mathrm{d}y$$

$$= \int_0^{16} \left(720 + 150x - \frac{195}{16}x^2\right)\mathrm{d}x = 14080(万元).$$

故该城市总的税收收入为 14080 万元.

 习题 7.5

1. 将二重积分 $\iint_D f(x,y)\mathrm{d}x\mathrm{d}y$ 按两种顺序化成累次积分, 其中 D 是由下列曲线或直线围成的区域.

(1) $y = x^2$, $y = 4$;   (2) $y = x^3$, $y = 1$, $x = -1$;

(3) $y = x^2$, $y = 2x$;   (4) $y = x^2$, $y = 0$, $x = 2$;

(5) $y = x^2$, $y = 4 - x^2$.

2. 交换下列积分的次序.

(1) $\int_0^1 \mathrm{d}y \int_0^{2y} f(x,y)\mathrm{d}x$;   (2) $\int_{-1}^1 \mathrm{d}x \int_{x^2}^{2-x} f(x,y)\mathrm{d}y$;

(3) $\int_{-1}^1 \mathrm{d}x \int_{-\sqrt{1-x^2}}^{1-x^2} f(x,y)\mathrm{d}y$;   (4) $\int_0^1 \mathrm{d}y \int_{-y^2}^{y^2} f(x,y)\mathrm{d}x$;

(5) $\int_0^1 \mathrm{d}y \int_y^{\sqrt{y}} f(x,y)\mathrm{d}x$;   (6) $\int_0^2 \mathrm{d}x \int_x^{2x} f(x,y)\mathrm{d}y$.

3. 计算下列二重积分.

(1) $\int_0^1 \int_1^2 (x^2 + y^2)\mathrm{d}x\mathrm{d}y$;   (2) $\int_1^2 \int_x^{\sqrt{3}x} xy\mathrm{d}x\mathrm{d}y$;

(3) $\int_0^1 \int_{x^2}^1 \frac{xy}{\sqrt{1+y}}\mathrm{d}x\mathrm{d}y$;   (4) $\int_{-1}^2 \int_{y^2}^{y+2} xy\mathrm{d}x\mathrm{d}y$.

4. 计算下列给定区域内的二重积分.

(1) $\iint_D x\sqrt{x^2+y^2}\mathrm{d}x\mathrm{d}y$, D 由 $x = y^2$, $x = -y^2$ 和 $y = 1$ 所围成;

(2) $\iint_D 2xy\mathrm{d}x\mathrm{d}y$, D 由 $y = x^2 + 1$, $y = 2x$ 和 $x = 0$ 所围成;

(3) $\iint_D \mathrm{e}^{x+y}\mathrm{d}x\mathrm{d}y$, D 由 $x = 0, x = 1, y = 0, y = 1$ 所围成;

(4) $\iint_D y\mathrm{e}^{xy}\mathrm{d}x\mathrm{d}y$, D 由 $x = 2, y = 2, xy = 1$ 所围成;

(5) $\iint_D \frac{x}{1+y}\mathrm{d}x\mathrm{d}y$, D 由 $y = \frac{1}{x}$, $y = x, x = 2$ 所围成.

第

五

部

分

数 学 实 验

数学文化与应用拓展资源(五)

数学文化 5-1　中国数学发展简史

数学文化 5-2　全国大学生数学建模竞赛简介

应用拓展 5-1　MATLAB 入门

应用拓展 5-2　MATLAB 绘图

应用拓展 5-3　数值微分与积分

第八章　微积分实验

　　随着计算机技术的日新月异以及科学技术的发展,应用、掌握数学软件与我们的日常工作和科研工作越来越密切地联系在一起.在科学研究和工程应用的过程中,往往需要进行大量的数字计算、符号解析运算和图形及文字处理,传统的纸笔和计算器已经不能满足工作的要求.而用计算机语言编程有一定的学习难度,且调试程序费时较多.于是由专业人士用计算机语言编制好的数学软件应运而生.

　　目前在国际上有三个计算机数学软件最有影响:The MathWorks 公司的 MATLAB,Wolfram Research 公司的 Mathematic 和 Waterloo Maple 公司的 Maple.这三个软件各有特色,其中 MATLAB 长于数值计算,其程序结构类似于其他计算机编程语言,因而编程很方便. MATLAB 已成为国际公认的最优秀的数学应用软件之一.建议读者在学习本章内容前,先去熟悉 MATLAB 软件的基本功能和语法特点.

§8.1　一元函数微积分实验

　　本节将介绍用符号命令去解决微积分中的一些数学问题,学习用 MATLAB 软件去完成一元函数的极限、导数、微分、积分的运算.

一、函数的极限

(一) 求极限的基本命令

(1) 求极限之前应先使用 syms 命令将函数自变量定义为符号变量.

【例 8.1】　定义 x,y 为符号变量.

syms x y;

(2) MATLAB 求极限的命令见表 8-1.

表 8-1

数学运算	MATLAB 命令	数学运算	MATLAB 命令
$\lim\limits_{x\to 0}f(x)$	limit(f)	$\lim\limits_{x\to a^-}f(x)$	limit(f, x, a, 'left')
$\lim\limits_{x\to a}f(x)$	limit(f, x, a)	$\lim\limits_{x\to a^+}f(x)$	limit(f, x, a, 'right')

说明:inf 表示无穷大;NaN 代表不定值,即 0/0 或 ∞/∞;pi 表示 π.

(二)求极限举例

【例 8.2】 求下列极限.

(1) $\lim\limits_{x \to 0} \dfrac{\sin x}{x}$;

(2) $\lim\limits_{x \to \infty} \dfrac{\sin x}{x}$;

(3) $\lim\limits_{x \to 2} \dfrac{x-2}{x^2-4}$;

(4) $\lim\limits_{x \to \infty}(1+\dfrac{1}{2x})^x$;

(5) $\lim\limits_{x \to 0^+} \dfrac{1}{x}$;

(6) $\lim\limits_{x \to 0^-} \dfrac{1}{x}$;

(7) $\lim\limits_{x \to 0} \dfrac{\mathrm{e}^{5x}-1}{\sin 3x}$;

(8) $\lim\limits_{h \to 0} \dfrac{\sin(x+h)-\sin x}{h}$.

【解】 MATLAB 命令及运行结果如下:

```
syms x;
(1)limit(sin(x)/x)            或          limit(sin(x)/x, x, 0)
    ans = 1
(2)limit(sin(x)/x,x,inf)
    ans = 0
(3)limit((x - 2)/(x^2 - 4),x,2)
    ans = 1/4
(4)limit((1 + 1/(2 * x))^x,x,inf)
    ans = exp(1/2)
(5)limit(1/x,x,0,' right ')
    ans = inf
(6)limit(1/x,x,0,' left ')
    ans = - inf
(7)limit((exp(5 * x) - 1)/sin(3 * x),x,0)
    ans = 5/3
(8)syms h;                  % 定义 h 为符号变量,x 前面已经定义为符号变量了.
    limit((sin(x + h) - sin(x))/h, h, 0)
    ans = cos(x)
```

二、函数的导数与微分

(一)求导数的基本命令

diff(f)　　　　　　　　% 关于符号变量求函数 f 的一阶导数.

diff(f,x)　　　　　　　% 求函数 f 对变量 x 的一阶导数.

diff(f,n)　　　　　　　% 关于符号变量求函数 f 的 n 阶导数.

diff(f,x,n)　　　　　　% 关于变量 x 对函数 f 求 n 阶导数.

(二) 求导数举例

【例 8.3】　用导数定义求函数 $f(x) = e^x$ 在点 $x = 0$ 处的导数 $f'(0)$.

【解】　$f(x)$ 在某一点 x_0 的导数定义为极限 $\lim\limits_{x \to x_0} \dfrac{f(x_0 + \Delta x) - f(x_0)}{\Delta x}$，记 $h = \Delta x$，

MATLAB 命令及运行结果如下：

```
syms h
limit((exp(0 + h) − exp(0))/h, h, 0)
ans = 1
```

【例 8.4】　求下列函数的导数.

(1) $y = \sin 5x$;

(2) $y = x^2 e^{3x}$;

(3) $y = (1 + \dfrac{1}{x})^x$;

(4) $y = x^{10} + 10^x + \ln x$.

【解】　MATLAB 命令及运行结果如下：

```
(1) syms x                    % 定义 x 为符号变量.
    y = sin(5 * x)
    diff(y)
    ans = 5 * cos(5 * x)
(2) syms x
    y = x^2 * exp(3 * x)
    diff(y)
    ans = 2 * x * exp(3 * x) + 3 * x^2 * exp(3 * x)
(3) syms x
    diff((1 + 1/x)^x,x)
    ans = (1 + 1/x)^x * (log(1 + 1/x) − 1/x/(1 + 1/x))
(4) syms x
    y = 10^x + x^10 + log(x)
    diff(y)
    ans = 10^x * log(10) + 10 * x^9 + 1/x
```

【例 8.5】　设 $f(x) = x^2 e^{2x}$，求 $f^{(20)}(x)$.

【解】　MATLAB 命令及运行结果如下：

```
syms x
y = x^2 * exp(2 * x)
diff(y,x,20)
ans = 99614720 * exp(2 * x) + 20971520 * x * exp(2 * x) + 1048576 * x^2 * exp(2 * x)
```

【例 8.6】　已知函数 $f = ax^3 + x^2 - bx - c$，求 $\dfrac{df}{dx}, \dfrac{df}{da}, \dfrac{d^2 f}{dx^2}, \dfrac{d^2 f}{da^2}$.

【解】　程序如下：

```
syms x a b c
f = a * x^3 + x^2 - b * x - c;
y1 = diff(f)
y2 = diff(f,a)
y3 = diff(f,2)
y4 = diff(f,a,2)
```

运行结果如下：

```
y1 = 3 * a * x^2 + 2 * x - b
y2 = x^3
y3 = 6 * a * x + 2
y4 = 0
```

【例 8.7】 设 $y = \ln(1 + x)$，求 $\dfrac{\mathrm{d}^2 y}{\mathrm{d} x^2}\bigg|_{x=1}$。

【解】 程序如下：

```
syms x;
y = log(1 + x);
a = diff(y,x,2)                    % a 表示其二阶导函数。
```

运行结果如下：

```
a = - 1/(1 + x)^2
```

再输入：

```
x = 1;
eval(a)                            % eval 将符号表达式转换成数值表达式。
```

计算结果如下：

```
ans = - 0.2500
```

(三) 隐函数的导数

【例 8.8】 设 $e^y + xy - e = 0$，求 $\dfrac{\mathrm{d} y}{\mathrm{d} x}$。

【解】 $F(x,y) = e^y + xy - e$，先求 F_x，再求 F_y，则 $\dfrac{\mathrm{d} y}{\mathrm{d} x} = -\dfrac{F_x}{F_y}$。

程序如下：

```
syms x y
df_dx = diff(exp(y) + x * y - exp(1),x);
df_dy = diff(exp(y) + x * y - exp(1),y);
 - df_dx/df_dy
```

运行结果如下：

```
ans = - y/(exp(y) + x)             % 该函数为其导函数。
```

(四) 由参数方程所确定的函数的导数

设参数方程 $\begin{cases} x = x(t) \\ y = y(t) \end{cases}$ 确定函数 $y = f(x)$，则 $\dfrac{\mathrm{d}y}{\mathrm{d}x} = \dfrac{y'(t)}{x'(t)}$.

【例 8.9】　设 $\begin{cases} x = a(t - \sin t) \\ y = a(1 - \cos t) \end{cases}$，求 $\dfrac{\mathrm{d}y}{\mathrm{d}x}$.

【解】　程序如下：

```
syms a t
dx_dt = diff(a * (t − sin(t)),t);
dy_dt = diff(a * (1 − cos(t)),t);
dy_dx = dy_dt/dx_dt
```

运行结果如下：

```
dy_dx = sin(t)/(1 − cos(t))
```

(五) 求微分

算法：
$$\mathrm{d}y = y'\mathrm{d}x.$$

通用程序如下（即编辑 wf. m 文件）：

```
syms x dx
f = input(' f = ')
f1 = diff(f,x)
df = f1 * dx
```

在命令窗口中输入 wf 后运行：

输入要求的函数：

```
f = sin(x) + x^2
```

运行结果如下：

```
f1 = cos(x) + 2 * x
df = (cos(x) + 2 * x) * dx
```

三、一元函数积分

(一) 四种不定积分与定积分格式

int(f)	% 对 f 关于符号变量求不定积分：$\displaystyle\int f(x)\mathrm{d}x$.
int(f, v)	% 对 f 关于变量 v 求不定积分：$\displaystyle\int f(v)\mathrm{d}v$.
int(f, a, b)	% 对 f 关于符号变量从 a 到 b 求定积分：$\displaystyle\int_a^b f(x)\mathrm{d}x$.
int(f, v, a, b)	% 对 f 关于变量 v 从 a 到 b 求定积分：$\displaystyle\int_a^b f(v)\mathrm{d}v$.

注:软件的不定积分的运行结果中省略了加任意常数 C,定积分中的"∞"用"inf"表示,"$-\infty$"用"$-$inf"表示.

（二）举例

【例 8.10】 计算下列不定积分.

(1) $\int \sin x \mathrm{d}x$;

(2) $\int \sin^{10} x \mathrm{d}x$;

(3) $\int x^2 (1-x^3)^5 \mathrm{d}x$;

(4) $\int \mathrm{e}^{-2x} \sin 3x \mathrm{d}x$;

(5) $\int x^2 \mathrm{e}^x \mathrm{d}x$;

(6) $\int \dfrac{1}{\sqrt[3]{(x+1)^2 (x-1)^4}} \mathrm{d}x$;

(7) $\int \cos 2x \cos 3x \mathrm{d}x$;

(8) $\int \dfrac{\sin x}{x} \mathrm{d}x$.

【解】 程序及运行结果如下:

```
syms x                              % 先定义符号变量 x.
(1) int(sin(x))
      ans = - cos(x)
(2) int((sin(x))^10,x)
      ans = - 1/10 * sin(x)^9 * cos(x) - 9/80 * sin(x)^7 * cos(x) - 21/160 * sin(x)^5 *
            cos(x) - 21/128 * sin(x)^3 * cos(x) - 63/256 * cos(x) * sin(x) + 63/256 * x
(3) int(x^2 * (1 - x^3)^5)
      ans = - 1/18 * x^18 + 1/3 * x^15 - 5/6 * x^12 + 10/9 * x^9 - 5/6 * x^6 + 1/3 * x^3
(4) int(exp(- 2 * x) * sin(3 * x))
      ans = - 3/13 * exp(- 2 * x) * cos(3 * x) - 2/13 * exp(- 2 * x) * sin(3 * x)
(5) int(x^2 * exp(x))
      ans = x^2 * exp(x) - 2 * x * exp(x) + 2 * exp(x)
(6) int(1/(((x + 1)^2 * (x - 1)^4)^(1/3)),x)
      ans = - 3/2 * (x + 1)/((x + 1)^2 * (x - 1))^(1/3)
(7) int(cos(2 * x) * cos(3 * x))
      ans = 1/2 * sin(x) + 1/10 * sin(5 * x)
(8) int(sin(x)/x)
      ans = sinint(x)                % 该原函数不是初等函数.
```

【例 8.11】 求下列定积分.

(1) $\int_0^1 (x-x^2) \mathrm{d}x$;

(2) $\int_0^4 |x-2| \mathrm{d}x$;

(3) $\int_{-\infty}^{+\infty} \dfrac{1}{1+x^2} \mathrm{d}x$;

(4) $\int_0^1 \mathrm{e}^{-x^2} \mathrm{d}x$.

【解】 程序及运行结果如下:

```
syms x                          % 先定义符号变量 x.
```
(1) int(x - x^2,0,1)

  ans = 1/6
(2) int(abs(x - 2),0,4)

  ans = 4
(3) int(1/(1 + x^2), - inf,inf)

  ans = pi
(4) int(exp(- x^2),x,0,1)

  ans = 1/2 * erf(1) * pi^(1/2)

其中,erf 是误差函数,它不是初等函数,可使用 eval 命令将其转化成数字表达式:

```
eval(ans)
ans = 0.7468
```

(三) 定积分的应用

1. 求平面图形的面积

算法:

$$A = \int_a^b \left[y_2(x) - y_1(x) \right] \mathrm{d}x.$$

通用程序如下(即编辑 pmtxmj. m 文件):

```
function y = pmtxmj(y1, y2, a, b)
y = int((y2 - y1), a, b);
```

【例 8.12】 调用通用程序,求由 $y = \mathrm{e}^{-x}$,$y = \mathrm{e}^x$ 与直线 $x = 1$ 所围成的图形的面积.

【解】 程序如下:

```
syms x
y1 = exp(- x);
y2 = exp(x);
a = 0;
b = 1;
A = pmtxmj(y1, y2, a, b)
```

运行结果如下:

```
A = exp(1) + exp(- 1) - 2
```

【例 8.13】 某人对某地区的家庭收入情况进行了调查,按家庭收入从低到高进行数据统计,得到家庭比例及占社会总财富比例数据如表 8-2 所示.

表 8-2

财富比例 /%	2	6	11	16	22	31	42	52	61	75
家庭比例 /%	10	20	30	40	50	60	70	80	90	95

请先拟合函数,然后根据定积分知识算出该地区的基尼系数.

【解】　先用三次多项式对数据进行拟合：

```
y = [0  0.02  0.06  0.11  0.16  0.22  0.31  0.42  0.52  0.61  0.75  1]
x = [0  0.10  0.20  0.30  0.40  0.50  0.60  0.70  0.80  0.90  0.95  1]
p = polyfit(x,y,3)
```

运行结果如下：

```
p = 1.2946 − 0.9986  0.6420 − 0.0201
```

得到洛伦茨曲线：

```
y = 1.2946 * x^2 − 0.9986 * x + 0.6420 * x − 0.0201
```

再根据公式去计算基尼系数：

```
syms x
a = int(x − 1.2946 * x^2 + 0.9986 * x − 0.6420 * x + 0.0201,x,0,1)
r = a/(1/2)
```

得系数

```
r = 4003/7500
```

2. 求旋转体体积

算法：

$$V = \int_a^b \pi \big[f(x)\big]^2 \, dx.$$

通用程序如下（即编辑 xzttj. m 文件）：

```
function y = xzttj(f, a, b)
        y = int(pi * f^2, a, b);
```

【例 8.14】　求椭圆 $y = \dfrac{b}{a}\sqrt{a^2 - x^2}$ 绕 x 轴旋转而成的椭球体体积.

【解】　程序如下：

```
syms x a b
f = b/a * sqrt(a^2 − x^2);
V = xzttj(f, − a, a)
```

运行结果如下：

```
V = 4/3 * pi * b^2 * a
```

3. 求已知截面面积的立体体积

算法：

$$V = \int_a^b A(x) \, dx.$$

通用程序如下（即编辑 jmtj. m 文件）：

```
function y = jmtj(A, a, b)
        y = int(A, a, b);
```

【例 8.15】 已知截面面积 $A(x) = 3x^4 + 6x - 5$,求其在 $x \in [0,5]$ 内的立体体积.

【解】 程序如下:

```
syms x
A = 3 * x^4 + 6 * x - 5;
V = jmtj(A, 0, 5)
```

运行结果如下:

```
V = 1925
```

4. 求平面曲线的弧长

算法:当曲线是直角坐标系下的函数时,

$$S = \int_a^b \sqrt{1 + y'^2} \, \mathrm{d}x.$$

通用程序如下(即编辑 pmqxhc.m 文件):

```
function y = pmqxhc(x, y, a, b)
        y = int(sqrt(diff(x)^2 + diff(y)^2), a, b);
```

【例 8.16】 求曲线 $y = x^2 + 3x$,在 $x \in [0,8]$ 内的曲线弧长.

【解】 程序如下:

```
syms x
y = x^2 + 3 * x;
l = pmqxhc(x,y,0,8);
eval(l)
```

运行结果如下:

```
l = 88.4582
```

四、一元函数最优化问题

求一元函数的最小值:

$$\min f(x), \quad x_1 \leqslant x \leqslant x_2.$$

常用格式如下:

(1)x = fminbnd(fun,x1,x2);

(2)x = fminbnd(fun,x1,x2,options);

(3)[x,fval] = fminbnd(...);

(4)[x,fval,exitflag] = fminbnd(...);

(5)[x,fval,exitflag,output] = fminbnd(...).

其中,式(3)、式(4)、式(5)的等式右边可选用式(1)或式(2)的等式右边. 函数 fminbnd 的算法基于黄金分割法和二次插值法,它要求目标函数必须是连续函数,并可能只给出局部最优解,如果要求函数的最大值,先将函数取反,用 fminbnd 求得最小值,该最小值的相反数便是函数的最大值.

【例 8.17】 求 $f = 2\mathrm{e}^{-x}\sin x$ 在区间 $[0,8]$ 内的最小值与最大值.

【解】　主程序 wliti1.m 如下：

```
f = '2 * exp(- x). * sin(x) ';
fplot(f,[0,8]);                    % 作图语句.
[xmin,ymin] = fminbnd(f, 0,8)
f1 = '- 2 * exp(- x). * sin(x) ';
[xmax,ymax] = fminbnd(f1,0,8)
```

运行结果如图 8-1 所示.

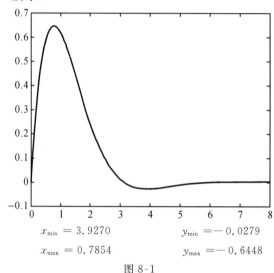

$x_{\min} = 3.9270 \qquad\qquad y_{\min} = - 0.0279$

$x_{\max} = 0.7854 \qquad\qquad y_{\max} = - 0.6448$

图 8-1

注：由于 MATLAB 没有直接求函数最大值的指令，该例题是通过对函数求反，求出函数取反后的最小值点与最小值，那么该最小值点就是函数的最大值点，该最小值的相反数就是原函数的最大值.

即 $f = 2e^{-x}\sin x$ 在 $[0,8]$ 中的最小值与最大值分别为 $-0.0279, 0.6448$.

【例 8.18】　对边长为 3m 的正方形铁板，在四个角剪去相等的正方形以制成方形无盖水槽. 问：如何剪才能使水槽的容积最大？

【解】　设剪去的正方形的边长为 x m，则水槽的容积为 $(3 - 2x^2)x$ m^3.

建立无约束最优化模型为：$\min y = -(3 - 2x^2)x, 0 < x < 1.5$.

编写 M 文件 fun0.m 如下：

```
function f = fun0(x)
f = - (3 - 2 * x).^2 * x;
```

主程序 wliti2.m 如下：

```
[x,fval] = fminbnd('fun0 ',0,1.5);
xmax = x
fmax = - fval
```

运算结果如下：

xmax = 0.5000,fmax = 2.0000.

即当剪掉的正方形的边长为 $0.5\mathrm{m}$ 时,水槽的容积最大,最大容积为 $2\mathrm{m}^3$.

习题 8.1

1. 使用 MATLAB 软件,求下列函数的极限.

(1) $\lim\limits_{x\to 0}\dfrac{\sin x - x\cos x}{x^2\sin x}$;

(2) $\lim\limits_{x\to\infty}\dfrac{3x^3 - 2x^2 + 5}{5x^3 + 2x + 1}$;

(3) $\lim\limits_{x\to 0^+}\dfrac{1}{x}$;

(4) $\lim\limits_{x\to 0}\dfrac{2^x - \ln 2^x - 1}{1 - \cos x}$;

(5) $\lim\limits_{x\to 3}\dfrac{\sin(x-3)}{x^2 - 2x - 3}$.

2. 已知 $y = \mathrm{e}^{2x}\ln(x^2 + 1)\tan(-x)$,使用 MATLAB 软件,求 y',$y^{(3)}$.

3. 使用 MATLAB 软件,完成下列积分的运算.

(1) $\displaystyle\int \mathrm{e}^{-2x}\sin\dfrac{x}{2}\mathrm{d}x$;

(2) $\displaystyle\int x^3\ln^2 x\mathrm{d}x$;

(3) $\displaystyle\int_0^{\frac{\pi}{2}}(1 - \cos\theta)\sin^2\theta\mathrm{d}\theta$;

(4) $\displaystyle\int_0^1 x(2 - x^2)^{12}\mathrm{d}x$.

4. 使用 MATLAB 软件,求曲线 $y = \dfrac{2}{3}x^{\frac{3}{2}}$ 在区间 $[1,8]$ 内的曲线弧长.

5. 某公司投资 2000 万元建成一条生产线. 投产后,在 t 时刻的追加成本和获得收益分别为 $G(t) = 5 + t + 2t^{\frac{2}{3}}$(百万元/年),$H(t) = 18 - t^{\frac{2}{3}}$(百万元/年). 使用 MATLAB 软件,试确定该生产线在何时停产可获最大利润?最大利润是多少?

§8.2　代数方程与微分方程

本节介绍如何用 MATLAB 软件去解代数方程和微分方程.

一、代数方程的求解

(1) 单个变量的方程.

```
solve(f,t)     % 对 f 中的符号变量 t 解方程 f = 0(t 缺省值为 x 或最接近 x 的字母).
```

(2) 多个变量的方程.

第一步,定义变量:

```
syms x y z …;
```

第二步,求解:

```
[x,y,z,…] = solve(' eqn1 ',' eqn2 ',…,' eqnN ',' var1 ',' var2 ',…,' varN ');
```

第三步,求出 n 位有效数字的数值解:

```
x = vpa(x,n);y = vpa(y,n);z = vpa(z,n);…
```

例如：

```
syms a b x c
f = a * x^2 + b * x + c
s = solve(f)
ss = solve(f,b)
```

运行结果如下：

```
f = a * x^2 + b * x + c
s = [1/2/a * ( - b + (b^2 - 4 * a * c)^(1/2))]
    [1/2/a * ( - b - (b^2 - 4 * a * c)^(1/2))]
ss = - (a * x^2 + c)/x
```

注：求解形如 $f(x) = q(x)$ 的方程，则需要用单引号把方程括起来.

例如输入：

```
s = solve(' cos(2 * x) + sin(x) = 1 ','x ')
```

运行结果如下：

```
s = pi
    0
    1/6 * pi
    5/6 * pi
```

例如，求解方程组 $\begin{cases} x^2 + xy + y = 3 \\ x^2 - 4x + 3 = 0 \end{cases}$.

输入：

```
[x,y] = solve(' x^2 + x * y + y = 3 ','x^2 - 4 * x + 3 = 0 ','x ','y ')
```

运行结果如下：

```
x = 1
    3
y = 1
    - 3/2
```

即解为 $(1,1)$ 和 $\left(3, -\dfrac{3}{2}\right)$.

例如，解二(多)元二(高)次方程组 $\begin{cases} x^2 + 3y + 1 = 0 \\ y^2 + 4x + 1 = 0 \end{cases}$.

输入：

```
syms x y;
[x,y] = solve(' x^2 + 3 * y + 1 = 0 ','y^2 + 4 * x + 1 = 0 ');
x = vpa(x,4);
y = vpa(y,4);
```

运行结果如下：

```
x =
    1.635 + 3.029 * i
    1.635 − 3.029 * i
    − .283
    − 2.987
y =
    1.834 − 3.301 * i
    1.834 + 3.301 * i
    − .3600
    − 3.307
```

所以该二元二次方程组共有 4 个实数根.

二、微分方程的求解

函数 dsolve( ) 用于求解微分方程. Dy 表示 $\dfrac{\mathrm{d}y}{\mathrm{d}t}$（$t$ 为缺省的自变量），Dny 表示 y 对 t 的 n 阶导数.

（一）单个方程

调用格式如下：

```
y = dsolve(' Dy = 1 + y^2 ')                    % 求一阶微分方程的通解.
y = dsolve(' Dy = 1 + y2 ','y(0) = 1 ')         % 求一阶微分方程带初始条件的特解.
y = dsolve(' D2y = cos(2 * x) ','x ')           % 求二阶微分方程的通解.
y = dsolve(' D2y = cos(2 * x) ','y(0) = 1 ','Dy(0) = 0 ','x ')
                                                % 求二阶微分方程带初始条件的特解.
```

（二）多个方程

命令格式如下：

```
[u, v] = dsolve(' Du = v ',' Dv = u ')                   % 两个方程,两个输出.
S = dsolve(' Df = g ',' Dg = h ',' Dj = f ')             % 三个方程,结构输出.
```

输出成员：S.f,S.g,S.h.

（三）举例

【例 8.19】 求 $y' = ay$ 的一阶通解.

【解】 程序如下：

```
y = dsolve(' Dy = a * y ')
```

运行结果如下：

```
y = C1 * exp(a * t)
```

若代入初始条件 $y(0) = 1$,则求解该微分方程特解的程序如下：

```
y = dsolve(' Dy = a * y ',' y(0) = 1 ')
```

运行结果如下:

```
y = exp(a * t)
```

【例 8.20】 求微分方程 $y' + 2xy = xe^{-x^2}$ 的通解.

【解】 程序如下:

```
y = dsolve(' Dy + 2 * x * y = x * exp(- x^2) ',' x ')
```

运行结果如下:

```
y = (1/2 * x^2 + C1) * exp(- x^2)
```

【例 8.21】 求微分方程 $xy' + y - e^x = 0$ 在初始条件 $y|_{x=1} = 2e$ 下的特解.

【解】 程序如下:

```
y = dsolve(' x * Dy + y - exp(x) = 0 ',' y(1) = 2 * exp(1) ',' x ')
```

运行结果如下:

```
y = (exp(x) + exp(1))/x
```

【例 8.22】 求微分方程 $y'' - 2y' + 5y = e^x \cos 2x$ 的通解.

【解】 程序如下:

```
y = dsolve(' D2y - 2 * Dy + 5 * y = exp(x) * cos(2 * x) ',' x ')
```

运行结果如下:

```
y = exp(x) * sin(2 * x) * C2 + exp(x) * cos(2 * x) * C1 + 1/8 * exp(x) * (cos(2
    * x) + 2 * sin(2 * x) * x)
```

【例 8.23】 求微分方程 $y''' = e^{2x} - \cos x$ 的通解.

【解】 程序如下:

```
y = dsolve(' D3y = exp(2 * x) - cos(x) ',' x ')
```

运行结果如下:

```
y = 1/8 * exp(2 * x) + sin(x) + 1/2 * C1 * x^2 + C2 * x + C3
```

【例 8.24】 求微分方程组 $\begin{cases} \dfrac{\mathrm{d}x}{\mathrm{d}t} + x + 2y = e^t \\ \dfrac{\mathrm{d}y}{\mathrm{d}t} - x - y = 0 \end{cases}$ 在初始条件 $x|_{t=0} = 1, y|_{t=0} = 0$ 下的特解.

【解】 程序如下:

```
[x,y] = dsolve(' Dx + x + 2 * y = exp(t) ',' Dy - x - y = 0 ',' x(0) = 1 ',
       ' y(0) = 0 ')
```

运行结果如下:

```
x = cos(t)
y = 1/2 * sin(t) - 1/2 * cos(t) + 1/2 * exp(t)
```

习题 8.2

1.使用 MATLAB 软件,求解下列方程的解.

(1)$x^4 + 3x^2 - 5x - 78 = 0$;　　　　　　　　(2)$e^{2x+1} \ln x = 80$.

2.使用 MATLAB 软件,求下列微分方程的解.

(1)$y' + 2xy = 4x$;　　　　　　　　(2)$xy' + y = x^2 + 3x + 2$;

(3) 伯努利方程 $\dfrac{dy}{dx} = y + xy^5$;　　　　　　　　(4)$y'' - 2y' - 8y = x^3 e^{2x}$.

3.使用 MATLAB 软件,求下列微分方程的特解.

(1)$y'' + y' - 2y = 0, y(0) = 4, y'(0) = 1$;　　　　　(2)$y'' - 4x = 0, y(0) = 0, y'(0) = 2$.

§8.3　多元函数微积分实验

本节将介绍用 MATLAB 命令去解决多元函数微积分中的一些常见数学问题.

一、多元函数的极限

多元函数的极限需要用累次极限来计算,以二元函数为例,求多元函数的极限可以嵌套使用 limit() 函数,其调用格式为

$$\text{limit(limit(f,x,x0),y,y0)} \quad \text{或} \quad \text{limit(limit(f,y,y0),x,x0)}.$$

【例 8.25】　求极限 $\lim\limits_{\substack{x \to 0 \\ y \to 3}} \dfrac{\sin(xy)}{x}$.

【解】　编程及运行结果如下:

```
syms x y;
f = sin(x * y)/x;
limit(limit(f,x,0),y,3)
ans = 3
```

注:如果 x_0 或 y_0 不是确定的值,而是另一个变量的函数,如 $x \to g(y)$,则上述的极限求取顺序不能交换.

【例 8.26】　求极限 $\lim\limits_{\substack{x \to 0 \\ y \to 0}} \dfrac{2 - \sqrt{xy+4}}{xy}$.

【解】　编程及运行结果如下:

```
syms x y;
f = (2 - sqrt(x * y + 4))/(x * y);
limit(limit(f,x,0),y,0)
ans = - 1/4
```

二、多元函数的偏导数及高阶偏导数

(一) 多元函数偏导数

1. 调用格式

diff(z,x)   % 函数对 x 求偏导数:z_x.

diff(z,y)   % 函数对 y 求偏导数:z_y.

diff(z,x,2)   % 函数对 x 求二阶偏导数:z_{xx}.

diff(z,y,2)   % 函数对 y 求二阶偏导数:z_{yy}.

diff(diff(z,x),y)   % 函数对 x 再对 y 求二阶混合偏导数:z_{xy}.

2. 举例

【例 8.27】 设 $z = e^{2x}(x + y^2 + 2y)$,求 $\dfrac{\partial z}{\partial x}, \dfrac{\partial z}{\partial y}, \dfrac{\partial^2 z}{\partial x^2}, \dfrac{\partial^2 z}{\partial y^2}, \dfrac{\partial^2 z}{\partial x \partial y}$.

【解】 程序如下:

```
syms x y;
z = exp(2 * x) * (x + y^2 + 2 * y);
a = diff(z,x)
b = diff(z,y)
c = diff(z,x,2)
d = diff(z,y,2)
e = diff(a,y)
```

运行结果如下:

```
a = 2 * exp(2 * x) * (x + y^2 + 2 * y) + exp(2 * x)
b = exp(2 * x) * (2 * y + 2)
c = 4 * exp(2 * x) * (x + y^2 + 2 * y) + 4 * exp(2 * x)
d = 2 * exp(2 * x)
e = 2 * exp(2 * x) * (2 * y + 2)
```

(二) 多元函数的全微分

1. 公式

$$z = f(x,y),全微分 \ dz = \frac{\partial z}{\partial x}dx + \frac{\partial z}{\partial y}dy.$$

2. 调用格式

```
dz = diff(z,x) * 'dx' + diff(z,y) * 'dy'
```

3. 举例

【例 8.28】 已知 $z = (x^2 + y^2)\sin(xy)$,求 dz.

【解】 程序如下:

```
syms x y
z = (x^2 + y^2) * sin(x * y);
dz = diff(z,x) * 'dx' + diff(z,y) * 'dy'
```

运行结果如下：

$$dz = (2 * x * \sin(x * y) + (x^2 + y^2) * \cos(x * y) * y) * dx + (2 * y * \sin(x * y) + (x^2 + y^2) * \cos(x * y) * x) * dy$$

【例 8.29】 已知 $z = 3x^2y^3 + \ln(xy)$，当 $x = 2, y = 3, \Delta x = 0.02, \Delta y = 0.01$ 时，求 dz.

【解】 程序如下：

```
syms x y
z = 3 * x^2 * y^3 + log(x * y);
zx = diff(z,x);
zy = diff(z,y);
x = 2;y = 3;
zx0 = eval(zx);
zy0 = eval(zy);
dx = 0.02;dy = 0.01;
dz = zx0 * dx + zy0 * dy
```

运行结果如下：

```
dz = 9.7333
```

三、多元函数的积分

先将二重积分化为二次积分：

$$\iint\limits_{D} f(x,y)\mathrm{d}\sigma = \int_a^b \mathrm{d}x \int_{y_1(x)}^{y_2(x)} f(x,y)\mathrm{d}y,$$

再用程序求解.其命令格式为

```
int(int(f, y, y1(x), y2(x)), x, a, b)
```

【例 8.30】 求 $\iint\limits_{D} xy^2 \mathrm{d}x\mathrm{d}y, D: 2 < x < 4, x < y < x^2$.

【解】 $\iint\limits_{D} xy^2 \mathrm{d}x\mathrm{d}y = \int_2^4 \mathrm{d}x \int_x^{x^2} xy^2 \mathrm{d}y$.

程序如下：

```
syms x y
f1 = ' x * y^2 ';
s1 = int(int(f1,y, x, x^2), x, 2, 4)
```

运行结果如下：

```
s1 = 39808/15
```

四、多元函数的极值

MATLAB 中主要用 diff 求函数的偏导数，用 jacobian 求雅克比（Jacobian）矩阵.

diff(f,x,n)　　　　% 求函数 f 关于自变量 x 的 n 阶导数.

jacobian(f,x)　　　% 求向量函数 f 关于自变量 x(x 也为向量) 的雅克比矩阵.

可以用 help diff，help jacobian 查阅有关这些命令的详细信息.

【例 8.31】 求函数 $z = x^4 - 8xy + 2y^2 - 3$ 的极值点和极值.

【解】 首先用 diff 命令求 z 关于 x, y 的偏导数.

```
clear; syms x y;
z = x^4 - 8 * x * y + 2 * y^2 - 3;
diff(z,x)
diff(z,y)
ans = 4 * x^3 - 8 * y
ans = - 8 * x + 4 * y
```

即
$$\frac{\partial z}{\partial x} = 4x^3 - 8y, \quad \frac{\partial z}{\partial y} = -8x + 4y.$$

再求解方程,求得各驻点的坐标. 一般方程组的符号解用 solve 命令,当方程组不存在符号解时,solve 将给出数值解. 求解方程的 MATLAB 代码如下：

```
clear;
[x,y] = solve('4 * x^3 - 8 * y = 0','- 8 * x + 4 * y = 0','x','y')
```

结果有三个驻点,分别是 $P(-2, -4), Q(0,0), R(2,4)$.

我们仍然通过画函数图形来观测极值点与鞍点.

```
clear;
x = - 5 : 0.2 : 5; y = - 5 : 0.2 : 5;
[X,Y] = meshgrid(x,y);
Z = X.^4 - 8 * X. * Y + 2 * Y.^2 - 3;
mesh(X,Y,Z)
xlabel(' x '),ylabel(' y '),zlabel(' z ')
```

其运行结果如图 8-2 所示.

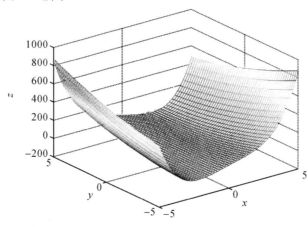

图 8-2

可见在图 8-2 中不容易观测到极值点,这是因为 z 的取值范围为 $[-200,1000]$,是一幅远景图,局部信息丢失较多,故观测不到图像细节.我们可以通过画等值线来观测极值.

```
contour(X,Y,Z, 600)
xlabel(' x '),ylabel(' y ')
```

其运行结果如图 8-3 所示.

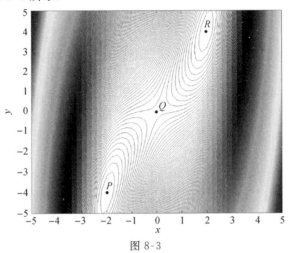

图 8-3

由图 8-3 可见,随着图形灰度的逐渐变浅,函数值逐渐减小,图形中有两个明显的极小值点 $P(-2,-4)$ 和 $R(2,4)$.根据梯度与等高线之间的关系,梯度的方向是等高线的法方向,且指向函数增加的方向.由此可知,极值点应该有等高线环绕,而点 $Q(0,0)$ 周围没有等高线环绕,不是极值点,而是鞍点.

习题 8.3

1.使用 MATLAB 软件,求下列各极限.

(1) $\lim\limits_{(x,y)\to(0,1)} \dfrac{1-xy}{x^2+y^2}$;

(2) $\lim\limits_{(x,y)\to(1,0)} \dfrac{\ln(x+\mathrm{e}^y)}{\sqrt{x^2+y^2}}$.

2.已知 $z = 3x^2y^3 + \ln(xy)$,使用 MATLAB 软件,求 $\dfrac{\partial z}{\partial x}, \dfrac{\partial^2 z}{\partial x^2}, \dfrac{\partial^2 z}{\partial x \partial y}$.

3.设 $z = \mathrm{e}^{\frac{x}{y}}$,使用 MATLAB 软件,求 $\dfrac{\partial^2 z}{\partial x^2}, \dfrac{\partial^2 z}{\partial x \partial y}$.

4.使用 MATLAB 软件,求 $\displaystyle\int_0^1 \int_1^2 (x^2+y^2)\,\mathrm{d}x\mathrm{d}y$.

5.使用 MATLAB 软件,求 $\displaystyle\int_{-1}^2 \int_{y^2}^{y+2} xy\,\mathrm{d}x\mathrm{d}y$.

6.使用 MATLAB 软件,求函数 $z = 3xy - x^3 - y^3$ 的极值.

7.使用 MATLAB 软件,求 $y = 2\sin x + \dfrac{1}{3}\sin 3x$ 的极值,并画出函数图形.

8.使用 MATLAB 软件,求 $z = x^4 + y^4 - 4xy + 1$ 的极值,并对图形进行观测.

主要参考文献

1. 安吉尔·德·拉·弗恩特.经济数学方法与模型[M].朱保华,钱晓明,译.上海:上海财经大学出版社,2003.

2. Finney Weir Giordano.托马斯微积分[M].10版.叶其孝,王耀东,唐兢,译.北京:高等教育出版社,2003.

3. 龚德恩,范培华.经济应用数学基础(一):微积分[M].北京:高等教育出版社,2008.

4. 高鸿业.西方经济学[M].4版.北京:中国人民大学出版社,2007.

5. 黎诣远.经济数学基础[M].北京:高等教育出版社,1998.

6. 刘兰娟,等.经济管理中的计算机应用——Excel数据分析、统计预测和决策模拟[M].北京:清华大学出版社,2006.

7. 刘明亮.利息理论与应用[M].2版.北京:中国金融出版社,2014.

8. 李治.投资学[M].厦门:厦门大学出版社,2009.

9. 同济大学数学系.高等数学:上册[M].6版.北京:高等教育出版社,2007.

10. 吴赣昌.微积分(上册:经管类)[M].北京:中国人民大学出版社,2011.

11. 吴传生.经济数学(微积分)[M].北京:高等教育出版社,2003.

12. 王凤彬,李东.管理学[M].4版.北京:中国人民大学出版社,2000.

13. 应惠芬,金开正,周冰洁,等.经济应用数学基础[M].杭州:浙江大学出版社,2010.

14. 伊恩·雅克.商务与经济数学[M].5版.大连:东北财经大学出版社,2008.

15. 张从军,孙春燕,陈美霞,等.经济应用模型[M].上海:复旦大学出版社,2008.

16. 赵静,但琦.数学建模与数学实验[M].3版.北京:高等教育出版社,2008.

17. 朱来义,刘刚,黄志勇,等.实用微积分[M].3版.北京:人民邮电出版社,2010.

附录1 常用数学公式

一、乘法公式和因式分解

1. $(x + a)(x + b) = x^2 + (a + b)x + ab$
2. $(a \pm b)^2 = a^2 \pm 2ab + b^2$
3. $(a \pm b)^3 = a^3 \pm 3a^2b + 3ab^2 \pm b^3$
4. $a^2 - b^2 = (a + b)(a - b)$
5. $a^3 \pm b^3 = (a \pm b)(a^2 \mp ab + b^2)$

二、一元二次方程求根公式

$ax^2 + bx + c = 0 \quad (a \neq 0)$

$$x = \frac{-b \pm \sqrt{b^2 - 4ac}}{2a}$$

三、指数和对数公式

1. $a^m \cdot a^n = a^{m+n}$
2. $(a^m)^n = a^{m \cdot n}$
3. $\left(\dfrac{a}{b}\right)^n = \dfrac{a^n}{b^n}$
4. $\dfrac{a^m}{a^n} = a^{m-n}$
5. $\sqrt[n]{a^m} = a^{\frac{m}{n}}$
6. $\log_a M = \dfrac{\log_b M}{\log_b a}$
7. $(ab)^n = a^n b^n$
8. $\log_a N^n = n\log_a N$
9. $\log_a a^x = x$
10. $\log_a \sqrt[n]{N} = \dfrac{1}{n}\log_a N$
11. $a^{\log_a x} = x$
12. $\log_a(M \cdot N) = \log_a M + \log_a N$

13. $\log_a \dfrac{M}{N} = \log_a M - \log_a N$

14. $\ln N = \log_e N$，$\lg N = \log_{10} N$

四、数列

1. 等差数列通项公式　$a_n = a_1 + (n-1)d$

前 n 项的和　$S_n = \dfrac{n}{2}(a_1 + a_n) = \dfrac{n}{2}[2a_1 + (n-1)d]$

2. 等比数列通项公式　$a_n = a_1 q^{n-1}$

前 n 项的和　$S_n = \dfrac{a_1 - a_n q}{1-q} = \dfrac{a_1(1-q^n)}{1-q}$

五、有限项级数

1. $1 + 2 + 3 + \cdots + (n-1) + n = \dfrac{n(n+1)}{2}$

2. $1 + 3 + 5 + \cdots + (2n-3) + (2n-1) = n^2$

3. $1^2 + 2^2 + 3^2 + \cdots + n^2 = \dfrac{n(n+1)(2n+1)}{6}$

4. $1^3 + 2^3 + 3^3 + \cdots + n^3 = \left[\dfrac{1}{2}n(n+1)\right]^2$

六、排列组合

排列：$P_n^m = n(n-1)(n-2)\cdots(n-m+1)$

组合：$C_n^m = P_n^m / m!$

二项式定理：$(x+a)^n = x^n + C_n^1 x^{n-1}a + C_n^2 x^{n-2}a^2 + \cdots + C_n^{n-1}xa^{n-1} + a^n$

七、平面三角

1. 三角基本关系

$\sin^2 \alpha + \cos^2 \alpha = 1$ 　　　　　　　　　$1 + \tan^2 \alpha = \sec^2 \alpha$

$1 + \cot^2 \alpha = \csc^2 \alpha$ 　　　　　　　　　$\tan \alpha \cdot \cot \alpha = 1$

$\sin \alpha \cdot \csc \alpha = 1$ 　　　　　　　　　$\cos \alpha \cdot \sec \alpha = 1$

$\tan \alpha = \dfrac{\sin \alpha}{\cos \alpha}$ 　　　　　　　　　$\cot \alpha = \dfrac{\cos \alpha}{\sin \alpha}$

2. 诱导公式

$\sin(-\alpha) = -\sin \alpha$ 　　　　　　　　　$\cos(-\alpha) = \cos \alpha$

$\tan(-\alpha) = -\tan \alpha$ 　　　　　　　　　$\sin(90° - \alpha) = \cos \alpha$

$\cos(90° - \alpha) = \sin \alpha$ 　　　　　　　　　$\tan(90° - \alpha) = \cot \alpha$

$\sin(180° - \alpha) = \sin \alpha$ 　　　　　　　　　$\cos(180° - \alpha) = -\cos \alpha$

$\sin(180° + \alpha) = -\sin \alpha$ 　　　　　　　　　$\cos(180° + \alpha) = -\cos \alpha$

3. 两角和差公式

$\sin(\alpha \pm \beta) = \sin \alpha \cos \beta \pm \cos \alpha \sin \beta$

$\cos(\alpha \pm \beta) = \cos \alpha \cos \beta \mp \sin \alpha \sin \beta$

$\tan(\alpha \pm \beta) = \dfrac{\tan \alpha \pm \tan \beta}{1 \mp \tan \alpha \tan \beta}$

4. 倍角公式

$\sin 2\alpha = 2\sin \alpha \cos \alpha$

$\cos 2\alpha = \cos^2\alpha - \sin^2\alpha = 1 - 2\sin^2\alpha = 2\cos^2\alpha - 1$

$\tan 2\alpha = \dfrac{2\tan \alpha}{1 - \tan^2\alpha}$

5. 半角公式

$\sin \dfrac{\alpha}{2} = \pm\sqrt{\dfrac{1 - \cos\alpha}{2}}$ $\qquad\qquad$ $\cos \dfrac{\alpha}{2} = \pm\sqrt{\dfrac{1 + \cos\alpha}{2}}$

6. 和差与积的关系

$\sin \alpha \cos \beta = \dfrac{1}{2}\left[\sin(\alpha + \beta) + \sin(\alpha - \beta)\right]$ $\quad$ $\cos \alpha \sin \beta = \dfrac{1}{2}\left[\sin(\alpha + \beta) - \sin(\alpha - \beta)\right]$

$\cos \alpha \cos \beta = \dfrac{1}{2}\left[\cos(\alpha + \beta) + \cos(\alpha - \beta)\right]$ $\quad$ $\sin \alpha \sin \beta = -\dfrac{1}{2}\left[\cos(\alpha + \beta) - \cos(\alpha - \beta)\right]$

$\sin \alpha + \sin \beta = 2\sin \dfrac{\alpha + \beta}{2}\cos \dfrac{\alpha - \beta}{2}$ $\qquad$ $\sin \alpha - \sin \beta = 2\cos \dfrac{\alpha + \beta}{2}\sin \dfrac{\alpha - \beta}{2}$

$\cos \alpha + \cos \beta = 2\cos \dfrac{\alpha + \beta}{2}\cos \dfrac{\alpha - \beta}{2}$ $\qquad$ $\cos \alpha - \cos \beta = -2\sin \dfrac{\alpha + \beta}{2}\sin \dfrac{\alpha - \beta}{2}$

7. 特殊角度的三角函数值

x	0	$\dfrac{\pi}{6}$	$\dfrac{\pi}{4}$	$\dfrac{\pi}{3}$	$\dfrac{\pi}{2}$
$\sin x$	0	$\dfrac{1}{2}$	$\dfrac{\sqrt{2}}{2}$	$\dfrac{\sqrt{3}}{2}$	1
$\cos x$	1	$\dfrac{\sqrt{3}}{2}$	$\dfrac{\sqrt{2}}{2}$	$\dfrac{1}{2}$	0

注：$\pi = 180°$

八、基本导数公式

1. $(u \pm v)' = u' \pm v'$ $\qquad\qquad\qquad\qquad$ $(uv)' = u'v + uv'$

2. $\left(\dfrac{u}{v}\right)' = \dfrac{u'v - uv'}{v^2}$ $\quad$ $(v \neq 0)$

3. $(C)' = 0$ $\quad$ (C 为常数)

4. $(x^a)' = \alpha x^{\alpha-1}$

5. $(\log_a x)' = \dfrac{1}{x}\log_a e = \dfrac{1}{x\ln a}$

6. $(a^x)' = a^x \ln a$ $\quad$ ($a > 0, a \neq 1$)

7. $(\ln x)' = \dfrac{1}{x}$ $(e^x)' = e^x$

8. $(\sin x)' = \cos x$ $(\cos x)' = -\sin x$

9. $(\tan x)' = \dfrac{1}{\cos^2 x}$ $(\cot x)' = -\dfrac{1}{\sin^2 x}$

10. $(\arctan x)' = \dfrac{1}{1+x^2}$ $(\operatorname{arccot} x)' = -\dfrac{1}{1+x^2}$

11. $(\arcsin x)' = \dfrac{1}{\sqrt{1-x^2}}$ $(\arccos x)' = -\dfrac{1}{\sqrt{1-x^2}}$

12. $\left(\displaystyle\int_a^x f(t)\mathrm{d}t\right)' = f(x)$

九、基本积分公式

1. $\displaystyle\int 0\,\mathrm{d}x = C$ $\displaystyle\int k\,\mathrm{d}x = kx + C$

2. $\displaystyle\int x^\alpha\,\mathrm{d}x = \dfrac{1}{\alpha+1}x^{\alpha+1} + C \quad (\alpha \neq -1)$

3. $\displaystyle\int \dfrac{1}{x}\,\mathrm{d}x = \ln|x| + C$

4. $\displaystyle\int a^x\,\mathrm{d}x = \dfrac{1}{\ln a}a^x + C$

5. $\displaystyle\int e^x\,\mathrm{d}x = e^x + C$

6. $\displaystyle\int \sin x\,\mathrm{d}x = -\cos x + C$

7. $\displaystyle\int \cos x\,\mathrm{d}x = \sin x + C$

8. $\displaystyle\int \dfrac{1}{\sin^2 x}\,\mathrm{d}x = -\cot x + C$

9. $\displaystyle\int \dfrac{1}{\cos^2 x}\,\mathrm{d}x = \tan x + C$

10. $\displaystyle\int \dfrac{1}{\sqrt{1-x^2}}\,\mathrm{d}x = \arcsin x + C$

11. $\displaystyle\int \dfrac{1}{1+x^2}\,\mathrm{d}x = \arctan x + C$

附录2　习题参考答案

习题 1.1

1. (1) $\{x \mid x > 30, x \in \mathbf{R}\}$　(2) $\{(x, y) \mid x^2 + y^2 = 25\}$

2. 略

3. 略

4. (1) $2, t^2 4^{t^2-2}, -\frac{1}{128}, \frac{1}{t} 4^{\frac{1}{t}-2}$　(2) $t^6 + 1, (t^3+1)^2, 2$

5. (1) $2, \frac{|a-2|}{a+1}, \frac{|a+b-2|}{a+b+1}$　(2) $2, 1, 2, 2, \frac{1}{\sqrt{2}}$　(3) $0, 0, \frac{\sqrt{2}}{2}$

6. (1) 相同　(2) 不相同,定义域不同　(3) 不相同,定义域不同　(4) 相同

7. (1) $x \neq 1, 2$　(2) $x \geqslant -\frac{4}{3}$　(3) $[-a, a]$　(4) $x \geqslant -4, x \neq \pm 1$　(5) $x > 2$ 或
$x < 0$　(6) $[0, \pi] \bigcup [-4, -\pi]$

8. $R(x) = -\frac{1}{2}x^2 + 4x, x \geqslant 0$

9. 略

10. (1) $f(x) = \begin{cases} 1, & x > 4 \\ -1, & x < 4 \end{cases}$　(2) $f(x) = \begin{cases} 2x-4, & x \geqslant 4 \\ 4, & x < 4 \end{cases}$

(3) $f(x) = \begin{cases} 1-x^2, & -1 \leqslant x \leqslant 1 \\ x^2-1, & \text{其他} \end{cases}$

11. (1) 单调递增　(2) 单调递增　(3) $a > 1$,单调递增;$0 < a < 1$,单调递减

12. (1) 偶函数　(2) 奇函数　(3) 奇函数　(4) 偶函数　(5) 奇函数　(6) 非奇非偶函数

13. 在 $(1, e)$ 上有界

14. (1) $y = \frac{x-1}{2}$　(2) $y = \frac{2x+2}{x-1}$　(3) $y = \sqrt[3]{x-2}$　(4) $y = 10^{x-1} - 2$

习题 1.2

1. (1) $(2k\pi, 2k\pi + \pi), (-\infty, 0]$　(2) $\mathbf{R}, (0, +\infty)$　(3) $(0, +\infty), [-1, 1]$
(4) $(k\pi, k\pi + \frac{\pi}{2}), \mathbf{R}$　(5) $(0, +\infty), \mathbf{R}$　(6) $(-3, 1), \mathbf{R}$

2. (1) 第一个　(2) 第二个　(3) 第一个　(4) 第一个

3. 略

4. 略

5. 略

6. (1) $y=\sqrt{u}, u=3x-1$　(2) $y=a\sqrt[3]{u}, u=x+1$　(3) $y=u^5, u=1+\ln x$

(4) $y=e^u, u=e^v, v=-x^2$　(5) $y=\sqrt{u}, u=\ln v, v=\sqrt{x}$　(6) $y=u^2, u=\lg v, v=\cos t,$
$t=x^3$

7. 略

习题 1.3

1. $R(x)=\begin{cases}400x, & 0\leqslant x\leqslant 1000 \\ 40000+360x, & 1000<x\leqslant 1200 \\ 472000, & x>1200\end{cases}$

2. $R(x)=\begin{cases}130x, & 0\leqslant x\leqslant 700 \\ 9100+117x, & 700<x\leqslant 1000\end{cases}$

3. $p=48$

4. (1) $p=36, Q=21$　(2) $p=48, Q=18$, 消费者多支付了 12 美元, 企业多承担了 1 美元

5. (1) $p=10, Q=20$　(2) $p=13, Q=14$　(3) $p=16, Q=8$　(4) $p=11.5,$
$Q=17$　随着 α 的不断增大, 消费者所支付的税收也逐渐增大

6. (1) $Q=9$　(2) 利润为 9 元　(3) 若商品价格定为 2 元/件, 则每件商品的收入小于每件产品的成本, 利润函数始终是负值, 意味着该商品销售越多亏损越大. 所以定价至少要在 3 元/件以上

7. (1) $L=8Q-7-Q^2$　(2) $L(4)=9, \overline{L}(4)=2.25$　(3) 亏损 27

8. 略

习题 1.4

1. 290

2. 9.6%

3. 155.23 元

4. 1046.9 元

5. 1386.687 元

6. 249.22 万元

7. (1) 第一个月月供为 6883.33 元, …, 最后一个月月供为 2933.19 元, 总利息为 477983.33 元　(2) 月供为 5343.38 元, 总利息为 582411.20 元

8. 甲银行

9. (1) $4717+3560+1679=9956$, 不值得投资　(2) $4808+3698+1778=10284$, 值得投资

习题 2.1

1. 略

2. (1) 0　(2) 0　(3) 2　(4) 1　(5) 不存在

3. (1)1　(2)$n > 4$

4. 略

5. (1) 发散　(2) 发散　(3) 收敛于 0

6. (1)0　(2)$-\infty$　(3)0　(4)$\dfrac{3}{2}$

习题 2.2

1. $\lim\limits_{x \to 3^{-}} f(x) = 3$　$\lim\limits_{x \to 3^{+}} f(x) = 8$　$\lim\limits_{x \to 3} f(x)$ 不存在

2. (1)0　(2)0　(3)0　(4)1

3. 左极限等于 -1,右极限等于 1,所以该极限不存在.

4. $x \to 2, x \to \infty$

5. (1) 是　(2) 是　(3) 是

6. $100x^2, \sqrt[3]{x}, \dfrac{x}{0.01}, \dfrac{x^2}{x}, x^2 + 0.01x, \dfrac{1}{2}x - x^2$

7. $\dfrac{1}{2\sqrt{x}}$

8. (1)1　(2)$\dfrac{1}{2}$　(3)-6　(4) 不存在　(5) 不存在　(6)0

习题 2.3

1. (1)0　(2)0　(3)$\dfrac{1}{2}$　(4)1　(5)$\dfrac{1}{3}$　(6)$\dfrac{1-b}{1-a}$　(7)1

2. (1)0　(2)21　(3)1　(4)6　(5)-9　(6)2　(7)0　(8)0　(9)$\dfrac{1}{2}$　(10)$2x$　(11)2　(12)$\dfrac{1}{2}$　(13)$-\dfrac{1}{2}$　(14)$\dfrac{1}{4}$

3. (1)29200　(2)$+\infty$　(3) 不能

4. $a = 4, k = 10$

5. $a = 9, k = \dfrac{1}{6}$

习题 2.4

1. (1)3　(2)$\dfrac{m}{n}$　(3)π　(4)1　(5)$\sqrt{2}$　(6)∞

2. (1)e　(2)e^2　(3)e^{-3}　(4)e^{-1}　(5)e^{-2}　(6)1

3. (1)0　(2)0

4. $1000e^{1.2}$

5. $704.38e^{-0.7}$

6. Ne^{5v}

7. $1000e^{-0.025}$

习题 2.5

1. $x^2 - x^3$ 是高阶无穷小量

2. $m = \dfrac{1}{2}, n = 2$

3. (1) -2 (2) 9 (3) $e^{-\frac{1}{2}}$ (4) 1 (5) $\dfrac{1}{2}$ (6) $\dfrac{1}{3}$

习题 2.6

1. -1

2. -0.051

3. (1) $(-\infty, 2), 1$ (2) $[4, 6], 2$ (3) $[2k\pi, 2k\pi + \pi], 0$

4. (1) $x = -1$ (2) $x = -1$ (3) $x = k\pi$ (4) $x = \pm 1$

5. $\lim\limits_{x \to 0} f(x) = 1 \neq f(0)$ 所以不连续

6. $f(0) = \dfrac{3}{2}$

7. (1) $a = 8$ (2) $a = 1$

8. (1) 1 (2) 1 (3) $\dfrac{1}{a}$

习题 2.7

1. 提示：令 $f(x) = x^5 - 3x - 1$，在区间 $[1, 2]$ 使用零点定理

2. 提示：令 $f(x) = \sin x + x + 1$，在区间 $\left(-\dfrac{\pi}{2}, \dfrac{\pi}{2}\right)$ 使用零点定理

3. 提示：令 $f(x) = 2x - 1 - \sin 5x$，在区间 $(0, 3)$ 使用零点定理

4. 近似值为 2.6

5. 与函数找零点类似，可以采用二分法排查故障，这样可以迅速查出故障所在，提高工作效率

6. 如图：

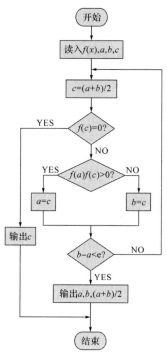

习题 3.1

1. (1)$20+5\Delta t$,25,20.5,20.05　(2)20

2. (1)0.1　(2)0.21　(3)2.1　(4)2

3. (1)$-f'(x_0)$　(2)$-f'(x_0)$　(3)$2f'(x_0)$　(4)$2f'(x_0)$

4. (1)8　(2)$\dfrac{1}{2}$　(3)$0,-1$　(4)3

5. (1)$4x^3$　(2)$\dfrac{1}{3}x^{-\frac{2}{3}}$　(3)$-3\dfrac{1}{x^4}$　(4)$-\dfrac{1}{2}x^{-\frac{3}{2}}$

6. (1)$y=x+1,y=-x+1$　(2)$y=-4x-4,y=\dfrac{1}{4}x+\dfrac{9}{2}$　(3)$y=1,x=0$

(4)$y=x-1,y=-x+1$

7. (1)$f'(0)=0$　(2) 不可导

8. $a=2,b=-1$

9. $(2,8)$ 或 $(-2,-8)$,$y=12x-16$ 或 $y=12x+16$

10. $f'(0)=2$

习题 3.2

1. (1)$y'=20x^3-6x-\dfrac{1}{x^2}$　(2)$y'=\sqrt{x}+\dfrac{1}{2\sqrt{x}}(x+1)=\dfrac{3x+1}{2\sqrt{x}}$　(3)$y'=\dfrac{5(1-x^2)}{(1+x^2)^2}$

(4)$y'=-\dfrac{2}{x(1+\ln x)^2}$　(5)$y'=x^{n-1}(n\log_a x+\dfrac{1}{\ln a})$　(6)$y'=-\dfrac{x^{-4/3}}{3}-\dfrac{8}{3}x^{\frac{5}{3}}$

$(7)y' = 2^x(\ln 2\sin x + \cos x)$　　$(8)y' = \dfrac{2x - x^2\ln 3}{3^x}$　　$(9)y' = \dfrac{1 - \cos x - x\sin x}{(1 - \cos x)^2}$

$(10)y' = \dfrac{1}{\cos^2 x} - \cot x + x\dfrac{1}{\sin^2 x}$　　$(11)y' = -\sin x - \cos x$

$(12)y' = x(2\tan x\ln x + x\sec^2 x\ln x + \tan x)$　　$(13)y' = -\dfrac{\ln 2}{2^x} - 2x^{-3}$

2. $(1)\ y' = 16x^3 - 24x$　$(2)y' = \dfrac{x}{\sqrt{a^2 + x^2}}$　$(3)y' = 2\cos(5 + 2x)$　$(4)y' = \dfrac{2\ln x}{x}$

$(5)y' = \dfrac{2x}{x^2 - a^2}$　$(6)y' = \dfrac{2x}{\cos^2 x^2}$　$(7)y' = \dfrac{1}{x\ln x}$　$(8)y' = \dfrac{-2}{(1 + x)^2\cos^2\dfrac{1 - x}{1 + x}}$

$(9)y' = 2x\cos x^2 + \sin 2x$　$(10)y' = \dfrac{\cos\ln x}{x}$　$(11)y' = 2xe^{x^2}$　$(12)y' = \dfrac{xe^{\sqrt{1 + x^2}}}{\sqrt{1 + x^2}}$

$(13)y' = \dfrac{e^x}{\sqrt{1 + e^{2x}}}$　$(14)y' = \dfrac{2x}{(x^2 + 1)\ln 3}$

3. $(1)\ f'(x) = \dfrac{5}{(5 - x)^2} + \dfrac{2x}{5}, f'(0) = \dfrac{1}{5}, f'(4) = \dfrac{33}{5}$　$(2)\ f'(x) = \dfrac{2 + 2x^2}{(1 - x^2)^2},$

$f'(0) = 2$　$(3)\ f'(x) = e^x(\cos 3x - 3\sin 3x), f'(0) = 1$　$(4)\ f'(x) = \dfrac{1}{\sqrt{x^2 - a^2}},$

$f'(2a) = \dfrac{\sqrt{3}}{3a}$

4. $(1)\ y' = 2xf'(x^2)$　$(2)\ y' = (e^x + ex^{e-1})f'(e^x + x^e)$　$(3)\ y' = \sin 2x(f'(\sin^2 x) - f'(\cos^2 x))$　$(4)\ y' = \dfrac{1}{f(x)}f'(x)$

5. $(1)y = \dfrac{1}{2}x + 2$　$(2)y = -3, x = 0$

习题 3.3

1. $(1)\ y' = \dfrac{-ax}{by}$　$(2)y' = \dfrac{-\sin(x + y)}{1 + \sin(x + y)}$　$(3)y' = \dfrac{e^{x+y} - y}{x - e^{x+y}}$　$(4)y' = \dfrac{\sin y}{1 - x\cos y}$

$(5)y' = \dfrac{\cos(x + y)}{e^y - \cos(x + y)}$　$(6)y' = \dfrac{ay}{y - ax}$

2. 1

3. $1 - \dfrac{\pi}{2}$

4. $y = \dfrac{2}{5}x + 1, y = -\dfrac{5}{2}x + 1$

5. $(1)\ y' = \left(\dfrac{1}{x - 1} + \dfrac{2}{x - 2} + \dfrac{3}{x - 3}\right)(x - 1)(x - 2)^2(x - 3)^3$

$(2)y' = \left(\dfrac{1}{x} + \dfrac{1}{2(x - 1)} - \dfrac{1}{1 + x}\right)x\sqrt{\dfrac{1 - x}{1 + x}}$　$(3)y' = \left(\cos\ln x + \dfrac{\sin x}{x}\right)x^{\sin x}$

$(4)y' = \left(\ln\ln x + \dfrac{1}{\ln x}\right)(\ln x)^x$　$(5)y' = (2\ln x + 2)x^{2x} + \sin 2x$　$(6)y' = 2x^{\sqrt{x}}\left(\dfrac{1}{2\sqrt{x}}\ln 2x + \dfrac{1}{\sqrt{x}}\right)$

习题 3.4

1. $(1)y'' = 4 - \dfrac{1}{x^2}$　$(2)y'' = \dfrac{1}{4x}e^{\sqrt{x}} - e^{\sqrt{x}}\dfrac{1}{4x^{\frac{3}{2}}}$　$(3)y'' = -2\cos 2x$　$(4)y'' = 2e^{-x}\sin x$

$(5)y'' = 30x^4 + 12x$　$(6)y'' = \dfrac{3x - 6}{(2x - 3)^{\frac{3}{2}}}$　$(7)y'' = -\dfrac{1}{x^2\ln x} - \dfrac{1}{x^2(\ln x)^2}$

$(8)y'' = \dfrac{-2 - 2x^2}{(1 - x^2)^2}$

2. 略

3. $(1)y^{(n)} = (\ln 2)^n 2^x$　$(2)y^{(n)} = (a)^n e^{ax}$　$(3)y^{(n)} = (-1)^n(n-2)!x^{1-n},(n > 2)$

$(4)y^{(n)} = n!$

4. $(1)y' = \dfrac{x}{y};y'' = -\dfrac{1}{y^3}$　$(2)y' = \dfrac{e^y}{1 - xe^y};y'' = \dfrac{e^{2y}(3 - y)}{(2 - y)^3}$

习题 3.5

1. $\Delta y = 0.0602, dy = 0.06$

2. $(\Delta f - df)\big|_{x=2} = (\Delta x)^2$，当 Δx 依次等于 $10^{-1}, 10^{-2}, 10^{-3}$ 时，$(\Delta f - df)\big|_{x=2}$ 依次等于 $10^{-2}, 10^{-4}, 10^{-6}$，所以 Δx 越小则 $(\Delta f - df)\big|_{x=2}$ 越小

3. $(1)dy = 6x dx$　$(2)dy = (\cos x - \sin x)dx$　$(3)dy = \dfrac{2}{(1 - x)^2}dx$

$(4)dy = \dfrac{-x}{\sqrt{1 - x^2}}dx$　$(5)dy = \dfrac{1}{x}dx$　$(6)dy = (\sin 2x + 2x\cos 2x)dx$

$(7)dy = (2e^{2x} - 4e^{-4x})dx$　$(8)dy = -2x\sin x^2 dx$　$(9)dy = \dfrac{\cos\sqrt{x}}{2\sqrt{x}}dx$

$(10)dy = -e^{-x}(\cos x + \sin x)dx$　$(11)dy = -\tan x dx$　$(12)dy = \dfrac{5^{\tan x}\ln 5}{\cos^2 x}dx$

4. $(1)2x$　$(2)\dfrac{3}{2}x^2$　$(3)\sin t$　$(4)-\dfrac{1}{2}\cos 2t$　$(5)\ln(1 + x)$　$(6)-\dfrac{1}{2}e^{-2x}$

$(7)2\sqrt{x}$　$(8)-\dfrac{1}{x}$

5. $dy = \dfrac{y - e^{x+y}}{e^{x+y} - x}dx$

6. $(1)0.87475$　$(2)10 - \dfrac{1}{75}$　$(3)0.002$

7. $3a^2 h$

习题 4.1

1. $C(Q)\big|_{Q=120} = 1000 + \dfrac{120^2}{8} = 2800(\text{总成本});C'(Q) = \dfrac{2Q}{8} = \dfrac{Q}{4}\big|_{Q=120} = 30(\text{边际}$

成本)

2. $R = PQ = (150 - 0.01Q)Q = 150Q - 0.01Q^2; R' = 150 - 0.02Q; R'|_{Q=100} = 14900$ 元 (总收益); $R'|_{Q=100} = 148$ 元(边际成本)

3. (1) $L = (P-20)Q - 60000 = (40 - \dfrac{Q}{1000})Q - 60000; L' = 40 - \dfrac{Q}{500}$

(2) 当 $P = 10$ 元时, $Q = 50000$, $Q = 60000 - 1000P$, 总收益 $R(P) = PQ = 60000P - 1000P^2, \dfrac{ER}{EP} = \dfrac{P}{R(P)} R'(P) = \dfrac{P(60000 - 2000P)}{60000P - 1000P^2}, \dfrac{ER}{EP}\Big|_{P=10} = \dfrac{40000}{50000} = 0.8$, 所以当 $P = 10$ 时, 价格上涨 1% 收益增加 0.8%

4. (1) $\dfrac{EQ}{EP} = -2P \cdot \dfrac{P}{75 - P^2} = \dfrac{-2P^2}{75 - P^2}$; 当 $P = 4$ 时, $\dfrac{EQ}{EP} = \dfrac{-32}{59} = -0.542$; 经济意义: 当价格 $p = 4$ 时, 此时价格上涨 1%, 需求量将减少 0.542%

(2) $R = PQ = 75P - P^3, \dfrac{ER}{EP} = \dfrac{dR}{dP} \cdot \dfrac{P}{R} = (75 - 3P^2) \dfrac{1}{75 - P^2}$; 当 $P = 4$ 时, $\dfrac{ER}{EP} = \dfrac{27}{59} \approx 0.46$; 经济意义: 当价格 $P = 4$ 时, 此时价格上涨 1%, 收益将增加 0.46%

5. 供给价格弹性函数 $\dfrac{EQ}{EP} = \dfrac{3P}{2 + 3P}$. 当 $P = 3$ 时, $\dfrac{EQ}{EP}\Big|_{P=3} = \dfrac{9}{11} \approx 0.82$, 所以当价格从 3 提升 1% 时, 供给从 11 增加 0.82%

6. (1) 缺乏弹性: $0 < P < \dfrac{16}{9}$; 富有弹性: $\dfrac{16}{9} < P < 4$

(2) 缺乏弹性: $0 < P < \sqrt{a/3}$; 富有弹性: $\sqrt{a/3} < P < \sqrt{a}$

7. $10 < P < 20$

习题 4.2

1. B

2. (1) $\dfrac{1}{2}$　(2) $\dfrac{10}{3}$　(3) 0　(4) 2　(5) $\ln \dfrac{3}{2}$　(6) 0　(7) $\dfrac{1}{6}$　(8) 2　(9) 1　(10) -2　(11) $\dfrac{2}{\pi}$　(12) $\dfrac{1}{3}$　(13) 2　(14) $\dfrac{1}{2}$

3. (1) 不满足条件 1　(2) 不满足条件 1　(3) 不满足条件 3　(4) 出现循环现象

4. (1) $f''(a)$　(2) 1

习题 4.3

1. 略

2. (1) A　(2) D

3. (1) 函数的单调递增区间为 $(-\infty, -1)$ 和 $(1, +\infty)$, 单调递减区间为 $(-1, 1)$, 极大值为 $f(-1) = 3$, 极小值为 $f(1) = -1$

(2) 函数的单调递增区间为 $(-1, 1)$, 单调递减区间为 $(-\infty, -1)$ 和 $(1, +\infty)$, 极大值为 $f(1) = \dfrac{1}{2}$, 极小值为 $f(-1) = -\dfrac{1}{2}$

(3) 函数的单调递增区间为 $(0,e)$，单调递减区间为 $(e,+\infty)$，极大值为 $f(e)=\dfrac{1}{e}$，无极小值

(4) 函数的单调递增区间为 $(-\infty,-\sqrt{2})$ 和 $(\sqrt{2},+\infty)$，单调递减区间为 $(-\sqrt{2},\sqrt{2})$，极大值为 $f(-\sqrt{2})=(2+2\sqrt{2})e^{-\sqrt{2}}$，极小值为 $f(\sqrt{2})=(2-2\sqrt{2})e^{\sqrt{2}}$

(5) 函数的单调递增区间为 $(3,+\infty)$，单调递减区间为 $(-\infty,3)$，无极大值，极小值为 $f(3)=-6$

(6) 函数的单调递增区间为 $(-\infty,0)$，单调递减区间为 $(0,+\infty)$，极大值为 $f(0)=-1$，无极小值

(7) 函数的单调递增区间为 $(-\infty,0)$，单调递减区间为 $(0,+\infty)$，极大值为 $f(0)=1$，无极小值

(8) 函数的单调递增区间为 $(-\infty,-1)$ 和 $(-1,0)$，单调递减区间为 $(0,1)$ 和 $(1,+\infty)$，极大值为 $f(0)=-1$，无极小值

(9) 函数的单调递增区间为 $(1,+\infty)$，单调递减区间为 $(-\infty,1)$，无极大值，极小值为 $f(1)=0$

4. $a=-5,b=5$，是极大值点

5. $a=2$，极大值

6. 不可导，有极值，极小值 $y(0)=1$

7. 略

8. 略

9. (1) 拐点 $\left(\dfrac{1}{3},\dfrac{2}{27}\right)$，$x\in\left(-\infty,\dfrac{1}{3}\right)$ 上凹，$x\in\left(\dfrac{1}{3},+\infty\right)$ 下凹

(2) 拐点 $\left(0,\dfrac{1}{4}\right)$ 和 $\left(2,\dfrac{1}{4}\right)$，在 $(-\infty,0)\bigcup(2,+\infty)$ 上凹，在 $(0,2)$ 下凹

(3) 拐点 $\left(-2,\dfrac{2}{e^2}\right)$，在 $(-\infty,-2)$ 下凹，在 $(-2,+\infty)$ 上凹

(4) 无拐点，在 $(-\infty,1)$ 上凹，在 $(1,+\infty)$ 下凹

10. 略

习题 4.4

1. D

2. (1) 最大值为 $f\left(\dfrac{5}{2}\right)=\dfrac{3}{8}$，最小值为 $f(0)=-4$　(2) 最大值为 $f\left(\dfrac{\sqrt{3}}{3}\right)=\dfrac{2\sqrt{3}}{9}$，最小值为 $f(0)=0$　(3) 最大值为 $f(1)=5$，最小值为 $f(-2)=-4$　(4) 最大值为 $f(1)=\tan 1$，最小值为 $f\left(\dfrac{1}{4}\right)=\dfrac{1}{2}\tan\dfrac{1}{4}$　(5) 最大值为 $f(-4)=16e^4$，最小值为 $f(0)=0$　(6) 无最值

3. $x=1$

4. $h=r=\sqrt[3]{\dfrac{V}{\pi}}$

5. $Q = 15$

6. $x = 1$

7. $x = 2000$

8. $x = 27, p = 16$

9. $V = \dfrac{4\sqrt{3}}{9}\pi R^3$

10. $x = 800$

11. $(1) S = 10r - 2r^2 - \dfrac{1}{2}\pi R^2$ $(2) r = \dfrac{10}{4+\pi}$

12. $x = 10\sqrt[3]{20}$

13. 正面 10,侧面 15

14. $x = 5$

15. $x = \dfrac{6}{5}$

习题 5.1

1. $(1)\sin x + \cos x + C, \sin x - \cos x + C$ $(2) x^2 \mathrm{e}^x$ $(3)\mathrm{e}^{-x} + C, -\mathrm{e}^{-x} + C, x + C$

2. $(1)D$ $(2)B$ $(3)C$ $(4)B$ $(5)C$ $(6)C$

3. $(1) 3x + \dfrac{1}{4}x^4 - \dfrac{1}{2x^2} + \dfrac{3^x}{\ln 3} + C$ $(2) -\cos x + 2\ln|x| + C$ $(3)\dfrac{8}{5}x^{\frac{5}{2}} - 8x^{\frac{3}{2}} + 18x^{\frac{1}{2}} + C$

$(4)\dfrac{1}{3}x^3 - \dfrac{1}{2}x^2 + C$ $(5) ux + \dfrac{1}{3}ux^3 + C$ $(6)\dfrac{2}{3}x^{\frac{3}{2}} - 3x + C$ $(7)\dfrac{1}{2}(x - \sin x) + C$

$(8)\dfrac{1}{2}(x + \tan x) + C$

4. $y = \ln x + 1$

5. $C(x) = 33x + 19x^2 - 4x^3 + 68$ $\overline{C}(x) = 33 + 19x - 4x^2 + \dfrac{68}{x}$

习题 5.2

1. $(1)\dfrac{1}{102}(2x+1)^{51} + C$ $(2) -\dfrac{1}{4x+6} + C$ $(3)\dfrac{1}{2}\sqrt{4x+3} + C$ $(4)\dfrac{1}{4}\cos(5-4x) + C$ $(5)\dfrac{1}{2}\ln(x^2+4) + C$ $(6)\dfrac{1}{2}\ln|x^2 - 4x - 5| + C$ $(7)\ln(\mathrm{e}^x + 1) + C$

$(8)\dfrac{1}{12}(4x^2-1)^{\frac{3}{2}} + C$ $(9)\dfrac{1}{3}(\ln x)^3 + C$ $(10)\ln|\ln x| + C$ $(11)\sin \mathrm{e}^x + C$ $(12)2\mathrm{e}^{\sqrt{x}} + C$

$(13)\dfrac{1}{12}\ln\left|\dfrac{3+2x}{3-2x}\right| + C$ $(14)\cos\dfrac{1}{x} + C$ $(15) -\dfrac{1}{4}\cos^4 x + C$ $(16)\dfrac{1}{2}\sin x^2 + C$

2. (1) 令 $\sqrt{1-x} = t$,则 $I = \displaystyle\int (1-t^2)t(-2t)\mathrm{d}t = -2\int (t^6 - 2t^4 + t^2)\mathrm{d}t = -2\left(\dfrac{1}{7}t^7 + \dfrac{2}{5}t^5 + \dfrac{1}{3}t^3\right) + C$,然后代入 t

(2) 令 $\sqrt{1-2x}=t$, 则 $I=\int\dfrac{1}{t+3}(-t)\mathrm{d}t-\int(1-\dfrac{3}{t+3})\mathrm{d}t=-t+3\ln|t+3|+C=$
$-\sqrt{1-2}+3\ln\left|\sqrt{1-2x}+3\right|+C$(代入 t)

(3) 令 $\sqrt{1-x}=t$, 则 $I=\int\dfrac{-2t}{(2-t^2)\cdot t}\mathrm{d}t=2\int\dfrac{\mathrm{d}t}{t^2-2}=-2\times\dfrac{1}{2\sqrt{2}}\ln\left|\dfrac{\sqrt{2}+t}{\sqrt{2}-t}\right|+C=$
$-\dfrac{1}{\sqrt{2}}\ln\left|\dfrac{\sqrt{2}+\sqrt{1-x}}{\sqrt{2}-\sqrt{1-x}}\right|+C$

(4) 令 $\sqrt[6]{x}=t$, 则 $I=\int\dfrac{6t^5}{t^3+t^2}\mathrm{d}t=6\int\dfrac{t^3}{t+1}\mathrm{d}t=6\int\left[(t^2-t+1)-\dfrac{1}{t+1}\right]\mathrm{d}t=2t^3-3t^2$
$+6t-6\ln|t+1|+C$(代入 t)

(5) 令 $\sqrt{x}=t$, 则 $I=-2\cos\sqrt{x}+C$

(6) 令 $\sqrt{1+\mathrm{e}^x}=t$, 则 $I=2\int\dfrac{t^2}{t^2-1}\mathrm{d}t=2\left(t+\dfrac{1}{2}\ln\left|\dfrac{1-t}{1+t}\right|\right)+C=2\left(\sqrt{1+\mathrm{e}^x}+\right.$
$\dfrac{1}{2}\ln\left|\dfrac{1-\sqrt{1+\mathrm{e}^x}}{1+\sqrt{1+\mathrm{e}^x}}\right|\Bigg)+C$

(7) 令 $\sqrt[3]{x+2}=t$, 则 $I=\int\dfrac{3t^2}{1+t}\mathrm{d}t=\dfrac{3}{2}\sqrt[3]{(x+2)^2}-3\sqrt[3]{(x+2)}+3\ln|1+\sqrt[3]{(x+2)}|$
$+C$

习题 5.3

1. (1) $\dfrac{1}{4}x\sin 4x+\dfrac{1}{16}\cos 4x+C$ (2)$x^2\sin x+2x\cos x-2\sin x+C$ (3)$x\mathrm{e}^x-\mathrm{e}^x+C$

(4) $-\dfrac{1}{4}x\mathrm{e}^{-4x}-\dfrac{1}{16}\mathrm{e}^{-4x}+C$ (5)$x^2\mathrm{e}^x-2x\mathrm{e}^x+2\mathrm{e}^x+C$ (6)$-x^2\cos x+2x\sin x+2\cos x+C$

(7) $\dfrac{1}{3}x^3\ln x-\dfrac{1}{9}x^3+C$ (8)$x\ln(x^2+1)-2x+2\arctan x+C$ (9)$2\sqrt{x}\sin\sqrt{x}+2\cos\sqrt{x}+C$

(10) $\dfrac{1}{5}\mathrm{e}^x(\cos 2x+2\sin 2x)+C$

2. $\cos x-\dfrac{2\sin x}{x}+C$

3. $\left(1-\dfrac{2}{x}\right)\mathrm{e}^x+C$

习题 5.4

1. (1) $\dfrac{1}{4}$ (2)18 (3)16.5 (4)$\mathrm{e}-1$ (5)6 (6)$\dfrac{\ln 3}{2}$ (7)2 (8)$\dfrac{1}{\ln 2}+\dfrac{1}{3}$

2. (1) $\sqrt{1+x^2}$ (2)$2x^3\sin x^4$ (3)$\ln(1+x)$ (4)$-x^2\mathrm{e}^{-x^2}$

3. (1) $\dfrac{9}{2}$ (2)$\dfrac{1}{2}$

4. $\dfrac{4}{3},\pm\dfrac{2\sqrt{3}}{3}$

习题 5.5

1. (1)0　(2)e^2-e　(3)0　(4)0

2. (1)$\dfrac{11}{6}$　(2)1　(3)4

3. (1)-2　(2)$1-\dfrac{\pi}{4}$　(3)$\pi-\dfrac{4}{3}$　(4)2ln2　(5)$\dfrac{\pi}{16}$　(6)$\dfrac{1}{6}$　(7)$2\left(\sqrt{3}-\dfrac{\pi}{3}\right)$

(8)$2(2-\ln3)$　(9)$\dfrac{1}{2}$　(10)1　(11)$2e^2$　(12)$\dfrac{8}{3}$

4. 提示:用换元法证明,令$u=a+b-x$

5. 提示:设$k=\displaystyle\int_0^a f(x)\mathrm{d}x$,两边同时积分

6. 提示:用分部积分法

习题 6.1

1. (1)对　(2)错　(3)对　(4)对

2. (1)$\dfrac{\pi}{2}$　(2)$\dfrac{3}{2}$　(3)0　(4)0

3. $\dfrac{710}{3}$

4. 14g

习题 6.2

1. (1)$\sqrt{3}\pi$　(2)$\dfrac{5}{3}$　(3)$2-\dfrac{2}{e}$　(4)$e+\dfrac{1}{e}-2$　(5)$\dfrac{\pi}{2}(e^2+e^{-2}-2)$　(6)$\dfrac{2}{5}\pi$

2. (1)$\dfrac{1}{\ln2}-\dfrac{1}{2}$　(2)$\dfrac{4}{3}$　(3)$\dfrac{4}{3}$　(4)$\dfrac{\pi}{2}(e^2+1)$　(5)$\dfrac{62}{15}\pi$　(6)2π　(7)$2\pi^2$

3. $1+\dfrac{1}{2}\ln\dfrac{3}{2}$

4. $2\sqrt{3}-\dfrac{4}{3}$

习题 6.3

1. $C(Q)=Q^3-59Q^2+1315Q+2000$

2. (1)$R(Q)=200Q-\dfrac{Q^2}{100}$　(2)$R(200)=39600$　(3)$\displaystyle\int_{200}^{400}\left(200-\dfrac{Q}{50}\right)\mathrm{d}Q=39800$

3. (1)$C(Q)=0.2Q^2+2Q+20$　(2)$L(Q)=-0.2Q^2+16Q-20(Q\geqslant0)$　(3)$Q=40(吨),L(40)=300(万元)$

4. $Q=3,L(3)=3$

5. (1)$x=8$　(2)2500 万元

6. (1)90 件　(2) 利润下降 160 元

7. $C(Q) = 0.2Q^2 - 12Q, L(Q) = 32Q - 0.2Q^2, Q = 80$

8. 341.33

9. $\dfrac{250}{3}, \dfrac{75}{2}$

10. (1)9000　(2)27 年

11. 402635 元

12. 0.5

习题 6.4

1. (1)$x^2 - y^2 = C$　(2)$y = e^{Ce^x}$　(3)$e^y - e^x = C$

2. (1)$y = 0, y = 1$ 为特解,当 $y \neq 0, y \neq 1$ 时,$\left(\dfrac{1}{y-1} - \dfrac{1}{y}\right)\mathrm{d}y = \mathrm{d}x$,两边积分,得 $\ln\left|\dfrac{y-1}{y}\right| = x + C_1, \dfrac{y-1}{y} = \pm e^{C_1}e^x = Ce^x, C \neq 0$,将 $y(0) = 1$ 代入,得 $C = 0$,即 $y = 1$ 为所求的解

(2) $\dfrac{\mathrm{d}y}{\mathrm{d}x} = -\dfrac{2xy^2}{x^2 - 1}, y = 0$ 为特解,当 $y \neq 0$ 时,$\dfrac{\mathrm{d}y}{y^2} = -\dfrac{2x}{x^2 - 1}\mathrm{d}x$,两边积分,得 $-\dfrac{1}{y} = -\ln|x^2 - 1| + C$,将 $y(0) = 1$ 代入,得 $C = -1$,即 $y = \dfrac{1}{\ln|x^2 - 1| + 1}$ 为所求的解

3. (1) 方程改写为 $\dfrac{\mathrm{d}y}{\mathrm{d}x} = 2\left(\dfrac{y}{x}\right) - \left(\dfrac{y}{x}\right)^2$;令 $u = \dfrac{y}{x}$,有 $u + x\dfrac{\mathrm{d}u}{\mathrm{d}x} = 2u - u^2$;整理为 $\left(\dfrac{1}{u} - \dfrac{1}{u-1}\right)\mathrm{d}u = \dfrac{\mathrm{d}x}{x}(u \neq 0, 1)$;两边积分,得 $\ln\left|\dfrac{u}{u-1}\right| = \ln|C_1 x|$;即 $u = \dfrac{C_1 x}{C_1 x - 1}$;代回变量,得通解 $x(y - x) = Cy, y = 0$ 也是方程的解

(2) 方程改写为 $\dfrac{\mathrm{d}y}{\mathrm{d}x} - \dfrac{y}{x} = \tan\dfrac{y}{x}$;令 $u = \dfrac{y}{x}$,有 $x\dfrac{\mathrm{d}u}{\mathrm{d}x} = \tan u = \dfrac{\sin u}{\cos u}$,即 $\cot u\,\mathrm{d}u = \dfrac{\mathrm{d}x}{x}(\sin u \neq 0)$;两边积分,得 $\sin u = Cx$;代回变量,得通解 $\sin\dfrac{y}{x} = Cx$

(3) 原方程对应的齐次方程 $\dfrac{\mathrm{d}y}{\mathrm{d}x} + 2xy = 0$ 的通解为 $y = Ce^{-x^2}$,由常数变易法得原方程的一个特解为 $y = 2$,则原方程的通解为 $y = Ce^{-x^2} + 2$

(4) 原方程对应的齐次方程 $y' - \dfrac{1}{x-2}y = 0$ 的通解为 $y = C(x-2)$,由常数变易法得原方程的一个特解为 $y = (x-2)^3$,则原方程的通解为 $y = (x-2)(x^2 - 4x + C)$

4. 曲线为 $xy = 2$

5. 曲线为 $y = x\ln|x| + Cx$

6. 略

7. 略

习题 6.5

1. (1)1　(2)发散　(3)1　(4)发散　(5)发散　(6)$\dfrac{8}{3}$

2. $k > 1$, 收敛; $k \leqslant 1$, 发散

习题 7.1

1. (1) $\dfrac{x^2}{a^2} + \dfrac{y^2}{a^2} \leqslant 1$ (2) $y < x, y \neq x - 1$

2. 略

3. (1) 0   (2) 1   (3) 2   (4) 0

习题 7.2

1. (1) $\dfrac{\partial z}{\partial x} = 3x^2 y + 6xy^2, \dfrac{\partial z}{\partial y} = x^3 + 6x^2 y$ (2) $\dfrac{\partial z}{\partial x} = y(1+x)^{y-1}, \dfrac{\partial z}{\partial y} = (1+x)^y \ln(1+x)$

(3) $\dfrac{\partial z}{\partial x} = y\mathrm{e}^{xy} + 2x, \dfrac{\partial z}{\partial y} = x\mathrm{e}^{xy} - 3$ (4) $\dfrac{\partial z}{\partial x} = y\cos xy - 2y\cos xy\sin xy, \dfrac{\partial z}{\partial y} = x\cos xy - 2x\cos xy\sin xy$

2. $f'_x(0,1) = -1, f'_y(0,1) = 2$

3. $\mathrm{d}z = (2x + y^2)\mathrm{d}x + 2xy\,\mathrm{d}y$

4. $\mathrm{d}z\Big|_{\substack{x=1\\y=2}} = \dfrac{2}{7}\mathrm{d}x + \dfrac{4}{7}\mathrm{d}y$

5. $\Delta z = f(x_0 + \Delta x, y_0 + \Delta y) - f(x_0, y_0) = f(2.1, 0.8) - f(2, 1) = -0.832; \mathrm{d}z = 2x_0 y_0 \Delta x + (x_0^2 + 2y_0)\Delta y = 0.4 + (-1.2) = -0.8$

习题 7.3

1. (1) $C_x(x,y) = \dfrac{1}{x} + y, C_y(x,y) = \dfrac{1}{y} + x$ (2) $C_x(5,10) = 10.2, C_y(5,10) = 5.1$

2. (1) $z_x(x,y) = 4y - 2x, z_y(x,y) = 4x - 4y$ (2) $z_x(8,5) = 4, z_y(8,5) = 12$

3. (1) -0.1 (2) 0.06   (3) 0.52   (4) 属于替代品

4. (1) -0.14 (2) -0.14 (3) 0.12   (4) 需求增加 0.6%, 是优质品

5. (1) $\dfrac{\partial U}{\partial x_1} = 2948, \dfrac{\partial U}{\partial x_2} = 140$ (2) -848

6. (1) 387.3   (2) $\dfrac{\partial U}{\partial x_1} \approx 0.646, \dfrac{\partial U}{\partial x_2} \approx 0.387$ (3) x_2 应增加 5 个单位

习题 7.4

1. (1) $(1,0)$ 取得极小值即最小值 $y_{\min} = f(1,0) = -1$ (2) $(1,1)$ 取得极小值即最小值 $y_{\min} = f(1,1) = 2$ (3) $\left(\dfrac{1}{9}, \dfrac{1}{18}\right)$ 取得极大值即最大值 $y_{\max} = f\left(\dfrac{1}{8}, \dfrac{1}{19}\right) = \dfrac{497}{496}$

(4) $(3, -2)$ 取得极大值即最大值 $y_{\max} = f(3, -2) = 50$ (5) 没有极值

2. (1) $f\left(\dfrac{3}{2}, 3\right) = \dfrac{9}{2}$ (2) $f(1,1) = 2$ (3) $f(2,2) = 3$

3. 分别生产 3.8 千件和 2.2 千件时利润最大为 22.2 万元

4. 分别分配 $\left(\frac{4}{7}K\right)^2$ 单位和 $\left(\frac{3}{7}K\right)^2$ 单位时,总收入增加最大为 $\left(\frac{91K^2}{49}\right)$ 单位

5. $x_2 = 6\left(\frac{p_1\beta}{p_2\alpha}\right)^\alpha, x_1 = 6\left(\frac{p_2\alpha}{p_1\beta}\right)^\beta$

6. (1) 当 $Q_1 = 4, Q_2 = 5; P_1 = 10, P_2 = 7$ 时,$W_{\max} = 52$ (2) 当 $Q_1 = 5, Q_2 = 4, P = 8$ 时,$W_{\max} = 49$ 价格差别策略总利润大于价格无差别策略

习题 7.5

1. (1) $\iint\limits_D f(x,y)\mathrm{d}x\mathrm{d}y = \int_{-2}^2 \left[\int_{x^2}^4 f(x,y)\mathrm{d}y\right]\mathrm{d}x \iint\limits_D f(x,y)\mathrm{d}x\mathrm{d}y = \int_0^4 \left[\int_{-\sqrt{y}}^{\sqrt{y}} f(x,y)\mathrm{d}x\right]\mathrm{d}y$

(2) $\iint\limits_D f(x,y)\mathrm{d}x\mathrm{d}y = \int_{-1}^1 \left[\int_{x^3}^1 f(x,y)\mathrm{d}y\right]\mathrm{d}x \iint\limits_D f(x,y)\mathrm{d}x\mathrm{d}y = \int_{-1}^1 \left[\int_{-1}^{\sqrt[3]{y}} f(x,y)\mathrm{d}x\right]\mathrm{d}y$

(3) $\iint\limits_D f(x,y)\mathrm{d}x\mathrm{d}y = \int_0^2 \left[\int_{x^2}^{2x} f(x,y)\mathrm{d}y\right]\mathrm{d}x \iint\limits_D f(x,y)\mathrm{d}x\mathrm{d}y = \int_0^4 \left[\int_{\frac{y}{2}}^{\sqrt{y}} f(x,y)\mathrm{d}x\right]\mathrm{d}y$

(4) $\iint\limits_D f(x,y)\mathrm{d}x\mathrm{d}y = \int_0^2 \left[\int_0^{x^2} f(x,y)\mathrm{d}y\right]\mathrm{d}x \iint\limits_D f(x,y)\mathrm{d}x\mathrm{d}y = \int_0^4 \left[\int_{\sqrt{y}}^2 f(x,y)\mathrm{d}x\right]\mathrm{d}y$

(5) $\iint\limits_D f(x,y)\mathrm{d}x\mathrm{d}y = \int_{-\sqrt{2}}^{\sqrt{2}} \left[\int_{x^2}^{4-x^2} f(x,y)\mathrm{d}y\right]\mathrm{d}x \iint\limits_D f(x,y)\mathrm{d}x\mathrm{d}y = \int_0^2 \left[\int_{-\sqrt{y}}^{\sqrt{y}} f(x,y)\mathrm{d}x\right]\mathrm{d}y +$
$\int_2^4 \left[\int_{-\sqrt{4-y}}^{\sqrt{4-y}} f(x,y)\mathrm{d}x\right]\mathrm{d}y$

2. (1) $\int_0^2 \mathrm{d}y \int_0^{2y} f(x,y)\mathrm{d}x = \int_0^2 \mathrm{d}x \int_{\frac{x}{2}}^1 f(x,y)\mathrm{d}y$

(2) $\int_{-2}^1 \mathrm{d}x \int_{x^2}^{2-x} f(x,y)\mathrm{d}y = \int_0^1 \mathrm{d}y \int_{-\sqrt{y}}^{\sqrt{y}} f(x,y)\mathrm{d}x + \int_1^3 \mathrm{d}y \int_{-1}^{2-y} f(x,y)\mathrm{d}x$

(3) $\int_{-1}^1 \mathrm{d}y \int_{-\sqrt{1-x^2}}^{1-x^2} f(x,y)\mathrm{d}x = \int_{-1}^0 \mathrm{d}y \int_{-\sqrt{1-y^2}}^{\sqrt{1-y^2}} f(x,y)\mathrm{d}y + \int_0^1 \mathrm{d}y \int_{-\sqrt{1-y}}^{\sqrt{1-y}} f(x,y)\mathrm{d}x$

(4) $\int_0^1 \mathrm{d}y \int_{-y}^{y^2} f(x,y)\mathrm{d}x = \int_{-1}^0 \mathrm{d}x \int_{-x}^1 f(x,y)\mathrm{d}y + \int_0^1 \mathrm{d}x \int_{\sqrt{x}}^1 f(x,y)\mathrm{d}y$

(5) $\int_0^1 \int_y^{-\sqrt{y}} f(x,y)\mathrm{d}x = \int_0^1 \mathrm{d}x \int_{x^2}^x f(x,y)\mathrm{d}y$

(6) $\int_0^2 \mathrm{d}x \int_x^{2x} f(x,y)\mathrm{d}y = \int_0^2 \mathrm{d}y \int_{\frac{y}{2}}^y f(x,y)\mathrm{d}x + \int_2^4 \mathrm{d}y \int_{\frac{y}{2}}^2 f(x,y)\mathrm{d}x$

3. (1) $\int_0^1 \int_1^2 (x^2+y^2)\mathrm{d}x\mathrm{d}y = \int_0^1 \left(\frac{7}{3}+y^2\right)\mathrm{d}y = \frac{8}{3}$

(2) $\int_1^2 \int_x^{\sqrt{3x}} xy\mathrm{d}x\mathrm{d}y = \int_1^2 x^3\mathrm{d}y = \frac{15}{4}$

(3) 令 $\sqrt{1+y} = t$ 则有 $\int_0^1 \int_{x^2}^1 \frac{xy}{\sqrt{1+y}}\mathrm{d}x\mathrm{d}y = \frac{1}{3}(\sqrt{2}-1)$

(4) $\int_{-1}^2 \int_{y^2}^{y+2} xy\mathrm{d}x\mathrm{d}y = \int_{-1}^2 \left[-\frac{1}{2}y^5 + \frac{1}{2}y^3 + 2y^2 + 2y\right]\mathrm{d}y = \frac{45}{8}$

4. $(1) \iint\limits_{D} x(\sqrt{y^2 + x^2})\mathrm{d}x\mathrm{d}y = \int_0^1 \int_{-y^2}^{y^2} (x\sqrt{x^2 + y^2})\mathrm{d}y = 0$

$(2) \iint\limits_{D} 2xy\mathrm{d}x\mathrm{d}y = \int_0^1 \left(\int_{2x}^{x^2+1} 2xy\mathrm{d}y\right)\mathrm{d}x = \int_0^1 x(x^2 - 1)^2 \mathrm{d}x = \dfrac{1}{6}$

$(3) \iint\limits_{D} \mathrm{e}^{x+y}\mathrm{d}x\mathrm{d}y = \int_0^1 \left(\int_0^1 \mathrm{e}^{x+y}\mathrm{d}x\right)\mathrm{d}y = \int_0^1 \mathrm{e}^y(\mathrm{e} - 1)\mathrm{d}y = (\mathrm{e} - 1)^2$

$(4) \iint\limits_{D} y\mathrm{e}^{xy}\mathrm{d}x\mathrm{d}y = \int_{\frac{1}{2}}^2 \left(\int_{\frac{1}{y}}^2 y\mathrm{e}^{xy}\mathrm{d}x\right)\mathrm{d}y = \int_{\frac{1}{2}}^2 (\mathrm{e}^{2y} - \mathrm{e})\mathrm{d}y = \dfrac{1}{2}\mathrm{e}^4 - 2\mathrm{e}$

$(5) \iint\limits_{D} \dfrac{x}{1+y}\mathrm{d}x\mathrm{d}y = \int_1^2 \left(\int_{\frac{1}{x}}^x \dfrac{x}{1+y}\mathrm{d}y\right)\mathrm{d}x = \int_1^2 x\ln x\mathrm{d}x = 2\ln 2 - \dfrac{3}{4}$

习题 8.1

1. $(1) \dfrac{1}{3}$ $(2) \dfrac{3}{5}$ $(3)\inf$ $(4)(\ln 2)^2$ $(5) \dfrac{1}{4}$

2. $(1) -2 * \exp(2 * x) * \log(x\hat{}2+1) * \tan(x) - 2 * \exp(2 * x) * x/(x\hat{}2+1) * \tan(x) - \exp(2 * x) * \log(x\hat{}2+1) * (1 + \tan(x)\hat{}2)$

$(2) - 12 * \exp(2 * x) * \log(x\hat{}2 + 1) * (1 + \tan(x)\hat{}2) - 8 * \exp(2 * x) * \log(x\hat{}2 + 1) * \tan(x) - 6 * \exp(2 * x)/(x\hat{}2 + 1) * (1 + \tan(x)\hat{}2) - 24 * \exp(2 * x) * x/(x\hat{}2 + 1) * \tan(x) - 12 * \exp(2 * x)/(x\hat{}2 + 1) * \tan(x) - 24 * \exp(2 * x) * x/(x\hat{}2 + 1) * (1 + \tan(x)\hat{}2) + 24 * \exp(2 * x) * x\hat{}2/(x\hat{}2+1)\hat{}2 * \tan(x) - 12 * \exp(2 * x) * \log(x\hat{}2 + 1) * \tan(x) * (1 + \tan(x)\hat{}2) + 12 * \exp(2 * x)/(x\hat{}2 + 1)\hat{}2 * \tan(x) * x + 12 * \exp(2 * x) * x\hat{}2/(x\hat{}2+1)\hat{}2 * (1+\tan(x)\hat{}2) - 16 * \exp(2 * x) * x\hat{}3/(x\hat{}2+1)\hat{}3 * \tan(x) - 2 * \exp(2 * x) * \log(x\hat{}2 + 1) * (1 + \tan(x)\hat{}2)\hat{}2 - 4 * \exp(2 * x) * \log(x\hat{}2 + 1) * \tan(x)\hat{}2 * (1 + \tan(x)\hat{}2) - 12 * \exp(2 * x) * x/(x\hat{}2 + 1) * \tan(x) * (1 + \tan(x)\hat{}2)$

3. $(1) - 2/17 * \exp(- 2 * x) * \cos(1/2 * x) - 8/17 * \exp(- 2 * x) * \sin(1/2 * x)$ $(2)1/4 * x\hat{}4 * \log(x)\hat{}2 - 1/8 * x\hat{}4 * \log(x) + 1/32 * x\hat{}4$ $(3)1/4 * pi - 1/3$ $(4)8191/26$

4. 16.1144

5. $(1)4.6465$ 年 $(2)6.3206$ 百万

习题 8.2

1. $(1)2.8681, - 2.5892, - 0.1394 + 3.2379i, - 0.1394 - 3.2379i$ $(2)1.909$

2. $(1)y = 2 + \exp(- x\hat{}2) * C1$ $(2)y = 2 + 1/3 * x\hat{}2 + 3/2 * x + 1/x * C1$ $(3)y = 2\hat{}(1/2)/(1 - 4 * x + 4 * \exp(- 4 * x) * C1)\hat{}(1/4)$ $(4)y = \exp(- 2 * x) * C2 + \exp(4 * x) * C1 + 1/256 * (- 15 - 36 * x - 24 * x\hat{}2 - 32 * x\hat{}3) * \exp(2 * x)$

3. $(1)y = 3 * \exp(x) + \exp(- 2 * x)$ $(2)y = 2/3 * x\hat{}3 + 2 * x$

习题 8.3

1. $(1)1$ $(2)\log(2)$

2. $(1)6 * x * y\hat{}3 + 1/x$ $(2)6 * y\hat{}3 - 1/x\hat{}2$ $(3)18 * x * y\hat{}2$

3. (1)1/y^2 * exp(x/y)　(2) $-$ 1/y^2 * exp(x/y) $-$ 1/y^3 * x * exp(x/y)

4. $\dfrac{8}{3}$

5. $\dfrac{45}{8}$

6. 略

7. 略

8. 略